21世纪
国际秩序与全球治理

李 钢 ◎ 著

时事出版社
北京

目　　录

绪　论 …………………………………………………………（1）

第一部分　问题与概念

第一章　国际体系 …………………………………………（14）
　第一节　什么是国际体系 …………………………………（14）
　第二节　国际体系与国际社会 ……………………………（17）
　第三节　有关国际体系的主要理论 ………………………（18）
　第四节　国际体系变革的动力 ……………………………（23）

第二章　国际格局 …………………………………………（30）
　第一节　什么是国际格局 …………………………………（30）
　第二节　极与综合国力 ……………………………………（31）
　第三节　极与文明集团 ……………………………………（38）
　第四节　多极、两极和单极 ………………………………（41）
　第五节　结盟与结盟政治 …………………………………（43）
　第六节　对国际格局理论的批评 …………………………（46）

第三章　国际秩序 …………………………………………（48）
　第一节　什么是国际秩序 …………………………………（48）
　第二节　均势与国际秩序 …………………………………（52）

第三节　霸权与国际秩序 ……………………………………………（55）
第四节　国际秩序和合法性 …………………………………………（60）
第五节　国际秩序变迁 ………………………………………………（62）
第六节　修正主义国和维持现状国 …………………………………（66）
第七节　国际体系、国际格局和国际秩序的关系 …………………（69）

第二部分　西方主导的国际秩序：从威斯特伐利亚秩序到自由国际秩序

第四章　从威斯特伐利亚秩序到维也纳秩序 ……………………（75）
第一节　威斯特伐利亚秩序：欧洲为中心的现代国际秩序奠基阶段 …………………………………………………………（75）
第二节　维也纳秩序：以欧洲为中心的国际秩序巩固阶段 ………………………………………………………………（78）
第三节　维也纳秩序的崩溃 …………………………………………（81）

第五章　英国主导的殖民帝国秩序 ………………………………（84）
第一节　帝国主义扩张与西方殖民主义 ……………………………（84）
第二节　英国主导下的殖民帝国秩序 ………………………………（86）
第三节　殖民帝国秩序的动摇 ………………………………………（90）
第四节　凡尔赛-华盛顿秩序 …………………………………………（93）
第五节　凡尔赛-华盛顿秩序的崩溃 …………………………………（97）

第六章　第二次世界大战后国际秩序的安排 ……………………（101）
第一节　雅尔塔会议有关战后秩序的安排 …………………………（101）
第二节　建立以联合国为核心的基本国际秩序 ……………………（105）
第三节　布雷顿森林体系与战后美国主导的国际经济秩序 ………（112）
第四节　冷战两极秩序的形成 ………………………………………（118）

第七章　冷战后秩序：美国寻求国际霸权 ……………………（134）
第一节　美国寻求维持其单极霸权 ………………………（134）
第二节　美国的接触与扩展战略 …………………………（142）
第三节　美国的帝国战略 …………………………………（156）

第三部分　美国的霸权危机

第八章　美国霸权与"基于规则的国际秩序"的矛盾 ………（169）
第一节　冷战后的过度扩张削弱了美国的霸权基础 ……（169）
第二节　美国的霸权战略与"基于规则的国际秩序"的矛盾 …（178）
第三节　对美国霸权出现新的制衡形式 …………………（182）

第九章　经济全球化与全球治理赤字的矛盾 ………………（190）
第一节　霸权国的地缘战略与全球产业链供应链稳定性之间的矛盾 ……………………………………………（190）
第二节　美元霸权与国际金融体系的缺陷 ………………（194）
第三节　自由贸易与贸易保护主义的矛盾 ………………（201）

第四部分　百年未有之大变局与21世纪国际秩序

第十章　国际格局的巨大变化 ………………………………（210）
第一节　"从西化到东方化" ………………………………（210）
第二节　国际格局从一超多强到全球多极化 ……………（218）
第三节　现代化从单一模式到多元模式 …………………（224）
第四节　东方的复兴和西方的回应 ………………………（230）

第十一章　美国霸权秩序由盛转衰 …………………………（238）
第一节　维持美国的单极霸权 ……………………………（238）
第二节　亚太再平衡 ………………………………………（244）

第三节　美国优先 ………………………………………… (249)
　　第四节　建立西方主导的价值观联盟 …………………… (255)
　　第五节　美国霸权秩序衰落的内因与外因 ……………… (259)

第十二章　欧盟与国际秩序 ………………………………… (299)
　　第一节　维护大西洋联盟与欧盟的战略自主利益 ……… (301)
　　第二节　维护一个开放和基于规则的经贸秩序 ………… (305)
　　第三节　在全球治理方面发挥规则倡议者和维护者的作用 … (309)
　　第四节　国际格局变化使欧盟继续扩展自由国际秩序
　　　　　　日益困难 ………………………………………… (313)
　　第五节　自由国际秩序面临合法性挑战 ………………… (317)
　　第六节　民粹主义削弱欧盟内部对自由国际秩序的支持 … (320)

第十三章　新兴经济体呼吁更加公正合理的国际秩序 …… (325)
　　第一节　中国的"天下观"与俄罗斯的双头鹰世界观 ……… (325)
　　第二节　新兴经济体倡导建立以《联合国宪章》宗旨和
　　　　　　原则为基础的国际秩序 ……………………… (330)
　　第三节　经济全球化3.0 …………………………………… (346)

第十四章　结　语 …………………………………………… (352)

后　记 ……………………………………………………… (363)

绪 论

1648年主权国家体系确立，由于主权国家之上缺乏一个权威，国际政治的主要特点是无政府状态。但无政府状态并不意味着缺乏秩序，实际上自主权国家诞生以来，世界各国都在努力寻求建立一种长久稳定与和平的国际秩序，世界各国寻求建立国际秩序的主要动机：一是寻求国家的生存，二是寻求发展。现实主义认为实力是建立和维持国际秩序的主要手段，自由主义强调利益和国际制度在维持国际秩序方面的作用，建构主义则强调文化和观念影响着国际秩序的建立和维持。

自从《威斯特伐利亚和约》以来，国际社会先后见证了维也纳秩序、英国霸权秩序、美苏冷战秩序、苏联解体后的美国霸权秩序，以及2008年全球金融危机后向美国霸权后秩序过渡的阶段。国际秩序相对稳定的阶段，往往是世界上主要大国力量相对平衡，并在维持国际秩序的原则和利益方面存在一定程度共识或妥协之时。一旦世界上主要大国力量对比发生明显变化，大国在维持国际秩序的原则和利益方面不再存在共识或妥协，那么现存的国际秩序就存在崩溃的危机，甚至可能面临战争的风险。1618—1648年，欧洲爆发的"三十年战争"是欧洲近代史上第一次欧洲大战。战争的起因在于地理大发现促进了资本主义发展和君主国家的形成，以及天主教会的腐败导致宗教改革运动的蓬勃发展和新教的兴起。在这种形势下，建立在以罗马教皇为中心的欧洲基督教神权统治秩序已经出现崩塌迹象。哈布斯王朝试图在欧洲维持一个天主教统治的大一统欧洲遭到欧洲新教国家和新兴君主国家的反抗。"三十年战争"最终以签订《威斯特伐利亚和约》结束，欧洲诞生了以主权国家为主要组成部分的新的国际体系，主要欧洲大国就维持新的国际体系的国际秩序的主要原则达成共识，即主权平等和不干涉内政。维持主权国家平等的主要机制为均势。

世界近代史以来国际秩序的演变表明，国际体系中大国力量分布的状况在很大程度上决定了国际秩序的变化。而国际体系中的大国也在不断变化。美国学者保罗·肯尼迪在《大国的兴衰：1500—2000年的经济变革与军事冲突》一书中指出："一流国家在世界事务中的相对地位总是在不断变化，主要原因有二：一是各国国力的增长速度不同；二是技术突破和组织形式的变革，可使一国比另一国得到更大的优势……自16世纪西欧进步以来，西班牙、荷兰、法国、英国和目前的美国等一流强国的兴衰史表明，从长期看，在国家的生产力和取得收入的能力，与军事力量之间有一种非常重要的相互依存关系。"[1] 代表社会先进生产力的治理体系不仅有力地促进了本国社会生产力的发展，而且导致国际体系中大国实力分布的变化。肯尼迪在分析国际体系第一次力量大转移的原因时指出，东方帝国的中央集权制度阻碍了社会变革，而欧洲社会碰到的变革阻碍相对较少。各王国和城邦之间的激烈竞争推动人们经常寻求军事变革，而军事变革又推动了竞争，这种激烈竞争的环境促进了科学技术和商业贸易的发展，并最终导致世界力量的重心转到欧洲。[2] 美学者查理·库普乾在研究16世纪开始的世界力量中心从亚洲转向欧洲的原因时得出与肯尼迪相同的结论。他指出，奥斯曼帝国、中国、印度和日本的中央集权和统治结构的等级制虽然有助于维持社会的秩序和稳定，但也抑制了社会的流动性、政治多元化和经济活力。而欧洲在这方面的弱势却成为其强项。欧洲新兴的资产阶级充分利用国王、贵族和教会争权夺利而形成的政治分裂局面，成为推动变革的进步力量。西方的工业资本主义、世俗民族主义和自由民主制度促进了西方实力的发展，拉开了西

---

[1] [美]保罗·肯尼迪著，王保存、王章辉、余昌楷译：《大国的兴衰：1500—2000年的经济变革与军事冲突》，中信出版社2013年版，第xll页。

[2] [美]保罗·肯尼迪著，王保存、王章辉、余昌楷译：《大国的兴衰：1500—2000年的经济变革与军事冲突》，中信出版社2013年版，第xlll页。

方同世界上其他地方的实力差距。[①]

近代国际体系和国际秩序的发展与演变同资本主义的发展和民族国家的诞生密切相关。中国学者郑永年在谈到世界体系时认为，近代资本主义和民族国家实际上是一体两面。"资本主义先于民族国家而生，民族国家的产生在很大程度上也是迎合了资本主义区域市场乃至全球市场形成和扩张的需要。资本主义本身包含有巨大的扩张动力。但在其扩张过程中，资本经常在国内市场上遇到地方化的政治权力（封建权力）的阻碍，在国际市场上则遇到他国权力的阻碍。如何克服这样的阻力，（近）现代民族国家的作用就在此凸显出来。国家的本质就是权力，用民族国家的权力应付资本主义扩张过程的权力阻力就成为现代国际冲突的主轴。在近现代史上，国家间经济冲突最终都表现为主权国家之间的冲突，这是一个不可否认的事实。"[②] 中国人民大学教授杨光斌认为西方主导的秩序主要通过两个途径向全球扩张。一个是经济—军事途径，从国内自由主义到世界范围的自由帝国主义。从17世纪中叶到19世纪中叶，欧洲各国的资产阶级都在国内政治中取得统治地位，资产阶级开启了海外贸易和征服的进程，建立起世界殖民体系。另一个是政治—文化途径，宗主国在建立殖民体系过程中需要政治合法性支持，于是便产生了文化优越论和制度优越论。西方主导的国际秩序具有自由帝国主义属性，政治等级性和经济极度不平等，以及霸权政治等特点。[③]

马克思主义和现实主义都认为，经济发展不平衡规律是导致国际格局变化的主要因素。在现代人类历史上，至少经历过三次大的力量转移。第一次发生在18—19世纪，第一次工业革命使得世界经济的重心从亚洲转向欧洲。第二次发生在20世纪，第二次工业革命又使世界经济和政治的重心从欧洲转向美国和苏联。目前人类正经历第三次力量转移，世界经济发展的重心正从大西洋转向太平洋。"促进人类历史上力量转移的动力是科学革命、技术革命和产业革命。科学革命是人类认识上的飞跃，

---

① Charles A. Kupchan, "No One's World", Oxford University Press, 2012, p. 56.
② 郑永年：《通过大国之路》，东方出版社2011年版，第20页。
③ 杨光斌：《中国"天下观"将重塑世界秩序》，载严文斌主编：《百年大变局》，红旗出版社2019年版，第133—139页。

技术革命是人类实践手段和方式的飞跃,产业革命是人类社会生产方式及经济结构的飞跃。人类认知的飞跃为技术革命提供了指导,当技术革命成果在生产中大规模应用和推广时,便转化为产业革命。"[1]

每一次力量转移都导致国际格局的深刻变化和国际秩序的调整。18世纪以前,亚洲经济在世界经济总量上一直超过欧洲。如在1800年,亚洲的国民生产总值占世界的60%,欧洲只占30%。亚洲经济在世界上的领先优势,是在世界各地区基本上相互隔绝,经济往来十分有限的情况下取得的。亚洲在其经济力量占优势时,由于是农业经济,并没有向外扩张的动力。中国在其海上力量占优势的情况下,也没有利用自身的海军优势去寻求建立海外殖民地。在农业经济时代,土地和人口是重要的国家实力基础。虽然传统和秩序对促进农业发挥了重要作用,但也在一定程度上阻碍了社会持续进步和变革。从16世纪到20世纪中叶,随着航海技术的进步以及工业革命和军事力量的发展,欧洲人怀着对海外财富的渴望和传教的热情,先后通过征服、掠夺、殖民,将欧洲的影响力从大西洋沿岸扩展到美洲、亚洲和非洲,欧洲的经济、政治、外交和文化影响逐渐在全球许多地方占主导地位。美国学者库普乾认为,西方主导国际秩序经历了三个阶段:第一阶段是从1648年《威斯特伐利亚和约》到1815年欧洲协调的形成,这是欧洲国际秩序形成和巩固阶段。1815—1914年为第二阶段,也称"英国统治下的和平"阶段。欧洲的帝国主义在世界的殖民扩张和争夺进一步加剧。以欧洲为中心的国际秩序成型,欧洲的力量和原则开始影响全世界大多数的地区。第三阶段始于第二次世界大战结束后,美国代替英国成为西方世界的霸主,并努力建立一个符合自己利益和价值的国际秩序。西方对国际秩序的影响在冷战结束后达到高峰,由于苏联的解体,世界上暂时没有一个能制衡西方的力量,西方对全球事务的影响在物质和意识形态上都达到一个新高潮。[2]

但库普乾的观点显然仅代表了"西方中心论"和"资本主义中心论"

---

[1] 国务院发展研究中心课题组:《百年大变局:国际经济格局新变化》,中国发展出版社2018年版,第64页。

[2] Charles A Kupchan, "No One's World", Oxford University Press, 2012, pp. 64–65.

的国际秩序观。实际上，自第一次世界大战后苏联在世界上建立第一个社会主义国家以来，世界便出现社会主义和资本主义两种社会制度的竞争。而且，世界上第一个社会主义国家苏联在第二次世界大战中，在战胜德国法西斯侵略方面发挥了非常重要的作用，社会主义在全球的影响力大大增强，苏联也努力在东欧建立社会主义的国际秩序。二战后美苏陷入冷战状态，战后亚非拉地区民族解放运动对战后国际秩序的形成产生很大影响。第二次世界大战后，世界上至少出现了三大秩序：以联合国为核心的全球性国际秩序、以美国为核心的自由国际秩序和以苏联为核心的社会主义国际秩序。西方也许会说以联合国为核心的全球性国际秩序不过是威斯特伐利亚秩序向全球的扩展，但实际上基于《联合国宪章》宗旨的国际秩序比威斯特伐利亚秩序有了进一步发展，广大亚、非、拉国家对以联合国为核心的国际秩序的形成和发展也发挥了十分重要的作用。

1991年苏联解体后，西方的综合实力在国际体系中占绝对优势，因此在冷战后西方努力将其主导的自由国际秩序向全球扩展。但冷战后的现实是，美国主导的自由国际秩序在经济秩序方面已初步具备全球性，但在安全和政治秩序方面仍是地区性秩序，广大非西方世界仍坚持世界安全和政治秩序是以联合国为核心的国际秩序。社会主义国际秩序因东欧剧变和苏联解体而崩溃，但社会主义作为一种政治制度和意识形态并未消失。中国的改革开放使社会主义在中国重新焕发了活力。2008年的全球金融危机使自由国际秩序受到重挫，以中国、印度为代表的非西方国家在经济上再度崛起。全球力量和经济活力的重心从大西洋向太平洋、从西方向东方转移。由于全球力量分布的变化，西方主导的国际秩序面临深刻的危机。布热津斯基在全球金融危机爆发后不久指出："欧洲大国为追求自身利益而对世界大部分地区的控制已经结束。这些新权力更能代表世界的多样性。一个排外的西方俱乐部——由英国、法国或美国支配——可以聚集在维也纳会议、凡尔赛会议或布雷顿森林会议上分享全球权力的日子，已经一去不复返了。"①

现在人类历史上正在经历的第三次力量大转移，即英国记者拉赫曼称之为"东方化"的过程已经开始。他认为，15世纪开始的地理大发现开启了西化的进程。西方依靠先进的航海技术、工业技术和军事实力建立起全球性帝国。到1914年，欧洲殖民主义者控制了全球84%的土地和100%的海洋。柏林墙倒塌和苏联解体标志着西化进程到达顶峰。就在西方势力不断扩张的同时，以亚洲为代表的东方也开始了复兴的历程。2014年是一个具有象征性的年份。国际货币基金组织宣布这一年按购买力平价计算，中国国内生产总值超过美国，成为全球最大经济体。美国失去了自19世纪70年代早期以来一直占有的世界第一大经济体的宝座。澳大利亚政府的一份报告指出，到2020年，亚洲经济总量将超过美国和欧洲的经济总量。全球经济重心转向亚洲的根本原因非常简单，即人口数量的优势。到2025年，全球2/3的人口将生活在亚洲。届时美国人口仅占全球的5%、欧盟占7%。从历史上看，一国经济实力的增长有助于该国军事实力、外交实力和技术实力的增长，并有助于增强该国的国际影响力。②

当前世界正经历百年未有之大变局。大数据、物联网和人工智能等数字技术主导的新一轮技术革命正在世界范围内酝酿着生产方式的重要变革，进而引发全球生产、投资和贸易格局的深刻变化。如果从1500年世界开始见证西化的过程，那么到了21世纪世界就开始见证东方化的过程。当年，李鸿章曾将西方对中国的挑战称为"三千年未见之大变局"。当前西方正面临东方重新崛起的挑战，这是西方主导国际秩序数百年内从未见过的大变局。全球力量分布正经历一次新的转移以及世界格局的变化，意味着国际秩序也将发生相应的调整。2015年12月，美国大西洋理事会和俄罗斯科学院世界经济和国际关系研究所联合发布了一份题为《处于边缘的全球体系》的研究报告，认为自由国际秩序崩溃的风险从来

---

① [美] 兹比格涅夫·布热津斯基著，洪漫、于卉芹、何卫宁译：《战略远见：美国与全球权力危机》，新华出版社2012年版，第20页。

② Gideon Rachman, "Easternisation", Penguin Random House, 2016, pp. 4–7.

没有像现在这么大过,未来全球秩序演变存在四种可能性:第一种为新冷战,以美国为首的西方对中俄采取遏制政策。第二种为俄中主导欧亚大陆。西方对俄制裁迫使俄寻求同中印结盟。俄、中、印三国不仅在中东、非洲和亚太地区合作,还在联合国、世界贸易组织、上海合作组织等全球和地区机构合作。第三种为全球大国协调。这主要是 2008 年全球金融危机后,二十国集团在稳定全球经济和金融方面进行了有效的合作,这种合作机制扩大到全球其他事务方面。最后一种是全球秩序崩溃。世界上主要大国关系紧张,但主要是世界上主要大国无法应付内部矛盾挑战而导致内部的崩溃,从而进一步导致国际秩序陷于混乱。[1]

美国的兰德公司在美国国防部净评估办公室的资助下,针对未来国际秩序的发展演变进行研究,2018 年该项目负责人马扎尔就研究成果发表了一份报告,认为随着全球力量分布的变化,美国主导国际秩序的局面将逐步演化成更加平等的多边治理的过程。在演变过程中,未来有可能出现四种国际秩序:第一种为宪政秩序,世界上所有大国都同意遵守国际规则,国际安全主要通过军控和调解维持。第二种为建立反对修正主义国家联盟。美国增强军备和前沿部署,加强并扩大军事联盟,并对所谓修正主义国家采取削弱其力量,限制其影响的措施。第三种为大国协调。在这样一种秩序里,所有大国的利益被放在优先位置,中国和俄罗斯同意约束其野心以换取其他大国对其势力范围的尊重。第四种为民主联盟。在这样一种秩序中,美、欧、日、印建立维持自由国际秩序的联盟以应对中俄非正式联盟的挑战。[2] 兰德公司所列举的未来可能的四种国际秩序概括起来实际上就是两种秩序:一种是美国试图构建所谓的反修正主义国家联盟来遏制他国,另一种是基于大国协调的宪政秩序。

世界正见证百年未有之大变局的一个重要标志,即美国单极时代已经结束,世界进入"后冷战后时代"。英国《金融时报》评论员拉赫曼认为,2014 年两个标志性事件意味着后冷战时代的结束和后冷战后时代的

---

[1] Atlantic Council and Primakov Institute of World Economy and International Relations, "Global System on the Brink: Pathways toward a New Normal", December 2015, pp. 17 – 18.

[2] Michael J. Mazarr, "Summary of the Building a Sustainable International Order Project", Rand Corporation, 2018, p. 18.

开始。一个是该年国际货币基金组织宣布，按购买力平价计算，中国超过美国成为世界最大经济体；另一个是克里米亚"脱乌入俄"，结束了冷战后西方扩张，俄罗斯防守的历史。① 英国《金融时报》另一评论员沃尔夫则认为，特朗普当选美国总统标志着后冷战时代的结束，因为支撑冷战后秩序的两大支柱，"美国单极时刻"和"经济全球化"都受到严重削弱。②

西方特别是美国对于当前全球经历的"东方化"进程感到焦虑。在世界经历东升西降、南兴北衰的大背景下，世界上各主要强国都开始了围绕21世纪的国际新秩序的新角逐。美国的特朗普政府提出"美国优先"战略，旨在维护美国优先的霸权秩序。但美国将自身利益凌驾于世界各国利益之上的做法不仅导致西方盟国体系的松散，非西方世界的广泛反对，而且加速了美国霸权秩序的瓦解。代表建制派的拜登在赢得2020年美国大选后，表示美国将重返世界领导地位，重建西方主导的自由国际秩序。欧盟意识到"美国优先"战略和新兴经济体崛起对自由国际秩序的挑战，主张维持"基于规则的国际秩序"，并在美国民主党重回白宫后表示将努力修复大西洋伙伴关系。但由于美国和欧盟实力的相对下降，欧盟发现自身要想继续将西方主导的"基于规则的国际秩序"扩展到全球，已经力不从心。

随着自身的发展，中国提出有关国际新秩序的主张。2012年11月8日，胡锦涛总书记在中共十八大报告中指出："我们主张，在国际关系中弘扬平等互信、包容互鉴、合作共赢的精神，共同维护国际公平正义。平等互信，就是要遵循《联合国宪章》宗旨和原则，坚持国家不分大小、强弱、贫富一律平等，推动国际关系民主化，尊重主权，共享安全，维护世界和平稳定。包容互鉴，就是要尊重世界文明多样性、发展道路多样化，尊重和维护各国人民自主选择社会制度和发展道路的权利，相互借鉴，取长补短，推动人类文明进步。合作共赢，就是要倡导人类命运共同体意识，在追求本国利益时兼顾他国合理关切，在谋求本国发展中

---

① Gideon Rachman, "Easternisation", Penguin and Random House, 2016.
② Martin Wolf, "The March to World Disorder", Financial Times, January 6, 2017.

促进各国共同发展,建立更加平等均衡的新型全球发展伙伴关系,同舟共济,权责共担,增进人类共同利益。"① 中国长期作为国际规则的被动接受者,开始阐明自身关于国际关系新规则的主张。2015 年 9 月 28 日,习近平主席在纽约联合国总部第 70 届联合国大会一般性辩论会上发表了《携手构建合作共赢新伙伴,同心打造人类命运共同体》的重要讲话。习近平主席在讲话中呼吁世界各国要继承和弘扬《联合国宪章》的宗旨和原则,构建以合作共赢为核心的新型国际关系,打造人类命运共同体。中国倡导的人类命运共同体新秩序同美国霸权秩序和欧盟自由国际秩序最大的不同点在于,强调《联合国宪章》的主权平等原则,通过经济发展削除动乱根源的做法,建立开放创新、包容互惠的国际经济秩序,以及尊重文明的多样性。如果过去 400 年西方主导的国际秩序主要靠均势和霸权维持的话,中国则希望未来的国际秩序更多是依靠国际法和共商共建共享的原则来维持。中国倡导的人类命运共同体主张是一种建立在大国协调和《联合国宪章》基础上的宪政秩序,并不是对现有国际秩序的"另起炉灶",而是对现有国际秩序的改革和完善。

2020 年新冠肺炎疫情在全球的暴发不仅加快了全球力量的转移速度,也加剧了在旧秩序衰落和新秩序形成过程中各种矛盾的爆发。未来国际秩序的演变在很大程度上取决于中美两国的内部治理和对外战略选择。中国的选择已经明确,主张大国协调和基于《联合国宪章》的宪政秩序。2020 年 9 月 28 日,中国国务委员兼外交部部长王毅在出席中国公共外交协会和尼扎米·甘伽维国际中心联合主办的"后疫情时代的国际秩序和全球治理"蓝厅论坛时指出,当前我们的世界正处于二战结束以来又一个重要的历史时刻,国际秩序正面临前所未有的巨大冲击和挑战。面对世界变局,中国的立场非常明确:首先,和平发展是各国应当共同坚守的时代主题。其次,公平正义是各国应当共同捍卫的普世价值。再次,团结进步是各国应当共同坚持的人间正道。最后,开放合作是各国应当

---

① 江时学著:《人类命运共同体研究》,世界知识出版社 2018 年版,第 27 页。

把握的正确方向。①

美国无论是保守派还是自由派政府似乎都在选择竭力维持已经过时的美国霸权秩序。美国目前的战略选择将导致未来国际秩序可能演变成兰德公司国际秩序项目研究报告中的第二种情形，即美国力图组建所谓的"反修正主义国家联盟"，使世界重新回到冷战状态。美国民主党总统候选人拜登在赢得2020年大选后，表示将通过修复同美国传统盟友的关系恢复美国的世界领导地位，从而更有力地应对他国挑战。也就是说，美国共和党与民主党在维护美国霸权秩序方面并没有根本分歧，只是策略不同。但当今世界同冷战时期已经有很大的不同。首先是经济全球化已经促使全球价值链和供应链的高度融和。其次是东西方力量对比正在发生历史性的转移。美国如采用冷战时的遏制战略不仅不能阻碍中国的发展，反而将加速美国的衰落。

未来的国际秩序在很大程度上取决于世界上主要大国，特别是美中两国国内治理的持续改善和对外采取的外交战略的结果。如果美国希望继续维持世界领导大国的地位，美国就应该将主要注意力放在内部治理的改善方面，而不是转移国内矛盾，放在打压他国上面。中国要实现中华民族伟大复兴的历史使命，对内必须积极推进国家治理体系和治理能力的现代化，对外着力塑造一个有利于民族复兴的外部环境。世界上主要大国都负有避免国际秩序崩溃的责任，同时应努力避免陷入新的冷战。

---

① 王毅：《加强团结合作、防止对抗分裂，是国际社会唯一正确选择——在"后疫情时代的国际秩序和全球治理"蓝厅论坛开幕式上的主旨演讲》，《北京周报·英文版》2020年第46期。

第一部分

问题与概念

2015年10月12日，中共中央总书记习近平在主持中共中央政治局就全球治理格局和全球治理体制理论学习时指出："国际社会普遍认为，全球治理体制变革正处在历史转折点上。国际力量对比发生深刻变化，新兴市场国家和一大批发展中国家快速发展，国际影响力不断增强，是近代以来国际力量对比中最具革命性的变化。数百年来列强通过战争、殖民、划分势力范围等方式争夺利益和霸权逐步向各国以制度规则协调关系和利益的方式演进。现在，世界上的事情越来越需要各国共同商量着办，建立国际机制、遵守国际规则、追求国际正义成为多数国家的共识。"① 习近平总书记在讲话中提到"全球治理体制""国际机制""国际规则""国际正义"等一系列概念。中国人民大学教授杨光斌在一篇讨论世界政治的论文中指出："对许多人来说，和'国际格局'一样，'世界秩序'又似乎是一个老生常谈的现实性政治问题，但我认为首先是一个世界政治理论问题，弄不清其理论属性，关于世界秩序的研究就像过去的'国际格局'研究一样，局限在动态性描述，而缺少本体论性质的把握……在我看来，世界秩序是由价值、国际制度和大国治理能力三个要素所构成的，直接地说，价值、国际制度都是由治理能力的大国所塑造的……现行世界秩序看起来是二战之后建立起来的，其实我宁愿把它视为西方国家300百年努力的结果，沃勒斯坦就是在这个意义上书写其'现代世界体系'的。"②

2020年9月21日，中国国家主席习近平在联合国成立75周年纪念峰会上发表的演讲中指出："中国是第一个在联合国宪章上签字的国家，是联合国的创始会员国，也是安理会常任理事国中唯一一个发展中国家。

---

① 《习近平：推动全球治理体制更加公正更加合理》，新华网，2015年10月13日，http//www.xinhuanet.com/politics/2015-10/13/c_1116812159.htm。（上网时间：2015年10月15日）

② 杨光斌：《大变局中的世界政治》，载张蕴岭主编：《百年大变局：世界与中国》，中共中央党校出版社2019年版，第112页。

我们将始终做多边主义的践行者，积极参与全球治理体系改革和建设，坚定维护以联合国为核心的国际体系，坚定维护以国际法为基础的国际秩序，坚定维护联合国在国际事务的核心作用。"[1]

在当前世界面临百年未有之大变局的形势下，无论是世界各国领导人还是专家学者的讲话和文章中都经常出现"国际体系变化""国际格局变化""世界秩序"或"国际秩序调整"这些概念，这反映出在当前国际格局发生深刻变化的情况下，世界上主要大国都日益重视围绕21世纪国际秩序主导权的斗争。本部分将主要探讨当今国内百年大变局讨论中国内外学者所涉及的有关"国际体系""国际格局"和"国际秩序"这些概念的内涵和外延，并对这些概念间的相互关系做进一步讨论，以便有利于21世纪国际秩序与全球治理演变的进一步探讨。

---

[1]《新华社论习近平主席出席联合国成立75周年系列高级别会议重要讲话》，新华网，http://www.xinhuanet.com/nzzt/129/index.htm。（上网时间：2021年10月15日）

第 一 章

国际体系

第一节 什么是国际体系

什么是国际体系？国际体系是指以主权国家为主的各种国际行为体围绕一定问题互动而形成的整体结构。这里关键有两点，一是主权国家，二是互动。从这两个条件来说，现代国际体系是一个相对年轻的概念，因为现代意义上的主权国家一般被认为是诞生于1648年《威斯特伐利亚和约》后。

如果从互动角度观察，国际体系的形成史要悠久得多。英国学者巴里·布赞和理查德·利特尔从历史和社会学的角度对国际体系演变进行较系统的研究。他们首先从历史的角度研究了国际体系的演变过程，认为国际体系的发展经历了三个转折点。第一个转折点发生在约4万年前，当时从事打猎的团体和从事采摘的团体开始进行交换，这导致不同物品和思想的交流。这一阶段属于国际体系形成前的阶段。第二个转折点发生在约5500年前，人类社会出现了类似国家的实体，并开始互动。这些实体形式多样，包括农业帝国、游牧帝国、领主国、城邦国和城邦联盟等。这些实体首次形成国际体系的基础。这一时期是从前国际体系向国际体系过渡的阶段。第三个转折点出现在约400年前，欧洲首先出现了主权国家，到了20世纪末，主权国家这种形式已经遍及全球。[①] 巴里·布

[①] Barry Buzan and Richard Little, "International Systems in World History", Oxford University Press, 2000, pp. 4–5.

赞和理查德·利特尔也注意到，国际关系学界对于国际体系并没有一个统一的定义。目前大部分人可以接受的是，国际体系指的是国家间经常的互动，这种互动影响着各自的行为。现在，多数学者都认同现代国际体系源于1648年的《威斯特伐利亚条约》，至今也就不到400年。

此外，这两位学者还从另两个角度对国际体系进行了研究，一是国际体系成员的互动模式，二是国际体系成员的性质。对于第一类问题，两位学者认为，任何体系的首要条件是互动。从历史上看，有四种互动对国际体系的形成有重大影响，它们分别是军事、政治、经济和文化互动。要形成国际体系，体系成员的互动必须是经常性的，而不是偶尔的。同时，只有经济互动，而没有政治和军事互动也不构成完整的国际体系。对于第二类问题，两位学者发现，在不同的历史时期，构成体系的成员性质是不同的。例如，在国际体系形成前的阶段，体系成员主要是打猎和采摘的团体、部落、酋长领地等。在国际体系形成的过渡时期，体系成员主要有城邦国家、帝国等。到了现代国际体系，体系成员主要是主权国家等。[1]

上海社会科学院的黄仁伟认为，国际体系"是在特定历史时期内，主权国家、国家集团和国际组织等国际行为主体，在力量和利益排序的基础上，按照一系列原则、规范和工具进行组合与互动，形成比较稳定而系统的国际社会运行机制和权力结构"。[2] 美国学者罗伯特·吉尔平主要从现实主义出发，认为国际体系是"一种通过以某种控制形式进行有规则的互动而联结在一起的多种多样的实体的集合体"。[3] 根据该定义，国际体系首先是由多种多样的实体组成，国际体系的特征在很大程度上取决于构成国际体系实体的类型，如城邦、帝国和民族国家等。其次，构成国际体系的多种多样的实体具有进行有规则的互动的特点。在现代

---

[1] Barry Buzan and Richard Little, "International Systems in World History", Oxford University Press, 2000, pp. 91–103.

[2] 黄仁伟：《国际体系转型与中国和平发展道路》，载上海社会科学院世界经济与政治研究院编：《国际体系与中国的软力量》，时事出版社2006年版，第3页。

[3] [美]罗伯特·吉尔平著，宋新宁、杜建平译：《世界政治中的战争与变革》，上海人民出版社2007年版，第32页。

国际关系中，国家间外交、政治、军事、经济和其他关系的总和构成国际体系的运转。再次，国际体系存在某种控制形式。吉尔平承认，对于第三个特点，美国有许多其他的国际政治学者并不认同，认为国际体系处于无政府状态。但吉尔平认为，这里所说的控制是相对控制，因为从来没有一个国家完全控制过一种国际体系。对国际体系的控制通过三方面因素起作用。第一，国际体系内的实力分布决定了谁来统治该国际体系以及该体系的功能主要应有利于谁的利益。历史上出现过三种国际体系控制形式。第一种是帝国主义或霸权主义结构，即一个单一的强大国家控制该体系内比较弱小的国家。第二种是两个强大的国家控制各自势力范围，并进行互动。第三种是均势结构。构成对国际体系控制的第二个要素是国家间威望的不同层次。一国的威望在很大程度上是通过战争胜利获得的。构成对国际体系控制的第三要素是影响国家间互动的权利和规则。[①]

尽管众多学者关于国际体系的观点五花八门，但这其中也不乏一些共同的观点。综合起来，包括以下几点：首先，近现代国际体系源于1648年《威斯特伐利亚条约》后出现的主权国家，促成国际体系形成的主要动因是国家寻求安全和发展；其次，国际体系是由经常互动的单元构成。英国学者布尔认为，"如果两个或两个以上的国家有足够的交往，而且一个国家可以对其他国家的决策产生足够的影响，从而促成某种行为，那么国家体系或国际体系就出现了。"[②] 现实主义认为现代国际体系组成的主要单元为主权国家，自由主义和建构主义则认为现代国际体系组成的单元不仅包括主权国家，还包括国际机构、跨国公司和国际非政府组织等。国家间外交、政治、军事、经济和其他方面的互动推动国际体系的形成和发展。现代国际体系发源于欧洲，通过殖民、贸易、帝国主义战争、民族解放运动等，逐步扩展到美洲、大洋洲、亚洲和非洲。最后，国际体系存在结构、一定的组织原则和行为规范。现实主义认为，

[①] [美]罗伯特·吉尔平著，宋新宁、杜建平译：《世界政治中的战争与变革》，上海人民出版社2007年版，第32—44页。

[②] Hedley Bull, "The Anarchical Society: A Study of Order in World Politics", London: Macmillan, 1977, p. 9.

体系内实力分布的变化影响着国际体系的组织原则。在多极和两极状态下，国际体系的组织原则是无政府主义，在单极状态下，国际体系的组织原则则变成等级制。自由主义认为组成国际体系单元的价值体系和规范体系也影响着国际体系的组织原则。建构主义则认为，国际文化观念影响国际体系的结构和单元互动。

第二节 国际体系与国际社会

在进一步介绍西方有关国际体系的主要理论之前，有必要简单介绍一下国际体系和国际社会这两个概念，以及它们之间的相互关系。美国学者较多用国际体系这个概念，而英国学者较多用国际社会的概念。布尔在研究国际秩序时，特别指出国际体系和国际社会两个概念的不同。他在《无政府社会》一书中指出，国际体系指的是至少有两个以上的国家相互间有足够的接触和影响，以至于它们的行为表现为整体的一部分。国际社会指的是一些国家意识到它们间存在共同的利益和价值观，承认在互动时受到共同的规则的约束，遵守它们间达成的协议，并同意接受在相互交战时遵守交战规则。同时，它们在外交、国际组织、国际法等领域开展合作。[1] 布尔在这里清楚地指出国际体系和国际社会的不同。国际体系强调行为体之间作为一个整体的相互联系、相互作用和相互依赖。而国际社会强调的是共同的利益和价值观。如果用最宽泛的定义，国际体系和国际社会确实可以互用。如现在世界上绝大多数国家是联合国组织的成员，接受《联合国宪章》规定的原则，遵守国际法和国际条约，同意主要通过外交手段解决彼此间的冲突和分歧。但如果用狭义的定义，国际社会只是国际体系中的一个子系统，国际社会同国际秩序的概念更接近。美国学者麦可·马扎尔等人指出，"国际社会也许具有存在某种秩序的含义，因为难以想象存在着没有秩序的社会。"[2] 我们只有了解西方

---

[1] Hedley Bull, "The Anarchical Society: A Study of Order in World Politics", London: Macmillan, 1977, pp. 9–13.

[2] Michael J. Mazar, Miranda Priebe, "Andrew Radin and Astrid Stuth Cevallos", Understanding the Current International Order, Rand Corporation, 2016, p. 8.

人对国际体系和国际社会的不同概念，才能更好地理解西方外交思想的发展脉络。从殖民时代的"文明社会"和"野蛮社会"的分野，到冷战时"民主社会"同"共产主义社会"的对决，到冷战后"自由社会"与"极端伊斯兰主义"的斗争，以及最近的"基于规则的国际秩序"同美西方所谓的"专制的修正主义国家"的矛盾，都体现了以美国为首的西方对国际社会和国际体系之间关系的理解。

澳大利亚学者斯密特提出国际社会与世界社会的概念。国际社会的主角是国家，世界社会的主角是非政府组织和跨国公司。21世纪，国际社会在众多问题上，如裁军、环境保护、国际法、全球金融监管等，日益受到世界社会的影响。国际特赦组织、绿色和平组织和跨国公司等在全球事务中的影响日益扩大。这一发展趋势主要因以下三种因素得到促进：首先，自由国际秩序依赖于主权平等和自由贸易两大支柱。支撑自由国际秩序的这些核心准则帮助国家和非政府组织确定国家权力和行使国家权力。如同国内社会一样，自由主义原则同时增强和削弱国家的权威。其次，经济全球化、通信和技术革命有助于增强非政府组织在世界政治中的影响力。最后，国际组织扮演的"看门人"角色在增强世界社会非政府组织力量上发挥重要作用。虽然国际组织是由国家组成，并主要处理国家间事务，但国际组织成立后拥有一定的独立性，它们常常对非政府组织敞开大门。[1]

第三节　有关国际体系的主要理论

在简单讨论了国际体系的定义后，我们进一步介绍一些有关国际体系的主要理论，分别是新现实主义、新自由主义、建构主义和新马克思主义理论。

新现实主义的代表人物美国学者肯尼思·华尔兹认为，国际体系是

---

[1] Christian Reus-Smit,"American Power and World Order", Polity Press, 2005, pp. 85-86.

由结构和互动的单元所组成。① 华尔兹这里所指的结构同我们常说的国际格局是同义词,我们后面将针对国际格局问题进一步讨论,因此在此仅着重介绍互动的单元。华尔兹将国家作为国际体系中互动的单元。面对批评者认为国家并非国际舞台上唯一的重要行为体,因为国家的重要性正在降低,而其他行为体的重要性正在上升。华尔兹认为,国家从来不是唯一的国际行为体。"但是结构是根据系统的主要行为体,而非活跃于其中的所有行为体来界定的"。② 华尔兹的结论是:国际政治系统,像市场一样,是由关注自我的单元的共同行为形成的。"国际政治系统在本源上是个人主义的,它是自发形成的,而非人为地有意创建。而且都是由单元的共同行为形成的。单元的生存、繁荣或消亡都取决于自己的努力。两个系统的形成和维持都基于单元所信奉的自助原则。"③

新自由主义虽然承认国际体系中力量分布状态在维持国际体系稳定方面的作用,但认为力量并不是唯一的因素,国际进程也是影响国际体系的一个重要因素。"新自由主义强调国际体系应该有两个并存的方面:一是体系中的结构,一是体系中的进程。进程指体系单位相互作用的方式,包括单位在相互作用中建立起来的组织机构和相互交往中所建立起来的规则。单位之间的相互作用构成了国际体系的进程,这种进程又反过来影响单位的行为。也可以说,国际进程是一个国际行为体的学习过程,国际行为体(包括国家和非国家行为体)在多渠道的相互交往中学习如何相互交往。所以,国际进程可以在国际体系结构没有发生变化的情况下影响国家的国际行为。"④

美学者罗伯特·基欧汉认为,国际体系的主要特征是国际制度。世界政治经济中的相互依赖产生着冲突。有两种途径可限制纷争并避免激

---

① [美]肯尼思·华尔兹著,信强译:《国际政治理论》,上海人民出版社2003年版,第106页。
② [美]肯尼思·华尔兹著,信强译:《国际政治理论》,上海人民出版社2003年版,第125页。
③ [美]肯尼思·华尔兹著,信强译:《国际政治理论》,上海人民出版社2003年版,第122页。
④ 秦亚青:《权力·制度·文化:国际关系理论与方法研究文集》,北京大学出版社2016年版,第44页。

烈冲突，一种是通过霸权国采取行动，另一种是通过建立和维持国际制度。现实主义认为，无霸权的合作是困难的。但新自由主义认为，由于国家间的相互依赖和共同利益，霸权衰落后，世界对国际机制的需求会增加。而且，美国在其霸权高峰期建立了大量的国际机制，即便美国霸权衰落，这些机制仍为合作创造了更为有利的制度环境，维持机制比创建新机制更容易。国际机制能促进国际合作，这在很大程度上是因为以下因素：第一，国际机制能降低交易成本，这增加了合作的可能性。第二，国际机制提高了信息对称性，改善政府所接受的信息质量。第三，国际机制帮助政府之间保持经常性接触，从而减少了产生欺诈的动机，提高了声誉的价值。如果政府对支持这类国际制度的承诺的破坏，会对其声誉造成损害。第四，国际机制通过建立国家遵循的合法行为标准，以及提供进行监督的手段，也为建立在互惠原则基础上的分散化实施行为打下了基础。[1]

那么什么是国际制度？罗伯特·基欧汉认为，国际制度是一系列围绕行为体的预期所汇聚到一个既定国际关系领域而形成的隐含或明确的原则、规范、规则和决策程序。[2] 在国际政治中，不仅实力，信息也是一项重要的体系变量。即使在每一体系中基本国家利益和实力分配都是相同的，但是如果一种国际体系包含的制度能产生大量高质量的信息，并且关键的行为者能在合理平等的基础上利用这种制度，那么它就能比没有包含这些制度的体系产生更多的合作。[3]

建构主义从另一个方面反对新现实主义对国际体系的看法。建构主义代表人物温特认为，国际体系的主要特征是文化。新现实主义认为，国际体系实力分布状态决定国际体系的结构，建构主义则认为国际体系中的共有观念，也就是国际文化的分布状态决定了国际体系的结构。温

---

[1] [美]罗伯特·基欧汉著，苏长河、信强、何曜译：《霸权之后：世界政治经济中的合作与纷争》，上海人民出版社2001年版，第30、291页。

[2] [美]罗伯特·基欧汉著，苏长河、信强、何曜译：《霸权之后：世界政治经济中的合作与纷争》，上海人民出版社2001年版，第68—69页。

[3] [美]罗伯特·基欧汉著，苏长河、信强、何曜译：《霸权之后：世界政治经济中的合作与纷争》，上海人民出版社2001年版，第292页。

特承认国际体系是无政府体系，无政府体系至少有三种文化：霍布斯文化、洛克文化和康德文化。这些文化基于不同的角色关系，即敌人、对手、朋友。霍布斯文化的主体位置是"敌人"，洛克文化的主体位置是"对手"，康德文化的主体位置是"朋友"。在霍布斯文化中，一旦敌意逻辑被激活，国家的行为方式就会使它们成为相互生存的威胁。国家的最高行为准则是生存，国家生存完全依赖军事实力，一国军事实力的增加就意味着另一国安全的削弱。安全是高度竞争的零和游戏，安全困境十分尖锐。洛克文化的角色结构是竞争，竞争对手期望相互行为的基础是主权。现代国家间的竞争受到国际法承认的主权结构的限制，所以，国际法是现代国际政治深层结构的基本组成部分。主权制度是现代国际体系的基础，均势得以成为国际秩序的基础，结盟、中立和不结盟也被承认。在康德文化中，国家期望相互遵守两条基本规则：不使用武力或武力威胁解决争端规则和集体安全规则。在集体安全体系里，国家实力具有不同的意义，不仅不是潜在威胁，而且是大家的财富，因为每个成员的力量都只会用来维护集体的利益。温特不同意现实主义对国际体系的看法，认为国际体系的重要结构是由观念构成的，不是物质力量。观念决定国家实力的意义和内容，决定国家实现利益的战略，也决定利益本身。导致产生无政府体系结构和逻辑的是文化结构，不是无政府体系本身。①

新马克思主义理论的代表人物伊曼纽尔·沃勒斯坦认为，世界体系由中心、半边缘和边缘三部分组成。维持世界体系的稳定主要有以下三大因素：首先，中心控制军事机器；其次，存在维护该体系合法性的意识形态；最后，世界体系由中心、半边缘和边缘地带构成，这避免了中心和边缘的直接冲突。半边缘地带扮演着剥削者和被剥削的双重角色，起到缓和矛盾的作用。世界体系又分为世界帝国体系和世界经济体系。16世纪之前，世界体系主要表现为帝国体系。16世纪后，世界经济体系成了主导体系。在世界帝国体系里，上层控制军事力量，并利用权力攫

---

① ［美］亚历山大·温特著，秦亚青译：《国际政治的社会理论》，上海人民出版社2000年版，第328—387页。

取剩余价值。中层主要从事长途奢侈品贸易,但缺乏政治权利。因此,每当中层财富过多,有可能建立自己独立武装时,上层都会采取没收他们财富的行动。欧洲历史上最后一个试图建立帝国体系的是哈布斯堡王朝。但由于欧洲经济、人口和技术方面的发展,要想建立帝国,代价太大。哈布斯堡王朝既没有足够的财力,也没有足够的武力建立欧洲帝国。1557年哈布斯堡王朝建立帝国的梦想破灭后,资本主义体系在欧洲确立了其主导地位。

在世界资本主义经济体系中,中心区、半边缘区和边缘区是不断变化的。到1640年,西北欧成为中心,西班牙和意大利则沦为半边缘,东北欧和美洲属于边缘地带。资本主义发展的第二阶段是重商主义阶段,英国取代荷兰成为体系中心。19世纪是资本主义发展的第三阶段——工业革命阶段,工业革命促使资本主义为了寻找原料和市场而向全球扩张。英国仍处在中心区,俄国和日本等处于半边缘地带,拉美、亚洲和非洲处于边缘地带。第一次世界大战和俄国十月革命是资本主义发展的第四阶段,这一阶段是革命和工业资本主义在全球巩固的阶段。在这一阶段,俄国从半边缘沦为边缘后,俄国革命使其开始了重返半边缘地带的努力。在这一阶段,最引人注目的是美国的崛起和英国的相对衰落。第二次世界大战确立了美国在世界体系的中心地位。美国在战争中发展起巨大的生产能力,需要寻找海外市场和投资场所。由于冷战,美国失去了苏联、东欧的市场,于是转向西欧、拉美、南亚、中东和非洲寻找投资和贸易场所。到了20世纪70年代,随着西欧和日本经济上的复苏,苏联和东欧的工业化,以及美国在越南战争中的失败,美、欧、日、苏四家在很大程度上瓜分世界剩余价值的局面出现了。

沃勒斯坦利用阶级分析的方法来分析世界经济体系。他认为,处于中心、半边缘和边缘地带的统治阶级的利益是一致的,而处在上述地区的无产阶级的利益也是一致的。只不过处在中心地带的统治阶级为了促进消费和缓和阶级矛盾,采取了福利政策,使得中心地带的无产阶级的待遇有所改善。但资本主义世界体系存在着深刻矛盾,且是难以解决的。首先,资本主义利润最大化意味着从大众身上榨取最大的剩余价值。而产能过剩只能通过提高大众的消费能力得以化解。这意味着要将相当一部分剩余价值返还给大众,但这同利润最大化的目标是矛盾的。这一矛盾导致资本主义世界体系不时产生经济危机。其次,统治阶级为了分化瓦解反抗运动,对反对派中的少部分人实行收买政策。虽然这在短期内能化解危机,但在下一次危机来临时,统治阶级将发现,收买的代价更大,以至于最终难以承受。[①]

第四节　国际体系变革的动力

当今我们常常听到的一句话是,国际体系正在经历深刻而广泛的变革。那么,什么是国际体系变革?有什么因素会导致国际体系变革呢?华尔兹认为,国际体系的变革主要有三种情况:其一是国际体系的组织原则发生了变化,如无政府状态被等级制所替代,这意味着国际体系发生了变化。其二是组成国际体系的单元的功能和分配发生了变化。其三是国家间实力分布发生了变化。在华尔兹看来,多极和两极状态下国际体系的组织原则都是无政府状态,只有单极体系组织原则才变成等级制。因此,他认为,国际体系从多极、两极演变成单极是发生了系统性变化。[②]

吉尔平在《世界政治中的战争与变革》一书中提出以下假设:首先,如果世界上没有一个大国相信力图改变现在的国际体系是有利可图的话,这个体系就是稳定的。其次,由于实力增长的不平衡,体系内的实力分布发生了新的变化,这一变化导致国际体系的失衡。再次,体系的失衡导致体系出现危机,当体系内一个大国认为改变现存体系的收益大于成本的话,它就会力图改变现存体系,并通过领土、政治和经济扩张的方法来谋求国际体系的变革,这种努力要到为进一步的变革所付出的边际成本等于或大于边际收益时才会停止。最后,一旦达到为进一步变革和

[①] Immanuel Wallerstein, "The Rise and Future Demise of the World Capitalist System: Concepts for Comparative Analysis", in Perspectives on World Politics edited by Richard Little and Michael Smith, Routledge, 1991, pp. 305–317.

[②] [美]肯尼思·华尔兹著,信强译:《国际政治理论》,上海人民出版社 2003 年版,第 134 页。

扩张所付出的成本和所得到的利益之间的平衡后，为维持现状所付出的经济成本的增长就会趋向快于为维持现状所具备的经济能力的增长。这种短暂的平衡又预示着将来新的不平衡，新的不平衡导致新的危机，直到建立起一种新的反映实力分布的平衡为止。① 因此，国际体系的变革在平衡—失衡—危机—重新平衡中循环往复。虽然国际体系的变革周而复始，但国际体系变革本身又分不同的类型。根据吉尔平的观点，国际体系的变革主要有三种类型。第一种为体系的变更，导致体系性变更的主要因素为行为者的性质发生了变化，如城邦国家变成帝国，帝国变成民族国家等。第二种为系统内变革，系统内变革是一种体系内部的变化，不涉及体系本身的变革，这些变化包括体系内力量分布的变化、威望等级的变化，以及体系中具体规则和权利的变化等。第三种变革为行为体间互动的变化。体系的变更并不经常，而互动的变化常常是系统性变革的先兆，因此我们应将较多注意力放在系统性变革方面，因为"系统性变革的本质涉及正在兴起的大国取代正在衰落的原来居支配地位的国家的变革"。②

那么，哪些因素会导致系统性变革？马克思列宁主义、政治现实主义、自由主义和建构主义对国际体系的变革有着不同的解释。吉尔平认为，阿尔伯特·赫希曼很好地阐述了马克思和恩格斯关于经济发展与政治变革关系的观点："在任何一个历史阶段，经济都是在一定的政治和制度结构中发挥作用，在这种结构基础上，同时也由于这种结构的作用，尚未受到禁锢的经济生产力可以取得某种长足的进步。然而，到了一定程度，进一步的发展变得越来越困难，且最终受到固定不变的政治结构的阻碍。这样，这种政治结构也就由进步的动力变成前进的羁绊；到这时，政治上和制度上的变革不仅是继续前进的必要，而且非常可能爆发。因为经济的发展会产生某种强大的社会集团，它们与这些必要的变革有重大的切身利害关系。"在这里，赫希曼实际上将马克思和恩格斯关于经

---

① [美]罗伯特·吉尔平著，宋新宁、杜建平译：《世界政治中的战争与变革》，上海人民出版社2007年版，第17页。

② [美]罗伯特·吉尔平著，宋新宁、杜建平译：《世界政治中的战争与变革》，上海人民出版社2007年版，第46—50页。

济发展和政治变革的观点归纳为以下三点：第一，每一个时代的每一个社会都受到收益递减规律的支配。在现行社会和政治结构中，社会财富和实力的增长和发展，达到它们开始与收益递减发生冲突时便不能顺利发展。如果要取得进一步增长，避免经济衰退，就必须进行政治和制度变革，或进行领土和经济扩张。第二，随着经济的增长，往往会产生一些社会群体和政治集团，这些群体和集团与承担排除经济增长中的社会和政治羁绊的行为有着利害关系。随着社会发展而产生的实力的重新分配，往往使某些特定的集团获得新的权势地位，从而成为政治变革工具。第三，收益递减规律既适用于国内社会，也适用于国际社会。群体和国家渴望增加自己在经济剩余中的份额，而收益递减律却使这种剩余出现下降趋势，这两个因素构成扩张和国际政治变革的强大动力。[①]

列宁在《帝国主义是资本主义的最高阶段》一文中阐述了不平衡发展规律导致国际政治变革："在资本主义制度下，分割势力范围、分享利益和分割殖民地等，除了以分割者的实力，也就是以一般经济、金融、军事等的实力根据外，不可能设想以其他的东西为依据，而这些分割者的实力的变化又各不相同，因为在资本主义制度下，各个企业、托拉斯、工业部门、国家的发展不可能是平衡的。如果拿半个世纪以前的德国的资本主义实力同当时英国的实力相比，那时德国还小得可怜；日本同俄国相比，也是如此。能不能'设想'一二十年之后，帝国主义列强的实力对比依然没有变化呢？绝对不能。"[②] 列宁认为，帝国主义经济发展的不平衡和资本积累的不平衡导致帝国主义列强实力增长的不平衡。资本主义国家对殖民地的占有是根据不同的实力进行的。由于资本主义发展不平衡规律，后起的帝国主义国家要求重新划分殖民地以及对国际体系进行变革，这样的要求将导致帝国主义之间的战争。根据马克思列宁主义理论，在任何国际体系下，都存在既得利益集团和新兴利益集团，当新兴利益集团在现存的国际体系中还存在一定的发展空间，这个国际体

---

① [美]罗伯特·吉尔平著，宋新宁、杜建平译：《世界政治中的战争与变革》，上海人民出版社2007年版，第85—88页。

② [美]罗伯特·吉尔平著，宋新宁、杜建平译：《世界政治中的战争与变革》，上海人民出版社2007年版，第81—82页。

系将呈现出相对稳定的状态。由于受收益递减规律和发展不平衡规律的影响,当既得利益集团成为新兴发展集团进一步发展的羁绊时,新兴发展集团就有了变革现存国际体系的动力。

现实主义理论也认为,"国家间战争和国际体系变革的根本原因在于国家间实力增长的不平衡。所有现实主义学者都认为,国际关系之所以有原动力,是国际体系内力量的分布在一定时期之后发生变动这一事实。"[1] 美国学术界进攻性现实主义的代表人物约翰·米尔斯海默认为,国际体系的三个特征导致国际体系中的大国一直要寻求改善自己在国际体系中的地位,直到获得霸权地位为止:第一,国际体系处于无政府状态,没有一个凌驾于国家之上并能保护彼此不受侵犯的世界政府;第二,国家总是拥有进攻性军事力量;第三,国家间永远无法知道彼此的意图。因此,"国际体系中没有维持现状的国家,除了那种相对潜在的对手保持支配地位的一时霸主。大国很少对眼前的权力分配感到心满意足。相反,它们时刻怀着以自己利益为中心的求变动机。它们几乎总是拥有修正主义意图,倘若能用合算的代价达到目的,它们会以武力改变均势。有时,当大国认为改变均势的成本过于高昂时,它们不得不坐等更有利形势,但猎取更多权力的欲望不会消除,除非一国达到最高霸权目的。然而,任何国家都不可能取得全球霸权,因此整个世界充斥着永久的大国竞争。"[2]

自由主义对于国际体系变革的原因的解释有所不同。自由主义认为,结构现实主义的体系概念过于简单,解释能力不强。自由主义认为,要了解国际体系的变革,不仅要注意体系的结构,也要注意体系的过程,即体系单位之间互动的模式和类型。美国学者约瑟夫·奈认为,以下三个因素决定了国际体系的过程:体系的结构、文化和制度环境和国家的目标和手段。多数国际体系都存在于一个具有一些基本规则或惯例的文化背景中,国家可能接受或挑战这些规则或惯例。国际体系的过程是否

---

[1] [美]罗伯特·吉尔平著,宋新宁、杜建平译:《世界政治中的战争与变革》,上海人民出版社2007年版,第101页。

[2] [美]约翰·米尔斯海默著,王义桅、唐小松译:《大国政治的悲剧》,上海人民出版社2003年版,第2页。

稳定，在很大程度上取决于体系内的大国是否接受或挑战这些规则和惯例。不仅国家目标的改变会导致国际体系的变化，国家手段的改变也会影响体系的进程，不同的手段会产生促进或破坏体系稳定的作用。

自由主义还不认同现实主义强调体系结构约束，忽视单元性质的观点，认为国家内部的社会性质在很大程度上决定国家的外部行为。国际体系的合法性危机是导致国际体系变革的一个重要原因。古典自由主义认为资本主义国家具有和平的倾向，因为战争将损害商业利益。第一次世界大战削弱了古典自由主义的影响力。20世纪70年代，自由主义思潮在西方重新兴起。新自由主义主要有三个分支：经济自由主义、社会自由主义和政治自由主义。经济自由主义鼓吹自由贸易，认为自由贸易为各国提供了一条通过发展经济，而非军事征服来改变自身国际地位的途径。社会自由主义认为，各国人民之间的交流会增进相互了解，从而减少冲突。政治自由主义有两个分支，一个关注制度，一个关注民主。这两者的主要区别在于，关注制度的这一派认为国际制度是影响国家行为的重要因素，而关注民主的认为国家政权性质是影响国家行为的重要因素。[1]

建构主义主要从文化变化的角度来探讨国际体系的变革。温特认为，在国际历史的多数时候，国家生活在霍布斯文化中，该文化的逻辑是杀戮或被杀。从17世纪起，欧洲建立了洛克文化，相互承认主权限制了冲突烈度。20世纪后期，国际体系经历了一种结构性变化，即西方向集体安全的康德文化方向发展。建构主义理论认为，国际政治中的结构变化涉及国家身份和利益的造就和再造问题。建构主义将身份和利益作为内生于互动的因素，是进程中的一个因变量。当行为体重新定义其身份和利益时，结构就发生变化。

温特认为，当今国际体系面临的主要问题，是如何使更多国家从洛克文化认同转向认同康德文化。国家身份是通过自然选择和文化选择两种机制进化的，一旦国家建立了洛克文化，自然选择就变得不重要了，

---

[1] ［美］小约瑟夫·奈著，张小明译：《理解国际冲突：理论与历史》，上海人民出版社2005年版，第45—60页。

对国家身份的影响主要是文化选择。那么，文化选择如何促使国家从洛克文化转向康德文化？温特围绕相互依赖、共同命运、同质性和自我约束这四个变量来讨论集体身份的形成和新文化的变化。所谓相互依存指的是在互动中一方产生的结果取决于其他各方的选择。相互依存对于集体身份的形成有正反两方面作用。从积极方面看，如果核心地带形成新的集体身份，就可能促使其他地带模仿核心地带。从消极方面看，相互依存程度的提高也导致行为体之间的关系更为脆弱，担心相对收益问题，并设法减少对他国的依赖。因此，相互依存不能构成国家间集体身份形成的充分条件。其他国家会实行自我制约是国家间实现相互依存的关键条件。影响国家集体身份的另一个因素是共同命运。每个成员的生存、发展和繁荣取决于整个群体的状况就是命运共同体。典型的命运共同体是不同群体面临共同的外来威胁形成的。这里需要指出的是，相互依存和共同命运是不同的，相互依存包含行为体间互动内容，共同命运则不包括，因此，共同命运也不是形成集体身份的充分条件。历史上，国家间因互不信任和充满敌意而面对共同威胁不能合作的例子比比皆是。同质性是形成集体身份的另一个有效因素。行为体在团体身份和类别身份方面是相似的，可称为同质性。同质性可以通过减少冲突与在价值和体制方面的相似性而对集体身份的形成做出贡献，但这种贡献必须同其他因果机制相结合。相互依存、共同命运、同质性都有助于集体身份的形成，因此也是结构变化的原因。但是，在没有解决国家间信任问题的情况下，所有上述因素都不足以促使行为体从洛克文化转向康德文化。

　　对于信任赤字问题，温特认为传统上有三种解决方式。第一种是靠实力，第二种靠的是制度，第三种是自我约束。首先，国家的自我约束可以通过不断地服从规范，将多元安全共同体制度内化，使外部制约因素成为内部制约因素。其次，民主国家受到内部宪政结构的制约。最后，通过单方面行为减轻别国的担心而实行自我束缚。温特承认建构理论对于解释结构变化还有许多地方需要完善，但他强调了结构变化至少得满足下列两个条件：一个是行为体身份的变化，另一个是行为体集体认同和体系内的分布超越一个临界点。超过这个临界点，结构逻辑就会发生变化。一个有着200个成员国家的洛克文化不会因为其中两个成员国接受了康德文化就发生变化，除非这两个成员国是体系中仅有的两个超级大国。因此，要解释结构的变化，不仅需要解释个体身份的变化，还要解释集体和总体身份变化，而集体和总体身份的变化受到集体认同分布状况的影响。①

根据建构主义理论，在《威斯特伐利亚和约》之前，世界上占主导地位的文化是霍布斯文化。自民族国家诞生后，世界就进入洛克文化占主导地位的时代。西方自由主义的理想是世界进入康德文化主导的时代。

---

① ［美］亚历山大·温特著，秦亚青译：《国际政治的社会理论》，上海人民出版社2000年版，第397—458页。

第 二 章

国际格局

第一节　什么是国际格局

同国际体系密切相关的一个概念是国际格局。那么，什么是国际格局？中国学者叶江认为"现代国际格局是一种由现代主权国家，并且主要是由被称为'极'或'权力中心'的大国相互作用而形成的结构状态"。[1] 在这方面，西方学者较常用的概念为国际结构，或国际体系结构，实际上同中国学者所说的国际格局是一回事。用通俗的话说，国际格局实际上指的是世界上主要大国在一定历史时期内在国际体系中的分布状况。

美国学者对国际格局研究的代表人物为新现实主义者肯尼思·华尔兹，他认为国际体系的结构在很大程度上决定了体系内国家的行为。华尔兹在研究国际格局时，认为应注意以下三方面：首先是组织原则。华尔兹认为，国际格局问题首先应关注的是国际体系内部各部分的安排问题。他比较了国内政治和国际政治体系之间的差别后指出，国内政治体系是集权和等级制，而国际政治体系则是分权和无政府状态的。其次要注意单元的特性。他认为，在无政府状态下，系统单元间是一种同等的关系。第三是能力的分布。他指出，国际格局随着系统单元能力分布的变化而变化，并且格局的变化导致对系统单元的行为及它们互动结果的

---

[1] 叶江：《国际体系与国际格局新论》，上海人民出版社2014年版，第47页。

预期也随之变化。① 美国新自由主义对国际格局的看法同新现实主义并没有太大的分歧。建构主义有关国际格局的看法同新现实主义有很大的差异，更强调是社会观念，而不是力量分布，决定了国际体系的格局。在建构主义看来，霍布斯文化决定了国际格局是一种敌对的格局，洛克文化决定了国际格局是一种竞争的格局，康德文化则决定了国际格局是一种合作的格局。美国学者塞缪尔·亨廷顿在冷战结束后提出文明冲突范式，实际上属于建构主义理论范畴。亨廷顿认为，冷战后各文明圈中的核心国家取代冷战时的两个超级大国成为吸引或排斥其他国家的几个基本极。国际格局不仅是由大国力量分布状况决定的，更是由各大文明集团力量分布的状况决定的。

顾关福是中国国内较早研究国际格局的学者之一。他认为，国际格局包括以下三方面内容：首先，国际格局指的是国际关系中主要力量所形成的一种结构，世界上主要大国或国家集团间的力量对比所处状态，在一定时期内形成的关系和结构。其次，国际格局的形成是大国关系调整的过程和结果。最后，新格局的形成标志着一种新的体制和新的世界秩序的建立。② 同国外学者相比，顾关福对国际格局的定义显得更为宽泛。除了第一项同多数学者认为的主要大国在国际体系中的分布状态相似外，第二项主要说明国际格局形成的原因，第三项则将国际格局视为国际体系和国际秩序的同义词，这同国外现实主义理论对格局和秩序关系理解相同，但与国外自由主义和建构主义的理解不同。严格意义上说，国际格局和国际秩序关系密切，但仍为两个不同的概念，本书第三章将专门讨论国际秩序，届时将进一步讨论国际格局和国际秩序间的关系。

第二节　极与综合国力

与国际格局密切相关的概念是"极"。现实主义主要从国际体系的力

---

① ［美］肯尼思·华尔兹著，信强译：《国际政治理论》，上海人民出版社2003年版，第118—130页。

② 顾关福编著：《战后国际关系》，时事出版社1998年版，第3—12页。

量分布角度理解国际格局,因此国际体系中的大国,即国际格局中能成为一极的大国,就构成国际格局的重要组成部分。国际体系中的极可以是一个大国,也可以是一群结盟的国家。要成为国际体系中的一极,必须拥有雄厚的经济、军事和政治实力,在国际政治中可以扮演独立的角色。华尔兹认为,在国际政治中,大国不仅能确定自身的行为准则,还设法为其他国家确立行为规则。在国际体系中,主要大国的行为和互动对所有国家的影响要远远大于小国的影响。[1] 美学者约翰·伊肯伯里认为,衡量极的标准可以是综合国力,也可以是在一个地区、一个领域或在全球体系中发挥中心作用的国家。例如,中国和日本在亚洲都扮演过地区一极的角色,英国和法国在西欧也起过地区极的作用。英国在19世纪扮演了全球中心的角色,冷战期间美苏分别成为资本主义阵营和社会主义阵营的中心。[2]

那么,什么样的国家才能被称为大国或一极?当然,这里不存在大家都认同的标准。顾关福认为,要弄清楚国际体系中有哪些主要大国,就必须分析综合国力。综合国力指的是一个主权国家维护自身生存与发展所拥有的全部实力。它通常分为两大部分,一部分是"硬实力",包括资源力量(国家的领土面积、地理环境、自然资源和人口等)、经济实力、科技力量、军事实力以及文化教育水平等。另一部分被称作"软实力",包括国家政治制度、政府的能力和威信、国民意志、民族关系、政府对内对外的决策能力、外交能力以及外部支持条件等。他进一步分析了不同历史时期各实力部分的重要性是不同的。在帝国争霸和动乱时期,军事实力的重要性普遍更加受到重视,在和平发展年代,经济和科技发展就更受重视。另外,他还强调,"硬实力"虽然重要,但"软实力"的重要性不应忽视。一个国家"软实力"退化或削弱的后果将很严重。如果一国的领导集团十分软弱、内部争斗、决策不力、国家涣散、民族和其他矛盾尖锐等,便会导致整个国家的败落。反之,如果一国硬实力虽

---

[1] [美]肯尼思·华尔兹著,信强译:《国际政治理论》,上海人民出版社2003年版,第96—97页。

[2] John Ikenberry, "Liberal Leviathan", Princeton University Press, 2011, pp. 132 – 134.

弱，但该国领导人能力强，决策力强，领导艺术高超，国家也会显得强大。① 在分析了综合国力的概念后，他进一步介绍了国内对"极"这一概念的理解。一种观点认为，能称得上极的国家必须具备几个每件：第一，其综合国力，特别是经济、科技和军事实力必须远超其他国家；第二，应当具备干预世界事务的能力，缺乏这种能力和意愿的国家都不能称为"极"；第三，有自己的势力范围或自己是一个有吸引力的"力量中心"。②

虽然多数学者在研究国家的综合实力时比较注重一国的国内生产总值和军事开支等总量指标，但美国学者迈克尔·贝克利则认为净指标更能准确反映出一国的真实实力。他指出，采用总指标衡量国家的实力将导致夸大人口大国的实力，因为总指标只计算了人口总量带来的好处，却忽略了人口众多带来的负担。大量的人口在创造财富的同时，也在消耗财富。国家的实力应该是减去成本后的净资源。这些成本包括生产成本、福利成本和安全成本。国内生产总值反映了一国经济和军事产出的总规模，但人均国内生产总值则反映了经济和军事的效率。因此，用国内生产总值乘以人均国内生产总值能更准确地反映一国的真实实力。贝克利研究19世纪中英鸦片战争和中日甲午战争的结果表明，从传统指标看，中国似乎是19世纪和20世纪初的超级大国，在国内生产总值和军队规模都占世界第一，但两次战争中国都战败了。如果按照净指标的计算法（国内生产总值乘以人均国内生产总值），中国远远落后于英国和日本。③

华尔兹发现，美国学者对强国的界定标准也是在不断发展和变化的。强国一度是根据他们的实力来界定的，但现在又有人将国家解决问题的能力和与他国的关系作为界定强国的标准。他注意到，美国有些人在评估国家行为能力时，将经济、军事和政治能力分割开来加以考量。如基辛格在担任国务卿时，就认为虽然在军事上存在两个超级大国，但在经

---

① 顾关福编著：《战后国际关系》，时事出版社1998年版，第4—5页。
② 顾关福编著：《战后国际关系》，时事出版社1998年版，第45页。
③ Michael Beckley, "The Power of Nations: Measuring What Matters", International Security, 2018, Vol. 43, No. 2, pp. 7–44.

济上至少有五个主要集团。历史上,军事的、经济的以及政治的潜力是密切相连的。强国必须在所有方面都强大。不过,时代变了,强大的军事实力不能确保政治影响力,经济巨人在军事上也可能很弱,而军事力量也无法掩盖经济上的脆弱。有些国家军事和经济实力都不强,也能在政治上发挥影响。华尔兹并不认同基辛格的观点,认为国家的经济、军事及其他能力不能分割开来加以衡量。国家并不因它们在某一方面实力出众而成为一流强国。它们的地位取决于在以下所有方面的得分:人口、领土、资源禀赋、经济实力、军事实力、政治稳定及技术能力。[1]

虽然不同的学者都同意,大国必须在硬实力和软实力方面都强。但强到什么程度才可以算得上是大国似乎仍是众说纷纭。美国学术界传统上认为,如果一国能够在全面的防御战中避免被世界上最强大的国家所打败,该国就可以被认定为大国。根据这一标准,当今世界上所有的核国家,包括美国、中国、俄罗斯、法国、英国、印度、巴基斯坦等都可以算是大国。不过,美国学者努诺·蒙特罗不同意这一标准。他认为,大国除了能避免被其他大国打败外,还必须拥有在该国所在地区之外世界上其他相关地区单独从事可持续的政治和军事行动的能力,其行动强度不亚于国际体系中最强大国家所能进行的强度。他认为,这种进攻性能力对于塑造国际关系的性质十分重要。由于大国拥有在其所在地区之外的世界上相关地区的进攻性能力,其对该地区一些重大问题所持的立场就值得认真对待。在多极和两极格局下,一个大国在其所在地区之外的相关地区采取行动时,必须考虑该地区强国和世界上其他大国的利益。如果该行动遭到世界上其他大国的反对,其行动的代价和风险势必大大升高。[2]

综上所述,国内外学者对于综合国力和极的概念的理解既有相同之处,也有不同之点。国内外学者对综合国力、实力的理解也存在差别。这在很大程度上源于对英文"power"(力量)的理解不同。根据1985年

---

[1] [美]肯尼思·华尔兹著,信强译:《国际政治理论》,上海人民出版社2003年版,第173—175页。

[2] Nuno P. Monteiro, "Theory of Unipolar Politics", Cambridge University Press, 2014, pp. 44 - 45.

第 2 版的《新英汉词典》的解释，该词有能力、体力、力量、权力、强国等诸多意思。该词是个多义词，这很自然会导致国内学者对其有不同的理解。在国际政治领域，多数人将其理解为实力、力量、国力等，但也有不少人将其理解为权力和权势。因此，在国内外学术著作中，出现对同一个事物不同的说法。如综合国力方面，有人将综合国力分为硬实力和软实力，也有人称之为硬权力和软权力。这一概念之所以有如此多的不同说法，正如威廉·康诺利观察的那样，该词基本上是一个有争议的概念，充满价值判断，内涵复杂，不同的人有不同的理解。[1] 德国政治学家卡尔·斯密特指出，多数人主要从两方面对该概念的理解，即能力和合法能力。作为对该概念的第一层次的理解，能力有以下特点：首先，能力是行为体所拥有的，如总统或首相，这里能力表现为权力。其次，能力主要是物质的。在涉及国与国关系时，武力和金钱被认为是主要的实力资源。古典现实主义大师汉斯·摩根索将地理、自然资源、工业能力、军备、人口等当作国力的核心要素，那些不那么有形的要素，如国民性格、国民士气、外交水平、政府素质等也被当作类似物质资源。再次，能力是主观性的。即软实力，如意识形态、价值观和信仰也仅被看成单一行为体的特色。最后，力量是非社会化的，也就是说，实力只是单一行为体所拥有，力量分布和均势可以看成某一社会体系的特点，但进程、规则、制度和社会结构并不认为是构成实力的部分。

对于力量的第二层意思的理解，即合法的能力，就同第一层意思的理解大不相同。在这里，实力不仅涉及能力，还涉及行动的权力。该权力来自施加权力时对方的同意。当能力作为第二层意思理解时，它有以下的特点：首先，它是关联性的，只存在社会关系中。当行为体试图影响其他行为体时，才能表现出是否拥有影响力。其次，它主要表现为意识形态形式，如规则、原则、决策程序等。最后，作为合法的权力它具有相互主观性。例如，一种意识形态只有被人相信时才是有影响力的。[2] 美国学者约瑟夫·奈也将实力分成硬实力和软实力两个方面。硬实力主

---

[1] Christian Reus – Smit, "American Power and World Order", Polity Press, 2004, p. 41.

[2] Christian Reus – Smit, "American Power and World Order", Polity Press, 2004, pp. 42 – 44.

要指的是一国命令、胁迫、威胁、报偿、制裁他国的能力,软实力主要指的是一国设定议程、说服、吸引、同化他国的能力。[①] 正是由于该概念的不同解释,根据汉语习惯,当该词被用以解释综合国力时,被译作实力比较合适。当该词被用来指的是"控制他人,迫使他人做正常情况下他不愿做的事的能力"时,该词应被译为权力。在国际政治理论中,该词什么时候应译为实力,什么时候应译为权力,确实需要仔细掂量拿捏。

对于大国和"极"的标准问题,实际上这是一个涉及主客观的问题。一方面,国内外多数学者同意,大国在硬实力和软实力方面必须力量超群,能够在同体系中最强的国家的全面战争中不被打败,并且有意愿和能力对世界事务进行干预,在建立国际机制和制定国际规则方面发挥重要作用。另一方面,大国和"极"的评价标准又存在一定的主观性。这同其他大国的外交战略和人们对国际格局的主观判断有一定的联系。如二战结束后,罗斯福将中国视为大国,虽然中国在客观国力上远远称不上大国,但罗斯福在构想战后秩序时,就设想建立类似维也纳秩序的大国协调秩序,二战时的同盟国美苏英中共同维护战后秩序。在冷战时期,尼克松和基辛格就将中国视为一"极",虽然中国按照当时软硬实力的标准同美苏的实力相比有很大差距。进入21世纪后,中国提出愿同美国发展"新型的大国关系"时,这里的大国英文翻译为"great power",但在美国一些想维持单极格局的人眼里,世界上只有美国可以称为大国,中国只能算作强国(major power),如果美国接受中国发展新型大国关系的主张,表明美国承认中国是能和美国平起平坐的大国,这是美国不愿接受的。也就是说,大国的标准除了客观实力外,还涉及其他大国是否承认和认可的问题。

尽管在国际政治领域人们对综合国力的理解五花八门,但从研究力量转移、国际格局和国际秩序演变的角度研究综合国力时,必须考虑以下三个重要方面的内容:首先,必须以动态方式研究综合国力。综合国力是一国维护其国家利益的物质基础。一国的经济总量是十分重要的,

---

[①] [美]约瑟夫·奈著,王吉美译:《权力大未来》,中信出版社2012年版,第29页。

没有足够的经济总量，一国就没有足够的资源用于发展教育、科技和国防。但是，在研究一国或一个国家集团的综合国力时，观察该国或国家集团的综合国力是处于上升阶段还是衰落阶段是十分重要的。换句话说，在研究综合国力时，除了应关注静态的综合国力外，还应关注一国动态的综合国力，尤其是同其竞争对手之间综合国力对比的变化趋势。其次，在研究综合国力时，还应关注一国综合国力的实际构成和平衡情况，仅有足够大的经济总量仍不能说明一国是大国还是强国。例如，在19世纪下半叶，虽然清朝的经济总量超过英国和日本，但在鸦片战争和甲午海战中都输给英国和日本，这说明综合国力中维护国家利益的能力也十分重要。在维护国家利益的能力方面，科技实力、军事实力和组织动员能力十分重要。另外，综合国力的内部平衡也很重要。例如，在冷战时期，苏联和美国在总体军事实力方面维持了大致的平衡，但苏联的经济实力同美国相差较大。苏联将过多的资源用于军备竞赛导致苏联资源分配的不平衡，损害了苏联经济的可持续发展能力。苏联综合国力的不平衡是导致苏联解体的一个重要因素。当前美国综合实力虽然世界第一，但如果仔细分析将会发现美国的综合实力严重失衡。这主要表现为两个方面。一方面，美国将过多的资源用于军备，而不愿将更多资源用于基础设施重建。另一方面，美国实体经济和虚拟经济的严重失衡，在当前美国22万亿美元的国内生产总值中，实体经济仅占20%左右，服务业经济占80%左右，虽然世界经济发展规律是各国经济资源逐步向第一、第二、第三产业转移，但美国虚拟经济比重过大显然损害了美国经济可持续发展能力。最后，在研究综合国力时还应包括维护一国国家利益的意志。在国际政治中，各国在维护核心利益和边缘利益时愿意付出的代价是不同的，因此各国在维护国家核心利益和边缘利益时的意志是不同的，综合国力和竞争结果并不能完全画等号。冷战时的越南战争就是一个典型例子。虽然美国在综合国力方面远超越南，但在愿意付出代价的意志力方面却不如越南，最终还是输了越南战争。

在多极、两极和单极体系中，大国的评判标准是不同的。由于人们对冷战后国际格局的看法不同，对大国的评价标准也就不同。如果人们认为冷战后的国际格局是多极，那么，所有拥有核武器的国家都可以称得上是大国。如果人们认为冷战后的国际格局是单极,那么世界上除了美国一个大国外,其他拥有核武器的国家只能称为强国,其余的无核国家只能算小国。

第三节　极与文明集团

同现实主义和自由主义不同,建构主义认为国际体系中的文化分布状况决定国际格局。美国学者亨廷顿在其著作《文明的冲突与世界秩序的重建》中较好地反映了建构主义对冷战后国际格局的看法。亨廷顿认为,冷战时期,全球政治主要根据安全利益和力量对比划分,美国是一个巨大的、分散的、多文明的国家集团的中心,这个集团被称为"自由世界",以同苏联为首的共产主义集团区别。冷战结束后,全球政治正沿着文明的界线重构。文化相似的民族和国家走到一起,文化不同的民族和国家则分道扬镳。主要文明的核心国家正取代冷战时期的两个超级大国,成为吸引或排斥其他国家的几个基本极,这表现为世界正形成西方文明、东正教文明和中华文明三个集团,这些文明集团的国家往往围绕着一个核心或几个核心国家分散在同心圆中。

亨廷顿认为,冷战后的国际秩序将建立在文明基础之上。秩序的组成部分存在于文明内部和文明之间。欧盟的核心国家法国和德国同比利时、荷兰和卢森堡组成一个内核集团,这些国家全都同意取消货物和人员往来的一切障碍。意大利、西班牙、丹麦、英国、爱尔兰、奥地利、荷兰、瑞典和希腊则形成欧盟的二环集团。波兰、匈牙利、捷克、斯洛伐克、保加利亚和罗马尼亚则形成欧盟的外环集团。在欧洲划一条界线是冷战后西方面临的主要挑战之一。自4世纪罗马帝国分裂和10世纪神圣罗马帝国建立,有一条历史界线将西方的基督教各民族同穆斯林和东正教各民族分开。它由北开始,沿着现在荷兰和俄罗斯的边界以及波罗的海各国与俄罗斯的边界,穿过西俄罗斯和乌克兰,将信仰东仪教的西部同信仰东正教的东部分离开来,接着穿过罗马尼亚的特兰西瓦尼亚将信仰天主教的匈牙利人同该国的其他部分分离开来。在巴尔干地区,这条界线同奥匈帝国和奥斯曼帝国的历史分界线重合。冷战后,欧盟和北约的扩大基本上是考虑了历史、文化、宗教诸因素的。但冷战后北约和欧盟在东扩的同时，亨廷顿也考虑到西方阵营有缩小的可能性，他主要指的是希腊和土耳其，虽然它们一个是欧盟和北约的成员，一个仅是北约成员，但在冷战后以文明划界的世界里，它们是否仍能继续留在西方的阵营是有疑问的。在亨廷顿看来，希腊不是西方文明的一部分，是西方组织中的东正教局外者。在南斯拉夫冲突中，希腊支持塞尔维亚人。随着苏联的解体和共产主义威胁的消失，希腊和俄罗斯在反对它们共同的敌人土耳其这一点上有共同利益。土耳其虽然仍留在北约，但在巴尔干地区、阿拉伯世界和中亚问题上，将会越来越追求自己独特的利益。亨廷顿这一点被证明是有远见的。冷战后土耳其确实在叙利亚、利比亚、东地中海问题上同西方有分歧。

亨廷顿认为沙皇俄国和苏联继承的是一个东正教文明集团。俄罗斯处于核心位置，内环包括白俄罗斯、亚美尼亚、哈萨克斯坦和摩尔多瓦。俄罗斯与格鲁吉亚和乌克兰保持着密切但较脆弱的关系。在东正教的巴尔干地区，俄罗斯与保加利亚、希腊、塞尔维亚和塞浦路斯保持着密切关系，与罗马尼亚关系不太密切。苏联的伊斯兰共和国在经济和安全上仍依赖俄罗斯，而波罗的海三国实际上则脱离了俄罗斯的势力范围。不过，亨廷顿在1996年出版的《文明的冲突与世界秩序的重建》一书中就预测乌克兰有可能分裂。他当时分析到，乌克兰是一个具有两种文化的国家，西乌克兰过去曾是波兰、立陶宛和奥匈帝国的一部分，他的绝大部分人口讲乌克兰语，是东仪教信徒；绝大多数东乌克兰人则讲俄语，信奉东正教。因此，乌克兰可能沿着文明断层线分裂成两个相互独立的实体，其东部可能与俄罗斯融合。分离问题首先始于克里米亚，因为克里米亚人口中70%是俄罗斯人。

在亨廷顿看来，中华文明圈包括朝鲜、越南，有时还包括日本。中华文明圈的核心当然在北京，边缘包括在一定条件下将成为以北京为中心的中国之一部分的华人社会，外围包括一个华人占多数并越来越倾向于北京的新加坡和有许多华人居住的泰国、越南、马来西亚、印度尼西亚和菲律宾。中国经济发展对东南亚地区有很大吸引力。

亨廷顿认为，缺乏核心国家是伊斯兰世界内部和外部普遍发生冲突的一个主要原因。奥斯曼帝国的灭亡使伊斯兰世界失去了核心国家。目前有可能充当伊斯兰世界政治和宗教领导的印度尼西亚、埃及、伊朗、巴基斯坦、沙特和土耳其六个国家中没有一个具备成为有效核心国家的全部条件，即拥有经济资源、军事实力、组织能力和伊斯兰认同。印尼处于阿拉伯世界外围；埃及和巴基斯坦经济上相对落后；伊朗是什叶派，语言是波斯语；而穆斯林中90%是逊尼派，波斯人和阿拉伯人历史上一直势不两立；沙特虽然经济实力较雄厚，但人口较少，地理位置易受到攻击，因此在安全上依赖西方；土耳其拥有成为核心国家的历史、人口、经济发展水平和民族凝聚力，但因为他在宪法中将自己定义为世俗社会，伊斯兰世界的领导地位就与其无缘。①

　　建构主义认为不是大国分布，而是文化（文明）分布决定国际格局的理论范式对于现实主义理论强调大国力量的分布决定国际格局理论是一个有益的补充。但亨廷顿文明冲突论的一个缺陷，就是认为文明将取代国家实力和利益成为决定冷战后国际格局的重要因素，这显然同冷战后的国际政治现实不符。正如美国学者约翰·米尔斯海默在《大幻想》一书中指出的那样："民族主义和现实主义总是压倒自由主义。我们的世界很大程度上被这两种强大的主义而不是自由主义所塑造。回想一下，五百年前的世界政治明显是多样的，它包括城邦、公国、帝国、诸侯国以及各种政治形式。那个世界已经让位于几乎完全由民族国家组成的地球。尽管有许多因素导致这种巨大转变，但民族主义和均势政治是现代民族国家体系背后的两大主要驱动力。"② 在国际政治中，文明在塑造身份认同、议程设置和国家偏好等方面有一定的影响力，但在迫使国家做其不愿做的事情方面却无能为力。而这方面还得依靠民族国家。因此，冷战后国际体系的基本单元仍是民族国家，而不是文明或文明集团。

---

① ［美］塞缪尔·亨廷顿著，周琪、刘绯、张立平、王圆译：《文明的冲突与世界秩序的重建》，新华出版社2010年版。

② ［美］约翰·米尔斯海默著，刘丰译：《大幻想》，上海人民出版社2019年版，第4页。

第四节 多极、两极和单极

从理论上说，根据主要大国在国际体系中的分布状况，国际体系可以是单极、两极和多极。在华尔兹看来，单极意味着国际体系的组织原则发生了改变，即从无政府状态转变成等级制，他认为出现单极的可能性不大。因此，他将注意力集中在分析国际体系中的多极和两极。他认为，国际政治体系保持着惊人的稳定性，多极系统持续存在三个世纪，两极系统从形成至今已有三十多年。在两极和多极系统中，均势行为是不同的。尽管许多国际政治学者认为，均势游戏需要至少三或四个参与者，但华尔兹认为，两个参与者也可以形成均势。在两极体系中，双方只能通过自身努力来维持均势。如果参与者多于两个，那么联盟的变换将成为另一个调整手段，并使系统的灵活性得以增强。这是多极与两极体系最大的区别。在多极体系中，三或四是临界数。三极系统有着独特的特点，因为其中两个强国可以联合起来对付第三国。在多极系统中，四极是可以接受的最小数目。因为国家可以结成联盟，并保持相当大的稳定性。五被视为另一临界数，其中一个国家可以担当平衡者角色，使之成为能够保证稳定性的最小数目。[①]

尽管华尔兹认为国际体系中出现单极的可能性不大，而且世界上许多国家的学者对冷战后的世界是单极体系也持怀疑的看法。多数学者认为，进入现代国际体系以来，世界上并没存在过真正的单极体系。因为单极体系实质上指的是全球帝国，冷战后即使作为全球唯一超级大国的美国也不敢称自己为全球帝国。多极体系在人类历史上多次出现过，如18世纪到20世纪早期的欧洲就存在多极体系。两个主要大国或两个联盟体系对抗的两极体系在人类历史上多次出现过，如古希腊时期的雅典和斯巴达的对抗，罗马和迦太基的对抗，以及美国同苏联的对抗等。除了两个主要大国对抗构成两极体系外，两大集团对抗构成两极体系也很常

[①] [美] 肯尼思·华尔兹著，信强译：《国际政治理论》，上海人民出版社2003年版，第218—220页。

见,如第一次世界大战前的三国同盟和三国协约两大集团的对抗,以及二战后北约同华约的对抗等。

但仍有一些美国学者认为冷战后世界进入单极体系。其中的代表人物之一是努诺·蒙特罗。不过,他为了说服他人接受其冷战后的世界体系是单极体系的观点,对结构现实主义做了较大的修正。首先,他指出,单极体系不是霸权体系。在单极体系中,国际体系的组织原则仍是无政府主义,而不是霸权体系下的等级制。也就是说,单极国家实力并没有大到足以控制世界上所有其他国家行为的地步。其次,单极体系并不是帝国。也就是说,单极体系仍是一个国际体系,在该体系中存在许多在法律上是主权平等的国家。最后,单极体系只存在一个大国。在这里,他的大国定义同国际政治中传统上的大国定义不同。他认为,单极体系中的唯一大国指的是这样的大国,它可以在其所在地区之外的世界上其他地区克服其他强国的反对而推行自己的政策和主张。一旦在上述地区出现能与之抗衡的大国,便意味着单极体系的结束。在单极体系中,除了一个大国外,其他拥有核武器的国家为强国,而其他的非核国家为弱国。[①] 美国学者斯蒂芬·布鲁克斯和威廉·沃尔福思则将单极定义为在国际体系中"只有一个国家的能力独立超群",并能在体系的任何地方组织起重大的政治军事行动。[②] 因此,我们在分析单极体系时,有必要注意华尔兹、努诺·蒙特罗、斯蒂芬·布鲁克斯和威廉·沃尔福思对单极的不同定义。华尔兹将单极等同于霸权和帝国,蒙特罗将单极定义为无政府状态下国际体系中军事上最强大的国家,布鲁克斯和沃尔福思则强调单极国家不仅在实力的所有领域都力量超群,而且有在国际体系的所有领域和地区采取重大政治和军事行动的能力。

布鲁克斯和沃尔福思虽然认为美国的单极格局将持续相当长一段时间,但也认识到中国崛起对美国单极格局的挑战。他们认为中国具有同美国平起平坐的潜力,并在经济上已经拥有成为超级大国的实力。但由

[①] Nuno P. Monteiro, "Theory of Unipolar Politics", Cambridge University Press, 2014, pp. 40 – 45.

[②] Stephen G. Brooks and Willaim C. Wohlforth, "World Out of Balance", Princeton University Press, 2008, p. 13.

于在军事和科技方面同美国的差距仍然很大,中国目前只能算是一个潜在的超级大国,但在实力方面已经同世界上的其他大国拉开了距离,因此现在的国际格局是"1+Y+X"。1指的是唯一超级大国美国,Y指的是一个潜在的超级大国中国,X指的是英法俄等其他大国。[①] 不过,他们在后来的研究中根据形势的发展修改了他们的观点,虽然仍坚持国际格局是单极,但认为"1+1+X"更能反映当前的国际格局。前面的1仍然指的是美国,后面的1指的是中国,X仍然指的是世界其他大国。根据他们的新模型,国际格局显然正成为两超多强模式。[②] 中国学者王文等人在编著的《百年变局》一书中,也认为当前国际格局正呈两极化趋势。[③]

亨廷顿从文明集团的角度分析冷战后的国际格局,认为冷战后的国际格局是多极格局。从对国际政治和经济影响力的角度来看,冷战后的世界至少存在以美国为核心的西方文明集团,以俄罗斯为核心的东正教文明集团,以中国为核心的中华文明集团,以及缺乏核心国家的伊斯兰文明世界。冷战后国际政治的焦点将是西方文明同中华文明和伊斯兰文明的冲突。亨廷顿的文明冲突论反映出西方文明强调利益零和竞争、冲突和不宽容的特点,这与东方文明强调和谐、宽容和共赢有很大的不同。

第五节 结盟与结盟政治

在多极和两极体系中,维持体系稳定的一个重要手段是维持体系内力量对比的均势,而结盟是维持均势的一个重要手段。国家为什么结盟?最简单的回答是为了增加自己的实力。美国学者布鲁斯·拉西特和哈维·斯塔尔在研究国家结盟的动机时,发现增加实力并不是国家结盟的

[①] Stephen G. Brooks and William C. Wohlforth, "The Rise and Fall of the Great Powers in the Twenty-first Century", International Security, Vol. 40, No. 3 (Winter 2015/16), pp. 7–53.

[②] Stephen G. Brooks and William C. Wohlforth, "America Abroad", Oxford Univeristy Press, 2016, p. 72.

[③] 王文、贾晋京、刘玉书、王鹏:《百年变局》,北京师范大学出版社2020年版,第33页。

唯一动机，结盟也可能是预防手段，A 国同 B 国结盟也可能是防止 B 国同其对手 C 国结盟。这样一种结盟不仅增强自己的实力，还削弱对手的实力。大国和小国结盟的动机是不一样的。大国的动机主要是控制联盟的小伙伴，维持对己有利的国际秩序。小国的动机则是利用大国增进自身的利益。虽然结盟对大国有利，但联盟体系的稳定与否也取决于大国是否愿意承担一定的责任，包括向小国提供常规或核保护伞。[1] 美国学者雅库伯·格雷杰尔和魏斯·米歇尔在研究美国的联盟体系时发现，为了维持美国的霸权秩序，美国需要在欧洲、中东和亚太维持对美有利的联盟体系。但美国在维持这样一个联盟体系时，却面临联盟体系的"两难困境"：一方面，美国需要防止地区盟友将美国拖进一场美国并不希望打的战争；另一方面，美国的地区盟友也担心在自己需要保护的时候被美国抛弃。而且，美国的竞争对手有可能通过在美国霸权的边缘地带采取试探行动，以增加美国联盟的"两难困境"。[2]

在国际政治中，维护主权独立和领土完整是各国追求的首要目标。为此，各国都力图在自己利益相关的地区维持对自己有利的力量平衡。世界各国通常采用两种方法来建立对己有利的力量平衡：一种是努力增强自身的实力；另一种是通过结盟建立对自己有利的力量对比。在多极系统中，一些国家尤其是小国，为了寻求安全，往往采取彼此结盟或同大国结盟的政策。不过，在多极格局下，强国林立，很难存在固定不变的盟友和对手。正如英国前首相帕麦斯顿说过的那样，没有永远的朋友，也没有永远的敌人，只有永远的利益。各国为了自身的利益，有可能常常变换盟友。因此，多极格局下结盟政治的特点，一个是灵活多变，另一个则是呈现出脆弱性。

华尔兹曾认为，两极格局下，双方只能通过自身努力来维持均势。实际上，两极系统的双方也可以通过结盟来维持对自身有利的均势。二战结束后，美国通过成立北约来维持对自己有利的力量均势。苏联也通

---

[1] Bruce Russett and Harvey Starr, "World Politics", W. H. Freeman and Company, 1981, pp. 95 – 98.

[2] Jakub J. Grygiel and A. Wess Mitchell, "The Unquiet Frontier", Princeton University Press, 2016, pp. 53 – 56.

过建立华约来同美国主导的北约相抗衡。虽然美苏都试图通过结盟控制自己的小伙伴,但美苏的小伙伴也试图通过结盟增进自身的安全和经济利益。二战后,美国为了拉拢西欧和日本盟友,不仅向它们提供核保护伞和常规军力保护伞,还向它们的商品敞开了巨大的国内市场。苏联为了巩固华沙条约组织,也向该组织成员提供了大量的军事和经济援助。

同多极相比,两极系统的竞争更加激烈。双方都从竞争的角度看待世界上任何地方发生的事情。二战后,希腊游击队的活动在美国看来是苏联共产主义势力试图在该地区的扩张,对此美国提出"杜鲁门主义",向希腊和土耳其提供援助。1950年朝鲜战争爆发,美国认为这是苏联试图在远东扩张,美国向朝鲜半岛派遣军队以阻止苏联的扩张。20世纪80年代,美国的里根政府视尼加拉瓜左派武装力量为苏联代理人,向其政府秘密运送武器以试图阻止其左派掌权。

冷战时期两霸相争,除了竞相争夺盟友,以扩大自己的势力范围外,竞相挖对方的墙角和削弱对方也是两霸争夺常用的手法。20世纪70年代美国总统尼克松访华就是一个著名的例子。①

无论是多极还是两极,小国在受到大国威胁时,往往面临是"与强者为伍"还是结盟抗衡的选择。美学者斯蒂芬·沃尔特认为,国家选择制衡主要有两个原因:一是阻止潜在霸权国家的控制,二是加入较弱一方有利于增强自身的影响力。而选择追随的主要动因一是绥靖,二是与强者分享胜利果实。② 沃尔特认为,影响结盟的动机除了力量对比考虑外,综合实力、地缘因素、进攻实力和侵略意图等也是国家考虑选择制衡或追随战略的主要因素。③

---

① 郝雨凡:《美国对华政策内幕》,台海出版社1998年版,第75页。
② [美]斯蒂芬·沃尔特著,周丕启译:《联盟的起源》,北京大学出版社2007年版,第17—20页。
③ [美]斯蒂芬·沃尔特著,周丕启译:《联盟的起源》,北京大学出版社2007年版,第21页。

第六节　对国际格局理论的批评

在国际关系理论界，注重国际格局研究的主要是结构现实主义。新自由主义和建构理论则认为结构现实主义过于注重国际力量分布的结构对国家行为的影响，而忽视了国内政治、国际组织、国际规范和文化认同对国家行为的制约。华尔兹自己也承认，结构现实主义过于注重静态分析，动态分析是该理论的弱点。"现实主义擅长分析会发生什么，但不擅长预测何时会发生。"[1] 斯蒂芬·布鲁克斯和威廉·沃尔福思则认为国际格局理论有以下三大弱点：首先是衡量实力标准的静态性和模糊性。国际格局理论注重大国在多极、两极和单极体系下的分布情况，但问题是对大国的衡量标准过于静态和不清晰。如大多结构现实主义者在分析大国分布时注重大国的经济规模、军事开支和军队人数等指标，并假定这一套指标所反映的各国的实力标准都是相同的，而忽视了综合实力的源泉是随着时代的变化而改变的。例如，在冷战后期，结构现实主义在分析大国力量指数时忽视了复杂技术对军事能力的重要性日益增加，以及经济全球化对一国实力的影响，因此未能注意到苏联力量的衰落，以及最终导致两极体系的崩溃。

其次，国际格局理论只注重国际格局对国家行为的制约，而忽视国家行为、国家内部变化对国际格局的影响。要确定冷战后期两极结构将延续多长时间，就必须确定苏联所面临的系统性挑战的性质和广度。在20世纪50年代，苏联能够通过大量人力和物力的投入来应付面临的挑战，但到了20世纪末，苏联已经不能单凭增加投入来应对面临的新挑战。而国际格局理论显然不能解决区分苏联20世纪50年代和20世纪末所面临的挑战的不同。结构现实主义有关极的概念无法回答上述问题。

最后，国际格局理论主要关注划分国际体系中不同结构体系的门槛，这就容易形成非此即彼的两分法思维，无法回答复杂的国际形势发展所

---

[1] Kenneth N. Waltz, "Structural Realism after the Cold War", International Security, Vol. 25, No. 1, Summer 2000, p. 27.

带来的复杂的问题。自从 1991 年苏联解体以来,世界形势发生了很大变化。但现在世界是否是两极格局,在美国现在没有人愿意承认。那么是多极格局?多数美国学者不那么认为。那么从 1995 年到 2000 年世界格局没有变化?大多数人也不这样认为。这说明世界格局并不是单极、两极、多极那么简单。①

美国学者亨廷顿则认为冷战时现实主义的国际格局理论对于分析当时的国际形势是有用的,因为当时世界上的许多国家主要是根据国家利益和世界力量分布状况调整外交政策,美苏成为两大阵营的两极。不过,冷战后的国际格局,就不再能继续根据国际体系的力量分布状况进行分析了,还要根据世界上各个文明集团的分布状况来确定国际格局。亨廷顿认为,"全球政治正沿着文化的界线重构。文化相似的民族和国家走到一起,文化不同的民族和国家分道扬镳。以意识形态和超级大国关系确定的结盟让位于文化和文明确定的同盟,重新划分的政治界线越来越与种族、宗教、文明等文化界线趋于一致,文化共同体正在取代冷战阵营,文明间的断层线正在成为全球政治冲突的中心界线。"② 现实主义、自由主义和建构主义理论对于国际格局的分析都有其长处和局限性,我们在分析冷战后国际格局时,不但要考虑国际体系中大国分布的状况,还要考虑各国的历史、地理、文化、种族等因素对国际格局的影响。

---

① Stephen G. Brooks and William C. Wohlforth, "The Rise and Fall of the Great Powers in the Twenty-first Century", International Security, Vol. 40, No. 3 (Winter 2015/16), pp. 11-14.

② [美] 塞缪尔·亨廷顿著,周琪、刘绯、张立平、王圆译:《文明的冲突与世界秩序的重建》,新华出版社 2010 年版,第 105 页。

第 三 章

国际秩序

第一节　什么是国际秩序

同国际体系密切相关的另外一个重要概念是世界秩序或国际秩序，这同时也是很容易引起混淆的一个概念。根据英国学者赫德利·布尔的定义，国际秩序指的是"维持国家间社会或国际社会基本目标和主要目标的行为模式"。[1] 国际社会的基本目标包括：第一，维持国际体系本身；第二，维持国家的主权和独立；第三，维持和平；第四，限制暴力，遵守条约和协议，尊重各国的主权和领土完整。[2] 美国兰德公司学者麦克·马扎尔认为国际秩序是"在国际环境里指导主要大国关系的一系列规则、准则和机构"。[3] 美国学者伊肯伯里认为，国际秩序表现为国家间就相关问题同意和确定的安排以及指导它们互动的规则。[4]

在讨论国际秩序的概念时，区分国际秩序和世界秩序的概念将有助于我们更好地理解国际秩序这一概念。英国学者布尔认为，当人们谈到世界秩序时，常常想到的是国家间关系总和，即国际政治体系。但他想强调的是，国际秩序仅仅是国际体系中的一部分，在特定的时间和地点，

---

[1] Hedley Bull, "The Anarchical Society: A Study of Order in World Politics", London, Macmillan, 1977, p. 7.

[2] Hedley Bull, "The Anarchical Society: A Study of Order in World Politics", London, Macmillan, 1977, pp. 16 – 19.

[3] Michael J. Mazarr, ets., "Understanding the Current International Order", Rand Corporation, 2016, p. 7.

[4] G. John Ikenberry, "Liberal Leviathan", Princeton University Press, 2011, p. 12.

它有可能存在，也有可能不存在。①中国较早从事国际秩序研究的学者潘忠岐教授认为世界秩序和国际秩序概念是不同的。世界秩序指的是"国际行为体在相互联系、相互交往、相互作用，处理各种问题过程中，按照一定的原则、规范与机制行事，从而形成的一种总体上相对稳定、和平、有序的状态"。②潘忠岐教授认为世界秩序与国际秩序概念相近，但有区别，主要表现为，首先，世界秩序比国际秩序要宽泛得多，国际体系只能是世界秩序中的一分子；其次，世界秩序比国际秩序更为基础和根本；最后，世界秩序在道德意义上优越于国际秩序。③潘忠岐教授有关世界秩序和国际秩序的区分在很大程度上受到英国学者布尔的影响。布尔认为，世界秩序指的是全人类为了支撑社会生活的基本和主要目标而从事的人类活动的模式和方式。国际秩序是一个制定规则和确定国家间相互期望的基本框架。世界秩序和国际秩序的主要区别在于，世界秩序是关于人类的秩序，不仅处理国家间的秩序，还涉及国家内部城市和地区的秩序，以及世界体系的秩序，而国际体系仅仅是世界体系的一部分，因此世界秩序比国际秩序更为宽泛。世界秩序是由所有民族及所有民族间的关系构成，而国际秩序则是由各国的规则体系和固化的预期所构成。

美国学者伊肯伯里认为，有关世界秩序和国际秩序的区分，"有助于划分秩序的不同领域，并阐明国际社会的深层结构以及组成国家间关系的制度和惯例的变迁。但在探究历史变迁、改变秩序规则和制度的历史关头上，这一区分没有提供有益的概念工具"④。伊肯伯里认为，国际秩序通常指的是确定以及指导国际关系的战后安排，包括对领土、势力范围和国际领域声望等级的一些安排和指导国家间互动的一些原则和行为准则。国际关系史充满大国争霸战。战争摧毁了旧秩序，赢得战争的主导国家或国家集团决定战后谁将主导国际体系，什么样的意识形态和价

---

① Hedley Bull, "The Anarchical Society: A Study of Order in World Politics", London: Macmillan, 1977, p. xv.
② 潘忠岐：《世界秩序：结构、机制与模式》，上海人民出版社2004年版，第9页。
③ 潘忠岐：《世界秩序：结构、机制与模式》，上海人民出版社2004年版，第14—15页。
④ ［美］约翰·伊肯伯里著，门洪华译：《大战胜利之后：制度、战略约束和战后秩序重建》，北京大学出版社2008年版，第20页。

值观将居主导地位。国际关系史上著名的争霸战争后的国际秩序安排分别发生在1648年、1713年、1815年、1919年和1945年。战胜国通过战后和会和战后安排确定其在国际体系中的主导地位,建立新的机构,确定新的国际规则,从而建立起新的国际秩序。①

美国前国务卿基辛格认为,世界秩序指的是一个地区和文明所持的认为可以适用于全世界的有关正当权力分布和安排的概念。国际秩序指的是将该概念施行于世界上相当大一部分地区,以至于影响到全球的力量对比。无论是世界秩序还是国际秩序主要有两大部分组成:一系列共同接受的规则确定允许行动的限度,以及当规则遭到破坏时,力量均势进行制约,以防止一个政治实体征服所有其他的政治实体;有关现存安排合法性的共识虽然不能排除竞争和冲突,但它能确保调整在现行的秩序内进行,而不是从根本上挑战现存的安排。② 基辛格认为世界上从未存在过"世界秩序",只存在不同地区的国际秩序,即早期在欧洲存在的基于《威斯特伐利亚和约》的均势秩序、在亚洲存在的中国处于主导地位的"天下秩序"、在阿拉伯世界存在的"伊斯兰秩序"和在美洲大陆上美国倡导的"自由秩序"。在所有上述不同秩序主张中,只有《威斯特伐利亚和约》倡导的原则成为当今世界秩序的基础。③

约瑟夫·奈综述了现实主义、自由主义和建构主义对国际秩序的不同看法。现实主义认为,秩序主要是指国家间实力分布或者国际结构。自由主义者和建构主义者则认为,冲突以及预防冲突,不仅取决于均势,也取决于国家的国内结构以及国家的价值观念、认同和文化,而且冲突的解决还依赖于国际制度。因此,在自由主义者看来,秩序同民主和人权的观念以及制度是密不可分的。④

澳大利亚学者安德鲁·菲利普斯则在国际秩序问题上综合了现实主

---

① John Ikenberry, "Power, Order, and Change", Cambridge University Press, 2014, pp. 85 - 86.

② Henry Kissinger, "World Order", Penguin Press, 2014, p. 9.

③ Henry Kissinger, "World Order", Penguin Press, 2014, pp. 2 - 8.

④ [美] 小约瑟夫·奈著,张小明译:《理解国际冲突:理论与历史》,上海人民出版社2005年版,第304页。

义和自由主义理论,认为国际秩序主要由三部分组成:维持秩序的规范体系、维护秩序的基本机构、维持规范和机构的实力基础。所谓规范体系包括价值观、国家和民族认同、国际法等。维持秩序的基本机构包括某一问题领域或领土内掌握最高权力的权威机构,一个规范国际体系内各单元权利和义务的法律框架促进合作、限制冲突的机制,以及一个授权合法使用武力的机构,通过合法使用武力,使秩序得以维持,侵略者受到惩罚,正义得以伸张。维持规范和机构的实力基础主要包括经济实力和军事实力。①

与国际秩序概念关系十分密切的另一个概念是全球治理。全球治理同国际秩序既相互联系,又有所不同。我们前面说过,国际秩序主要指的是对领土、势力范围和国际领域声望等级的一些安排和指导国家间互动的一些原则和行为准则。中国学者任琳认为全球治理是国际社会为了处理各类全球性问题而建立的一系列多边国际制度、规则和机制的总和。全球治理的核心是公共产品的筹集,是在没有世界政府的情况下,以国家为主的多种行为体借助国际组织和国际规则,塑造某种相对稳定的契约关系,克服公共产品赤字和治理赤字的一个过程。②国外一些学者如詹姆斯·罗西瑙认为全球治理是一种规则体系,这同国际秩序并没有太大差别。但一些学者,如芬克斯坦则认为全球治理主要指的是对超越国界的关系进行没有主权权威的治理。③联合国下属的全球治理委员会则认为全球治理指的是,各种公共和私人机构管理共同事务的诸多方式的总和。治理是使冲突的不同利益集团的利益调和并采取联合行动的持续过程,这既包括迫使人们服从正式的制度和规则,也包括各种人们同意符合其利益的非正式安排。治理有四个特征:治理不是一整套规则,也不是一种活动,而是一个过程;治理过程的基础不是控制而是协调;治理既涉

---

① Andrew Phillips, "War, Religion and Empire", Cambridge University Press, 2011, pp. 23 – 29.
② 任琳:《"百年未有之大变局下"下的全球治理体系改革》,《当代世界》2020 年第 3 期。
③ 陶坚、林宏宇主编:《中国崛起与全球治理》,世界知识出版社 2014 年版,第 16—17 页。

及公共部门，也涉及私人部门；治理不是一种正式制度，而是持续的互动。[1] 一些中外学者有关全球治理的定义较笼统地将国际秩序和全球治理混在一起。联合国的定义则较好地区分了国际秩序和全球治理之间的区别。国际秩序强调的是指导国家行为的准则和原则，全球治理则强调的是世界各国应对超越国界挑战的互动、协调和过程。也就是说，世界各国在应对全球新挑战的互动、协调和过程中，如果形成一系列制度和规则，那么这些新形成的制度和规则就成为新的国际秩序的一部分。因此，全球治理强调的是应对新挑战持续的协调和互动过程、制定应对新挑战的规则过程，以及遵守执行一系列广泛的原则和规则的过程。国际秩序主要靠世界各国政府，特别是主要大国政府维持，而全球治理除了世界各国政府的参与外，非政府行为体也日益成为全球治理的重要参与者。

同国际体系一样，促成国际秩序产生的主要动因是各国寻求生存和发展。为此，各国同意接受基于一定规范、程序和原则达成的互动安排。现实主义强调国际格局对国际秩序的决定性影响。自由主义强调国际机构和国际行为准则在建立国际秩序过程中发挥重要作用。建构主义则强调国家认同和价值体系在维持国际秩序方面的作用。不过，与国际体系不同的是，大国在构建国际秩序中发挥着十分重要的作用。某一时期的国际秩序一般主要反映了当时主要大国的利益和价值观念。

第二节　均势与国际秩序

自从《威斯特伐利亚和约》后主权国家诞生以来，维持国际秩序最古老的手段就是均势。在两极或多极的国际体系中，国家相互竞争并相互制衡。当一国崛起威胁到体系的均势，其他国家通常会采取各种措施以试图恢复体系的平衡。各国维持体系均势的手段主要包括内部平衡（增强自身国力）、外部平衡（同利益相同国家结盟）和削弱对手等。

英国学者布尔也从维持秩序的手段、机制和价值观等方面来考察均势、国际法、外交、战争和大国在维持国际秩序中的作用。布尔将均势

---

[1] 陶坚、林宏宇主编：《中国崛起与全球治理》，世界知识出版社2014年版，第8页。

定义为没有一国拥有为其他国家制定法律的实力。均势又分为总体均势和地区均势。总体均势指的是国际体系内不存在一个霸权国家，地区均势则指的是世界各地区不存在地区霸权。在布尔看来，均势在维持国际秩序方面主要有三方面的作用：首先，总体均势防止了全球帝国的出现；其次，地区均势防止某一地区国家被大国吞并和控制；最后，只有在总体和地区均势情况下，外交、战争、国际法和大国关系才有可能在维持国际秩序方面发挥作用。在布尔看来，战争是国家间有组织的暴力行动。战争的作用可以从国家、国际体系和国际社会这三个层面来看。从国家层面看，战争是国家达到国家目标的政策手段之一。从国际体系层面来看，战争是影响国际体系变化的基本因素。战争或武力威胁将决定一些国家的生死存亡，决定一些国家的强盛衰败，决定一些国家疆域的变更，决定一些国家的政权更迭，决定一些争端是否解决，决定国际体系均势的变化。从国际社会层面来看，战争具有两面性。战争有可能对国际社会所共同接受的价值观、规则和机制构成威胁，导致国际社会解体。因此，国际社会倾向限制战争，设法将战争控制在国际社会规则的范围内。国际社会主要从四个方面限制战争行为：第一，国际社会将发动战争的权力限制在主权国家；第二，通过制定交战规则限制战争方式；第三，通过中立法等形式限制战争区域；第四，通过《联合国宪章》等形式规定发动战争的正当理由。此外，国际社会又将战争看成是实施国际法、维持均势和推动国际体系向正义方向改变的一个手段。

  布尔认为，国际法在维持国际秩序方面也发挥了一定的作用，但前提是国际体系存在总体和地区均势。国际法是约束国家在国际政治和相互关系中的行为准则。国际法的主要来源通常被认为是：国际公约和条约、国际习惯法、文明国家承认的普遍原则，以及国际法庭判例和知名法学家著作等。国际法在维持国际秩序方面的首先是确定了国际体系中的最高规范原则，即国家主权原则。其次，国际法确定了国家间和平共处的基本规则，即限制使用暴力，遵守国际协定和主权平等。最后，国际法有助于各国遵守国际行为准则。同时需要注意的是，国际法在维护国际秩序方面的作用也是有限的。第一，国际法并不是国际秩序的必要和基本条件，因为国际社会并不存在最终执法人；第二，国际法自身并不能带来国际秩序；第三，国际法有时还妨碍国际秩序，最典型的是国际法和均势的冲突；第四，国际法有时还和国际秩序发生冲突。人类可以利用国际法追求许多目标，如国际正义、保护人权等，但国际正义和国际秩序有时是冲突的。

布尔认为，大国在维持国际秩序方面发挥重要的作用。在布尔看来，大国必须至少符合以下三个条件：首先，国际体系中必须存在至少两个以上实力相当的大国，也就是说，须存在一个大国俱乐部；其次，大国必须拥有世界一流的军事实力；最后，世界上其他国家期望而大国领导人和国民本身也认为自身拥有特殊的权力和责任。从理论上说，大国可以在以下两方面在维持国际秩序方面发挥作用：第一，大国可以通过维持国际体系的总体均势，避免或管控大国间的危机，以及通过限制或控制大国间的战争来维持国际秩序；第二，大国可以通过所处地区的实力优势维持地区秩序，尊重大国彼此的势力范围，以及通过大国协调等方式来维持国际秩序。不过，布尔承认，在现实国际政治中，大国常常表现为破坏秩序而不是维持秩序，寻求打破总体均势而不是维持总体均势，挑起危机而不是管控危机，以及试图打赢战争而不是控制冲突。[①]

伊肯伯里也认为国际秩序主要建立在三大基础之上：首先是力量分布，主导国家或国家集团只有在拥有迫使或诱使他国接受秩序的物质力量的情况下才有可能建立和主导一个国际秩序。其次，构成秩序的制度和规则必须拥有某种程度的合法性，主导国必须获得其他国家某种程度的认可。最后，该秩序必须为参加该秩序的成员国带来实际的利益。[②] 由于国际体系的无政府状态，无论是英国学派还是美国学派都认为，力量均势是维持国际秩序的一个重要因素。不过，伊肯伯里在讨论国际秩序的基础时，除了提到力量分布和利益问题外，还特别提到了秩序的合法性问题，这是之后要讨论的问题。

[①] Hedley Bull, "The Anarchical Society: A Study of Order in World Politics", London, Macmillan, 1977, chapter 5, 6, 9.

[②] John Ikenberry, "Power, Order, and Change", Cambridge University Press, p. 84.

第三节　霸权与国际秩序

在伊肯伯里看来，国际秩序主要有三种类型，即均势秩序、霸权秩序和宪政秩序。均势秩序是围绕无政府原则组织起来的，其中没有支配性政治权威。霸权秩序也建立在各国权力分布的基础上，但按照不同的逻辑运行。实力和权威关系是由等级制的组织原则来确定的。均势秩序是建立在对权力集中的制约和反制基础上的，而霸权秩序实际上是建立在不受约束的实力基础上的。宪政秩序是围绕分配权利、制约权力行使的法治和政治制度而建立起来的政治秩序。宪政秩序有三个特征：第一，在秩序原则和规则上达成一致意见；第二，规则和制度的创立，确定了对权力行使的约束性、权威性限制；第三，这些规则和制度扎根于更为广泛的政治体系，且不易变更。①

我们在上一节讨论了均势秩序，在这一节将关注霸权秩序。在美国任教的英国人尼尔·弗格森2003年在一篇题为《霸权或帝国?》的文章中也提出这样一个问题：什么是霸权？它是否是帝国的一种委婉的说法，还是指所有国家中最强大的国家？他在文章中引用了几个美国学者对霸权的定义。根据尼尔·弗格森的说法，雅典曾领导希腊其他城邦国家反对波斯帝国，霸权这个词最初是用来形容雅典同其他希腊城邦国家的这种关系的。在这里，霸权指的是雅典组织和领导其他国家合力反对外敌的领导地位，而并没有获得对其他城邦国家永久性领导权。根据世界体系理论的代表人物沃勒斯坦的定义，霸权的含义介于领导和帝国之间，指的是霸权国能够将一系列规则强加于国际体系之上，从而暂时创造了一种政治秩序。霸权国还为其控制范围内的企业或受其保护的企业提供了额外的优势，这种优势并不是来自市场，而是通过政治压力获得的。②

布尔在分析大国在国际政治中的作用时，曾试图区分控制、主导和

---

① [美]约翰·伊肯伯里著，门洪华译：《大战胜利之后：制度、战略约束和战后秩序重建》，北京大学出版社2008年版，第20—28页。

② Niall Ferguson, "Hegemony or Empire?", Foreign Affairs, September/October 2003.

霸权之间不同的含义。根据布尔的解释，控制指的是大国完全不遵守国际通行的各国主权平等原则，动不动就通过武力对付小国。19世纪英国对其殖民地的控制，以及1933年罗斯福总统宣布睦邻政策前美国对中美洲和加勒比的干涉就是典型的大国控制行为。主导则指的是大国主要通过超群的实力和能力取得在特定国家集团中的领导地位，当然有时为达目的也违反国际通行的主权平等原则。美国在北约中的地位就体现了这种主导地位。霸权行为则处于控制和主导之间。大国为了获得对特定区域和国家的主导地位，也会通过武力或武力威胁，但并不是经常和习惯性的。大国虽然承认国际通行的主权平等原则，但为达目的也会违反这些原则，并会用一些所谓更高的原则来为其违反国际法辩护。布尔引用格奥尔格·施瓦岑贝格的话说，霸权实际上就是优雅的帝国主义。20世纪60年代苏联对东欧的控制和美国对中美洲和加勒比的控制实际上都是典型的霸权行为。[1]

约瑟夫·奈则认为霸权是一个使用广泛但令人困惑的概念。霸权产生于国际体系中实力分布不均衡，但在这种实力不均衡的程度有多大，以及哪种实力构成霸权的问题上并不存在共识。而且，对霸权的定义需要回答两个重要的问题。首先，霸权控制的范畴。在现代世界，一个国家能够对全球政治经济安排指手画脚的情况较少见，大部分的例子是区域性的，英国和美国霸权更多的是地区性的某个具体问题上的霸权，而非全球性的。其次，达到霸权那样的控制程度需要拥有多大的实力？军事实力和经济资源实力是必要的吗？约瑟夫·奈认为，霸权稳定理论家未能讲清楚军事经济实力与霸权之间的因果关系。例如，19世纪的英国既不是军事强国也不是世界上最大的经济体，美国和俄国的经济总量都超过英国，但英国还是被人称之为霸权国家。约瑟夫·奈对新马克思主义的解释也不满意。新马克思主义的代表人物伊曼纽尔·沃勒斯坦认为，霸权产生于实力分布如此不平衡，以至于一个大国能够在经济、政治、军事、外交乃至文化领域将它的规则和意愿强加给其他国家。这种实力

---

[1] Hedley Bull, "The Anarchical Society: A Study of Order in World Politics", London, Macmillan, 1977, pp. 207–211.

的基础是该国在三个主要的经济领域即工农生产、商业和金融领域的高效运作。根据沃勒斯坦的说法，霸权并不常见，现代史上仅有三个霸权时期：1620—1650年间的荷兰、1815—1873年间的英国和1945—1967年间的美国。霸权秩序通常是战争的结果，如1648年后的《威斯特伐利亚和约》、1815年后的欧洲协调和1945年后的联合国—布雷顿森林体系。约瑟夫·奈认为，沃勒斯坦的理论只是肤浅地将军事与经济霸权联系起来，而且同历史不符。例如，三十年战争与荷兰霸权同时发生。19世纪的欧洲协调同英国推行全球自由贸易体系的能力的关系也没说清楚。因此，约瑟夫·奈认为新马克思主义的历史类比陷入削足适履的思想温床。[1]

米尔斯海默认为，霸权是指一个非常强大的国家统治体系中所有其他国家……霸权意味着对体系的控制，这一概念通常被理解为对整个世界的统治。[2] 约瑟夫·约菲认为，要成为一个霸权国家，必须符合以下两个标准：第一，它必须能够抵挡所有挑战者，无论它们是单独还是联合起来挑战。第二，一个霸权国家不仅要拥有威慑力，还必须拥有充裕的可用实力。其利益和影响力必须遍及整个制度，其对重大结果——战略方面、外交方面、经济方面的影响力，必须大大超过对手的能力。[3] 美国学者克里斯托弗·莱恩则试图对什么是霸权给出一个相对较为完整的定义：第一，霸权指的是军事超强、经济领先和资源丰富等硬实力。第二，霸权指的是主导国家的野心，动用自身实力捍卫自身的安全、经济、和意识形态利益。第三，霸权指的是单极世界，由于霸权国家在经济和军事领域拥有对国际体系中其他国家压倒性优势，霸权国家是该体系中唯一的大国。第四，霸权指的是意志，霸权国家将秩序强加于国际体系中。

---

[1] ［美］约瑟夫·奈著，刘华译：《美国注定领导世界？：美国权力性质的变迁》，中国人民大学出版社2012年版，第31—38页。

[2] ［美］约瑟夫·奈著，刘华译：《美国注定领导世界？：美国权力性质的变迁》，中国人民大学出版社2012年版，第53页。

[3] ［德］约瑟夫·约菲：《对历史与理论的挑战：作为"最后超级大国"的美国》，载约翰·伊肯伯里主编，韩召颖译：《美国无敌：均势的未来》，北京大学出版社2005年版，第154—181页。

最后，霸权指的是结构性变化，霸权体系将国际体系从一个无政府状态变成一个等级秩序。[①]

罗伯特·基欧汉认为，世界政治经济中的霸权，是指一个国家必须能够自由使用关键的原料，控制主要的资本来源，维持庞大的进口市场，以及在高附加值商品生产上拥有比较优势。[②] 根据基欧汉的定义，霸权国必须拥有控制关键原料资源的能力，在现代工业阶段意味着必须控制原油资源。霸权国必须控制资本来源意味着霸权国必须充当最后贷款者的角色。基于美元在国际储备、交易和投资方面的作用，美联储实际上起到某种国际中央银行的作用。霸权国通过对一些国家开放，对另一些国家关闭其国内巨大的市场，从而起到影响他国行为的作用。霸权国通过进口廉价的劳动密集型产品和技术成熟的产品，生产和出口最有利润的产品，并提供高端的商品和服务，以维持对自身有利的国际分工从而获得超额利润。

不过，这里需要注意的是，正如吉尔平指出的那样，从未有哪个国家完全控制过一种国际体系。[③] 米尔斯海默也注意将全球体系和地区体系区分开来，认为所谓的霸权更多意义上指的是地区霸权。他认为，除非一国可能获得明显的核优势，任何国家都不可能成为全球霸主。统治世界的主要障碍在于，国家要跨越世界海洋到大国对手的领土上谋取权力非常困难。[④] 约瑟夫·奈也认为霸权大多是区域性和领域性的，不存在全球性霸权。

经济发展不平衡的规律意味着国际体系中总有一些国家实力在上升，而一些国家在衰落。虽然体系中总有一些大国试图平衡或抑制新崛起的国家，但制衡或抑制并不总是能成功。体系中成功崛起的大国有可能取

---

① Christopher Layne, "The Unipolar Illusion Revisited", International Security, Vol. 31, No. 2 (Fall 2006), p.11.

② [美]罗伯特·基欧汉著，苏长河、信强、何曜译：《霸权之后：世界政治经济中的合作与纷争》，上海人民出版社2001年版，第39页。

③ [美]罗伯特·吉尔平著，宋新宁、杜建平译：《世界政治中的战争与变革》，新华出版社2010年版，第34页。

④ [美]约翰·米尔斯海默著，王义桅、唐小松译：《大国政治的悲剧》，上海人民出版社2003年版，第53页。

代衰落的主导国家而成为新的领导国，并开始建立和推行对其有利的制度和规则。霸权秩序是一种等级秩序。霸权国利用其掌握的所有资源，政治的、军事的、经济的和意识形态等来维护对其有利的国际秩序，强迫或诱使体系中的其他国家参加其建立的制度，遵守其制定的规则。根据世界体系理论，霸权国通常首先在工业生产方面比世界上其他国家更有效率，随着生产的扩大，逐渐在商业领域也比其他国家更有效率，最终在金融领域也开始占据主导地位。而霸权国的衰落也是从制造业开始，然后逐步蔓延到商业和金融业。美国另一位学者莫德尔斯基则根据长周期理论提出了一个世界领导权更替百年周期循环的理论。他认为国家间的不平衡发展导致一百年左右就发生一次霸权战争，战后产生的新的霸权国家通过战后和平协定将其霸权地位合法化。新的霸权国家为国际体系提供安全和秩序保障。崛起的新霸主不一定是直接挑战老霸主的修正主义国家，但一定是胜利联盟的成员（如不是德国，而是美国替代了英国）。根据莫德尔斯基的说法，世界上经历了这么几个霸主循环周期：1516—1580年为葡萄牙称霸时期，1609—1688年为荷兰称霸时期，1714—1914年为英国称霸期，1945—1973年为美国称霸期。[1]

英国建立的霸权秩序同美国的霸权秩序虽然都被称为"自由国际秩序"，但英国的霸权秩序同美国的霸权秩序还是有较大的不同。前者被称为帝国秩序或帝国主义秩序，后者被称为自由霸权秩序或非正式帝国主义秩序。同美国的非正式帝国秩序相比，英国的帝国秩序主要有以下特征：首先，帝国秩序是一种等级秩序，中心和边缘的关系如同车轴和车辐的关系，由中心控制边缘，而边缘地区间却很少有横向联系。其次，在帝国秩序中，中心国通过强制或权威法律拥有边缘区的主权，控制边缘区的内政外交。最后，霸主在边缘区培养买办阶层来巩固其殖民统治。美国所建立的霸权秩序则要复杂得多。伊肯伯里在分析美国是如何维持其霸权时指出，美国在对付不同的对象时采取了不同的战略，对苏联主要采取威慑和遏制战略，对西方内部关系时主要采取自由霸权战略，而

---

[1] ［美］约瑟夫·奈著，刘华译：《美国注定领导世界？：美国权力性质的变迁》，中国人民大学出版社2012年版，第35—37页。

在对付第三世界时主要采取帝国战略。在帝国战略中，霸主国往往采取强制性的单边行动，并凌驾于规则和制度之上。在自由霸权战略中，霸主建立盟国间同意的制度和规则，并在这些制度和规则的框架内行事。同时，为了争取盟国的合作，霸主通常也向盟国提供一定的公共产品，如提供安全保护和开放市场以换取盟国的合作和支持。[1]

第四节　国际秩序和合法性

国际秩序仅仅是国际体系中的一种形态，或是人们普遍期望的一种价值。在现实国际政治中，以美国主导的西方世界似乎更强调维持美主导的国际秩序，而广大发展中国家则呼吁国际关系中应体现更多的正义。那么什么是正义，正义和秩序的关系又是如何的？正义简单地说就是符合道义的正确行为。布尔则进一步分析了正义的不同形式。他认为，首先，应区分一般正义和特殊正义。一般正义指的是符合道德和正确的行为，如公平、平等、互惠等；特殊正义则指的是具体的正义行为，如发展中国家要求在国际事务中，国家不论大小应一律平等。其次，应注意区分实质正义和形式正义。法律面前人人平等是形式正义，在处理具体事务时严格依法办事是实质正义。最后，应注意区分数量正义和比例正义。关于数量正义，布尔引用亚里士多德的话说，用不平等来处理平等，以及用平等来处理不平等都是不正义的。而马克思的各尽所能，各取所需则体现了比例正义原则。

在布尔看来，国际秩序和国际正义之间存在一种十分复杂的关系。一方面，任何正义都必须在某种秩序下才有可能实现；另一方面，现存的国际秩序同国际正义又存在尖锐的矛盾。首先，现存的国际秩序同世界正义不一定相容。现存的国际秩序建立在主权平等原则上。当本国利益和世界正义相冲突时，世界各国政府首先考虑的是本国的利益，而不是世界正义。因此，从理论上说，世界正义只有在世界秩序下才有可能实现，而目前阶段要实现世界秩序是不现实的。其次，现存国际秩序同

---

[1] G. John Ikenberry, "Liberal Leviathan", Princeton University Press, 2011, pp. 55 – 61.

人类正义不相容。现存的国际秩序并没有提供对人权普遍的保护,而是各国或国家集团出于政治斗争的需要而有选择地提出人权问题。

国际秩序和国际正义的矛盾还体现在,均势是维持国际秩序的一个重要手段,但有些国家为了追求对其有利的均势而牺牲了正义。国际法也是维持国际秩序的一个重要手段。但国际法大多是维持现状,而缺乏一个通过共识对其进行修改的渠道,这使得一些国家打着正义的旗号违反国际法。如果一方违反国际法,并顺利地造成既成事实,国际法也承认新的现实的合法性。而且,作为国际法来源之一的国际法庭判决和著名法律学者著作,也无法不受国际政治的影响。另外,大国政治同国际正义也是有矛盾的。联合国体系最明显地体现了大国秩序和国际正义的矛盾。《联合国宪》章明确规定,集体安全机制不适用于联合国安理会5个常任理事国。

鉴于国际秩序与国际正义间的矛盾,国际社会常常在讨论秩序和正义哪个更重要的问题。布尔看来,国际社会在这个问题上存在三派:主张秩序优先,大多西方国家持这种主张。主张正义优先,大多发展中国家持这种主张。还有一派认为,秩序和正义并不是相互排斥的。任何秩序要保持稳定,都必须不断调整以满足正义的要求。任何正义要求也必须考虑秩序的需要,因为任何正义的改变必须在一定的秩序内才是稳定的。[1]

基辛格也注意到国际秩序和国际正义的矛盾。不过,他不使用正义这个词,而用合法性来代替。基辛格认为,国际秩序的稳定靠均势和合法性来维持。对现存安排存在共识,虽然不能排除竞争和对抗,但有助于保证冲突和对抗是在现存的秩序内进行,而不是对现存秩序进行根本性挑战。均势本身不能保证和平,但如果仔细地建构和采用,就能限制对现存秩序进行根本性挑战的范围和频率,并在它们出现时减少它们成功的概率。[2]

---

[1] Hedley Bull, "The Anarchical Society: A Study of Order in World Politics", London: Macmillan, 1977, pp. 74 – 94.

[2] Henry Kissinger, "World Order", Penguin Books, 2015, p. 9.

伊肯伯里也注意到，拥有合法性较多的国际秩序不仅较稳定，也可能延续较长时间。国际秩序的合法性指的是构成该国际秩序的制度和规则对多数国家有较大的吸引力。威斯特伐利亚体系的规则和准则几个世纪以来得到多数国家的支持，主要是因为这些规则和准则同世界上多数国家支持的有关国际秩序的规则和准则相吻合。威斯特伐利亚体系承认国家独立、主权、自决原则，承认宗教信仰自由。美国主导国际体系后，开始强调合法性同自由民主的密切联系。崛起的非西方国家如果想建立一套有别于西方主导的国际秩序，就必须同西方主导的国际秩序进行竞争。

国际秩序合法性的第二个来源同国际秩序的政治性质有关。如果在创建国际秩序过程中有较多的国家参与，并有较多发言权，那么这些参与创建国际秩序的国家会认为该国际秩序有较多合法性。由大国主导的所有国际秩序都是胁迫和同意的混合体。二战后美国主导的自由国际经济秩序是建立在体系内部成员间非歧视和市场开放的规则基础上的，这在一定程度上有助于增加该秩序的合法性。

第五节　国际秩序变迁

基辛格在《大外交》一书中指出，国际体制其实非常不稳定。每个"世界秩序"都期待能长久，可是构成世界秩序的因素在不断变动。每个世纪国际体制持续的时间都在缩短。《威斯特伐利亚和约》产生的体制存在约150年；维也纳和会缔造的国际体制维持了约100年；冷战的国际体制只有40年。凡尔赛和约从未被主要国家接纳且被遵守为一个体制，只能说略胜于两次世界大战期中的停火协议而已。①

我们在前面几节讨论了均势和合法性同国际秩序的关系问题，说明均势的变化和合法性的强弱都将影响秩序的稳定。我们将在这一节和下一节专门讨论国际秩序变迁的问题。美国学者罗伯特·基欧汉和约瑟

---

① ［美］亨利·基辛格著，顾淑馨、林添贵译：《大外交》，海南出版社2012年版，第825页。

夫·奈在《权力与相互依赖》一书中有一节专门研究国际机制变迁，对于我们研究国际秩序变迁有一定的参考作用。罗伯特·基欧汉和约瑟夫·奈在将国际机制定义为"在相互依赖关系中调节行为体行为并控制行为结果的规则、规范和程序"。国际机制包括正式和非正式的，正式的由国家间的协议和条约组成，如二战后成立的国际货币基金组织就对国际货币体系做出正式的安排。非正式的主要指国家间没有付诸实施的正式安排计划，如二战后计划成立国际贸易组织未能成功，只好退求其次接受关税及贸易总协定安排。由于二战后的国际货币体系和国际贸易体系都是二战后国际经济秩序的组成部分，因此这两位学者对国际机制变迁的研究应该看成是对国际秩序变迁研究的组成部分。

罗伯特·基欧汉和约瑟夫·奈虽然是美国新自由主义学派的代表人物，强调国际制度对于维持国际秩序的重要性，但他们也并不否认实力对于构建国际秩序的重要性。因此，他们在讨论国际机制变迁的总体权力结构模式、经济进程解释模式、问题结构解释模式和国际组织解释模式时，指出了上述模式对于帮助人们理解国际机制变迁既有一定的作用，但每一种模式都有其局限性。在技术进步和经济发展对国际机制变迁的影响模式中，两位学者指出，该模式对国际机制变迁的解释取决于三个前提：第一是技术变革和经济相互依赖的增加将使现有的国际机制过时，第二个是各国政府必须对提高生活水平的国内政治要求迅速做出反应，第三个是生产要素的国际自由流动所带来的巨大经济效益成为政府修改或重建国际机制的强大动力。根据这一模式，技术和经济发展将增强各国经济上的相互依赖，从而促进世界经济的一体化。但该模式的缺陷在于忽视了安全和政治利益对经济利益的影响。世界各国对安全、独立和价值观方面的考虑有时会阻碍世界经济的一体化。而且，世界各国经济上相互依赖的增加对各国利益集团的影响也不一样，利益受到损害的集团也会反对世界经济一体化。

如果经济利益并不足以促使世界各国建立促进经济相互依赖的国际机制，那么，霸权稳定论也许能更好地解释国际机制的形成。在总体权力结构模式中，这两位学者指出，在国际体系中，国际格局决定国际机制的性质，军事实力是最强大的实力资源。如果规则由强国制定，则政治军事力量的变化会对经济机制产生影响。在体系中的霸权国家有能力和意愿建立并维持一个符合其长期利益的国际机制，并有能力废除既有的规则、并阻止实施本国反对的规则。不过，随着霸权国制定规则和执行规则权力的衰落，霸权国家和二流国家的政策都会发生变化。霸权国越来越不能保证经济和政治目标的实现，其他国家则变得日益自信，重新强调其政治地位和自主权。由于政治地位和自主权在国际政治中的竞争同经济领域的竞争不同，属于零和游戏，体系中其他国家地位的上升和自主性的提高意味着霸权国地位的下降和影响力的下降。当霸权国维持霸权秩序的能力和意愿下降而其他国家寻求自主性的能力和意愿上升所引起的变化达到一定程度时，霸权秩序的平衡就被打破，螺旋式的作用和反作用随即介入，霸权建立和维持的机制就开始出现一系列分化瓦解现象。不过，这两位学者指出，霸权兴衰理论只能部分解释战后国际经济机制的变迁，并不能为预测未来国际机制变迁提供良好的基础。首先，该模式认为，随着霸权国的衰落，维持国际经济相互依赖的国际经济机制也会随之衰落。但该模式忽视了虽然霸权国实力相对下降，但以霸权国为基地的众多跨国公司、金融寡头和维持霸权秩序的官僚体系存在着维持霸权秩序的既得利益和愿意继续承担维持该秩序的相应成本，建立在霸权基础上的经济机制有可能在霸权衰落后继续存在。其次，即便霸权国的军事实力下降，其他国家的特殊利益集团出于利益考虑也许会继续支持霸权国建立的国际经济秩序。最后，霸权兴衰模式对不同领域问题的不加区分也削弱了该模式的说服力。

  霸权模式假定，如果霸权国家在国际体系中占主导地位，那么它在国际关系中的其他问题领域也占主导地位。这两位学者认为，国际政治的现实是，某些国家在某些问题领域处于主导地位，其他一些国家在另外一些问题领域占支配地位。因此，用问题解构模式也许能更好地解释一些国际机制变迁。问题模式的基本假设是，各个领域的问题相互联系比较困难，权力资源在各个问题领域之间也难以转化。在每一个问题领域中，各国都在追求自我利益，但该问题领域的强国将决定游戏规则。当某一国家在现行规则之下的影响力和其改变规则的权力资源不一致时，该问题领域的国际机制变迁就会发生。问题模式的弱点在于只注重国家的权力和能力,而忽视了国内行为体和跨国行为体。而且,无论是技术和经济进程模式,还是大国兴衰模式和问题模式都主要注重国际体系中力量分布的结构,而对国际体系中的进程注意不够。在罗伯特·基欧汉和约瑟夫·奈看来,仅仅通过国际体系的结构来解释机制变迁是不充分的,还必须从国际体系的进程来解释国际机制变迁。

这两位学者发现,有时国际机制的变迁同大国兴衰和问题结构模式的预测结果并不一致,于是,他们试图用国际组织模式来解释这种现象。国际组织指的是政府间和跨政府间建立起的关系网络、规范和制度。这些网络、规范和制度一旦建立起来,就开始影响行为体运用这些机制的能力。随着时间的推移,各国的基本实力越来越难以作为影响国际组织结果的衡量指标,而各国的组织能力,包括组建联盟的能力、投票权和对精英网络的控制,日益成为影响国际组织行为后果的权力。同经济模式、霸权稳定模式和问题模式等基本结构模式强调实力对比相比,国际组织模式更强调国际政治的进程。因此,它不像基本结构模式那样宿命,而是强调各国的战略互动和战略选择也对国际机制的变迁产生较大影响。这两位学者承认,没有一种模式能够完美解释世界政治,各种理论模式只不过是将复杂的现实问题简化,以帮助人们更好地理解复杂的现实。[①]

罗伯特·基欧汉和约瑟夫·奈有关国际机制变迁的四个模式对于我们研究国际秩序变迁还是有一定的启发。经济和技术的变革影响着一些国家的兴起和一些国家的衰落,而兴起的强国会建立新的国际机构和制定新的国际规则。当然,由于国际政治、经济、科技和文化领域的复杂性,一些强国在某些领域的占主导地位,另一些强国则在其他一些领域占支配地位。而且,虽然强国主导国际规范和国际机构的建立,但国际规范和国际机构一旦成立,它们在某种程度上也对强国形成一定的制约和约束。不过,研究国际秩序变迁的其他一些学者则主要从维持现状国和修正主义国之间的斗争角度来看待国际秩序变迁。从吉尔平的《世界政治中的战争与变革》、肯尼迪的《大国的兴衰:1500—2000年的经济变

---

① [美]罗伯特·基欧汉、约瑟夫·奈著,门洪华译:《权力与相互依赖》,北京大学出版社2012年版,第36—57页。

迁与军事冲突》到艾利森的《注定一战：中美能避免修昔底德陷阱吗?》，这些学者认为大国兴衰所引起的维持现状国和修正主义国之间争夺霸权的结果在很大程度上决定着国际秩序的变迁。因此，我们在下一节将重点介绍西方一些学者有关这方面问题的研究。

第六节　修正主义国和维持现状国

西方现实主义学派认为，导致国际秩序变迁的重要因素是修正主义国家和维持现状国的争霸斗争。美国学者杰森·戴维森将修正主义国家定义为"寻求未拥有价值的国家"，而维持现状国则为"寻求维持已拥有价值的国家"。这里所说的价值包括领土、地位、市场、意识形态和创建或改变国际法和国际组织等。[①] 由于戴维森的定义过于学究气，我们不妨换一个通俗易懂的说法，即凡是对现存在的国际力量对比、领土划分、国际地位、国际法和国际机构感到满意的国家就是维持现状国，反之就是修正主义国家。具体到国际秩序，凡是对现存的国际秩序感到满意的国家，就是维持现状国，反之就是修正主义国家。在现实国际政治中，没有百分百的维持现状国，也没有百分百的修正主义国家。

戴维森首先简要介绍了美国学界有关修正主义国家和维持现状国理论的三大学派。第一派为力量对比变化派，该派代表人物是保罗·肯尼迪。肯尼迪认为新兴大国一般倾向于改变现状主要有以下三个理由：第一，新兴大国更能够扩大其外交政策利益的范围，因为它能将更多的资源用于军备；第二，国内的经济利益集团也推动新兴大国对外扩展其外交利益；第三，新兴大国的民族主义也在某种程度上推动外交利益的扩展。

第二派为古典现实主义学派。古典现实主义的代表人物摩根索认为，修正主义国家的源起主要是大战后和平安排中对战败国的严厉处罚。他认为第一次世界大战结束后的《凡尔赛和约》对德国的严厉惩罚是造成

---

① Jason W. Davidson, "The Origins of Revisionist and Status - Quo States", Palgrave, 2006, p. 13.

德国成为修正主义国家的主要原因。基辛格则认为大战后战胜国建立的国际秩序如果合法性不够的话,也容易导致修正主义国家的产生。虽然现实主义对于国际秩序的合法性有不同的理解,但基辛格认为,能够满足所有主要大国安全需求的国际秩序就是合法的国际秩序。另一些古典现实主义学者则将力量真空和修正主义国家联系起来,认为大国周边是弱国时更容易采取修正主义的策略。力量真空理论不仅关注力量对比,还关注力量真空所带来的机会可能诱导一些国家采取修正主义的做法。现实主义还有一位有影响的学者是进攻性现实主义的代表人物约翰·米尔斯海默。他认为所有的国家都是修正主义国家,因为所有的国家都将寻求增加实力和霸权作为增强自身安全的手段。他对有些国家例外的情况的解释是,一些国家修正主义倾向不明显,是因为这些国家在等待合适的时机以实现修正主义的目标。还有一些国家由于得益于强大对手海军的隔离而对改变现状不感到那么迫切。第三种情况是这些国家已经取得地区霸权,因而倾向于维持现状。

第三派学者则试图从内政角度分析修正主义国家产生的根源。艾莉·卡克威兹认为民主国家倾向维持现状,非民主国家倾向改变现状,其主要理由是,民主国家已经完成民族主义斗争,而非民主国家由于其实力和地位不匹配而倾向于改变现状。戴维森认为民主国家与低民族主义情绪,以及低民族主义情绪与维持现状并没有必然的联系。而且,卡克威兹也没有解释清楚实力和地位的不匹配同修正主义的必然联系。另一位学者马克·布罗利认为实行共和制和资本主义的经济制度的国家倾向于建立和支持自由秩序,拥有充足资本的专制国家倾向于推翻自由秩序。布罗利理论的问题在于其认为资产阶级总是能影响一国的外交政策,国内其他的利益集团无足轻重。而且,布罗利理论没有涉及国际层面的问题,只给人一种印象,即一国占主导地位的压力集团如果倾向于改变现状,该国就会采取修正主义的做法而完全不用考虑自身是否有能力那么做。

戴维森在简要介绍有关修正主义和维持现状国家的三派理论后,试图从力量对比的变化、国际和国内因素的影响这几个角度来构建自己的理论框架。他首先讨论了修正主义和维持现状国的前提是力量对比发生了变化。这里说的实力变化不仅指的是各国绝对实力的增长，更重要的是相对于竞争对手的实力对比变化。我们常提到的新兴大国和衰落大国都是同其竞争对手相比较而言的。而且需要强调的是，总体实力固然重要，但更重要的是将实力运用到实现具体战略目标的能力。新兴大国和衰落大国面临不同的挑战和机遇，如何应对这些挑战和机遇，各国统治阶级中占主导地位的是倾向于"维持现状"还是"改变现状"将影响该国将采取维持现状战略还是修正主义战略。民族主义集团和军工产业集团倾向于外向战略，这些利益集团如在新兴大国则倾向支持修正主义战略，如在衰落大国则倾向支持维持现状战略。其他商业利益集团和享受福利的阶层更倾向内顾，这些利益集团不管是在新兴大国还是在衰落大国都倾向于不改变对其有利的安排。

除了力量对比和内政因素影响一国的外交行为外，国际体系也是影响一国外交行为的重要因素。国际体系的无政府状态使得国家为了生存必须寻求安全和独立自主。对安全和独立自主更关心的新兴大国倾向于采取修正主义的做法，而对安全和自主顾虑较多的衰落大国则倾向于维持现状。另外，一国的能力和意志也是影响该国外交行为的重要变量。此外，国际体系中的机会也是影响一国外交的重要因素。当一国寻求改变或维持现状时，该国必须考虑以下两个因素：首先，该国在争取特定目标时必须考虑能有多少盟友或将面对怎样的对手；其次，能力虽然重要，意志也很重要，在竞争中能否取胜有时取决于一国的决策者愿意付多大代价。[①]

西方的现实主义派主要从力量对比变化研究修正主义和维持现状国家的起源，认为新兴大国随着实力的增强总是倾向于改变现状。自由主义派则从国内政治的角度研究这一问题，认为民主国家倾向维持现状，而专制国家倾向改变现状。西方的现实主义和自由主义理论在帮助人们加深对修正主义和维持现状国家行为方面进行了有益的尝试，但由于该问题除了受客观现实影响外，还在很大程度上受研究者立场的主观影响，

[①] Jason W. Davidson, "The Origins of Revisionist and Status – Quo States", Palgrave, 2006, pp. 21 – 40.

国际上曾流行这样一个说法，"在一国被认为是恐怖主义者，在另一国则被认为是自由斗士"。因此，无论是西方的现实主义派还是自由主义派在解释这方面的问题上仍然受到西方中心论的影响，难免存在偏见。如在意识形态领域，西方大国很少满足于维持现状。在国际秩序问题上，也是如此。在冷战时期，世界至少存在三种国际秩序：以联合国为核心的基本世界秩序、以美欧为主的自由国际秩序和以苏联为首的社会主义国际秩序。随着苏联的解体和冷战的结束，虽然社会主义国际秩序不复存在，但以联合国为核心的基本世界秩序和以美欧为主的自由国际秩序依然存在。因此，如何定义"修正主义国"和"维持现状国"，在很大程度上取决于如何定义"现状或现存的国际秩序"。如美国将"现状"看成是美国霸权秩序，那么美国将视一切威胁美国霸权秩序的国家为"修正主义国家"。如欧盟将"现状"等同于自由国际秩序，那么欧盟将视威胁或挑战自由秩序的国家都为"修正主义国家"或"制度竞争者"。以中国和俄国为代表的新兴经济体和广大发展中国家支持以联合国为核心的基本国际秩序，认为任何试图削弱和损害以联合国为核心的国际秩序的国家为"修正主义国家"。在以中国和俄国为代表的新兴经济体和广大发展中国家看来，西方主张用"保护的责任"[①]来代替联合国秩序的主要基础——主权平等和不干涉内政等原则，是典型的"修正主义国家"行为。

第七节 国际体系、国际格局和国际秩序的关系

国际关系分析大体上可以分为三大层次，即国际体系、国家和个人。由于对国际体系、国际格局和国际秩序的研究都属于第一层次，因此人们很容易将国际体系、国际格局和国际秩序这几个概念混淆。为了帮助人们对这几个概念有更好地理解，我们先看看一些中外的学者对这几个概念是如何定义的。我们在前面介绍英国学派的代表人物布尔时曾提到，他认为国际秩序是国际体系中的一部分。美国学派的代表人物基辛格对国际秩序和国际体系这两个概念并未作严格的区分。中国学者黄仁伟认

---

① Richard Haass, "A World in Disarray", Penguin Press, 2017, pp. 225-255.

为，国际秩序和国际格局是国际体系的组成部分。他认为"国际体系应包括三个主要分支，即国际机制、国际秩序和大国格局"。①

为了进一步探讨国际体系和国际秩序的异同，我们可以从二者强调的重点开始。首先，国际体系强调体系成员间经常持续的互动，偶尔的互动并不构成一个体系。巴里·布赞和理查德·利特尔认为，偶尔的互动，即使是重大的互动，也不足以构成体系。例如公元751年中国唐朝与阿拔斯王朝的阿拉伯军队在塔什干附近进行了塔拉斯河战役，此役对今后几世纪中亚的文化和政治产生了重大的影响，但这是当时东亚和中东仅有的一次军事接触，因此并不构成持续的国际体系。另外，只有经济互动而没有政治军事互动是否能构成体系也是有疑问的。例如，从公元前1世纪开始，中国的汉朝同罗马帝国就有大量持续的奢侈品交易，但并没有政治和军事互动，文化接触也不多，仅凭贸易关系是否能构成国际体系还是有疑问的。② 国际格局主要关注大国在国际体系内的分布情况，而国际秩序关注的不仅是国际体系成员的互动，更关注国际体系成员互动时的基本动机、是否接受相同的规则、价值观和机制。

其次，国际体系关注体系成员互动范围的变化。随着能源、交通、通信技术的革命，约400年前首先在欧洲诞生的主权国家体系现在已经扩展到全世界。我们可以说，现代的国际体系是全球性的。国际秩序则主要关注体系成员互动过程中形成的规则、准则和机制对成员行为的影响。自1945年联合国成立以来，以联合国为中心的国际秩序也可以说扩展到全球。不过，正如基辛格指出的那样，现在世界还没有一个真正的全球秩序。如何解释这其中的矛盾呢？从广大发展中国家的角度来看，以联合国为中心的基于国家主权平等的秩序已经成为一个全球性秩序。但从西方，尤其是美国的角度，当今世界至少存在四种秩序：美欧主导的大西洋秩序建立在民主和市场经济基础上，彼此并不构成威胁，军备主要用于对外干涉，而不是为了相互防范；亚洲秩序类似于19世纪的欧洲秩

---

① 黄仁伟：《国际体系转型与中国和平发展道路》，载上海社会科学院世界经济与政治研究院编：《国际体系与中国的软力量》，时事出版社2006年版，第5页。

② ［英］巴里·布赞和理查德·利特尔著，刘德斌主译：《世界历史中的国际体系》，世界知识出版社2015年版，第99—100页。

序，亚洲的主要强国彼此视为战略对手，均势对于维持亚洲的和平至关重要；中东地区与17世纪的欧洲相似；非洲大陆则处于类似17世纪前的状态。大西洋地区的冲突主要源于经济；亚洲的冲突源于战略竞争；而中东地区的冲突的根子是意识形态和宗教，因此不适用于《威斯特伐利亚和约》的和平外交原则；非洲地区的种族冲突、经济欠发达、健康保健服务落后，为非洲大陆的动荡埋下了隐患。非洲大陆所面临的主要挑战是促进经济发展和避免政治及种族冲突。[1]

以上主要探讨国际体系、国际格局和国际秩序间的区别。但同时应强调的是，国际体系、国际格局和国际秩序间还是存在千丝万缕的联系。伊肯伯里认为，一个体系的基本组织安排建立起来之后，政治秩序得以确立。也就是说，先有体系，后有结构和秩序。至于这三者之间的关系，作者认为，世界上主要大国的力量分布在很大程度上决定了国际格局，国际格局在很大程度上决定了国际秩序，国际格局和国际秩序在很大程度上决定了国际体系的性质。根据吉尔平的理论，国际体系内的实力分布决定了谁来统治该国际体系以及该体系的功能主要应有利于谁的利益。历史上出现过三种国际体系控制形式。第一种是帝国主义或霸权主义结构，即一个单一的强大国家控制该体系内比较弱小的国家。第二种是两个强大的国家控制各自势力范围，并进行互动。第三种是均势结构。这实际上说明了国际格局决定国际秩序。自从1648年《威斯特伐利亚和约》欧洲出现主权国家到1945年，国际格局经历了多极到两极、两极到多极的多次变化。而这一阶段的国际秩序主要是均势秩序。1945—1990年世界划为两极。美国和苏联在各自的势力范围内维持的是一种霸权秩序，而美苏两者之间则试图维持某种均势。1991—2014年被认为是单极，也有人称为一超多强。冷战后美国历届政府都试图在全球范围内维持一种霸权秩序。当然，国内外学术界也有观点认为2014年前后两个标志性事件表明美国单极格局的结束，一个是克里米亚"脱乌入俄"事件，另一个是国际货币基金组织根据购买力平价计算中国的经济总量超过美国。

---

[1] [美] 亨利·基辛格著，胡利平、凌建平等译：《基辛格：美国的全球战略》，海南出版社2012年版，第10—11页。

对于美国单极格局结束后的国际格局，有人称之为多极世界，也有人认为是两超多强格局。正是由于国际格局和国际秩序决定国际体系的性质，因此国际秩序和国际体系含义有时就十分相近。同时，国际政治界对于国际秩序和国际体系概念的内涵和外延并没有统一的见解，有的十分不同，有的又十分相近，因此我们在国际政治研究理论文献中常常看到这两个甚至三个概念（包括国际格局）混用的情况，如均势体系、均势秩序、两极体系、两极格局、两极秩序等。概括起来，国际体系是一个大系统，国际格局和国际秩序是两个子系统。国际体系注重成员间的互动和相互影响，国际格局注重体系内力量分布的状况，国际秩序则注重国际体系成员互动的规则和行为规范。

第二部分

西方主导的国际秩序：从威斯特伐利亚秩序到自由国际秩序

美国学者库普乾认为，西方主导国际秩序经历了三个阶段：第一阶段从1648年的《威斯特伐利亚和约》到1815年欧洲协调的形成，这是欧洲国际秩序形成和巩固阶段。1815—1914年为第二阶段，也称为英国统治下的和平阶段。欧洲的帝国主义在世界的殖民扩张和争夺进一步加剧。以欧洲为中心的国际秩序开始成型，欧洲的力量和原则开始影响全世界大多数的地区。第三阶段始于第二次世界大战结束后，美国代替英国成为西方世界的霸主，并努力建立一个适合自己利益和价值的国际秩序。西方对国际秩序的影响在冷战结束后达到高峰，由于苏联的解体，世界上暂时没有一个能对西方进行制衡的力量，西方对全球事务的影响在物质上和意识形态上都达到一个高潮。①

库普乾代表了西方主流学派的观点，强调了国际秩序从欧洲主导到美国主导的演变，而忽视了以苏联为代表的社会主义国家和广大发展中国家对构建现代国际秩序的贡献。实际上，在制定《联合国宪章》过程中，美、英、苏、中等大国和广大发展中国家都作出了十分重要的贡献。并且，二战后世界上世界至少存在三大国际秩序：以联合国为核心的国际秩序、美国主导的自由国际秩序和苏联主导的社会主义国际秩序。冷战结束后，虽然苏联主导的社会主义国际秩序不复存在，但联合国为核心的国际秩序仍是得到世界上多数国家支持的秩序。

---

① Charles A·Kupchan, "No One's World", Oxford University Press, 2012, pp. 64-65.

第 四 章

从威斯特伐利亚秩序到维也纳秩序

第一节 威斯特伐利亚秩序：欧洲为中心的现代国际秩序奠基阶段

无论是马克思主义、现实主义、还是自由主义都认为，任何一种国际秩序基本上都反映了主导国家或国家集团的价值观和利益。现实主义者吉尔平在分析导致国际秩序变更的原因时指出，国家间战争和国际体系变革的根本原因在于国家间实力发展的不平衡，解决这种不平衡的主要手段是战争。"战争决定了谁将统治国际体系，谁的利益将在新的国际秩序中得到优先照顾。战争导致该体系中国家之间的领土重新被分配。国际体系新规则、国际分工的修正。"[①]

发生在欧洲的1618—1648年的三十年战争不仅是新教和天主教之间的战争，也是哈布斯堡王朝企图称霸欧洲和以法国为代表的一些欧洲国家反对哈布斯堡王朝称霸的战争。13世纪以来，哈布斯堡王朝统治下的神圣罗马帝国皇权日益衰落，各邦诸侯在宗教斗争的旗号下不断扩大自己的权力。16世纪前半叶，哈布斯堡王朝试图称霸中欧。1618年，波西米亚人民在布拉格发动反对神圣罗马帝国统治的起义，这成为三十年战争的导火索。波西米亚争取独立的战争虽然在1624年失败，但导致丹麦

[①] [美]罗伯特·吉尔平著，宋新宁、杜建平译：《世界政治中的战争与变革》，新华出版社2010年版，第200页。

和荷兰从 1625 年起开始参与到反对哈布斯堡王朝的战争中。1630 年瑞典也加入反对哈布斯堡王朝的战争。瑞典在战争中的失利使得法国从 1636 年起被卷入这场战争中，联合瑞典打败了哈布斯堡王朝，并于 1648 年签署了《威斯特伐利亚和约》。三十年战争后，法国成为欧洲霸主，荷兰与瑞典成为欧洲强国，德意志则处于分崩离析状态。"这场战争的根源在于当时中世纪晚期西欧社会所发生的大规模社会转型，王权的上升、因宗教改革而导致的教皇和皇帝权威的旁落、政治实体——王国与诸侯——边界的固定化和自我认同的强化，以及各政治实体之间缺乏法律或权威的制约而彼此之间鲜有相互承认的相处准则等。《威斯特伐利亚和约》在很大程度上解决了中世纪后期西欧政治体系转型所出现的问题，为现代国际体系的形成奠定了基础。"[1]

《威斯特伐利亚和约》从两方面奠定了现代欧洲的基础。首先，它使宗教自由合法化。其次，政治权利从君主、贵族和教会转向领土国家。它确立了领土主权的原则，并强调外交和均势对维持国际体系和主权秩序的重要性。《威斯特伐利亚和约》最为突出的内容就是：第一，用法律的形式承认一系列由边界确定的王权国家甚至共和制国家的独立性；第二，否定罗马教皇和神圣罗马皇帝的权威，确立主权（当时主要为王权）在国际政治中的正统性；第三，在宗教和精神领域打破罗马天主教会的普世大一统理念，确立新教与旧教（天主教）在西欧的平等地位。根据《威斯特伐利亚和约》的规定，葡萄牙、瑞士和荷兰分别获得独立，而法国、瑞典、西班牙、奥地利等国无论是得到土地还是失去土地，都加强了国家的独立性并且确立了领土疆界。更为重要的是，所有的独立国家都因《威斯特伐利亚和约》而被确认为拥有自己的主权——具有独立自主处理自己内外事务，管理自己国家的最高权力，并且忠诚于自己的人民。由主权、疆域、人民三要素所构成的现代国家由此形成。[2] 三十年战争粉碎了哈布斯堡王朝称霸欧洲的企图，使欧洲在政治上处于分裂状态。欧洲各政治实体间的竞争与战争使得君主国家成为欧洲政治体系中的主

---

[1] 叶江：《国际体系与国际格局新论》，上海人民出版社 2014 年版，第 42 页。
[2] 叶江：《国际体系与国际格局新论》，上海人民出版社 2014 年版，第 42—43 页。

要单位。这主要是因为帝国不容易巩固人们对其的忠诚，而城邦国家则缺乏足够的资源进行军备现代化。从某种意义说，是战争缔造了主权国家。

欧洲宗教大一统观念的衰退，以及君主国家的逐渐兴起需要某种原则作为它们存在的理论基础，并规范它们相互间的关系。托马斯·霍布斯有关国家主权的理论便应运而生。他认为，在缺乏权威的情况下，人与人之间的关系处于自然状态，这种状态下就是"所有人反对所有人的战争"。为了避免这种不安全的状态，人们将权力转让给主权，以换取主权在一国的疆界内提供安全。主权国家对暴力的垄断是克服暴力和战争担心的唯一方法。由于主权国家仅对领土内人民的安全负责，以及主权国家的平等，国际体系处于无政府状态。维持国际体系和平与稳定的主要靠维持均势。

如果欧洲没有后来的工业革命，就如同当时东亚存在的朝贡秩序和中东存在的伊斯兰秩序一样，威斯特伐利亚秩序将只不过是世界上的一个地区性秩序。但在1500—1800年期间，世界力量的中心从亚洲转到欧洲，这使国际体系的发展发生了巨大的变化。

美国学者库普乾在研究16世纪开始的世界力量中心从亚洲转向欧洲的原因时指出，奥斯曼帝国、中国、印度和日本中央集权和统治结构的等级制虽然有助于维持社会的秩序和稳定，但也抑制了社会的流动性、政治多元化和经济活力。而欧洲在这方面的弱势却证明为其强项。欧洲新兴的资产阶级充分利用了国王、贵族和教会争权夺利而形成的政治分裂局面，成为推动变革的进步力量。西方的工业资本主义、世俗民族主义和自由民主制度促进了西方实力的发展，拉开了西方同世界上其他地方实力的差距。随着西方的崛起，分隔的国际体系逐步被打破。从15世纪起，西方航海技术的发展使得欧洲的探险家、商人和移民在中东、非洲、亚洲和美洲建立了据点。随着西方经济和军事优势的增加，这些据点的数目和范围都在扩大。到了19世纪末，欧洲的主要大国不仅控制了地球的大部分地方，还将欧洲的主权、行政法、外交和商业等概念带到世界各地,将原本只存在于欧洲的国际秩序带到了全世界。①

第二节 维也纳秩序：以欧洲为中心的国际秩序巩固阶段

18 世纪末,威斯特伐利亚秩序在欧洲面临严酷考验。三十年战争后,欧洲各国为了国家利益无不致力于领土扩张。基于发展不平衡规律,英国因工业革命而迅速崛起,西班牙和瑞典沦为二流国家,俄国和普鲁士也在逐步强大。三十年战争在中欧造成真空,导致邻国起了扩张野心,法国、俄国和普鲁士都试图染指中欧。从 1789 年开始,法国通过兼并和征服主导了欧洲大陆。到了 1812 年,法国控制了包括意大利北部的广大地区、莱茵河西岸的所有领土、低地国家的大部分领土。法国试图称霸欧洲激起了欧洲的制衡反应。俄国、瑞典和英国建立了反拿破仑同盟,后来奥地利也加入其中。从 1814 年开始,战争形势变得对反法同盟有利。1814 年 4 月,参战各国签订了停战协定,同年 5 月召开了第一次巴黎和会。1815 年的维也纳会议确定了战后欧洲秩序的两大原则：均势和正统性。这些原则体现在战后的主要安排中：四国同盟和神圣同盟。四国同盟由英国、普鲁士、奥地利和俄国组成,神圣同盟由普鲁士、奥地利和俄国组成。维也纳秩序最重要的制度安排就是四国同盟,后来由于法国的加入而变成五国同盟。由于英国在反法同盟中的重要作用,从战争一开始,英国就不仅将四国同盟看作是同法作战的工具,还是维持战后和平与秩序的工具。维也纳秩序的一个显著特点是大国的制度化磋商和约束,以确定战后的欧洲秩序。

基辛格认为,维也纳秩序维持了欧洲近百年的和平得益于维也纳秩序的三大支柱：四国同盟以防止对手对领土秩序的挑战,神圣同盟以克服对国内制度的威胁,盟国政府首脑的外交会议磋商以确定共同立场或应付共同的危机。② 维也纳国际秩序得以维持除了均势外,还因为四国同

---

① Charles A. Kupchan, "No One's World", Oxford University Press, 2012, pp. 64–65.
② Henry Kissinger, "World Order", Penguin Press, 2014, p. 65.

盟因共同的价值观而结合在一起。均势降低了诉诸武力的机会,共同的价值观则减少了诉诸武力的欲望。维也纳秩序的均势安排体现在战后欧洲的领土安排上。奥地利扩大了在意大利的版图,普鲁士扩大了在德国的版图。荷兰获得奥属尼德兰。法国被迫放弃所征服领土。俄国得到波兰的心脏地带。但如何处理普鲁士和奥地利之间的关系对于维持欧洲均势十分重要。自三十年战争以来,德国内部问题一直是欧洲面临的一个难题。每当德国分裂衰弱,就会招致邻国入侵。如果德国有可能统一,又会招致邻国的害怕。维也纳和会的安排是,将分裂的德国组成由37个邦国的德意志邦联,这一安排使得德意志邦联强大到不怕法国的入侵,又因太分散不足以威胁到邻国。在处理战败国法国时,虽然法国征服的领土被剥夺,但法国大革命前的疆域得以保留,这使得法国对于战后安排虽然不十分满意,但也不至于愤愤不平。[①]

维也纳秩序得以稳定的主要因素除了均势外,就是建立了维持封建统治的神圣同盟。基辛格认为,神圣同盟是维也纳和会最值得一提的创举。它在强国的互动关系中加入道德限制,为维护国内体制以保有既得利益,促使奥地利、普鲁士和俄国结合一起,避免了18世纪他们必然走上的冲突之路。维也纳会议后,奥地利在维持维也纳体系和神圣同盟的团结方面发挥了关键性作用。当时奥地利处境艰难,强敌环伺,普鲁士试图取代在德国的地位,俄国试图向巴尔干扩张,法国也试图恢复其在中欧的影响力。奥地利的策略是建立道德共识以避免危机,努力使普鲁士和俄国相信,革命所带来的意识形态危险,大于他们战略上的可乘之机。奥地利的均势和道德外交使普、俄都自我克制,以免违反维持现状的大原则。[②]

美国学者伊肯伯里则从制度的角度分析了维也纳秩序安排。在法国战败后,欧洲的三大强国,英国、奥地利和俄国拥有不同的实力和地位,也面临着不同的挑战。俄国威胁着波兰和奥斯曼帝国,英国的海上优势

[①] [美]亨利·基辛格著,顾淑馨、林添贵译:《大外交》,海南出版社2012年版,第66—69页。

[②] [美]亨利·基辛格著,顾淑馨、林添贵译:《大外交》,海南出版社2012年版,第70—73页。

对欧洲外围小国的威胁不亚于法国的大陆霸权。为了打败法国，欧洲小国愿意团结在英国和俄国联盟体系中。一旦打败法国，欧洲小国也面临着如何制衡英国和俄国的问题。奥地利和普鲁士也十分关注战后欧洲的力量均势。如果战后欧洲力量分布比较平均，则战后安排不过是简单地重建基于均势的秩序。但由于英俄同其他欧洲国家间实力对比悬殊，拿破仑战争后秩序重建所面临的挑战是，如何鼓励大国的克制。

伊肯伯里认为，英国主导建立的战后秩序符合制度秩序模式。英国人寻求利用其优势地位确立一个有利而持久的秩序，而最好的办法就是确立相互满意的原则，建立制度，并争取其他大国对这些制度和原则的认可。在英国的努力下，1814年四国同盟签署了《肖蒙条约》，这一条约构成建立战后欧洲秩序的重要部分。该条约的目的之一，就是确立一个"确保均势"的秩序，这意味着进行公正的，获得参与国同意的领土分配的权利和义务。

英国和其他大国为了维持战后秩序的稳定，除了努力维持战后欧洲的均势外，还建立了一系列相互促进的制度安排，其中最重要的有以下三项：同盟协调、会议磋商程序、扩大欧洲公法的规范和规则的应用范围。英国在维持战后欧洲秩序方面的一项重要制度创新就是确保四国同盟战后的继续存在。四国同盟为欧洲大国提供了合作机制，同时也提供了相互制约、相互监督和相互影响的路径。到了1818年，对大国合作、同盟约束的担心导致同盟的扩大，法国的加入使得四国同盟变成五国同盟。[①]

维也纳秩序的另一个崭新特征就是大国通过召开会议处理共同关心的问题。在维也纳和会后的数十年间，欧洲确立了和平时期定期举行会议的惯例。会议讨论的重点之一，是确立如何处理领土争端的共同理解。大国被赋予特殊权力和责任来解决领土争端。一个大国的领土扩张需要得到其他大国的默许。大国通过协商来判断，哪些领土变更是可以接受的，哪些是不可接受的，从而抑制那些危险的国家行为。但维也纳秩序

---

① ［美］约翰·伊肯伯里著，门洪华译：《大战胜利之后：制度、战略约束与战后秩序重建》，北京大学出版社2008年版，第89—93页。

的一个重大局限性在于它仅关注欧洲问题，忽视了欧洲之外的问题。这主要是作为战后两个主要大国英国和俄国都不要求它将更广泛的全球利益纳入到欧洲国家的惯例和协议中。[1]

第三节 维也纳秩序的崩溃

到了19世纪中叶，维也纳秩序所构建的微妙平衡被三大发展所打破：民族主义的兴起、1848年的欧洲革命和克里米亚战争。拿破仑战争的结果是促进了欧洲民族主义的发展。巴尔干各民族纷纷发生独立革命。民族主义的兴起也影响到普鲁士和奥地利之间的关系。维也纳和会的安排促使普鲁士试图统一德国，并摆脱奥地利的控制。

东欧民族主义的兴起也沉重打击了奥匈帝国统治。民族主义在近代欧洲的发展得益于以下三个因素：一是各国方言和文学的发展；二是一些国家教会脱离了天主教会；三是西欧的一些王朝建立并巩固了几个大国，如英国、法国、西班牙、葡萄牙等。这些因素为民族主义兴起打下了基础。18世纪西欧资产阶级成为统治阶级才呈现现代民族主义，国家不再是国王、国王的领土和国王的臣民，而是公民、领土和政府。法国革命和拿破仑战争大大促进了民族主义在欧洲的传播。1815年维也纳会议进一步促进民族主义在欧洲的发展。这是因为维也纳会议的领土解决方案使一些民族分裂，或遭外族统治。结果是1815年后欧洲各地爆发了一系列民族起义。1821年希腊人成功地从土耳其人的统治下赢得独立，1830年比利时人成功地摆脱了荷兰人的统治，意大利人经过长期斗争，终于在1871年建立了一个独立统一的国家。到1871年，民族主义的原则已在西欧获胜。但是，在中欧和东欧，哈布斯堡帝国、沙皇俄国和奥斯曼帝国仍是"各民族的牢狱"。不过，由于民族主义的兴起，这三个帝国的统治已经摇摇欲坠。

1848年欧洲革命遍及除俄国以外的整个欧洲，在法国的"二月革命"

---

[1] [美]约翰·伊肯伯里著，门洪华译：《大战胜利之后：制度、战略约束与战后秩序重建》，北京大学出版社2008年版，第93—102页。

和德意志的 1848 年革命影响下，东南欧被压迫民族的解放运动风起云涌。1848 年欧洲革命属于资产阶级民主革命性质，即消灭封建制度，消除异族压迫，建立独立的民族国家。列宁在评价欧洲 1848 年革命时指出："1793 年和 1848 年，无论在法国、德国或整个欧洲，资产阶级民主革命都是客观地提到日程上来的'真正的民族'纲领，即当时民主派的资产阶级民族纲领，同这种客观的历史形势是相适应的，当时在客观上同封建王朝的战争相对立的是革命民主战争、民族解放战争。这个时代的历史任务的内容就是这样的。"[①] 法国"二月革命"的成果是推翻了七月王朝的统治，建立第二共和国。法国的革命也影响到德意志。当时的德意志是一个由 38 个邦国和自由市组成的非常松散的邦联，各王国封建专制势力仍非常强大。随着工业革命和资产阶级的兴起，资产阶级对德意志邦联分崩离析的现状非常不满，要求国家统一，对内统一市场，对外能加强同别国的竞争力。德意志 1848 年革命有力地打击了封建势力，促进了德意志的统一。奥地利革命推翻了梅特涅的统治，沉重打击了神圣同盟。1848 年欧洲革命的一个重要后果是欧洲大国参与建立维也纳秩序的许多领导人被赶走，新一代领导人不仅没有参与建立维也纳秩序的经历，也没有同老一辈领导人之间建立起的相互信任关系，而且各国内政对外交政策影响的增加又导致五国同盟基础崩塌。克里米亚战争则为维也纳秩序的死亡敲响了丧钟。

克里米亚战争源于俄国和法国对奥斯曼帝国基督教信徒保护者名号的争议。1852 年奥斯曼帝国的苏丹封法国皇帝拿破仑三世为奥斯曼帝国基督教信徒保护者名号，这引起俄国沙皇的震怒，要求获得与法国同等的待遇被拒绝后，同奥斯曼帝国断交，并开始占领摩尔多瓦和瓦拉几亚。英国担心俄国控制达达尼尔海峡，派军舰到贝西卡湾和黑海口，鼓励土耳其向俄宣战。宗教争端只是克里米亚战争的借口，地缘战略争夺才是战争的深层原因。俄国寻求占领君士坦丁堡和两个海峡。法国希望削弱俄国，破坏神圣同盟，结束孤立状态。英国则希望一劳永逸地阻止俄国

---

① 中共中央马克思恩格斯列宁斯大林著作编译局：《论尤尼乌斯的小册子》，《列宁选集》，人民出版社 1972 年版，第 856 页。

控制这两个海峡。战争爆发后，英法联军登陆克里米亚，占领了俄国海军基地塞瓦斯托波尔。

奥地利在战争初期宣布中立，但在英法联军进攻塞瓦斯托波尔时，奥地利向俄国提出最后通牒，要求俄国撤出摩尔多瓦和瓦拉几亚。奥地利的举动导致维也纳秩序中另一重要支柱神圣同盟的破裂。奥地利一旦决定摆脱神圣同盟的约束，会同样使俄国从保守同盟中解脱出来，并可根据地缘战略来寻求其外交战略。基辛格在评论克里米亚战争对欧洲秩序的影响时指出："维也纳方案之所以能行之50年，就在于东欧三强（普鲁士、俄国、奥地利）视其团结是对抗革命乱象及法国主宰欧洲的主要屏障。但克里米亚战争中，奥地利却同急于将其赶出意大利的拿破仑三世、不愿涉入纷争的英国，结为不甚协调的盟友。它因此解放了昔日神圣同盟的盟国俄国、普鲁士，任这贪得无厌的两国毫无顾忌地追求其国家利益。普鲁士要奥地利付出的代价是强迫奥地利撤出德国，而俄国在巴尔干逐渐升高的敌意，后来成为第一次世界大战的导火索之一，也导致奥匈帝国最后的崩溃。"[①]

[①]［美］亨利·基辛格著，顾淑馨、林添贵译：《大外交》，海南出版社1998年版，第82页。

第 五 章

英国主导的殖民帝国秩序

第一节 帝国主义扩张与西方殖民主义

帝国主义指的是一个国家、民族或种族对其他国家、民族或种族进行直接或间接的政治统治和经济剥削。维也纳和会后,随着欧洲大陆的相对稳定,欧洲大国开始将主要精力转向殖民扩张。促使欧洲大国向外扩张的主要动力是工业革命后,欧洲大国、特别是英国向外寻求原料和市场。英国的工业革命大幅度提高了生产率,急需要向海外寻找新的市场和原料。英学者马丁·雅克认为海外殖民对英国的工业化十分重要。1800年,中国和西欧的生活水平大致相当。当时,东西方都面临的一个重大挑战,就是在人口增长的情况下,如何解决用有限的土地和森林来满足日益增长的粮食、燃料和建筑的需求。英国突破这些限制主要有两个途径:一是英国发现了大量的煤炭资源,这为英国的民生和工业革命提供了能源;二是向美洲殖民。据估计,1830年,加勒比和美洲地区向英国出口的棉花、蔗糖和木材,所需土地面积在约10万到12万平方千米之间,这超过了英国所有耕地和牧场面积的总和。殖民地为英国和欧洲提供了重要的原料、市场和资本原始积累。[①]

《大国的兴衰:1500—2000年的经济变迁与军事冲突》作者保罗·肯尼迪在分析工业革命对欧洲和非西方世界关系的影响时指出,英国是世

[①] [英]马丁·雅克著,张莉、刘曲译,《当中国统治世界》,中信出版社2010年版,第23—24页。

界上第一个工业化国家，随着欧洲和美国开始追随英国工业化的步伐，西方的工业革命大幅度提高了大西洋两岸地区的生产率，这从绝对和相对两方面拉开了西方同世界上其他地方生产和生活水平的差距。工业革命也加快了西方对外殖民和扩张的步伐。1800年，欧洲人控制了世界上35%的陆地面积。1878年，这一数字增加到67%。到1914年，这一数字增加到84%。

欧洲向外殖民扩张始于地理大发现。由于奥斯曼帝国的扩张阻断了东西方贸易的丝绸之路，西班牙和葡萄牙需要向外寻找香料和贵金属，他们当时采取的原则是，有权将异教徒的土地占为己有，并开始在非洲、美洲和东南亚地区建立殖民地。1600年之前，所有海外殖民地均为西班牙和葡萄牙所控制。1600—1763年，荷兰、英国、法国、瑞典、丹麦也加入争夺海外殖民地的行列。17世纪开始，英法就海外殖民地进行了激烈的竞争，最终由于英国拥有较多的海外移民和强大的海军而赢得竞争。工业革命后，一些后起的帝国主义国家，如比利时、德国、意大利、日本和美国也加入到海外殖民地的争夺中。导致西方列强向外扩张的主要原因在于资本主义的内在矛盾，也就是马克思所说的生产的社会化和财产的私有化，这导致社会的不平等和生产的不平衡。资本家追求利润的最大化导致资产阶级不断扩大生产，而无产阶级的贫困导致资产阶级的生产过剩，投资利润率下降，并导致经济危机。从1873年到1890年，欧洲经历了较长时间的经济衰退，这导致资本主义世界的社会动荡和金融危机。1873年，维也纳股票市场崩溃，这导致许多奥地利和德国银行破产。1882年，法国里昂股票市场崩盘，随后导致许多法国银行破产。资本主义经济危机迫使资本主义国家在国内寻求垄断，在国外寻求扩张。列宁认为资本主义发展到垄断阶段就是帝国主义。殖民主义是帝国主义形式的一种，帝国主义列强通过武力和胁迫等手段控制亚、非、拉广大地区，使这些地区成为帝国列强制成品的市场、原料产地和廉价劳力提供者。

美国加州大学历史学者斯塔夫里阿诺斯认为，工业革命首先驱使欧洲列强提高各自关税，并在海外争夺市场。其次，工业革命还产生了剩余资本，剩余资本又致使各强国去寻找殖民地作为其投资场所。资本在国内利润率下降，寻求海外利润率更高的投资市场的需求就越大。最后，工业革命还增加了列强对原料的需求。这些工业原料大多来自世界"未开化地区"。除了寻找市场、原料和投资场所，还有地缘战略上的重要位置，获得海外人力资源，以及对传教士的保护等，都是促使西方列强寻求海外殖民地的主要动机。①

肯尼迪认为，蒸汽机和机器生产使欧洲在经济上和军事上占据绝对优势。西方发明的步枪、后膛炮、加特林机枪、马克西姆机枪、轻型野战炮使得非西方社会的传统武器根本无法与之抗衡。蒸汽驱动的军舰更使得西方列强可以在非西方国家的内河里横行无阻。到了19世纪末，西方在现代国际体系中已经占据绝对统治地位。② 直到第一次世界大战爆发前，通过帝国主义和殖民主义扩张，一小撮西方列强控制了亚、非、拉广大地区。英国、法国、比利时、荷兰、德国这些国家仅占世界土地面积的0.9%和世界人口的7.5%却控制了世界33%的领土和27%的人口。澳大利亚全部、波利尼西亚、90%的非洲、美洲的大部分和56%的亚洲都处在欧洲和美国列强的殖民控制下。

第二节　英国主导下的殖民帝国秩序

1750年左右，英国开始了工业革命，人类近代史上第一次实现了持续的加速经济增长。1860年也许是英国实力达到顶峰的年份。这一年，英国钢铁产量占世界的53%，煤产量占世界的50%，棉花产量占了大约一半。英国的贸易总额占世界的20%，但其制成品贸易占世界的40%。到第一次世界大战结束时，大英帝国占据了全球3400万平方公里的土地。支撑大英帝国的主要有三根支柱：控制海洋的海军、遍布全球的殖民地和建立在英镑基础上的金融帝国。

英国在工业化后期开始从制造业资本主义发展到金融资本主义。

---

① ［美］斯塔夫里阿诺斯著，吴象婴、梁赤民、董书慧、王昶译校：《全球通史：从史前史到21世纪》，北京大学出版社2018年版，第505—506页。

② Paul Kennedy, "The Rise and Fall of the Great Powers", Random House, 1987, pp. 148 - 150.

1815年英国每年输出资本为600万英镑。到了1850年，英国每年资本输出达3000万英镑。1870—1875年间，英国资本输出达到7500万英镑。英国从资本输出所获的利息和红利在19世纪30年代约每年800万英镑，到了70年代则增加到每年5000万英镑。英国资本输出的一个后果是，英国的资本主要投资海外的铁路、港口、蒸汽机，技术的扩散和海外基础设施的改善意味着未来竞争对手的出现。英国资本输出的另一个后果是对国际贸易依赖大幅度增加。到1850年，英国国民收入的1/5依赖出口。英国的棉纺工业高度依赖海外市场，英国对海外食品和原材料的依赖也日益增加。英国经济从农业转向工业，人口从农村涌入城市，经济结构从制造业转向服务业，金融、保险、航运和大宗商品交易在英国经济发展中占据日益重要的地位。

表5-1　1750—1900年世界制造业产量的相对份额（单位：%）

	1750年	1800年	1830年	1860年	1880年	1900年
整个欧洲	23.2	28.1	34.2	53.2	61.3	62.0
英国	1.9	4.3	9.5	19.9	22.9	18.5
奥地利哈布斯堡	2.9	3.2	3.2	4.2	4.4	4.7
法国	4.0	4.2	5.2	7.9	7.8	6.8
德意志	2.9	3.5	3.5	4.9	8.5	13.2
意大利	2.4	2.5	2.3	2.5	2.5	2.5
俄国	5.0	5.6	5.6	7.0	7.6	8.8
美国	0.1	0.8	2.4	7.2	14.7	23.6
日本	3.8	3.5	2.8	2.6	2.4	2.4
第三世界	73.0	67.7	60.5	36.6	20.9	11.0
中国	32.8	33.3	29.8	19.7	12.5	6.2
印度/巴基斯坦	24.5	19.7	17.6	8.6	2.8	1.7

资料来源：［美］保罗·肯尼迪著，王保存等译：《大国的兴衰：1500—2000年的经济变迁与军事冲突》，中信出版社2013年版，第152—153页。

推动英国扩张殖民帝国的主要有以下几股力量。首先，英国的资产阶级需要寻找海外市场。工业革命后，英国巨大的工业生产能力需要寻找海外市场和原料。英国巨大的棉纺织能力和炼铁能力需要寻找海外销路。为了避免经济衰退，减少失业和工人罢工，英国需要不断扩展海外市场。英国外贸额从1830年的3800万英镑增加到1845年的6000万英镑和1857年的1.2亿英镑，对海外市场的依赖不断增加。英国对亚洲和近东的出口额从1825年占出口总额的11%增加到1860年的26%，对非洲和澳大利亚的出口从2%增加到11%。英国政府在帮助英国商人开拓海外市场方面发挥了重要作用。1820年，英国经济学家大卫·理嘉图提出比较优势理论，主张自由贸易，英国政府采纳了理嘉图的理论，在国际上强调自由贸易，要求其他国家开放市场，给予英国商人最惠国待遇。英国政府还在西非部署了20多艘军舰维护海上航行自由。在清政府采取禁烟措施后，英国派遣了一支远征军强迫中国开放市场。其次，英国统治集团将海外殖民看成是转移国内矛盾的一个办法，失业工人、失地农民、破产农户和海外淘金的冒险家都将移民海外看成是改变人生境遇的一个途径。这些人移民海外的一个重要动力是获得海外"免费"的土地，就像资本家为了获得海外市场鼓吹自由贸易一样，这些人鼓吹"自由移民也是英国人的自由权利"。1832年英国移民欧洲以外的地区首次突破10万人大关。美洲是英国人移民最多的地方，其次是澳大利亚、新西兰和南部非洲。到了1870年，英国每年平均海外移民人数超过20万。最后，推动英国殖民扩张的第三支重要力量是宗教团体。1792年成立的浸礼会传教协会、1795年成立的伦敦传教协会、1799年成立的英国教会传教协会、1804年成立的英国国外和圣经协会等团体在推动英国向世界各地传教中发挥了重要作用。这一时期充当世界各地传教士的主要是来自英国的手工艺人、小商户和劳动者。从1838年到1840年间，伦敦传教协会和威斯利扬传教协会在南非有85个传教所，1840年代新西兰有60个传教所。同一时期，英国的传教士活跃在塞拉利昂到尼日利亚沿海一带。同时，英国的教会对于到中国传教也充满热情。1807年，英国伦敦传教协会派新教徒罗伯特·马礼逊到中国的广东传教。但在中国沿海传教最活跃的要属德国人卡尔·古茨拉夫，他先在荷兰东印度公司控制的东南亚地区传教，在那里同中国到东南亚做生意的商人有了接触。1831年他来到中国的天津，并借着行医与当地人建立联系。等回到澳门时，他成为西方传教士中对中国了解最多的人,并开创了行医传教的新模式。①

大英帝国的全盛期在全球维持了一个庞大的殖民帝国。英国的殖民帝国以伦敦金融城为中心,加拿大、澳大利亚、新西兰和南非等白人自治领为重要骨干,印度为维持殖民帝国的重要战略预备队,同时还是英国向东亚扩张的重要基地,遍布亚、非、拉地区的其他殖民地为其提供重要的原料、市场和利润来源。西方列强主要是出于转移国内矛盾的目的而向海外殖民,却为充满暴力和血腥的海外殖民活动拉起一面遮羞布,宣扬西方殖民活动的目的是传播西方的"文明",这充分暴露了西方列强自认为自己在种族和文化方面优越性的傲慢和偏见。

大英帝国主导下的自由国际秩序主要靠以下几根支柱:第一是维持欧洲大陆的均势。英国外交的一个重要目标,就是防止欧洲大陆出现一个霸权国。在欧洲以外维持对英有利的力量对比。控制印度对英帝国的重要性使得自从1871年苏伊士运河开通后,防止法国控制地中海和红海成为英国外交战略的一个重要目标。因此,英国将法国势力逐出埃及,并控制了埃及。西北方向,随着俄国在中亚扩张,英国日益视俄国为其殖民帝国的战略威胁。19世纪,英俄两国在从土耳其到伊朗以及阿富汗的广大区域里进行了争夺势力范围的斗争。第二是维持英国的海上优势,以维护海上航行自由和英国同殖民地之间的联系。英国人通过控制斯里兰卡、毛里求斯和开普敦以防止法国进入印度洋。在地中海英国控制了爱奥尼亚群岛和马耳他,从而控制了海上通往埃及的通道。在北大西洋,英国控制了哈利法克斯,可以监控美国。1833年英国占领了马尔维纳斯群岛,从而打开了通过南美洲的通道。第三为金本位制和自由贸易。英国认为,金本位制将有助于推行自由贸易。金本位制的主要内容包括:首先,各国确定自己货币对黄金的比价,并根据该比价买卖黄金;其次,各国将根据自己的黄金储备发行本币;再次,各国将鼓励自由贸易。英国人相信,实行金本位制后,英国出口和投资所获得的外币和黄金一样值钱。如果一国进口大于出口,黄金将流出该国,该国的货币供应和信贷将相应减少。商品价格和工资将减少,从而减少进口,增加出口。也

---

① John Darwin, "The Empire Project", The Cambridge University Press, 2009, pp. 44 – 45.

就是说，通过市场调节，各国的进出口将最终达到平衡。第四，英国成为殖民帝国后，自由主义政治思潮开始成为影响国际秩序的一个重要思潮。英国自由主义传统源自 1215 年的《大宪章》，强调信仰自由、人身安全和财产安全。随着英国内战和光荣革命，英国的自由主义又增加了议会对统治权的控制、独立政党政治和言论自由等内容。不过，由于公民权利受到财产条件限制，英国的自由主义主要反映的是新兴资产阶级和传统贵族的利益。英国工业革命促进了英国社会和政治变革，虽然英国贵族和大庄园主在议会仍占主导地位，但市民、商人、企业家的影响力显著上升。这些新兴统治阶级不仅要求在国内政治中保护新兴统治阶级利益，而且开始试图根据本阶级的利益和价值观来塑造国际秩序。他们在世界上鼓吹自由贸易、宗教自由、法治和多元政治。第五，在殖民地内部通过"分而治之"战略来维持其殖民统治。英国各殖民总督通过对殖民地内部各民族社会文化和经济地位上的区别对待，迫使殖民地各民族争相讨好殖民者以获得较有利的社会文化和经济地位。英国殖民统治"分而治之"战略所留下的后果在今天英国的前殖民地仍能感觉到。印度教徒、穆斯林、锡克教徒在印度的冲突，泰米尔人和僧伽罗人在斯里兰卡的冲突，希腊人和土耳其人在塞浦路斯的冲突，犹太人和巴勒斯坦人在以色列和巴勒斯坦地区的冲突，以及英在非洲的殖民地所留下的众多的种族冲突等问题，都可追溯到英国"分而治之"的殖民战略。

第三节　殖民帝国秩序的动摇

第一次世界大战前英国通过维持一支世界第一的皇家海军而保持了世界霸主的地位，但经济和技术力量的扩散，以及英国产业升级的缓慢都削弱了英国霸权的基础。这一时期力量格局最重要的变化，在于德国和美国在第二次工业革命中超过英国，并在商业、殖民地和海上航行自由方面同英国展开激烈争夺。日本因 1902 年同英国结盟而开始加入大国俱乐部，但当时国际体系仍以欧洲为中心，日本仍属于边缘性大国，在力图抗拒西方对其殖民企图的同时，也试图在亚洲扩张。俄国在欧洲虽然是一个大国，但在经济和技术发展方面远远落后于美国、德国、英国和法国。奥匈帝国由于民族矛盾深重，在一战前夕已经处于摇摇欲坠的状态。

表 5-2 1900—1938 年世界工业产出的相对比重（单位：%）

	1900 年	1913 年	1928 年	1938 年
英国	18.5	13.6	9.9	10.7
美国	23.6	32.0	39.3	31.4
德国	13.2	14.8	11.6	12.7
法国	6.8	6.1	6.0	4.4
俄国	8.8	8.2	5.3	9.0
奥匈帝国	4.7	4.4	—	—
意大利	2.5	2.4	2.7	2.8

资料来源：[美] 约翰·伊肯伯里著，门洪华译：《大战胜利之后：制度、战略约束和战后秩序重建》，北京大学出版社 2008 年版，第 109 页。

德意志的统一改变了欧洲的格局。自 1648 年现代主权国家兴起以来，中欧一直处于四分五裂的状态。德国的统一从根本上改变了这一状况。过去一直是英国、法国和俄国在中欧争夺势力范围。自从德国统一后，德国有足够的力量对周边国家施加压力。导致欧洲力量对比变化的另一个重要因素是德国在工业化方面迅速赶上来。德国的重工业在 19 世纪 90 年代超过英国。它的煤产量从 1890 年的 8900 万吨增加到 1914 年的 2.7 亿吨，1914 年的钢产量达到 1760 万吨，超过英、法、俄三国钢产量之和。更为重要的是，德国在第二次工业革命方面超过了老牌资本主义国家，在电子、光学、化工等领域德国的企业主导了欧洲市场。由于德国经济的迅速发展，德国的出口从 1890 年到 1913 年翻了三番，直逼出口大国英国。他的商船队规模也仅次于英国。但它的制造业产值占世界的比重在一战前夕已经超过英国，达到 14.8%，英国为 13.6%。德国的迅速工业化为其军备现代化提供了足够的资源。德国除了建立强大的陆军外，还推行大规模海军扩军建设。

德国作为新兴崛起的强国，要求改变现存的对老牌资本主义国家有利的国际秩序。德国因试图挑战英国海军的霸主地位而激怒了英国人，在土耳其和巴尔干问题上得罪了俄国人，在摩洛哥的一个保护地争端中得罪了法国人。德国的崛起和德皇威廉二世在处理与俄国和奥地利的关系时难以维持微妙的平衡，使欧洲的稳定受到损害。基辛格在评论欧洲维持均势的条件时指出："最适合均势运作的环境至少要合乎三种条件中的一项：一是各国都必须觉得自身享有可视当时情况与任何国家结盟的自由。18世纪大部分时间，均势都因同盟关系不断调整而有所调整，1890年前的俾斯麦时代也是如此。二是结盟关系固定但有另一国扮演平衡者角色，以确保不会有任一边占上风，法俄签约后英国仍担任平衡者，并同时受两方面拉拢，便属此种情形。三是各同盟组合已牢不可破，也没有平衡的第三者，但各同盟的凝聚力分散，对各别问题往往能够达成妥协或改变结盟对象。"[①] 德国只崇尚实力，而俄国在对外扩张时缺乏节制，使得欧洲维持均势的基础受到侵蚀。

英国对德国崛起的反应，促成了欧洲同盟体系的僵化。1904年，英国放弃了多年坚持的扮演欧洲大陆平衡者的传统政策，同法国结成同盟。1907年，英国加入法俄同盟而形成"三国协约"。德国担心自己被包围，加强了同奥匈帝国的关系。欧洲两大对立集团已经形成，俾斯麦时代那种经常变换盟友以维持欧洲均势的情况不复存在。给欧洲战前紧张局势火上浇油的是，当时欧洲社会达尔文主义思潮盛行，达尔文关于适者生存的自然进化论思想被用到国际关系上，强调强者为王。因此，当时无论是欧洲各国的领导人还是普通大众，对即将可能发生的战争并不怎么担心，认为既然强者必胜，那么速战速决的战争是值得欢迎的。德国崛起导致的欧洲力量不平衡，欧洲大国应对力量不平衡而形成的两大对立集团，加上社会达尔文主义的盛行，均将欧洲推向第一次世界大战之路。

[①] [美]亨利·基辛格著，顾淑馨、林添贵译：《大外交》，海南出版社2012年版，第177—178页。

第四节　凡尔赛－华盛顿秩序

第一次世界大战导致欧洲旧秩序的全面崩溃。德意志帝国、沙皇俄国、奥匈帝国和奥斯曼帝国垮台，俄国出现人类第一个社会主义国家。随着奥匈帝国解体，波兰、捷克、匈牙利、南斯拉夫、芬兰、立陶宛等一大批国家独立。战前人们曾预计美俄德三个强国将主导国际秩序，但德国已经在战争中被打败，俄国由于成立社会主义国家而受到世界列强的孤立。美国也因为受国内孤立主义影响，而在战后又采取了孤立主义政策。因此，战后的大国英法主导了战后欧洲秩序的安排，但美国开始在自己关注的太平洋地区塑造对自己有利的国际秩序。第一次世界大战后的国际秩序虽然仍然以欧洲为中心，但美国的影响力开始上升，并且将西方主导的秩序扩大到亚太地区。

第一次世界大战结束后的一个显著变化，就是世界上出现了第一个社会主义国家，以及欧洲大陆外的一个大国美国开始登上世界舞台，成为影响国际秩序的一个主要因素。在第一次世界大战爆发前，美国的经济规模就已经超过英国，战后经济规模是英国的三倍。虽然美国的人口、原料、农业生产、工业生产和金融资源等各方面都超过欧洲主要大国，但由于美国位置偏远，远离欧洲大陆，因此对战后的实际安排并没有相应的影响力。美国认为，第一次世界大战的爆发宣告了均势政治的破产，因此，为了建立战后稳定的和平秩序，美国要求任何的战后新秩序都必须以威尔逊的"十四点计划"为基础，该计划的主要内容包括：民族自决；应以公开外交取代秘密外交；最重要的是，放弃均势外交战略，而以集体安全取而代之。

美国战后的战略意图是在欧洲不过分削弱德国，使德国成为平衡英法的一个重要因素。在远东要设法拆散英日同盟，以扩大自己在中国和太平洋的利益。英国在大战中夺取了大部分德国殖民地，并从土耳其那里获得伊拉克、阿拉伯半岛和巴勒斯坦。英国的战后安排主要关心战后领土的划分、殖民地的处理、战争赔偿和战后均势的维持等问题。英国领导人对美国关于战后建立国联的建议虽表示支持，但并无多大热情。

有关战后的安排，英国认为下列三个条件必须作为战后和平安排的基础：重新树立条约的神圣性，基于自决权的领土安排，以及创立一个国际组织来限制军备和减少战争的可能性。法国则主要关心确保战后的德国不再威胁法国的安全。为此，法国寻求战后肢解德国领土，占领德国具有战略意义的边境地区，确保德国解除武装，并获得巨额赔款。法国起初并不支持美国的"十四点计划"。英、法、美就战后的国际秩序进行了密切磋商，并达成原则性协议。英法最终同意在美国"十四点计划"的基础上达成和平安排，但美国必须在航海自由方面对英国做出实质性让步，在军备、莱茵河安全区和全面赔偿方面对法国做出让步。1919年6月28日，协约国和各参战国同德国签署了《凡尔赛条约》，同年9月10日与奥地利签订了《圣日耳曼条约》，同年11月27日与保加利亚签订了《纳伊条约》，1920年6月2日与匈牙利签订了《特里亚农条约》，1923年7月23日与土耳其签订了《洛桑条约》。与此同时，1921—1922年，在亚太地区有利害关系的有关国家在华盛顿召开会议并签订了一系列条约，所有这些条约以及派生的战后安排，构成凡尔赛-华盛顿秩序。

凡尔赛-华盛顿秩序是理想主义和现实主义的混合体。战后世界主要大国对单靠均势维持和平的体系感到失望，美国主张依靠集体安全来维护国际的和平与稳定，并坚持国联必须写进《凡尔赛条约》。根据《凡尔赛条约》，战后成立了一系列国际组织，除了国联外，还建立了国际劳工组织和对德国放弃的殖民地的委任统治制度。这些机制和制度的宗旨是确保维持和平，改善劳工状况，并在战胜国间瓜分战败国的殖民地，这些机构成为战后国际秩序的重要组成部分。国联的委任统治制度只不过是战后将战胜国对战败国殖民地瓜分的合法化。阿拉伯的领土在战争期间就已经被英法之间的秘密协定瓜分了。法国得到叙利亚，英国得到伊拉克、巴勒斯坦和外约旦。在非洲，英国获得坦葛尼喀，比利时得到刚果，葡萄牙得到基永加港，英法则瓜分了西非。德国在太平洋的殖民地则被澳大利亚、新西兰和日本瓜分。和约不顾中国是战胜国，竟把德国在中国山东的一切非法权益和胶州湾租借地交给日本，这激起了中国人民的极大愤怒，中国代表团拒绝在和约上签字。国联第10条规定，成员国保证尊重并保持联盟各会员国领土之完整及现有政治上的独立，以防止外来侵犯。对于任何无视它的义务而采取侵略行动的国家，国联第16条和17条规定了实施制裁，但条件是必须获得一致同意。因此，国联从成立的第一天起就"先天不足"，而美国国会未批准美参加国联更注定了国联失败的命运。

法国对于战后安排关心的重点是防止德国再次威胁法国的安全。由于法国的坚持，《凡尔赛条约》中规定，协约国的军队占领莱茵河左岸15年，并规定该地区永久非军事化。一旦德国对法国采取未经挑衅的侵略行为时，英美同意立即对法国实行援助。但美国未批准《凡尔赛条约》，使得上述英美对法国的保证无效。法国为了增强自身安全，采取了建立条约保证体系和联盟体系等措施。不过，法国在寻求英国对它的安全保证方面并不成功，但在建立防范德国的联盟体系方面却取得较大的进展。1920年9月，法国同比利时建立了军事同盟。1921年2月，法国同波兰建立起同盟关系。法国还同捷克、罗马尼亚和南斯拉夫三个所谓的小协约国达成了一种心照不宣的交易。三个小协约国同意支持《凡尔赛条约》，法国则支持小协约国防范匈牙利，以及支持南斯拉夫防范意大利。法国的一系列同盟安排，不仅旨在遏制德国，而且还要支持波兰反对立陶宛，支持捷克反对匈牙利，支持南斯拉夫和罗马尼亚反对保加利亚。这使得法国不仅要维持《凡尔赛条约》，还要维护整个欧洲的和平安排。

美国对于欧洲的战后安排受到了英法的抵制，于是将注意力转到亚太地区。由于战后日本从德国获得中国山东胶州"租借地"和太平洋上前德国岛屿属地，同时，日本拥有远东最强大的海军，日本对美国对华"门户开放"政策的威胁，以及试图建立太平洋的海上霸权引起美国的担心。1921年，美国邀请英国、日本、法国和意大利等大国和其他在太平洋有领土利益的国家中国、荷兰和葡萄牙，一起参加一个限制军备和讨论太平洋及远东问题的会议。"华盛顿会议的结果签订了三个条约。第一个条约被称为《四国条约》，在美国、英帝国、法国和日本之间签订，它们同意相互尊重它们在太平洋上的岛屿属地的权利，并同意一旦它们之间对这些权利产生任何争论；或任何其他国家的侵略行为而使这些权利受到威胁之时，四国共同进行磋商。这些简单的文件的重要性是双重的。自从美国拒绝国联盟约之后，该条约第一次把美国拉进一个与其他大国就共同关心的问题进行磋商的有限体系,并且为现在已经是多余的英日同盟的终结提供了一个相当体面的借口。"①

第二个条约为《五国协定》,该协定为英、美、日海军裁军规定了一个广泛的限度。在华盛顿会议上,美国首先提出一个包括停止造舰竞赛和确定各种重要军舰的吨位比例的方案,目的在于削弱竞争对手的海军实力。英国由于战后财政困难,无力继续海军军备竞赛,不得不放弃"双强标准",即放弃保持相当于其他两个仅次于英国的海军强国舰队总和的实力的传统政策。日本虽不愿受到限制,但在英美的联合压力下被迫屈服。1922年2月6日,美、英、日、法、意签订了《五国海军协定》,规定美、英、日、法、意主力舰和航空母舰的吨位比例是5∶5∶3∶1.75∶1.75。五国海军协定承认英美主力舰均等,削弱英海军优势,并限制了日本的海军扩张速度。

第三个条约为《九国公约》,参会国同意保证尊重中国的独立和领土完整。华盛顿会议讨论的一个中心问题是中国问题。为了打击日本独占中国的野心,美英支持中国收回山东主权的要求。美国宣布"门户开放、机会均等"的政策,主要是防止英日等老牌帝国主义国家独占中国。日本反对会议讨论"山东问题",坚持通过日中双边谈判解决。由于英美施加压力,以及中国人民的反对,日本被迫于1922年2月4日同中国签订了一项协定,恢复中国对山东主权,日本归还胶济铁路。1922年2月6日,出席华盛顿会议的九国代表签订了关于中国问题的《九国公约》,公约宣称尊重中国主权、独立及领土完整,并确定了帝国主义列强在中国的"门户开放、机会均等"原则。毛主席在评价华盛顿会议的《九国公约》时指出:"第一次世界大战曾经在一个时期内给了日本帝国主义以独霸中国的机会。但是中国人民反对日本帝国主义的斗争,以及其他帝国主义国家的干涉,使得经过那时的卖国头子袁世凯签了字的对日屈服投降的条约二十一条,不得不宣告无效。一九二二年美国召集的华盛顿九

---

① [英] E. H. 卡尔著,徐蓝译:《两次世界大战之间的国际关系:1919~1939》,商务印书馆2009年版,第15页。

国会议签订了一个公约，又使中国回复到几个帝国主义共同支配的局面。"① 因为《九国公约》没有涉及废除帝国主义列强在华的不平等条约的问题，只是提到只有中国存在稳定的中央政府的情况下才会考虑恢复中国主权的问题。

第五节　凡尔赛－华盛顿秩序的崩溃

1931年日本对中国东北的侵略，以及1939年德国对波兰的侵略宣告凡尔赛－华盛顿秩序的崩溃。凡尔赛－华盛顿秩序在一开始就存在崩溃的种子。首先，促成凡尔赛—华盛顿秩序的战胜国战后由于利益纷争而勾心斗角，与维也纳秩序中四大国的协调成鲜明的对比。法国旨在最大限度地削弱德国，英国在战后主要担心法国的崛起会威胁欧洲大陆的均势。同时，美英还希望德国能成为制衡俄国的一张牌。美国则主要担心日本威胁其在亚太和中国的利益。1929年的世界经济危机更加剧了世界上主要资本主义国家间的矛盾。

其次，凡尔赛－华盛顿秩序在制度安排上存在重大缺陷。这重大缺陷主要体现在两方面，即对战败国德国的处理和建立集体安全机制。在对德国的处理上，由于战胜国利益不一致，最终的《凡尔赛和约》虽然禁止将德国重新纳入大国协调行列，但防止德国重新崛起的措施又不够严厉。基辛格在分析凡尔赛和约失败的原因时认为，美国当时主张通过集体安全来维持稳定，要求欧洲放弃追求结盟和均势的做法被证明是失败的。"集体安全与结盟是正好相反的两个概念。传统结盟是针对特定的威胁，由特定国家因同样的国家利益或相互的安全考虑而结合在一起，定有明确的权利义务。集体安全不以特定威胁为对象，不保证个别国家安全，对各国一视同仁。理论上其宗旨是对抗任何危及和平的威胁，不论是哪一国发动或威胁的对象是谁。盟约一定有假想敌，集体安全则是

---

① 毛泽东：《论反对日本帝国主义的策略》，《毛泽东选集》，人民出版社1968年版，第129页。

维护抽象的国际法，就如同一国的司法体系维护其刑法一样。"① 集体安全的最大弱点，在于其设想和平解决争端符合所有国家利益，所有国家愿冒同样风险对违反这个原则的国家开战，这样的设想被历史证明是错误的。凡涉及大国违反这一原则，国际社会或不愿将其视为侵略，或就如何实施合适的制裁无法达成共识。基辛格认为，没有大国的支持，任何集体安全体系都不可能成功。第一次世界大战后成立的国联后来之所以失败，主要原因之一是美国、德国和苏联没有参加。"美国是拒绝加入国际联盟，德国是被禁止加入，苏联则因被视为化外之民而蔑视它。"②

最后，除了凡尔赛和会中的少数几个大国，无论是战胜国、战败国还是其他国家都认为凡尔赛和约不公，这使得凡尔赛和约合法性不足，这就为修正主义国家的崛起提供了肥沃土壤。德国认为凡尔赛条约是强制的和平。虽然任何结束战争的条约都是强制的和平，但凡尔赛条约中的强制成分（领土割让、惩罚、赔偿、非军事区、裁军等）"比任何近代以来的和平条约中的强制成分都更为明显"。③ 凡尔赛条约的领土划分对德国经济的打击，1923 年严重的通货膨胀，战争赔偿的沉重负担，以及1929 年世界经济危机使德国比其他国家遭到更加沉重的打击。这次经济危机为纳粹分子掌权创造了条件。德国人普遍仇视凡尔赛条约，特别是该条约要求德国承担战争责任，并将德国皇帝及相关人员以战犯的身份移交法庭审判。希特勒上台后，因为承诺复兴德国和德国人的尊严而获得德国民众支持。为了转移国内矛盾，希特勒通过鼓吹德国种族优秀论和强调扩张德国生存空间的需要，带领德国走上向外扩张的道路。

意大利也对战后安排非常不满。1915 年意大利加入协约国的代价是，协约国同意在战后安排中，意大利将获得原属奥地利的南蒂罗尔、的里亚斯特和达尔马提亚海岸，但这明确违反了民族自决原则。战后由于美

---

① [美] 亨利·基辛格著，顾淑馨、林添贵译：《大外交》，海南出版社 2012 年版，第 248—249 页。
② [美] 亨利·基辛格著，顾淑馨、林添贵译：《大外交》，海南出版社 2012 年版，第 252 页。
③ [英] E. H. 卡尔著，徐蓝译：《两次世界大战之间的国际关系：1919~1939》，商务印书馆 2009 年版，第 2 页。

国和法国的反对，意大利并没有得到协约国许诺的那些领土，这是导致意大利对战后安排不满的一个原因。让意大利不满的另一个原因是原先英法答应在瓜分德国在非洲殖民地过程中，将给意大利适当的补偿。但战后英法在瓜分非洲殖民地过程中，并没有满足意大利的广泛要求，这使意大利认为自己没有得到公正待遇。1922年10月，墨索里尼在意大利上台，"墨索里尼的上台也预示着一种更具侵略性的意大利外交政策。无休止的不满情绪曾经是战后民主制的意大利外交政策的特征，而在墨索里尼的统治下，在意大利决心利用其他大国的需要和困境为意大利自己牟取利益方面，这种不满则变得更加野心勃勃，更加一意孤行，更加为自己打算。"①

在华盛顿会议上，美英联合施压要求日本尊重中国的领土完整，将山东还给中国令日本非常不满。1924年，美国的移民法禁止日本人移民美国，使日本认为是对其的巨大侮辱。战后欧洲经济开始恢复，以及1929年世界经济危机欧美各国实施贸易保护主义政策，使得日本经济对欧美市场依赖的脆弱性暴露无遗。日本国内的民族主义分子，尤其是日本关东军的下级军官，认为日本必须在亚洲大陆扩张，才能确保日本的经济发展和国家安全稳定。一旦攫取亚洲的原料和市场，日本受欧美贸易保护主义的冲击就能大大减少。除了地缘政治和经济利益考虑外，日本的行为还受到当时欧美帝国主义行为的影响。既然欧美可以在非洲和亚洲扩张殖民地，日本更可以在亚洲从事殖民主义活动。美国学者理查德·勒博认为，除了想获得经济上的自给自足外，日本对中国和朝鲜的侵略很大程度上是受到在亚欧国家中获得认可和地位这一动机的驱使。②

《凡尔赛条约》中列强对中国主权的漠视在中国激起民族主义情绪。第一次世界大战结束后，中国以战胜国身份参加巴黎和会，要求德国将其在中国山东的殖民权益交还中国。美、英、法等大国出于私利而迁就日本，不惜牺牲中国的利益，将日本对中国山东的无理要求写进《凡尔

---

① [英] E. H. 卡尔著，徐蓝译：《两次世界大战之间的国际关系：1919～1939》，商务印书馆2009年版，第56页。
② [美] 理查德·内德·勒博著，陈定定、段啸林、赵洋译：《国家为何而战?：过去与未来的战争动机》，上海世纪出版集团2014年版，第178页。

赛条约》，出席巴黎和会的中国代表团因此拒绝在该条约上签字。帝国列强无视中国主权的行为在中国反响极大。1919年5月4日，北京大学等学校的学生举行了"外争国权、内惩国贼"的示威游行。虽然当时中国在国际政治舞台还不算一个大国，但中国在巴黎和会上所受的屈辱使得争取主权平等、消除帝国列强在中国的治外法权成为中国各种政治力量斗争的一个主要目标，并对以后的中国外交产生了深远的影响。

凡尔赛－华盛顿秩序既缺乏维持该秩序稳定的均势基础，又缺乏各主要大国接受的合法性。因此，随着1929年世界经济危机各主要大国间矛盾的加剧，维持现状国家间的分裂和修正主义国家力量的崛起，使得凡尔赛－华盛顿秩序的崩溃已不可避免。1936年3月，希特勒命令德军开进莱茵兰，这是德国摧毁凡尔赛秩序的第一步。英法的绥靖政策鼓励希特勒采取进一步扩张政策，1938年3月德国吞并奥地利，同年10月吞并捷克的苏台德地区，1939年9月1日德国进攻波兰，最终导致凡尔赛秩序崩溃。

第 六 章

第二次世界大战后国际秩序的安排

第一节 雅尔塔会议有关战后秩序的安排

国际秩序是国际体系中的主要大国在互动过程中所产生的一系列协定、规则和安排,以指导主要大国间的关系。在第二次世界大战期间,美、英、苏、中等大国就战后的安排进行了一系列外交活动。英国希望在欧洲重建均势,这意味着战后英国希望联合美国、法国、德国的力量来平衡苏联。美国则希望通过解除德、意、日的武装和美、英、苏、中等大国协调来维持世界秩序。苏联则希望在苏军占领的中东欧地区建立社会主义国家,使其成为缓冲区,以防止未来敌国对苏联的威胁。

虽然1945年2月美、英、苏三国元首在雅尔塔举行的峰会对二战后的国际秩序产生了深远的影响,但雅尔塔之前,美、英、苏的德黑兰峰会和美、英、中的开罗峰会对战后国际秩序也产生了非常重要的影响。1943年11月,美国总统罗斯福邀请英国首相丘吉尔和中国战区司令蒋介石到埃及的开罗讨论对轴心国的作战战略和战后安排等问题。当时罗斯福对于战后的安排已经有了一个大致的轮廓。美苏作为世界上最强大的两个国家在建立战后的国际秩序上将起到十分重要的作用。英国在维持欧洲秩序方面,中国在维持亚洲秩序方面也将发挥十分重要的作用。1943年秋天,打败德国已被认为是可能的。美国认为同盟国需要讨论的问题包括占领区的划分,以及对德国的占领维持多久等问题。美国总统罗斯福认为,肢解德国应该成为美国的政策,苏联也不会反对。罗斯福的想法是将德国一分为三,分别为包括巴登和巴伐利亚的南德国、包括柏林的西北德国和包括普鲁士的东德国。英国艾特礼领导下的战时内阁委员会对美国占领德国的"蓝金计划"进行了修改，修改后的盟军占领德国的计划为英国占领德国的西北区，美国占领德国的西南区，其余除柏林外由苏联占领。柏林由美、英、苏三国共同占领。

1943 年 11 月 22 日，美国总统罗斯福抵达开罗，丘吉尔和蒋介石也已经到达开罗。11 月 23 日第一次全体会议上，远东问题成为讨论的焦点。对于蒙巴顿计划在东南亚开展的军事行动，英国人认为是个负担，中国人则认为英军行动的力度不够。蒋介石要求美英从孟加拉湾开展两栖登陆行动，并从印度增加向中国提供物质援助。英国当时主要关心在地中海的行动，所以拒绝了蒋介石的要求。罗斯福为了使中国继续拖住日本，答应在今后几个月内将在东南亚开展两栖军事行动。英国人担心美军在东南亚的两栖军事行动将对盟军在地中海的军事行动产生不利影响。另外，英国发现美国人为了使中国人继续抗日，除了加强对中国的军事支援外，还在政治上加强对中国的支持，这使英国人担心其在香港的利益受到不利影响。

在 1943 年 11 月 23 日的晚宴上，罗斯福决定中国应成为战后四大国之一，美中两国将共同维护太平洋地区的安全。美中将共同使用旅顺港。东北和台湾将归还中国，两国将帮助朝鲜和印度支那获得独立，并承认泰国的独立地位。罗斯福还建议中国应向日本派遣占领部队，但蒋介石婉拒了。美、英、中三国元首在开罗峰会后发表的《开罗宣言》中表明，三国将全力开展对日战争，将日本从其侵略的领土上赶走，将东北、台湾和澎湖列岛交还中国，朝鲜将获得独立地位。《开罗宣言》成为影响亚洲战后秩序重建的一份重要文件。

随着德国战败的命运逐步明朗，英国对苏联控制东欧的担心日益增加。1944 年 1 月，英首相丘吉尔访问莫斯科，同苏联讨论英苏在东欧的势力范围安排。丘吉尔交给斯大林一份两国在东欧的势力范围图，英国希望获得 90% 的希腊，苏联可以获得 90% 的罗马尼亚和 70% 的保加利亚。英苏可以五五对半分匈牙利和南斯拉夫。斯大林接受了丘吉尔的建议。不过，协议归协议，势力范围最终还得依靠武力为后盾。英国占领了希腊，苏联则占领了东欧。雅尔塔会议召开时，丘吉尔和斯大林关于东欧势力范围的协议已经荡然无存。

到了1944年底，德国败象已经十分明显。美英两国希望同苏联再召开一次首脑会议，讨论战后对德国的处置，苏联参加对日作战，以及战后世界的安排等问题。由于斯大林以对德战事繁忙和身体不适、不能离开苏联去参加三国首脑会议为理由，美英同意在克里米亚的雅尔塔举行三国峰会。英国首相丘吉尔希望英美首脑能在雅尔塔峰会前举行英美峰会，协调两国在雅尔塔峰会上的立场。美英同意在1945年1月底在马耳他举行美英峰会。1945年2月初，美英外长就德国、东欧、远东和联合国等战后重大问题交换了意见。在战后对德国的占领区划分问题上，美英外长同意，法国也应参与对德国的占领，法占区将从美英两国原来计划的对德占领区中划出。在波兰问题上，美英外长同意坚持不承认苏联支持的波兰临时政府的立场。在联合国安理会表决权问题上，两国外长认为，应该区别对待威胁世界和平的问题和涉及安理会成员国问题的表决权问题。如果安理会成员本身涉及威胁世界和平的问题，那么该成员不应该享有否决权，如果涉及安理会成员国的利益问题，安理会成员应享有否决权。两国外长同意将此建议提交给美国总统和英国首相。在涉及苏联对日参战问题上，英国外交大臣艾登认为，苏联可能为了避免远东问题受到英美的垄断而参加对日作战，因此没有必要给予苏联太多的回报。在中国问题上，英国外交大臣艾登向美国国务卿斯退丁纽斯保证，英国支持国共两党成立联合政府。美国国务院曾接到报告，认为美苏在远东的利益可以协调，但英国在远东的殖民利益将同美国战后在远东的安排相冲突。艾登的保证意在消除美国对英远东立场的误会。

美英马耳他协调的另一个重要地区是中东地区。美英都担心苏联在伊朗扶植一个傀儡政权，从而开发伊朗的石油资源。美国石油公司已经在伊朗有了投资。英国则为了确保其殖民地印度的安全，一直防止苏联的影响力扩大到伊朗。英国外交大臣和美国国务卿同意，双方应在雅尔塔会议上提出，战后所有外国军队都应从伊朗撤出，伊朗有权拒绝给予不从伊朗撤出军队国家的石油开采权。

美英还讨论了东欧问题。两国对苏联解放罗马尼亚和匈牙利后成立的管理机构中没有西方的代表感到关切。同样，两国还对西方企业和公民在东欧的投资和财产的安全感到担忧,担心苏联红军占领东欧后,会没收上述财产。

1945年2月4—11日,美、英、苏三国首脑在克里米亚半岛的雅尔塔就战后的国际秩序、欧洲和亚洲地区战后安排进行了讨论。美国主要关心联合国的表决程序和苏联对日参战的问题,英国则主要关心欧洲力量均势问题。英国希望恢复法国大国地位,反对瓜分德国,并不同意苏联对德国索取战争赔偿的数额。在国际秩序问题上,雅尔塔会议决定就联合国否决权问题和创始会员国的问题达成协议。关于联合国安理会否决权的问题,苏联一开始并不同意美国的建议。而关于联合国创始成员国的问题,美国一开始也不接受苏联的方案。美苏首脑经过紧张磋商,最终达成妥协方案,苏联在否决权问题上接受美国方案,即安理会涉及一切非程序性事项之决议,须得到常任理事国一致同意才能通过,任何一个常任理事国都可以采用否决票来阻止对自己不利的安理会决议的通过。在联合国创始会员国问题上,美国接受了苏联的方案,同意乌克兰和白俄罗斯为联合国创始会员国。雅尔塔会议还决定1945年4月25日在美国旧金山召开成立联合国的会议,讨论联合国宪章。在欧洲战后安排问题上,美英苏三国就德国、波兰和巴尔干地区战后安排问题进行了讨论。在德国问题上,三国决定战后对德国进行分区占领,英国提议法国也应参与对德国的占领,苏联没意见,但美国开始不同意,后来考虑到美国的一些战后安排,特别是成立联合国的问题上需要得到包括法国在内的多数国家支持,同意法国参加对德国的占领。但在战后德国赔偿问题上三国存在分歧。苏联要求德国在10年内向战胜国赔偿200亿美元,其中一半应给苏联。美英原则上同意德国应进行战争赔偿,但反对规定赔偿数额。

在波兰问题上,美英苏同意波兰的东部边界应以寇松线为界,但在西部和南部边界问题上三国存在不同意见。三国在波兰政权问题上同样存在分歧。苏联已经承认波兰临时政府,但美英希望它们支持的流亡政府能参加进波兰临时政府。在巴尔干问题上,苏联的让步是同意签署《关于被解放的欧洲宣言》,保证在东欧举办自由选举和建立民主政权。

在讨论战后远东秩序安排时,为了维护美国在远东的利益和影响,美国采取了承认中国为大国成员的政策,因为在美国的全球布局中需要中国这样一个伙伴。与此同时,美国为了争取苏联尽快参加对日战争,美国又以牺牲中国主权为代价来满足苏联远东参战的条件。斯大林要求获得库页岛南部和千岛群岛,并要求外蒙维持现状,大连和旅顺为自由港,苏联有权管控中国东北的铁路。美国在雅尔塔会议上,以秘密协议的方式,同意了苏联的上述要求。苏联则承诺在德国投降后的两三个月内参加对日作战。美苏双方同意,上述安排在苏联加入对日作战前不应让中方知道,但美英苏三方应上述安排签署秘密协定。美苏领导人在雅尔塔会议上还讨论了朝鲜半岛问题。罗斯福建议战后美苏中应参加对朝鲜的托管,朝鲜自决也许需要二三十年时间。斯大林开始并不愿接受罗斯福的建议,但罗斯福表示在朝鲜半岛不会部署外国军队,斯大林也就不再表示反对。

雅尔塔会议是关于战后安排的一次非常重要的国际会议。美国主要着眼于建立战后对美国有利的国际秩序,英国主要关心同苏联在欧洲争夺势力范围,并设法在战后继续保留其在亚非拉的殖民地。苏联则主要关心确保东欧为其势力范围,并一洗 1905 年日俄战争中俄国战败之耻。雅尔塔会议对战后的国际秩序产生了深远的影响,这也就是为什么也有人称战后秩序为"雅尔塔秩序"。

第二节 建立以联合国为核心的基本国际秩序

1945 年 4 月 25 日,世界上 50 个国家的代表来到旧金山参加联合国成立大会。大会一致通过了《联合国宪章》,宣告联合国的正式成立。联合国体系是威斯特伐利亚秩序和自由国际秩序的混合体。《联合国宪章》主要体现了威斯特伐利亚秩序精神,强调各会员国主权独立平等,尊重会员国的领土完整,不干涉内政与和平解决争端等原则。联合国主要有四大功能:第一,维护国际和平与安全;第二,促进各国友好关系;第三,促进人权;第四,合作解决全球性问题。

联合国体系是一个真正的全球体系,《联合国宪章》奠定了现代世界秩序的基础。联合国体系最重要的制度是国家主权制度。联合国成员国的身份意味着其主权国家的身份得到国际社会的承认，因而具有了合法性。自从《威斯特伐利亚和约》以来，现代民族国家首先在欧洲诞生，然后传播到北美和拉美地区。二战前，亚、非、拉地区的许多国家沦为欧美的殖民地和半殖民地。联合国体系最积极的作用，就是将现代国家主权体系扩展到全球。1945年联合国成立时，只有51个创始会员国。到了1954年，联合国会员国增加到60个。从20世纪50年代末到20世纪60年代，亚非拉地区非殖民化和民族独立运动风起云涌，许多国家纷纷独立，并要求加入联合国。到了1968年，联合国成员国已经翻了一倍，增加到了126个。1971年，在广大发展中国家的支持下，中国加入了联合国。冷战结束后，世界政治版图发生了深刻的变化，一些国家发生了分裂，一些分离的民族国家获得统一。到2011年，联合国会员国增加到193个。

联合国成立时的主要机构包括安理会、联合国大会、秘书处、经社理事会、托管委员会和国际法庭。1965年之前，安理会由5个常任理事国和6个非常任理事国组成，主要功能是维护国际和平与安全。联合国安理会的5个常任理事国是美国、苏联、英国、法国、中国。与国联不同，联合国安理会的决议是有约束力的，但安理会决议必须要包括5个常任理事国在内的7国同意才能通过，也就是说，5个常任理事国在安理会都拥有否决权。联合国安理会的组成和运作也是现实政治和理想主义的一种妥协。安理会被赋予维护国际安全的责任，这体现了集体安全的精神，但安理会的5个常任理事国又拥有否决权，这又反映出现实政治中只有大国一致的情况下集体安全体系才能有效运作。1965年后，联合国安理会扩大到15个成员国，除了原5个常任理事国外，另外10个非常任理事国名额根据地区公平原则分配给世界各个地区：非洲地区2个，亚洲地区2个，拉丁美洲2个，东欧地区1个，西欧及其他地区2个。非常任理事国由大会选举产生，任期两年。安理会所有理事国都有一票投票权，程序性问题需要15个理事国中的9票通过，非程序性问题需要包括全体常任理事在内的9票通过。

联合国其他机构的决定对于世界各国政府来说只具有建议性，但联合国安理会的决议对联合国会员国是有约束力的。安理会在考虑如何应对国际上出现威胁和平的事态时，首先考虑的是根据宪章第六章和平解决争端，可运用的手段包括要求停火、进行调停或派联合国维和部队。当安理会认为对国际和平的威胁非常严重时，安理会就有可能根据宪章第七章决定实施经济制裁、武器禁运、甚至授权成员国采取一切必要手段来恢复和平。为了确保安理会的决议得到执行，安理会下面还设立了一些机构，如反恐委员会、前南斯拉夫问题国际刑事法庭、卢旺达问题国际刑事法庭、军事参谋团和制裁委员会等。

联合国大会的组织原则同安理会不同，国家不分大小都是一国一票，这体现了国家主权平等原则。有关重大国际问题的讨论，如涉及国际和平与安全问题、接纳新成员和联合国预算等需要 2/3 多数才能在大会通过，一般问题仅需简单多数。联合国大会通过的决议通常只具有建议性质，不具备约束力，但有关预算问题的决议除外。联合国大会可以讨论联合国宪章涵盖的任何内容，如第 64 届联大讨论的议题就包括中东局势、和平利用外太空、维和行动、小型武器非法交易等。如果联合国类似于"世界政府"，那么联合国大会就类似于"世界议会"。虽然联合国大会的决议没有约束力，但代表了国际社会的舆论，具有道义上的影响力。大会负责审查安理会提交的常年及特别报告，以及联合国其他机构提交的报告；负责选举安理会非常任理事国及经济和社会理事国；与安理会一起决定联合国新会员的加入以及国际法院法官的选举。联合国大会通常每年 9 月的第三个星期二开始一年的常会，通常情况下各国外长出席，但有时总理或国家元首也会参加。联合国大会每届常会开始时，要选出新一届大会主席、21 名副主席和大会所属 6 个主要委员会主席。这 6 个主要委员会分别是裁军与国际安全，经济和金融，社会、人道主义和文化，特别政治和非殖民化，行政和预算，以及法律。大会常会通常到 12 月中旬结束。

联合国是目前最具有普遍性、代表性和合法性的国际组织，因此联合国在维护世界和平，构建国际规范，完善全球治理方面发挥了其他国家间组织不可替代的作用。首先，联合国的成立体现了集体安全的精神，联合国安理会是联合国负责维持和平与安全的核心机构。当对国际和平出现重大威胁时，如果和平解决争端的手段失败，联合国安理会可以通过决议，对有关主权国家采取强制性手段。除了集体安全行动外，联合国维和行动也是维持国际秩序的一个重要手段。传统的维和行动，主要是在取得冲突相关方同意的情况下，部署联合国维和观察员和部队以监督停火和确保冲突各方脱离接触。联合国采取维和行动主要根据"各方同意、中立原则和除非在自卫情况下不得使用武力"三原则进行。联合国的维和人员从2000年的1.8万人增加到2008年的10万人。非洲是联合国维和行动的重点地区，联合国75%的蓝盔部队部署在非洲。20世纪90年代以来，维和行动开始涉及冲突地区的治理和能力建设、法治和司法建设、警力管理等，联合国传统的维和行动逐步增加了"缔造和平"和"建设和平"的内容。"缔造和平"和"建设和平"的主要任务包括实现冲突地区的稳定，加强基础设施建设，帮助建立法律和民主治理制度以及市场经济体系，培育公民社会，解决历史问题和恢复国家能力建设。

其次，联合国在构建国际法和国际规范方面发挥着十分重要的作用。联合国主要通过三种方式来构建国际法和国际规范。第一，联合国大会和安理会通过决议和宣言等，具有国际法属性，对主权国家有一定的约束作用。例如，联合国通过的一系列促进和保护人权的决议、公约和条约构成联合国人权规范体系。该体系中的主要文件包括《世界人权宣言》《消除一切形式种族歧视国际公约》《公民权利和政治权利国际公约》《经济、社会及文化权利国际公约》《消除对妇女一切形式歧视公约》《禁止酷刑和其他残忍、不人道或有辱人格待遇或处罚公约》等。《世界人权宣言》强调应该保障人类的两大权利：人权和政治权利，以及经济、社会和文化权利。人权宣言中的政治权利主要包括法律面前人人平等，尊重宗教、言论、集会和政治参与的自由。经济、社会和文化的权利包括人人享有衣食住行的权利、医疗健康的权利、接受教育的权利、及社会保障的权利。第二，为了监督联合国通过的公约和条约的执行，联合国成立了相关的条约机构，这些机构在促进国际准则和行为规范方面也发挥重要作用。例如，180多个联合国会员国签署了《不扩散核武器条约》，使该条约成为一个全球性条约。但有力的核查机制对于加强该条约成为国际规范是十分重要的。国际原子能机构是一个独立运行的国际组织，但通过特殊协议与联合国体系联系起来。国际原子能机构的任务是促进和平开发核能，防止核武器扩散。国际原子能机构主要通过《全面保障监督协定》对民用核材料实施监控，以防止核能被用于生产核武器。根据《不扩散核武器条约》，"无核武器国家"要在签署《不扩散核武器条约》180天内，与国际原子能机构就签署《全面保障监督协定》达成协议，同意国际原子能机构对其民用核设施进行核查。第三，联合国国际法院根据自愿原则进行的法律仲裁也是联合国构建国际法和国际规则的一个重要手段。国际法院实施非强制性原则，国家自愿参与诉讼。如果主权国家不自愿参加诉讼，国际法院无权主动受理案件。尼加拉瓜和洪都拉斯在加勒比海域存在争端，洪都拉斯认为两国领海应以北纬15度为界，尼加拉瓜则坚持两国领海应以北纬17度为界，于1999年要求海牙国际法庭对尼、洪领海争端进行裁决。海牙国际法院裁决，洪都拉斯对北纬15度与17度间靠近15度的4个岛礁拥有主权。裁决使得两国基本平分了有争议海域，尼、洪两国都接受了国际法院的这一裁决。但应强调的是，国际法院不是一个高于主权国家的司法机构，而且也没有强制执行裁决的能力，主权国家自愿接受是其进行裁决的前提。

第三，联合国在完善全球治理方面也发挥十分重要的作用。所谓全球治理，就是对全球面临的共同问题进行管理。随着科技进步，经济全球化，世界各国间相互依赖日益增加。经济危机、能源危机、气候变化、国际恐怖主义等全球性问题需要国际社会共同应对。联合国作为全球最具代表性的国际组织，在完善全球治理方面发挥着不可替代的作用。首先，联合国在这方面的一个重要作用就是议程设置。联合国通过一系列宣言、决议和大会辩论，有助于引领全球舆论对相关问题的关注，从而起到全球议程设置的作用。联合国通过《和平纲领》《二十一世纪议程》《千年发展目标2015年报告》《联合国人类环境宣言》等文件，使全世界逐渐形成一种共识，即联合国的主要任务应集中在和平、发展、人权和环境等涉及全人类的大问题上。其次，联合国可以动员和协调国际社会资源以应对全球性挑战。以生物安全为例，随着交通运输技术的发展，全球人员流动空前增加，世界各国受到爆发性传染病传播、生物武器和生物恐怖主义的威胁也在增加。现在世界上每年至少有1500万人死于艾滋病、疟疾、肺结核和霍乱等传染性疾病。而且，据有关报道，在1940年到2004年之间全球发现了300多种新发传染病。大多新的传染病都不是产生于人类本身，而是源自动物体。人口高度密集、大量使用抗生素，以及众多的生态和环境因素导致病菌从野生动植物传播到人的身上。[①] 由于生物技术和材料的大规模扩散，恐怖组织有可能制造生物武器。另外，根据《禁止生物武器公约》，世界各国有建设生物防御体系的合法权利。这意味着国家也有可能开发用于进攻性的生物武器。随着基因数据库的不断扩大，研制出秘密病毒的可能性也在增加。这种病毒可以被秘密引入到某个人群的基因组中，日后通过一个信号或定制的疾病病菌引发，按照命令袭击特定人群基因组。生物技术发展速度非常快，如果使用不当，将使全人类面临前所未有的生物武器威胁。联合国体系在引导国际社会应对传染病和生物威胁方面有一个逐步发展的过程。1951年世界卫生组织通过了《国际公共卫生条例》，重点解决边境控制问题，以防止霍乱、瘟疫、天花、伤寒和黄热病的跨境传播。1969年，第一个《国际卫生条例》通过，为上述五大传染病的报告和应对建立了法律框架。不过随着新传染性疾病的发现，以及人们在实践中发现仅仅边境控制并不能有效应对传染病的爆发，1969年的《国际卫生条例》不足以保障全球健康和安全，需要修订。2005年通过修订后的《国际卫生条例》。根据修改后的条例，各国必须向世界卫生组织报告对国际公共卫生构成威胁的现象，包括实验结果、风险来源和类型、疾病数和死亡人数、影响疾病传播条件，以及已经采取的卫生措施等。该条件还规定各国在应对全球性传染病方面应加强合作，包括提供技术合作和后勤支持、建设公共卫生能力，在面临卫生灾难时采取有力的应对措施。

　　国际社会根据《禁止生物武器公约》防止生物武器扩散的努力因美国的阻挠而失败。美国拒绝签署2001年的核查议定书，认为不仅议定书中的核查程序无效，而且还会削弱澳大利亚集团的出口控制机制。目前

[①] Kate E. Jones and others, "Global Trends in Emerging Infectious Diseases", Nature, Feburary 21, 2008, pp. 990–994.

有41国是澳大利亚集团成员国,对可能用于生物武器的制剂和技术制定了严格的出口和运输限制规则。美国的产业界也不同意牺牲绝密的商业信息。这从反面说明,联合国在全球治理方面的作用在涉及大国安全方面关切时是十分有限的。

虽然基于威斯特伐利亚秩序建立的联合国体系是目前世界上最具代表性和合法性的体系,但有关联合国改革的争议从没停止过。有关联合国改革的争议主要集中在两大方面,一方面是围绕如何增强联合国的代表性和有效性方面的争议。要求增加代表性一方的主要诉求是要求增加安理会成员的代表性,认为当前安理会五常的机制反映的是二战刚结束时的全球力量分布,现在全球的力量分布已经发生了大的变化,因此安理会的构成应该反映新的全球力量分布的情况。代表这方面主张的主要国家有德国、日本、巴西和印度。要求增强联合国有效性的一方认为,当前的安理会常常由于安理会成员的分歧而使安理会的决策陷入僵局,如果增加更多的安理会成员将使得安理会更无法正常运转。代表这派主张的主要国家有意大利、巴基斯坦、阿根廷和尼日利亚等。围绕联合国改革争议的第二大方面是,联合国体系的基础是威斯特伐利亚秩序还是自由国际秩序。广大发展中国家主张联合国体系应建立在威斯特伐利亚秩序基础上,美欧发达国家则认为威斯特伐利亚秩序是国际秩序的1.0版本,现在国际形势发生了巨大变化,尤其是冷战结束后,西方认为以联合国为核心的国际秩序应该升级到2.0版本,即威斯特伐利亚秩序中的国家主权平等和不干涉内政原则不再神圣,各国不仅有责任保护本国人的人权,而且在一国无力或无意保护本国人权的情况下,国际社会有权进行干预,这就是西方倡导的"保护的责任"原则,或者就是西方倡导的国际秩序2.0版本。2005年联合国大会以决议形式通过了"保护的责任"原则。不过,由于发展中国家的坚持,联合国大会决议对"保护的责任"原则做了框架约束,包括主权国家同意,安理会决议,以及军事行动只是最后的手段等。

第三节　布雷顿森林体系与战后美国
　　　　主导的国际经济秩序

美国和许多国家认识到，一战后未能建立有活力的经济和20世纪30年代的经济危机是二战爆发的主要原因，这是美国领导创立布雷顿森林体系的主要动力。1944年7月，美英主导了在美国新罕布什尔州布雷顿森林召开的制定战后国际经济秩序的会议，44个国家的与会代表签署了《国际货币基金协定》和《国际复兴开发银行协定》，从而建立起美国主导的国际金融体系。美国主导的战后经济秩序基于以下三大支柱：在国际金融方面，成立了国际货币基金组织，确定固定汇率原则，以避免20世纪30年代"以邻为壑"的经济无政府状态；在国际投资方面，建立了国际复兴开发银行，以鼓励对外投资，筹措资金促进战后经济（当时主要是欧洲经济）的复苏和发展；在贸易方面，打算组建国际贸易组织，以反对贸易保护主义和歧视性的贸易政策，促进国际贸易的发展。

布雷顿森林体系在国际金融方面成立了国际货币基金组织，建立了以美元为基础的国际货币体系。美国通过设定国际货币基金组织的份额而确定了对该组织的控制地位。国际货币基金组织的投票权是根据成员国认缴的基金组织股本份额。在截至1945年底所认缴的73亿美元份额中，基金组织的五个最大成员国控制了55亿美元。美国为27.5亿美元，英国是13亿美元，中国是5.5亿美元，法国是4.5亿美元，印度是4亿美元。最初的基金组织份额所依据的是综合指数，它反映了成员国截至1940年的国民收入，1934—1938年的对外贸易额，截至1943年的黄金储备和外汇储备，以及各种政治加权因素。成立国际货币基金组织确立了固定汇率原则，各成员国同意把本国货币按照一盎司黄金等于35美元的价值与美元挂钩，以维持国际货币体系的稳定。国际货币基金组织在一国国际收支出现严重不平衡时，负责提供短期信贷和批准汇率的调整，同时承担创造性解决涉及国际货币和金融等技术性很强的问题的任务，并试图充当最后的贷款人。

但以美元为基础的国际货币体系存在着基本的矛盾。为了向国际货币市场提供充足的流动性，美国必须在国际收支上维持赤字。但美国在国际收支上长期维持赤字，又会削弱人们对美元的信心。20世纪60年代，美国卷入越南战争，时任美国总统约翰逊为了争取民众对越战的支持，在战争费用增加的情况下，不仅不增加税收，还推行"伟大社会"计划，增加社会福利，导致美国内通货膨胀加剧，削弱了人们对美元的信心，并导致黄金投机加剧，使得以固定汇率制为特征的布雷顿森林体系的基础摇摇欲坠。尼克松接任总统后情况也没好转。1971年8月15日，尼克松政府面对美国贸易和国际收支赤字越来越大的局面，决定迫使美元贬值，宣布关闭"黄金窗口"，不再用美元换黄金。同时，为了迫使其他国家货币升值，美国政府宣布对进口商品征收10%附加税，直到其他国家货币升值到美国满意的水平，美国才会取消附加税。1971年12月，发达国家签署了《史密森协定》，同意美元大幅度贬值，其他国家货币升值。固定汇率制崩溃，但如何确立一个新的稳定的汇率制，一直是美国和西欧激烈争论的问题。由于双方对建立新的汇率机制存在根本性分歧，这使得发达国家间难以就新的汇率机制达成协议。僵局的结果是，发达国家于1976年在牙买加举行会议，确定了浮动汇率制。

所谓浮动汇率体系，实际上是无规则体系，即国际货币事务在涉及汇率调整和提供流动性等问题上缺乏规则和共识。在固定汇率制崩溃后，本国货币在世界上占主导地位的三个国家美国、德国和日本的中央银行开始试图协调汇率或有序地改变汇率。也就是说，国际货币的稳定在很大程度上依赖美联储、德意志联邦银行和日本银行之间的非正式合作。但由于各国通货膨胀不同，以及价格稳定性不同，使得各国央行关注的重点和政策偏好不同。德国和日本战后一直优先考虑价格稳定，严格反通货膨胀政策，而美国则一直较容忍温和或较高的通货膨胀政策。这使得三国政策的协调比较困难。

与建立一个相对稳定的国际货币体系相比，更加困难的是被经济学家称为"三难困境"。各国都希望汇率稳定以避免经济动荡，希望自主决定促进经济增长的货币政策，以及希望资本自由流动，以方便贸易、对外投资和其他国际商业活动。这也就是说，各国都希望能达到固定汇率、货币政策自主性和资本流动三大目标。但不幸的是，任何一个国际货币体系在上述三个可取的目标中最多可以兼顾其中的两个。例如，在布雷顿森林体系的固定汇率下，虽然为独立的货币政策留下余地，但并不兼容资本自由流动，因为国际资本自由流动会损害固定汇率和独立货币政策。独立的货币政策和固定汇率有利于维持经济稳定，但同资本自由流动不兼容。而一个执行固定汇率和资本自由流动政策的体系则与独立的货币政策不相容。

自从国际货币体系进入浮动汇率时代，世界主要货币反复无常的波动，以及贸易赤字国和盈余国高度的不平衡，都加剧了全球经济的不稳定。世界上许多国家都认为，需要从根本上改革国际货币体系。但由于各国经济发展阶段、经济发展周期的不同，对于如何改革国际货币体系是意见纷纷。支持恢复稳定汇率的国家认为，浮动汇率导致了货币和价格的过度波动，增加了国际贸易和国际资本流动的不确定性和风险，不利于经济全球化。但支持稳定汇率的国家也承认，要回到布雷顿森林体系确立的固定汇率制也是困难重重。由于资本市场放松管制，大规模投机性的国际资本流动使得建立固定汇率制十分困难。一些国家提出建立相对稳定的汇率制度，如"钉住但可调整的汇率""管理下的浮动汇率"以及"汇率目标区"等。

但支持浮动汇率的国家和个人认为，当政府面临国际收支不平衡时，通过货币贬值进行调整要比通过紧缩政策或资本控制调整好得多。尽管浮动汇率会带来通货膨胀问题，但依赖固定汇率避免通胀会使调整非常困难。美国的货币问题专家巴里·埃森格林认为，下述变化使固定汇率能起的作用十分有限。首先是和福利制度相关的劳动力市场结构体制化，严重限制了价格和工资为应付经济冲击作出调整的灵活性。这样，通过调整汇率适应相对价格变化的重要性就增加了。其次，几乎每一个民主国家的宏观经济政策都是在高度政治化的环境下制定的，这使得政府政策和实行非通胀的货币政策的承诺失去可信度。最后，由于资本市场放松管制、技术进步和新的金融工具的应用，国际流动资本大幅度增加。他认为，对国际货币事务管理的主导权已经从个别国家和中央银行转移到国际金融投机者和货币交易者手中,国家已经无力抵抗市场的力量。①

布雷顿森林会议还讨论了战后国际贸易秩序的问题。美英虽然就建立国际贸易组织达成了妥协,但仍有许多分歧未获解决。1946年2月,在美国的提议下召开了联合国经济及社会理事会第一次会议,通过了召开"世界贸易和就业会议"决议草案,着手筹建国际贸易组织。考虑到国际贸易组织的建立需要时间,而当时急待解决的问题是各国普遍的高关税,在美国的主导下,1947年4月,美国、英国、加拿大等23国在双边谈判的基础上,签订了100多项双边关税减让协定。他们将这些减税协议与联合国经社理事会第二次筹备会议上通过的国际贸易组织宪章草案中有关商业政策的部分加以合并,将合并修改后的协议称为"关税及贸易总协定",把它作为一种过渡性安排,等《国际贸易组织宪章》生效后,用国际贸易组织来代替关税及贸易总协定。就在筹建国际贸易组织的同时,这23个国家中的8个国家:美国、英国、法国、比利时、荷兰、卢森堡、澳大利亚和加拿大于1947年10月30日签署了《关税及贸易总协定临时适用议定书》,宣布关税及贸易总协定从1948年1月1日起生效。

1946年10月,有关建立国际贸易组织的谈判在伦敦举行。1947年11月,在哈瓦那召开的世界贸易和就业会议上通过了《国际贸易组织宪章》。该宪章充分反映了美国希望建立国际贸易组织的想法。但美国希望国际贸易组织的投票权按每个国家所占世界贸易份额分配,参加谈判的其他国家不同意美国的方案,坚持一国一票的原则,这使得美国不可能单方面决定或反对国际贸易组织的政策。这将拟议中的世界贸易组织同美国在国际货币基金组织和世界银行中的支配地位和否决权区别开来。1948年3月,《国际贸易组织宪章》在哈瓦那签署。1949年初,美国总统杜鲁门将章程草案提交美国国会批准。虽然美国国内多数支持国际贸易组织,但国会里的一些议员对国际贸易组织持怀疑,甚至持反对的态度。美国的劳工组织对国际贸易组织持怀疑态度,传统上受到关税和进

---

① [美]罗伯特·吉尔平著,杨宇光、杨炯译:《全球资本主义的挑战:21世纪的世界经济》,上海人民出版社2001年版,第122—124页。

口配额保护的产业则公开反对。美国参议员尤金·米立金敦促美国在国际贸易组织中获得与其世界贸易额相当的投票权,其他议员则认为国际贸易组织是一个能够对美国贸易政策指手画脚的超国家。尽管美国总统杜鲁门先后三次将宪章提交美国国会批准,但由于美国会拒绝批准,美国国务院于1950年12月6日宣布,美国将不再向国会提交《国际贸易组织宪章》,转而请求国会考虑使美国能更有效地参加关税及贸易总协定的立法。由于美国国会拒绝批准美国参加国际贸易组织,建立国际贸易组织的努力失败。这样,关税及贸易总协定实际上替代国际贸易组织而临时生效。

1948年,美国和他的贸易伙伴创立了关税及贸易总协定,主要通过谈判降低关税以促进更加自由公平的贸易。1950年美国参议院否决了国际贸易组织后,关税及贸易总协定成为世界上主要的贸易组织。关税及贸易总协定是一个以固定规则和多边主义原则为基础的国际贸易体系,其中最重要的一项原则为非歧视原则,贸易规则无歧视地适用所有成员,单边主义、双边主义和贸易集团原则上是被禁止的。另一项重要原则为最惠国待遇原则,贸易自由化通过相互让步的谈判来实现。关税及贸易总协定还包括争端解决机制。关税及贸易总协定建立起了以规则为基础的自由贸易秩序,这一秩序建立在非歧视原则、最惠国待遇原则、透明化原则基础上。关税及贸易总协定成员同意通过建立规则和国际谈判降低贸易壁垒,建立一个开放的多边自由贸易体系。

但同美国参议院未批准的国际贸易组织相比,关税及贸易总协定的权威和责任范围非常有限,本质上是一个磋商论坛,而不是一个真正意义上的国际组织,缺乏制定规则的权力。它的管辖权主要用于制造业产品,对于农业、服务业、知识产权和对外直接投资等问题缺乏处理的权力,也无权处置关税同盟和其他特惠贸易安排。它解决贸易争端方面的能力也十分有限。而且,人们常常忽视的是,虽然美国主导了关税及贸易总协定的建立,但美国的参与所依据的是美国总统的行政命令,因为美国国会拒绝放弃其对国际贸易协定的管辖权。因此,在美国对外贸易关系上,美国的国内法律优于国际协定,这与国际法形成了对照。根据国际法,国际协定要优于国内法。因此,从一开始,美国在世界贸易自由化问题上就采取了双重标准立场。一方面，美国强调世界上其他国家要遵守自由贸易的原则，这些原则只能由关税和进口配额等方面的国际协定加以修订。但在另一方面，美国可以单方面取消这些原则和协定，只要美国国会通过相关立法。

关税及贸易总协定初期主要关注关税的减让，而非非关税壁垒这样的棘手问题。由于美国的贸易壁垒存在大量非关税壁垒，因此，关税及贸易总协定的贸易谈判对美国贸易政策的影响要小于大多数国家。到肯尼迪回合结束时，世界上国际贸易的关税已经大幅度降低，但美国的非关税壁垒仍可以保持。因为根据关税及贸易总协定的"祖父条款"，1947年前设置的非关税壁垒可以继续保留。

到1979年东京回合结束时，制成品的平均关税已经由关税及贸易总协定成立时的平均40%降至4.7%。东京回合结束后，关税已经不是影响自由贸易的重要障碍，非关税壁垒，包括补贴和反补贴措施、技术壁垒、进口许可制度、政府采购、反倾销等越来越成为妨碍自由贸易的障碍。另外，东京回合未能解决农产品贸易问题。到了20世纪80年代，关税及贸易总协定已经不适应高度全球化的世界经济。贸易与跨国公司的关系更加密切，服务业和制造业贸易都在迅速增长。20世纪70年代发达国家的贸易保护主义导致大量非贸易壁垒，如配额和政府补贴的形成。尤其是欧洲一体化的加速发展，使美国感到这是对多边贸易体系的威胁。因此，从20世纪80年代初开始，美国就向西欧和其他贸易伙伴施加压力，要求开展新一轮贸易谈判。在美国的压力下，关税及贸易总协定成员国于1986年在乌拉圭的埃斯特角开始了乌拉圭回合谈判，各方经过一系列讨价还价，于1993年结束乌拉圭回合谈判。

乌拉圭回合谈判将贸易规则扩大到许多新的领域，包括农业、纺织品、服务、知识产权和对外投资。不过，乌拉圭回合最重要的成果是成立了世界贸易组织。世界贸易组织涉及的范围为原关税及贸易总协定乌拉圭回合多边贸易谈判达成的协议、协定和历次谈判达成的协议。具体包括：《货物贸易多边协定》《服务贸易总协定》《与贸易有关的知识产权协定》《争端解决规则与程序的谅解》《贸易政策审议机制》和诸边贸易协议，包括《建立世界贸易组织的马拉喀什协议》、1994年关税及贸易总协定等。世界贸易组织的法定授权和组织结构设置使它能够在管理国际贸易中发挥比关税及贸易总协定重要得多的作用。世界贸易组织的权力比关税及贸易总协定要大得多。世界贸易组织对关税及贸易总协定的争端解决机制进行了改革，通过避免一些基本缺陷，如争端调查程序长期滞后、争端方妨碍程序进行和成员常常不履行决议等，世界贸易组织的争端解决机制大大加强。世界贸易组织还建立了新的上诉机构，以监督争端解决专家小组工作。世界贸易组织有权对那些拒绝接受争端解决专家小组决定的国家进行罚款。

世界贸易组织的制度结构也有重大改革。关税及贸易总协定是由秘书处支持的贸易协定，而世界贸易组织是会员制机构。它建立了一个永久性的磋商机制，两年一次的部长级会议加大了制度的政策导向。世界贸易组织还创造了监督成员国的贸易政策评审机制。

世界贸易组织的成立标志着世界贸易自由化方面的一个重大进展，但许多长期争论的问题仍然没有得到解决。美国仍坚持其国内法高于国际协议的立场。农业、纺织品和航运等领域继续处于高度保护状态。发展中国家在服务业仍设置较高的贸易壁垒，发达国家则继续限制汽车、钢铁、纺织品、电子消费品和农产品的进口。另外，发达国家要求将与贸易关系不太密切的议题，如劳动标准、环境保护等问题纳入未来的贸易谈判中。

第四节　冷战两极秩序的形成

一、美国主导的自由国际秩序

在二战后期，美国总统罗斯福提出通过集体安全体系，美、英、苏、中四大"警察"维持世界和平的构想。基辛格在评价这一构想失败的原因时指出："罗斯福的四大警察观念，事实上其架构和梅特涅的神圣同盟相似，只是美国的自由派一想及此恐怕就要吓坏了。每个体系都反映出企图通过有共同价值观的胜利者同盟，来维持和平。梅特涅的体系能奏效，是因为它保障了真正的权力均衡，体系内的主要国家实际上有着共同的价值观。俄国虽然偶尔会捣乱，但多少还能和大家合作。罗斯福构想不能实施,是因为没有从战争中产生真正的权力平衡,因为斯大林一旦去掉德国这个心腹大患,已经毫无顾忌要推进苏联的意识形态和政治利益,甚至不惜与其战时盟国反目对峙。"① 美国人认为导致美苏二战后战时同盟破裂和双方进入冷战状态的主要原因是战后的两极格局和双方意识形态的分歧。苏联人认为,美国对苏联主导的社会主义集团实施遏制政策导致冷战。二战后美苏两个超级大国的力量分布结构和社会主义与资本主义意识形态的分歧导致战后出现两大秩序:美国主导的自由国际秩序和苏联主导的社会主义国际秩序。

二战后期,美国内各种利益集团对战后秩序开展了激烈的辩论。美学者约翰·伊肯伯里归纳出"全球治理""自由贸易""大西洋联盟""全球均势""扶持西欧"及"西方联盟"六种政策主张。② 不过,最终"自由贸易""大西洋联盟""全球均势"主张占了上风,形成战后美国建立自由国际秩序的指导思想。

美国主导的自由主义国际秩序主要有三大支柱。第一个重要支柱是对苏联采取的威慑和遏制战略。该战略的理论基础是尼古拉斯·斯派克曼的《美国的世界政治战略》。斯派克曼认为,为了维护美国的安全,美国必须在欧亚地区维持对美有利的均势,决不允许敌对势力控制欧亚大陆。在欧洲,他认为战后力量分布可能出现三种情形:欧洲合众国、一个或两个大国控制欧洲、欧洲力量不稳定的均势。欧洲合众国和一两个大国控制欧洲都不符合美国利益。如果德国被打败,苏联将有可能构成对美国的威胁,美国必须联合欧洲其他盟国建立对美国有利的力量平衡。美国为了保护其在亚太地区的利益,也必须维持亚太地区的均势。虽然目前日本对美的威胁大于中国,但从均势角度看,中国对美国的挑战远大于日本。一旦中国实现经济和军事现代化,太平洋将不再由英国、美国或日本的海军所控制,而是由中国的海空军所控制。因此,美国的亚洲政策就应该同美国的欧洲政策一样。在一代人时间里美国两次帮助英

---

① [美]亨利·基辛格著,顾淑馨、林添贵译:《大外交》,海南出版社2012年版,第390—391页。

② [美]约翰·伊肯伯里著,门洪华译:《大战胜利之后:制度、战略约束和战后秩序重建》,北京大学出版社2008年版,第161—170页。

国,就是为了防止一个大国控制欧洲。美国也应同日本结盟来防止中国控制亚洲。① 斯派克曼的地缘政治思想对美国的国家安全战略产生了深刻的影响,以至于在冷战结束后,基辛格在描述美国的地缘战略时,同斯派克曼的思想一脉相承:"就地缘政治而言,美国是欧亚大陆海岸外的一座岛屿而已,欧亚大陆的资源与人口都远远超过美国。不论冷战存在与否,单一一个大国主宰欧亚大陆两大范围之一(欧洲或亚洲),都会对美国构成战略意义上的危险。因为这样的组成会在经济上胜过美国,最后在军事上也凌驾美国之上。即使这个主宰大国开明,也必须抵制此一危险;因为一旦这个大国改变意向,美国将会发现本身有效抵抗的力量已经大减,也逐渐没有能力影响事件的发展。"②

虽然从1947年到1991年苏联解体前美国对苏一直采取威慑和遏制战略,但随着冷战时期形势的变化,美国的遏制政策也处在不断调整和演变过程中。1947—1949年是凯南提出冷战战略和杜鲁门政府开始实施凯南的遏制战略的阶段。凯南遏制战略的一项重要内容就是美国必须填补德国和日本被打败后在欧洲和亚洲留下的力量真空,并防止苏联在上述地区扩张势力范围。1948年3月美国国家安全委员会的一份文件指出,在美苏间的欧亚地区存在巨大力量潜力,如果这些潜力被加入现有苏联阵营的力量中,将使苏联阵营在人力、资源和领土方面占据如此大的优势,以至于美国作为一个自由国家生存的前景十分渺茫。该年底美国总统批准的国安会20/4文件指出,美国在战略上和政治上都不能接受苏联控制欧亚大陆,不管它是通过军事入侵还是政治和颠覆手段做到的。为此,凯南认为,西欧、中东以及远东的日本和菲律宾必须被控制在以美首的西方阵营里。凯南遏制战略的第二项重要内容是分裂共产主义阵营。冷战初期,美国注意强调冷战是独裁和民主的对决,而不是资本主义和共产主义的竞争。为了分化共产主义阵营,美国提出苏联和东欧国家也可参加"马歇尔计划"。当时美国的想法是,如果苏联拒绝参加,这将使

---

① Nicholas J. Spykman, "America's Strategy in World Politics", Routledge, 2017, pp. 465 – 470.

② [美]亨利·基辛格著,顾淑馨、林添贵译:《大外交》,海南出版社2012年版,第832—833页。

苏联和东欧间产生矛盾；如果苏东参加，美国将通过该计划分化瓦解社会主义阵营。当1948年南斯拉夫独立倾向明显后，美国国务卿艾奇逊在1949年指出，铁托主义的继续存在明显符合美国的利益，它将腐蚀和瓦解苏联阵营。美国认为，铁托主义不是一个孤立现象，因此从1949年开始，美国通过美国之音、在联合国的人权宣传、经济压力和秘密活动等试图在东欧培养异见力量。1949年12月，美国总统杜鲁门批准了国安58/2号文件，要求美国采取各种手段消除苏联在东欧卫星国的影响力。

美国主导的自由主义国际秩序的第二根支柱是自由霸权战略。虽然斯派克曼的地缘政治思想在美国的战略界、军界和外交界有一定的影响，但要说服国会支持美国寻求全球霸权的地缘战略还需要更多的理由。1947年英国政府照会美国，表示其再也无力支援希腊和土耳其。美国准备接手英国的角色，向希腊和土耳其提供援助，以阻挡苏联向地中海扩张。但美国外援需要得到美国国会的同意，而当时持孤立主义立场的共和党人控制国会。为了说服国会，艾奇逊将对希腊和土耳其的援助描绘成"民主与独裁"全球斗争的一个重要组成部分："目前世界上只剩下美国和苏联两个大国。我们已经到达史无前例的时刻。自从罗马和迦太基时代以来，再也没有一个时刻出现这种权力两极化现象。美国采取措施以强化受到苏联侵略或共产党颠覆威胁的国家，这也就是保护美国的安全——也就是保护自由！"[①] 从此，美国在欧洲维持对美有利的均势的斗争被描绘成"自由与独裁"的斗争。1947年3月12日，美国总统杜鲁门发表了后来被称为"杜鲁门主义"的演说，将美苏之间的斗争描述成民主世界与独裁的斗争。杜鲁门主义标志着冷战的开始。世界分成了美国主导的自由国际秩序和苏联主导的社会主义国际秩序。

美国的自由主义霸权战略主要由三部分组成：开放的经济体系、美国向盟国提供安全保障和维持自由霸权体系的制度和规则。在意识到无力在全世界建立美国主导的秩序后，美国开始将注意力转向在西方建立美国主导的秩序。当时战后的西欧经济凋敝、政治动荡，共产主义思潮

---

① ［美］亨利·基辛格著，顾淑馨、林添贵译：《大外交》，海南出版社2012年版，第448页。

在意大利、希腊和法国有较大的影响力。为了确保西欧在美国主导的西方阵营里，1947年美国提出向西欧重建提供140亿美元经济援助的"马歇尔计划"。当时的美国国务卿马歇尔在解释美国经济援助西欧的原因时指出，"马歇尔计划"的目的在于恢复世界经济，以创造自由制度能够生存的政治和社会环境。没有美国援助下的欧洲复苏，就不可能有政治稳定和可靠的和平。[1] 同时，美国利用欧洲的弱势，决心建立一个对美国资本和产品开放的自由贸易体系，美国强调自由国际贸易必须建立在最惠国待遇和非歧视原则基础上，实际上是要求英国取消英联邦的帝国特惠制和其他西欧国家撤销殖民地贸易壁垒。但英法等西欧国家战后最关心的是完全就业、稳定经济和收支平衡。美欧妥协的结果是同意建立一个有管理的开放经济体系，国际经济将是开放的，但政府也允许为了稳定就业而进行干预。

在援助欧洲复苏的过程中，美国意识到，没有德国的经济复苏，西欧经济复苏是不可能的。但如何处理复苏后的联邦德国在欧洲的作用也是美国需要认真考虑的问题。凯南认为，从长远看，西欧和中欧只有三种可能性：德国主导、苏联主导和联邦欧洲。在联邦欧洲中，德国成为联邦欧洲的一部分，欧洲其他国家有足够的影响力控制德国。[2] 从"马歇尔计划"开始，美国就鼓励欧洲一体化，将德国锁定在一体化的欧洲里。就在美国推动欧洲团结和德国与欧洲融和过程中，英法也在力促美国继续留在欧洲。二战后，英国和法国意识到，单靠英法两国无法平衡一个重新崛起的德国，更不要说平衡一个超级大国苏联了。因此，必须说服美国继续留在欧洲以平衡苏联。美国最初的回应是，欧洲必须首先讨论欧洲地区的军事合作，然后美国才会考虑美国同欧洲倡议间的关系。

1948年3月4日，英国、法国、比利时、卢森堡、荷兰在布鲁塞尔谈判，并于3月17日签署了《布鲁塞尔条约》，五国保证将建立共同防务体系。同年，《布鲁塞尔条约》签字国成立了西欧联盟。就在《布鲁塞尔条约》通过后不久，美国国务卿马歇尔和副国务卿洛韦特就北大西洋

---

[1] John Ikenberry, "Liberal Leviathan", Princeton University Press, 2011, p. 199.

[2] John Ikenberry, "Liberal Leviathan", Princeton University Press, 2011, p. 203.

防务问题同参议员范登堡等人进行了讨论。1948年4月28日,加拿大议员圣劳伦特提议应成立一个北大西洋防务机构来代替《布鲁塞尔条约》,该建议得到英国外交大臣贝文的强烈支持。1948年6月11日,美国参院通过了有关美国加入北大西洋防务联盟的决议案。美国和加拿大同《布鲁塞尔条约》签字国就《北大西洋公约》进行了磋商,随后美国和加拿大正式邀请丹麦、冰岛、意大利、挪威、葡萄牙加入该条约。1949年4月4日,12个创始国签署了《北大西洋公约》。1951年9月希腊和土耳其加入,1955年5月联邦德国加入。英国人伊斯梅勋爵非常简洁地总结了北约的功能:"将俄国人挡在门外,让德国人趴下,让美国人进来"。

美国在维持亚洲对美有利的均势上则充分利用了亚太国家对日本恢复军国主义和共产主义扩张的担心。1951年9月4日,51国参加了在旧金山召开的对日和会。作为最早参加对日作战,并为战胜日本做出重大牺牲和贡献的中国却未被邀请。苏联对美英对日和约联合草案进行了强烈批评,主张对日和约应包括以下内容:日本承认中华人民共和国对满洲、台湾、澎湖列岛及其他一些岛屿的主权,并承认苏联对南库页岛、千岛群岛的主权;占领军应在和约生效后自日本撤出,外国军队不得在日本继续留驻;日本需向因其侵略而受害的国家赔偿损失。菲律宾和印尼等国也提出强烈赔偿要求,但美国完全主导了会议的议程。9月8日,除苏联、波兰、捷克斯洛伐克外,其他48个国家签署了《旧金山对日和约》。在《旧金山对日和约》第二章有关领土处理的条款中,日本承认朝鲜独立,放弃台湾、澎湖列岛、千岛群岛、萨哈林岛、南沙和西沙群岛等。但没有具体说明这些放弃的领土归还给谁,美国在这方面有意保持模糊,这为以后美国利用这些领土纠纷制造矛盾、挑起冲突埋下了伏笔。该条约还规定,日本同意将琉球群岛和小笠原群岛置于联合国托管之下,而且美国为唯一托管当局。1951年9月18日,中国政府就《旧金山对日和约》发表声明指出,这个和约"不仅不是全面和约,而且完全不是真正和约,这只是复活日本军国主义、敌视中苏、威胁亚洲、准备新的侵略战争的条约"。[1]

---

[1] 袁明主编:《国际关系史》,北京大学出版社2018年版,第262页。

美国对日政策有个逐步演变的过程。1946年，美国在考虑对日和约时，重点放在防止日本军国主义复活上。1946年上半年美国务院向英国、苏联和中国散发了一份其准备的对日和约草案，该草案的前言部分指出，为了世界的和平与安全，日本必须全面的裁军和非军事化。1948年11月，美国的对日政策有了重大调整，从强调裁军、整肃日本军国主义到允许日本重新武装，尽快恢复日本的国力。导致美国对日政策调整的主要因素除了美国在欧洲同苏联陷入冷战外，还同中国共产党在内战中逐步占上风有关。1949年中华人民共和国成立和1950年朝鲜战争爆发促使美国加快在亚太地区建立遏制社会主义同盟体系的步伐，以构筑遏制社会主义的包围圈。美国利用亚太国家担心日本军国主义复活和共产主义扩张而在该地区建立起以美国为中心的联盟体系。1951年9月1日，美国同澳大利亚和新西兰签署了《澳新美安全条约》，条约规定，对三国任何一国的主权、领土和政治独立的威胁都是对三国全体的威胁，三国将根据宪法程序决定共同面对这些威胁。澳大利亚和新西兰在二战前安全上主要依靠英国。二战后英国实力大大削弱，澳新两国决定在安全上依靠美国。1951年8月30日，美国同菲律宾签署了《美菲共同防御条约》，协议内容大体上同《澳新美安全条约》相同。就在《旧金山对日和约》签字不久，美日签署了《日美安全保障条约》，该条约赋予美国陆、海、空三军驻扎日本的权利，并规定没有美国的同意，日本不得向任何第三国提供基地及相关设施。1953年10月1日，美国同韩国签署了《美韩共同防御条约》，该条约规定美军有驻扎韩国的权利，在太平洋地区对缔约的任何一方的进攻均危及自己的和平与安全，双方将采取共同行动以应付共同的威胁。1954年9月8日，美国同英国、法国、澳大利亚、新西兰、菲律宾、泰国、巴基斯坦在菲律宾首都马尼拉签署了《东南亚集体防务条约》，以防止共产主义势力在该地区的扩张。同时，签署的《东南亚集体防务条约议定书》将柬埔寨、老挝和越南南部也纳入美国的保护范围。

美国主导的自由国际秩序的第三根支柱是美国对第三世界采取的帝国霸权战略。美国为何对欧洲采取自由霸权战略，而对世界上其他地区采取帝国霸权战略，除了力量对比、主要威胁认知和国际体系中不同等级外，还有很重要的一点是美国的自我认同。美国人从宗教、文化、种族和民主体制等方面认为西欧和美国同属于西方阵营。美国人认为他们的立国原则具有普世价值，并用这一标准衡量世界各国，凡是不符合美国标准的国家和政治制度，美国人都认为是非法的和过渡性的。就像在英殖民帝国时期，英国根据主权国家原则同欧洲其他列强打交道，而亚、非、拉广大的殖民地地区不适用主权平等原则，美国自由帝国时期在亚、非、拉地区采取的也是干涉主义的帝国主义政策。美学者伊肯伯里注意到美国政策的不同，认为美国在欧洲推行的是基于规则的统治，在世界上其他地区则推行是基于关系的统治。基于规则的统治是一些国家根据共同规则行事，霸主的行为也受到这些规则的限制。基于关系的统治则是霸主提供安全保护和经济援助，其他国家则同意同霸主合作，并提供政治上的支持。霸主同其他国家的关系是主仆关系。霸主制定规则要求其他国家遵守，但这些规则对霸主并没有约束力。[①] 中东地区过去是英法的势力范围，英国在中东的霸主地位主要依赖两大支柱，一个是伊朗，一个是埃及。1955年，苏联通过向埃及出售军火而开始将其影响力打入英法的势力范围。二战后美国的中东政策有两大目标，一是压缩英法在该地区的影响力，二是遏制苏联在该地区的扩张。美国利用苏伊士运河事件削弱了英法在中东的影响力，并利用《伊拉克和土耳其间互助合作公约》来遏制苏联在该地区的扩张，以维持中东地区对美有利的力量均势。

二、社会主义阵营与社会主义国际秩序

19世纪末到20世纪50年代为科学社会主义理论预言转换成社会主义革命和建设实践的阶段。列宁创造性地提出了帝国主义理论和社会主义可能在一国或数国首先取得胜利的理论，提出了殖民地国家民族解放运动的理论，形成了列宁主义。列宁在《帝国主义是资本主义的最高阶段》中揭示了资本主义政治和经济发展不平衡的规律。新兴帝国主义国家的跳跃式发展和老牌帝国主义发展的相对滞后，产生了资本主义发展

[①] John Ikenberry, "Liberal Leviathan", Princeton University Press, 2011, pp. 82–87.

的不平衡，帝国主义战争不可避免。而战争又使帝国主义国家受到严重削弱，帝国主义链条出现"薄弱环节"，使得社会主义革命可能在一国或数国首先获得胜利。列宁的社会主义一国胜利论发展了马克思主义社会主义理论，为俄国十月革命的胜利奠定了坚实的理论基础。

俄国的十月革命是世界历史上的重大事件，对人类历史发展产生了重大影响。首先，十月革命的胜利将马克思创立的科学社会主义变为现实，是马克思主义关于打碎旧的国家机器，建立无产阶级专政学说的一次伟大实践。它摧毁了俄国帝国主义，建立了崭新的人民政权。其次，十月革命激励了世界上被压迫民族的解放斗争。在十月革命和列宁关于殖民地民族解放问题思想的激励下，殖民地、半殖民地国家争取民族解放的运动风起云涌，有力地打击了帝国主义的殖民体系。最后，十月革命促进了马克思主义的广泛传播。十月革命的胜利极大地扩大了马克思主义在世界上的影响力，为无产阶级和劳苦大众寻求解放提供了一条新的道路。

早在十月革命前，列宁在论述社会主义革命一国胜利的可能性时就指出，社会主义革命胜利的成果巩固有待于世界社会主义革命的胜利。斯大林1926年发表的《论列宁主义的几个问题》对一国建成社会主义的理论进行了系统论述。斯大林指出，俄国可能利用本国的力量解决无产阶级和农民的矛盾，在其他国家无产阶级的同情和支援下，但无须其他国家无产阶级革命的预先胜利，无产阶级可能夺取政权并利用这政权在俄国建成完全的社会主义社会。但如果没有至少几个国家革命的胜利，就不可能避免遭到武装干涉，也不可排除资产阶级制度复辟的可能性，从这个意义上说，社会主义不可能在一个国家获得最终的胜利。二战后，社会主义阵营从苏联扩大到东欧和东亚，南斯拉夫、波兰、罗马尼亚、捷克斯洛伐克、匈牙利、保加利亚、阿尔巴尼亚、东德、越南、朝鲜、蒙古和中国先后加入了社会主义阵营。

苏联社会主义制度的建立，改变了世界的格局，苏联成为与资本主义抗衡的一支重要力量。十月革命后，苏联不但顶住各种反动势力的围攻，而且在经济发展方面取得巨大成就，对资本主义世界构成巨大冲击。二战后苏联与其他社会主义国家结成联盟，在欧亚地区巩固了社会主义制度和体系，共同应对美国为首的资本主义国家发动的"冷战"。苏联先后同其他社会主义国家成立了情报局、经互会和华沙条约组织，这些组织的建立有效抵御了资本主义国家的颠覆和破坏，形成了抗衡帝国主义的强大的社会主义阵营。[①]

在欧洲方面，苏联对于美国重新武装联邦德国保持高度警惕。1952年5月26日，美、英、法与联邦德国签订相互关系条约，结束了对联邦德国的占领。5月27日，法、意、荷、比、卢和联邦德国在巴黎签订了《欧洲防务集团条约》，规定对其成员的攻击将被视为对全体成员国的攻击。1954年8月30日，法国国民议会否决了该条约，这使得联邦德国加入欧洲防务集团的计划流产。美英对此结果感到失望。英国提出了一个替代方案，即联邦德国先加入《布鲁塞尔条约》，再加入北约，英美则保证在西欧驻军，以解除法国对联邦德国重新武装的忧虑。1954年10月23日，美、英、法等国签署《巴黎协定》，决定吸收联邦德国加入北约。

1954年11月13日，苏联照会欧洲23国、美国和中国，对《巴黎协定》表示坚决反对。该照会指出，《巴黎协定》一旦批准后，联邦德国就要走上复活军国主义的道路，并且会实际上被德国复仇主义分子所控制。他还建议于1954年11月29日在莫斯科或巴黎召开包括美国和欧洲国家的全欧洲安全会议，讨论建立欧洲集体安全体系的问题。1954年11月29日，美国回应了苏联的建议。美国在给苏联政府的备忘录中指出，苏联的建议没有新意，显然是试图阻止西方批准《巴黎协定》。为此，美国建议召开讨论德国、奥地利和欧洲安全问题的会议，其先决条件是达成签署奥地利国家条约的协议；自由选举作为德国统一的首要条件，苏联应表明它在德国自由选举问题上的立场。美国在照会中强调，它是与英、法和其他北约国家政府协商后作此回应的，这表明美、英、法等西方国家拒绝了这一建议。在此情况下，1954年11月29日到12月2日，苏联、波兰、捷克、匈牙利、罗马尼亚、保加利亚、阿尔巴尼亚、民主德国8国在莫斯科召开了没有西方国家参加的"欧洲和平与安全会议"。会

[①] 本节主要参考顾海良主编：《人间正道是沧桑：世界社会主义五百年》，中国人民大学出版社2018年版。

议通过的宣言强调指出，如果西方国家坚持批准巴黎协定，苏联和东欧国家将在组织武装力量及其司令部方面采取共同的措施，并且还要采取加强它们国防力量所必需的其他措施，以保障他们人民的和平劳动，保证他们国境的不可侵犯性，保证击退可能发生的侵略。①

1955年3月，苏联明白西方批准《巴黎协定》已成定局，开始着手建立新的安全同盟的准备工作，把共同安全条约草案送给预定签约的东欧各国共产党总书记，把即将在波兰华沙召开的会议称为"第二届欧洲国家维护欧洲和平和安全会议"。西方不顾苏联的反对，还是批准了《巴黎协定》。1955年5月7日，苏联宣布废除1942年的"苏英合作互助条约"和1944年的"苏法互助条约"。5月11—14日，苏联和东欧8国在华沙举行了第二次欧洲和平与安全会议，即华沙条约组织成立大会。蒙古、越南、朝鲜和中国以观察员身份出席会议。会议的最终结果是，1955年5月14日，阿尔巴尼亚、保加利亚、匈牙利、民主德国、波兰、罗马尼亚、捷克和苏联签署了《友好合作互助条约》，即《华沙条约》。该条约规定，在发生对缔约国进攻时，缔约各方应立刻进行磋商，以一切必要方式对受到进攻的国家提供帮助。缔约各方保证不参加违反本条约目的的任何联盟或条约。

华沙条约的签署和华沙条约组织的成立是苏联对联邦德国加入北约的公开反应，它巩固和加强了苏联和东欧国家的军事同盟关系，标志着欧洲正式出现两个对立的军事集团。华沙条约组织在政治和安全领域协调统一对外，多次呼吁召开全欧洲安全会议，谋求维持欧洲各国领土现状，采取措施解散北约和华约两个军事集团，反对军备竞赛，争取同西方的和平共处。1955年7月18日，苏、美、英、法在日内瓦举行首脑会议。苏联向4国首脑会议提交了《保障欧洲集体安全的全欧条约》草案，强调北大西洋公约组织成员国和华沙条约组织成员国间应和平解决争端，保证不使用武力或武力威胁解决可能出现的分歧。但由于美、英、法不接受苏联的建议，苏联提出的欧洲集体安全条约自然就无疾而终。不过，

---

① 李锐、吴伟、金哲编著：《华沙条约组织与经济互助委员会》，社会科学文献出版社2010年版，第49页。

苏联并没有放弃华约和北约达成某种协议的努力。1958年5月24日，华沙条约组织政治协商委员会在莫斯科举行会议后发表联合声明，建议华约和北约签订互不侵犯公约。华沙条约组织成员国认为，如果双方缔结互不侵犯公约，这将是两个军事集团的成员国由对立向着相互信任和和平合作发展转折的一个良好开端。如果由世界上拥有最发达军事工业的23个国家组成的两个军事集团不互相使用武力或武力威胁，战争就能避免。对于缔结华约和北约互不侵犯公约的建议，西方没有给予认真对待，认为这不过是苏联发起的宣传攻势。美国宣称，他不会接受一项禁止美国在必要时使用武力来保卫其在柏林权利的协议。美国认为，苏联提出的互不侵犯公约势必将欧洲分成两个集团，而美国希望保留同欧洲所有国家能够发展关系的可能性。

华约和北约虽然在集体安全公约的谈判方面没有进展，但双方在军控和裁军方面的谈判还是取得一定的成果。20世纪60年代后期，美国由于陷于越南战争而想进行战略收缩。西欧由于经济发展缓慢而想减少军费。1966年，法国宣布退出北约军事机构。这些都使北约在常规军事力量方面不占优势。因此，北约试图通过裁军谈判来减少华约在常规军力方面的优势，并减少军备负担。苏联在赫鲁晓夫下台后，也调整了外交战略，寻求同西方的缓和。1966年7月，华约组织政治协商委员会建议召开"欧洲安全与合作会议"，讨论欧洲的军事局势和裁军问题。1967年12月，北约部长理事会确定了对苏联和华约的政策是"防务加缓和"，对话和裁军谈判是缓和政策的重要内容。1968年6月，北约部长理事会正式提出，将北约和华约均衡裁军作为召开欧洲安全与合作会议的条件。华约则坚持先开欧洲安全会议，在取得信任后，再讨论均衡裁军问题。1972年5月，美国总统尼克松访问苏联，美苏达成协议，将欧洲安全会议和中欧裁军会议平行举行。

中欧裁军会议从1973年10月30日开始在维也纳举行，直到1989年2月被欧洲常规军力谈判取代，持续了15年。华约和北约在一系列问题上存在严重分歧。首先，双方在军队数量和裁军原则上分歧严重。北约坚持均衡原则，认为华约在常规军力上占优势，特别是在地面部队和坦克部队方面，华约优势明显。美国建议首先把美苏在中欧的驻军各裁减

15%，分别为2.9万人和6.8万人，然后再裁减相关国家的部队，最后达到北约和华约在中欧的地面部队同为70万人的最高限额。华约则认为双方在中欧的常规军力大致相等，应根据"对等"原则进行裁军，才能维持中欧地区常规力量的军力平衡。因此，苏联建议，到1975年，双方各裁减2万人，1976年各裁减10%，1977年再各裁减10%，并对裁减情况实行严格监督。虽然双方对于裁军原则提出了许多建议和反建议，但最终双方在裁减原则上无法达成一致。其次，在裁减范围方面也困难重重。华约认为北约在战术核武器和空军方面占有优势，从谈判开始就强调裁军应包括常规武器、战术核武器、地面部队和空军。但由于北约强烈反对将核武器列入裁减范围，裁减核武器问题也就无法列入谈判范围。最后，双方在核查与监督问题上也难以达成协议。1989年2月，中欧裁军谈判会议发表最后声明，宣布中欧裁军谈判结束，承认裁军谈判未取得成果。

1985年戈尔巴乔夫就任苏共总书记，为了给国内改革创造较好的外部环境，同北约达成裁军协议、减轻军备负担成为苏联外交的重要目标之一。1986年6月，华约向北约提议举行全欧常规裁军谈判以取代失败的中欧裁军谈判，北约接受了该建议。1989年3月，北约和华约关于裁减欧洲常规武装力量的谈判在维也纳正式开始。华约提议先将双方进攻性武器如歼击机、武装直升机、坦克和装甲车进行大幅度削减，然后再将双方武装力量人数削减25%，最后确定双方常规军备的最高限额。北约则要求美苏两国驻欧军队削减为27.5万人，作战飞机削减15%。裁减后北约和华约分别应维持的常规军力的最高限额是：坦克2万辆，火炮1.65万门，装甲车2.8万辆。谈判最初由于双方在进攻性武器定义和常规军力规模方面的分歧而陷于停顿，但在苏联和华约采取积极灵活立场后有了实质性进展。苏联和华约接受了"非对称裁减"的原则，大幅度削减了坦克、火炮和装甲车。1988年12月，苏联宣布两年内单方面裁军50万人。1989年，波兰、民主德国、捷克斯洛伐克、匈牙利和保加利亚也相继宣布单方面裁军7万人，坦克1900辆，飞机约130架。到1989年底，双方在坦克、装甲车和作战飞机等裁减问题上取得相当进展。到1990年5月，双方除了在战斗机最高限额方面还存在一定分歧外，在裁减和限额坦克、火炮、和装甲车方面达成基本协议。10月3日美国外长贝克和苏联外长谢瓦尔德纳泽在纽约会晤时，就双方火炮和直升机的最高限额达成协议，为签署削减欧洲常规军力条约铺平了道路。1990年11月19日，北约和华约22个成员国代表在巴黎欧洲安全首脑会议上签署了《欧洲常规武装力量条约》，规定双方在欧洲从大西洋到乌拉尔地区常规军力的最高限额坦克不超过2万辆，装甲车不超过9万辆，火炮2万门，战斗机6800架，武装直升机9000架。《欧洲常规武装力量条约》是华约和北约裁军谈判史上取得的一个重要成果。

华约和北约裁军谈判取得的另一个重要成果在削减欧洲中程核武器方面。自1977年起，苏联在欧洲部署了SS–20中程导弹，射程3000公里，整个西欧都在其射程范围内。针对苏联在欧洲部署中程导弹的行动，1979年，北约在布鲁塞尔举行的特别会议上，通过了著名的"双重决定"，即建议美苏就限制欧洲中程导弹举行谈判。如果双方不能在1983年前达成协议，美国将在1983年底开始在西欧部署中程导弹。针对北约的"双重决定"，苏联提出了"冻结方案"，即双方部署在欧洲的中程导弹核武器，包括美国在欧洲前沿基地部署的核武器，在数量和质量上维持现状。苏联的建议旨在防止美国在西欧部署新的中程导弹。美国和北约则提出了"零点方案"作为回应。该方案要求如果苏联全部拆除部署在欧洲的SS–20、SS–4、SS–5中程导弹，美国将放弃在西欧部署中程导弹计划。对此，苏联又提出了"分阶段裁减方案"和"同等裁减方案"，提出如果美国不在西欧部署中程导弹，苏联愿意将在欧洲部署的中程导弹减少到162枚，这个数目正好等于英法的中程导弹之和。美国反对将英法的核力量包括在美苏中导谈判之列。到了1983年后，由于双方在削减中导谈判上迟迟没有进展，美国着手实施在欧洲部署中程导弹的计划。到1988年美国在欧洲共部署了464枚巡航导弹，在联邦德国更换了108枚潘兴–2导弹。苏联和华约采取了一系列对抗行动。1983年11月，苏联将36枚SS–21部署到民主德国。在美国导弹运抵西欧后，苏联于11月23日宣布退出欧洲中导谈判。虽然限制和削减欧洲中程导弹的谈判没有取得实质性进展，但美苏于1987年12月8日签署了《苏联和美国消除两国中程和中短程导弹条约》（以下简称《中导条约》），这可以视为削减欧洲中导谈判的一个成果。双方同意销毁所有达成协议的中程导弹和发射装置,以及一切有关的辅助设施和设备。根据条约,美国须销毁中程导弹 689 枚,中近程导弹 170 枚,核弹头 1320 颗。苏联须销毁中程导弹 826 枚,中近程导弹 926 枚,核弹头 2500 颗。到 1991 年 5 月,美苏属于《中导条约》规定范围内的中程和中短程导弹已全部销毁。美苏达成的《中导条约》在冷战期间的军控谈判上占有重要地位,它是二战后第一次通过谈判销毁一个类别的核武器。[①]

苏联通过华沙条约组织除了向东欧国家提供安全保护外,也有加强对东欧控制的一面。1953 年斯大林逝世,苏联国内开始政治改革。此后,苏联改革的思潮也逐渐影响到东欧国家。波兰人对苏联的改革非常敏感,要求社会变革,清理过去的历史问题的呼声越来越高。1956 年 10 月波兰统一工人党将召开党的二届八中全会,这次会议涉及重大人事变动,曾参加过苏联红军的现任波兰国防部长罗科索夫斯基将被撤换。苏联得知波兰的人事变动情况后,苏共主要领导人赫鲁晓夫、莫洛托夫、布尔加林、卡冈诺维奇、米高扬和国防部部长朱可夫,在华约联合武装力量总司令科涅夫元帅的陪同下,突然访问波兰。针对波兰要求苏联不要干涉波兰的内政,要求撤走苏联在波兰的顾问,苏共中央代表团反应强烈,认为波兰是试图摆脱苏联转向西方。驻扎在波兰边境的苏军在集结待命,驻扎在波兰境内的苏军缓缓向华沙进军。

波兰领导人向苏共代表团说明,波兰是要建立更民主的社会主义,而不是要脱离华沙条约组织。苏联领导人在得到波兰的保证后,停止了军事调动,波兰则保证留在华沙条约组织内,继续欢迎苏军驻扎波兰,波兰事件宣告平息。

苏联解体前后,东欧社会主义国家也发生了剧变。波兰和匈牙利首先改旗换帜,然后其他东欧国家也纷纷变天,抛弃社会主义,复辟资本主义。北大教授顾海良指出,导致东欧剧变的现实的直接的原因是东欧领导人放弃了马克思主义的指导地位,放弃了共产党的领导,放任西方

---

① 李锐、吴伟、金哲编著:《华沙条约组织与经济互助委员会》,社会科学文献出版社 2010 年版,第 160—170 页。

敌对势力的和平演变。但从历史的和长期的原因看，导致东欧剧变的主要内部因素包括：第一，长期教条主义地对待马克思主义，导致在苏联将马克思主义僵化、教条化，使整个社会丧失发展动力。第二，长期僵化对待社会主义，视苏联模式为唯一正确的社会主义模式。苏联模式是特定历史条件下的产物，不能同社会主义画等号。第三，长期忽视提高人民的生活水平。苏联长期奉行以重工业为主的发展战略，忽视商品经济和价值规律作用，导致农业和轻工业发展缓慢，人民的物质和文化需求长期得不到满足。这为西方攻击社会主义制度和"和平演变"提供了"依据"。第四，长期缺乏社会主义民主法制建设。苏联高度集中的政治体制把党和国家的领导同发展民主法制对立起来，把党内民主同党内集中对立起来，以致在一些国家出现个人专制、个人崇拜，党内民主和社会民主都严重缺乏的现象。第五，不能正确处理民族关系和民族矛盾。苏联是有着一百多个民族的多民族国家，由于不能正确认识民族问题，不能正确制定和执行民族政策，导致民族矛盾不断加深。其他社会主义国家也存在忽视民族问题的现象，导致民族冲突激化，造成社会动乱和国家解体。第六，长期放松执政党自身建设。一些党的领导人思想上政治上蜕化变质，丧失共产主义信念。党内长期缺乏民主监督，基层组织涣散，党的干部特殊化和腐败，严重脱离群众，这些都给东欧剧变埋下隐患。[①]

如前所述，导致东欧剧变的主要原因在于内部治理出了问题，但外部因素同样不可忽视。西方长期否认社会主义的正当性和合法性的宣传，在社会主义国家经济发展遇到困难时，很容易在社会主义国家内部引起所谓"共鸣"。而西方对东欧社会主义国家的分化策略导致社会主义国际经济秩序的崩溃，更加剧了苏联和东欧国家的经济困难。苏联不能正确处理社会主义国家内部间的矛盾和同加盟共和国的关系，给西方对社会主义国家采取分而治之的策略提供了可乘之机。

[①] 顾海良主编：《人间正道是沧桑：世界社会主义五百年》，中国人民大学出版社 2018 年版，第 210—214 页。

第七章

冷战后秩序：美国寻求国际霸权

第一节　美国寻求维持其单极霸权

乔治·赫伯特·沃克·布什（后称"老布什"）是在国际局势急剧变化的时刻上台的。在他任期内经历了德国统一、伊拉克入侵科威特和苏联的解体。老布什政府的国家安全事务助理斯考克罗夫特在苏联解体后写道："苏联力量的最终崩溃和帝国的解体带来了一战以来国际体系的最大变化，并结束了80年的动荡和冲突。1989年1月我们面对的世界是超级大国的争夺。冷战的斗争影响了我们有关国际和国内政治，我们的机构和过程，以及我们的武装力量和军事战略的想法。眨眼间，所有这些都消失了。我们突然处在一个独特的地位，没有经验，没有先例，孤独地处在力量的顶峰。"[1]

尽管1989—1992年国际局势经历了巨大而急速的变化，但美国政府对冷战后美国外交战略的看法却相对稳定。老布什政府有一批经验丰富的负责安全和外交事务的官员，他们决心利用东欧剧变的时机在全世界进一步扩大民主和市场经济，并利用美国的战略优势在全球地缘政治至关重要的地区维持并扩大美国的优势地位。1989年5月，老布什在提出结束东西方对峙的冷战条件时指出，苏联必须大幅度削减军备，在国内改善人权和提倡民主，根据西方的条件帮助结束在第三世界的冲突，允许东欧政治改革和自决，并撤除铁幕。如果苏联能采取上述步骤，这将

---

[1]　George Bush and Brent Scowcroft, "A World Transformed", Alfred A. Knopf, 1998, p. 564.

开启东西方关系正常化的大门。① 美国务卿贝克在 1989 年初强调，美国同时是大西洋和太平洋国家，在这两大区里都有盟友。冷战的结束虽然会导致国际格局大的变化，但美国不应该改变过去的大战略。相反，对于冷战以来美国成功的战略不仅应该坚持，还应进一步发扬光大。在世界上关键的地区继续维持对美有力的力量对比，在国际机构中继续扮演领导的角色，在国际经济和意识形态领域继续塑造对美有利的环境。在这样的背景下，斯考克罗夫特领导一个班子在 1989 年底到 1990 年初期间起草了老布什政府冷战后的第一份国家安全战略报告，该报告强调美国必须帮助塑造"新的时代"。美国在全球的利益是持久的，因此，美国必须在欧亚地区保持联盟和前沿部署，美应该进一步鼓励民主和市场的扩散，并在应付新的国际紧张局势方面发挥领导作用。与此同时，美国将军鲍威尔领导一个小组从事国防审议工作，并提交了基础力量的报告。鲍威尔将军认为，一个衰落的苏联的威胁有可能被战略重要地区崛起的新强国取代，美国必须维持在关键地区的军事优势，这对于维持冷战后国际体系的稳定和地缘战略的收获至关重要。因此，在老布什政府内部对于冷战后初期的美国对外战略存在广泛共识，那就是美国将继续维持超强的军事实力，以维持现存的自由主义国际秩序，鼓励对美国有利的形势发展，压制可能影响自由国际秩序稳定的潜在威胁。

  老布什政府在处理德国统一、第一次海湾战争和苏联解体等重大事件时就是根据上述战略指导思想行事的。东欧和西欧的分裂是冷战秩序的一个显著特征。1989 年开始，东欧社会主义国家的垮台显示东欧有可能最终并入西欧。在东欧剧变的浪潮中，美国面临的一个重大挑战是，如何解决德国可能统一的问题。德国统一问题不仅涉及东西方的力量均势，也涉及欧洲内部的力量平衡问题。美国在处理德国统一问题时，需要分别克服德国的中立主义思潮，欧洲内部对德国统一的疑虑，以及苏联的反对。从理论上讲，统一后的德国可以是北约成员，也可以是北约的伙伴国，或成为一个中立国。但从美国利益出发，统一后的德国只有留在北约内才是可接受的。老布什政府认为，冷战时围绕德国的争夺是

---

① Hal Brands, "Making the Unipolar Moment", Cornell University Press, 2016, p. 282.

美苏全球争霸的一个重大焦点。苏联在民主德国的军事部署是苏联在欧洲安全体系的重要一环。如果联邦德国能将民主德国吞并，这将从苏联的安全体系中撕开一个大口子，并使东西方在欧洲的力量对比大大有利于西方。为此，老布什政府在德国的统一过程中向当时的德国总理科尔表示，美国将完全支持德国人民的国家统一愿望，并不允许苏联在德国统一问题上拥有否决权。美国对德国总理科尔的支持有助于加强德国内部倾向统一后仍留在北约这一派的力量。当时德国外长根舍表示，为了实现德国统一，德国有可能离开北约，或用冷战后的欧洲泛欧安全结构——欧洲安全合作会议取代北约。美国警告德国，美国对德国统一的支持是有条件的，即德国必须留在北约。1989年2月美德首脑会议上，美国成功说服德国在统一后仍留在北约，并继续支持美国在欧洲的前沿军事部署。

在推动德国统一问题朝美国设定的方向前进上还需克服美国在欧洲一些盟国的顾虑。鉴于德国在欧洲近代史上的作用，法国和英国对德国统一的前景还是存在一定的忧虑。法国总统密特朗1990年曾表示，德国人无权改变欧洲的政治现实。英国首相撒切尔则直截了当地表示，英国不希望德国统一，因为这将损害整个国际局势的稳定并威胁到英国的安全。为了打消美国盟国对德国统一的顾虑，美国政府和联邦德国政府共同做工作，以协调西方在德国统一问题上的立场。美国政府向英国表示，美国将继续在欧洲维持前沿部署，并坚持统一后的德国将留在北约内。针对法国的担忧，美国和德国从1990年开始相互配合做工作。德国总理科尔向法国表示，统一后的德国将支持欧洲的一体化。美国官员也向法国表示，只要法国支持北约作为欧洲安全的基石，美国将支持法国所重视的项目，欧洲的一体化和欧洲安全合作会议的发展。虽然美国的外交行为未能完全消除盟国的担忧，但在很大程度上减少了盟国的忧虑，使美国能够在同苏联打交道时得到盟国的支持。

美国在德国统一问题上面对的最大挑战是如何克服苏联的反对。苏联在德国统一问题上的立场是美国不能忽视的，不仅因为当时苏联在民主德国还有40万驻军，而且苏联还可以利用德国内部的中立思潮和西欧对德国统一的担心，呼吁就德国统一问题召开全欧大会。苏联也可以就德国统一提出自己的条件,如德国保持中立或东西方同时解散军事集团等。为了说服苏联同意德国统一,美国采取了说服、保证和收买等多重手段。美国试图说服苏联,一个留在北约内的德国比北约外的德国更符合苏联的安全利益。为了让苏联放心,美国向苏联保证,在德国统一问题上,美国将同苏联保持密切的磋商,并同意以"4+2"方式讨论德国统一问题,即美、苏、英、法讨论德国统一所带来的国际影响,联邦德国、民主德国两方讨论双方统一的内部安排。"4+2模式"是美国在德国统一问题上最重要的外交倡议,其主要目的是迫使其他三大国在德国统一问题上接受美国的立场。1990年2月和5月,美国国务卿贝克访问苏联。他告诉戈尔巴乔夫,一个中立的德国可能需要建立强大的武力保卫自己,甚至有可能发展核武器,而一个留在北约的德国将受到美国的制约。同时,贝克向苏联保证,统一后的德国不仅将留在北约,而且北约也不会在统一后的德国的东部部署非德国的北约军队。德国统一后,东西方可以进一步削减军备,德国将保证不拥有大规模杀伤性武器,并将向苏联提供大量经济援助。[①]从1990年春季开始,美国向苏联反复保证,德国统一后,北约不会东扩,冷战后的欧洲秩序将是美俄均可接受的,欧洲的安全结构将包括苏联。这就是后来为什么俄罗斯指责北约东扩违反了1990年双方就德国统一谈判时美国向苏联做出的保证。美国则辩称其只是口头说说而已,并没有正式文件证明美国保证北约不东扩。[②]

为了进一步软化苏联立场,美国和德国分别采取重大措施。德国采取通过经济援助"收买"苏联的措施。在1990年2月戈尔巴乔夫原则上同意德国统一后,科尔决定向苏联提供50亿马克的货款,不久德国又答应向苏联驻民主德国部队提供12亿马克货款。同年7月科尔又向苏联提供120亿马克贷款。对于急需资金为其改革输血的戈尔巴乔夫来说,德国资本的输入为苏联提供了采取同西方合作政策所获好处的证明。美国则通过北约机构改革试图减少苏联的担心。在1990年7月举行的北约峰会

[①] Hal Brands, "Making the Unipolar Moment", Cornell University Press, 2016, pp. 294-295.

[②] Joshua R. Itzkowitz Shifrinson, "Deal or No Deal? The End of the Cold War and the U.S. Offer to Limit NATO Expansion", International Security, Vol. 40, No. 4 (Spring 2016), pp. 7-44.

上,美总统老布什克服了西方一些盟友的反对,强行通过了北约机构改革计划,包括同华沙组织成员国签署互不侵犯条约,北约保证将减少军队部署,以及将核武器看作是最后使用的手段等。德国的资金和美国的外交行动,再加上苏联本身面临的困难,促使苏联最终同意德国的统一和继续留在北约内。德国的统一是冷战结束的一个重要标志,表明东西方力量对比发生了对西方有利的重大变化。民主德国加入联邦德国使苏联在欧洲的安全联盟体系受到重大打击,并导致华沙条约组织的解体。当美苏在欧洲的均势被打破的时候,美国利用经济、外交和军事手段积极推动欧洲的局势朝美国单极方向发展。

就在美国利用欧洲乱局积极构建对美有利的新的国际秩序的时候,1990年8月2日伊拉克入侵科威特,使美国意识到,冷战后仍存在重大地缘政治风险。伊拉克吞并科威特后,伊拉克控制了世界上22%的已知石油储备。如果伊拉克进一步控制沙特阿拉伯,他将控制世界上已知石油储备的50%。如果伊拉克在中东的扩张成功,不仅将控制世界上重要的石油资源的定价权,还将在中东建立霸权。自二战以来,美国全球战略的一个重要目标,就是防止对其至关重要的欧洲、亚洲和中东出现地区霸权。因此,伊拉克萨达姆寻求中东地区霸权的行为是美国不能容忍的。沃尔福威茨1990年7月曾写道,"允许任何国家,包括伊拉克,控制海湾地区石油供应将有损美国国家利益。任何单一国家控制海湾将使它能够控制石油的生产和价格,在西方对海湾石油依赖日益增加时,将使美国和其盟友的经济处于非常脆弱的地位。"除了地缘战略、能源因素外,冷战后的国际秩序也是布什政府考虑的一个重要因素。布什总统在谈到伊拉克危机时曾指出,海湾危机关系到未来的世界秩序。[①]

冷战后国际格局的变化也使美国在处理第一次海湾危机时处于十分有利的地位。首先,苏联对欧洲的威胁减少使得美国能够将过去驻守欧洲的一部分美军调到中东地区。其次,苏联解体前夕,美国在联合国安理会的传统障碍也消失了。在冷战期间,美苏常常在重大问题上立场相左,而使得联合国安理会陷入僵局。而冷战的消失使得美国可以利用联

---

① Hal Brands, "Making the Unipolar Moment", Cornell University Press, 2016, pp. 301 – 302.

合国通过一系列决议，打着"集体安全"旗号在海湾寻求美国的利益。联合国安理会授权美国和其他成员国使用一切必要手段解放科威特。美国领导的联军从开战后的 100 个小时内便将伊拉克军队逐出科威特。

冷战后的第一次海湾战争凸显了美国的军事实力和国际影响力，巩固了美国对海湾地区的控制，并使美国摆脱了美军在越南失败后所患上的"越南综合征"。布什政府在第一次海湾战争后多次表示，美国希望在其主导下，通过联合国和其他多边机构采取集体安全的形式来对付共同的威胁，并在此基础上建立冷战后的世界新秩序。同时，第一次海湾战争也使美国意识到，冷战后随着苏联威胁的减少，专制国家寻求地区霸权可能成为冷战后自由国际秩序的主要威胁。

苏联的解体意味着两极格局的结束。东西方力量对比朝着对美有利的方向变化，使美国有能力推动新的国际秩序朝符合美国利益的方向发展。同时，国际格局的变化也使美国国内兴起了对于冷战后美国安全战略的辩论。保罗·肯尼迪早在冷战结束前出版的《大国的兴衰：1500—2000 年的经济变迁与军事冲突》一书中警告美国要避免犯"帝国过度扩张"的错误。保守派专栏作家查理·克劳萨默则主张维持美国的单极秩序。新现实主义的代表人物华尔兹认为，苏联的解体打破了世界的均势，世界进入了不稳定状态。美国的单极只是一个简短的过渡现象。世界上将很快出现与美抗衡的力量或力量联盟。因此，冷战后的世界格局并不会是单极，而是多极。① 进攻现实主义的代表人物米尔斯海默也认为世界将进入多极时代。随着苏联解体，美国由于没有全球性对手，最终很可能会从欧洲和亚洲撤出。欧洲和亚太将出现地区性的多极格局。德国将再次主导欧洲，并引起邻国的疑虑和抗衡。冷战后的多极格局将比冷战时的两极格局更不稳定，这主要是因为：首先，两极只有一条分裂带，多极则有多条分裂带；其次，两极倾向于在固定的联盟之间形成大致的力量均势，多极则由于联盟的脆弱性和多变性，使得多极格局中力量均势的不稳定。最后，同两极相比，多极体系由于其复杂性和不可预测性，

---

① [美]肯尼思·沃尔兹：《冷战后的结构现实主义》，载约翰·伊肯伯里主编，韩召颖译：《美国无敌：均势的未来》，北京大学出版社 2005 年版，第 29—67 页。

大大增加了误判和意外冲突的可能性。①

保守派学者弗朗西斯·福山则认为，冷战结束后，世界将分裂成民主地带和非民主地带两大部分。福山认为，苏联的衰亡和民主的胜利正在使历史走向终结。他还援引了19世纪德国哲学家黑格尔的著作。黑格尔认为，美国革命和法国革命开启了历史终结的进程。由于这两场革命建立的新的政治体系，历史已经走到尽头，因为驱动历史进步的渴望——为承认而斗争，现在已经在以普遍承认和相互承认为特征的社会中得到满足。其他人类社会制度的安排都不能更好地满足这种渴望，因此进一步的历史变革是不可能的。在福山看来，自由民主代表了政治的终结状态，因为自由民主赋予个人从古至今一直追求的自尊。一人一票、法律面前人人平等、受法律保护的自由，这些特征使民主自由成为人类意识形态进化的"终点"和人类政府的"最终形式"。福山在预测冷战后的世界体系时，接受了另一位德国哲学家康德的民主和平论。康德认为，代议制政府和对战争的普遍反对为在世界各国间建立持久和平提供了美好的前景。福山将世界分成所谓民主世界和非民主世界两大部分。他认为，在所谓的民主世界，由于自由民主国家相互承认彼此的合法性，彼此间不再参与战略竞争，国家间互动的主轴是经济，因此在民主国家区域，对抗和竞争的传统地缘政治将一去不复返。在所谓非民主世界，他们仍停留在过去对威望和地位的追求上，传统的地缘政治仍占统治地位。非民主国家间不仅容易发生冲突，非民主国家和民主国家间也容易产生冲突。因此，美国维持冷战后国际秩序的最佳战略就是在全球推广"民主"，以消除所谓民主和非民主国家间的分裂带，完成历史的终结。扩展全球市场经济，通过经济自由化推动政治民主化是完成历史终结的最佳途径。②

除了学术界的辩论外，美国政界也出现了要求削减军费，分享和平红利的呼声。民主党总统候选人比尔·克林顿主张五年内将美国军费削

---

① John Mearsheimer, "Why We Will Soon Miss the Cold War", Atlantic Monthly, Vol. 266, No. 2 (August 1990), pp. 35–50.

② Francis Fukuyama, "The End of History and the Last Man", Free Press, 1992.

减30%。加州前州长布朗则主张今后5年将军费减少50%。面对民主党的挑战，布什政府认为有必要向美国民众说明冷战后的美国安全战略，以争取民众的支持。美国国防部长切尼和国防部副部长沃尔福威茨负责起草冷战后美国的第一份国家安全战略报告。布什政府认为，苏联的解体使美国领导的西方处于十分有利的地位。冷战后美国国家安全战略的首要任务，就是维持目前对美国十分有利的现状。在沃尔福威茨负责起草的《国防政策指南》中，美国的首要目的就是防止再次出现类似苏联那样的重大安全威胁。为此，美国应竭力防止任何敌对势力控制世界上的某个地区，该地区的资源足以支撑其成为一个全球性大国。这实际上是重申了美国二战后的地缘战略目标，即防止任何对手控制欧洲、东亚和波斯湾。但与二战不同的是，冷战后美国的目标还包括防止对手重新控制苏联地区，这意味着美国竭力希望维持冷战后美国单极的世界格局，防止冷战后的世界出现两极或多极。

同时，为了防止冷战后西方阵营的分裂，美国必须说服其盟国继续支持美国的领导地位。因此，美国《国防政策指南》指出，美国必须充分考虑发达工业国家的利益，以防止它们挑战美国的领导地位或推翻美国主导的政治和经济秩序。[①] 这意味着美国必须继续向盟国提供安全保护，维持一个开放的国际经济体系，并继续支持一个基于规则的自由国际秩序。

如果国家安全委员会第68号文件深刻地影响了冷战时期美国的安全战略，那么1992年2月的《国防政策指南》则是冷战后美国安全战略史上一份重要文件。它首次明确了冷战后美国安全战略的目标，就是尽可能长时间地维持美国单极霸权。为此，美国必须维持超强的军事力量，在欧洲、亚洲和中东地区维持对美有利的力量对比，防止潜在对手挑战其霸权地位，遏制和打击影响美国单极霸权秩序的不稳定力量。美国必须努力防止大规模杀伤性武器的扩散，控制地区冲突，打击恐怖主义，在苏联地区和发展中国家推广市场经济和民主政治。它确立了冷战后美

[①] Hal Brands, "Choosing Primacy: U. S. Strategy and Global Order at the Dawn of the Post – Cold War Era", Texas National Security Review, Volume 1, Issue 2 (March 2018), p. 24.

国安全战略的基础,对冷战后的美国安全战略产生了深远的影响。

同时,冷战后美国同苏联打交道的历史表明,美国外交尊重的是实力。当苏联在民主德国还拥有强大驻军时,美国为了克服苏联可能反对德国的统一,对苏联采取了说服、保证和收买等多重手段。而一旦苏联因国内外的重重困难而从民主德国撤军,以及德国统一后,美国便以没有文字保证为借口,违反了曾向苏联做出的北约不东扩的承诺。

第二节　美国的接触与扩展战略

冷战的结束对国际体系的冲击是巨大的。美国虽然赢得了冷战的胜利,但过去几十年的冷战竞争也使得美国在冷战的后期显得精疲力竭。克林顿能够击败第一次海湾战争的英雄老布什而当上总统,很大程度上是因为美国人对经济状况的担忧。克林顿在冷战胜利的欢欣鼓舞和对经济前景的担忧中入主白宫,对于未来美国的战略航程,并没有清晰的地图。因此,在克林顿入主白宫的早期,当时美国国内影响较大的两股思潮,民主和平论和地缘经济学在很大程度上影响了克林顿政府的战略航向。

前面提到福山的"历史终结论"是民主和平论的代表性观点。1992年是美国大选年,这一年美国出版了几本比较有影响力的地缘经济学著作,如莱斯特·瑟罗的《二十一世纪的角逐:行将到来的日欧美经济战》、罗拉·迪森的《鹿死谁手?——高技术产业中的贸易冲突》和杰弗里·加藤的《冷和:美国、日本、德国的霸权之争》,反映出当时美国对地缘经济学的关注。美国地缘经济学的主要观点是:第一,随着冷战的结束,军事因素在国际政治中的影响力下降,经济因素在国际政治中的影响力上升。一国的国际经济竞争力,特别是在高科技领域的竞争力对该国的国家安全至关重要。为了增强国际经济竞争力,世界各国都注重采取各种措施,包括官、产、学、研联合科研,促进出口,对于高科技产业采取扶持政策和减少军费开支等。① 第二，世界各国政府开始日益关注相对获益的问题。虽然经济交往使大家都获益，但总会有一些国家从中获益相对较多。因此，各国政府都试图采取一些经济政策，限制其他国家的收益，而努力使自己国家的收益最大化。第三，一些经济大国为了增强自身的国际竞争力，正在积极组建国际贸易集团。瑟罗认为，冷战后世界有可能形成以美国为中心的美洲经济集团、以德国为中心的欧洲经济集团和以日本为中心的亚洲经济集团。这种经济地区主义将逐步削弱全球性自由贸易体系。②

因此，在克林顿总统第一任期内，美国全球大战略主要受到地缘经济学和民主和平论的影响，强调加强美国的经济竞争力和在全球推广所谓民主、自由的价值观。当时，美国民主党的支持者认为，随着苏联的解体，美国不再面临全球性的军事威胁。相反，美国的经济面对来自日本和德国日益强劲的竞争。因此，美国应该享受"和平红利"，削减军费，加大关注经济竞争力和社会福利，以及在全球推广对其有利的价值观。不过，美国的经济利益、安全利益和意识形态利益并不总是一致的，而克林顿又试图迎合党内有影响力的各种利益集团，因此在第一任期内，美国政府缺乏一个前后一致、连贯的全球战略。

克林顿凭借"蠢货，应关注经济"的竞选口号打败了老布什，成为冷战后第一任美国总统。为了履行竞选承诺，克林顿打算将主要注意力集中在国内事务。但国外形势的急剧变化，以及克林顿政府内部各部门间缺乏协调，都使克林顿感到有必要提出一个整体的对外战略，一方面争取美国民众对政府外交政策的支持，另一方面也有利于政府内部的协调。克林顿政府内部计划由总统在1993年9月联合国大会的讲话中宣布美国新的外交战略。但问题是冷战结束后，没有了苏联的威胁，美国外交战略缺乏一个焦点，用一个口号或短语来概括冷战后的美国外交战略十分困难。1993年9月20日，克林顿政府的国务卿克里斯托弗在纽约哥

---

① Laura D. Andrea Tyson, "Who's Bashing Whom? Trade Conflict in High-Technology Industries", Washington, D.C.: Institute for International Economics, 1992.

② Lester Thurow, "Head to Head: The Coming Economic Battle Among Japan, Europe, and America", New York: Morrow, 1992.

伦比亚大学发表演讲，强调美国外交的接触战略。美国国务卿在演讲中回顾了历史上接触与孤立主义的辩论，认为美国最终总是选择接触。美国的接触战略对于加强美国的安全，增强经济繁荣和促进全球民主都十分重要。[①]

在克里斯托弗哥伦比亚大学演讲的一天后，美国国家安全事务助理莱克在华盛顿的约翰斯·霍普金斯大学外交学院发表了"从遏制到扩展"的政策演讲，全面阐述了克林顿政府的外交战略。莱克指出，冷战的结束为美国提供了一个重新审视对外战略的机会。他批评了当时盛行的"冷战的结束意味着历史的终结或文明冲突的开始"的观点，认为冷战的结束为民主国家和企业家提供了巨大的机会。因此，取代冷战时期遏制战略的应该是扩展战略，在世界范围内推广民主和市场经济，并同联合国一起实施既能促进民主和市场经济，又能促进美国传统地缘战略利益的外交政策。[②]

美国国务卿和国家安全事务助理的讲话反映出国务院和国家安全委员会两大部门之间的分歧。国务卿克里斯托弗的讲话强调反对孤立主义，对外接触的重要性；国家安全事务助理莱克的讲话则强调推广民主的重要性。美政府部门间的分歧损害了美对外战略的一致性和可信性。1993年9月27日，克林顿总统在联合国发表演讲，试图进一步阐明冷战后美国的外交政策。克林顿在演讲中指出，国内和国际、经济和安全的区别已经过时了，它们实际上是密不可分的。例如，一个繁荣和民主的俄罗斯不仅使世界更加安全，也能帮助世界经济的增长。一个经济日益增长的中国，伴随着政治上更加开放，不仅对亚洲有利，也对全世界有利。因此，冷战后美国最重要的目的，就是扩大和加强基于市场的民主社会。在冷战期间，西方寻求遏制对自由制度生存的威胁。现在西方应寻求扩大生活在自由制度下国际社会的范围。克林顿政府国务卿在哥伦比亚大学的演讲、国家安全事务助理在约翰斯·霍普金斯大学的讲话，以及克

[①] Warren Christopher, "Building Peace in the Middle East", US Department of State Dispatch 4, No. 39, Sept. 27, 1993, p. 654.

[②] Anthony Lake, "From Containment to Enlargement", US Department of State Dispatch 4, No. 39, Sept. 27, 1993, p. 658.

林顿总统本人在联合国的演讲，从不同侧面反映了克林顿政府的外交政策主张和内部分歧。而克林顿政府准备《国家安全战略报告》的过程为美政府弥合内部分歧，提出一个全面的外交战略提供了机会。根据1986年颁布的《戈德华特—尼科尔斯国防部重组法案》，行政部门每年必须向国会提交一份《国家安全战略报告》。美国国会希望美行政部门在准备这份报告过程中，能够从中长期的角度规划美国的对外战略，向国会说明美国在全球的利益、美国外交政策的目标、美国在全球所承诺的安全义务、美国目前的能力是否足以遏制对美国安全的威胁和承担全球性义务。美国会希望这样一份报告将有助于国会每年对相关预算的讨论和资源分配。

克林顿政府经过内部多次讨论和修改，于1994年7月公布了《国家安全战略报告》。克林顿总统在公布这份报告时强调，虽然冷战已经结束，但美国的领导仍不可或缺。冷战后美国的国家安全战略有三大支柱：维持足够强大的国防能力确保美国的承诺毋容置疑，维持美国内外经济实力，在全球扩大民主国家和市场经济的阵营。克林顿政府1994年发表的《国家安全战略报告》，"接触和扩展战略"成为其两任外交战略的基础。

克林顿政府冷战后接触和扩展战略的第一根支柱，就是在苏联解体后，利用美国实力优势重塑国际安全秩序。美国政府努力重塑冷战后国际安全秩序包括北约东扩、军控和核不扩散、人道主义干预和反恐等重要内容。冷战虽然结束，但美国安全战略的重点仍在欧洲。冷战后北约东扩是克林顿政府重塑冷战后国际安全秩序的一个重大举措。北约的主要功能是应付苏联的威胁。随着苏联的解体，美国国内有人开始质疑北约是否还有继续存在的必要。但克林顿政府的威廉·佩里和阿斯通·卡特等人倡议合作安全，认为北约东扩将有助于巩固冷战结束后的成果，为新独立的国家提供民主基础，从而减少冲突的可能性。1993年10月21日，美国国防部长阿斯平在北约防长会议上非正式地提出北约东扩问题。1994年1月10日，克林顿总统在布鲁塞尔举行的北约峰会上正式提出了北约东扩的问题："我今天来到这里宣布和表明，欧洲仍为美国的核心利益,我们将同伙伴们一道抓住展现在我们面前的机会。"① 克林顿政府推动北约东扩主要有两个动机,一个是巩固东欧和中欧的民主和市场经济,防止苏联在上述地区卷土重来;另一个是利用北约作为美外交政策的一个主要工具。虽然克林顿政府注重联合国的作用,但美国在安理会五个拥有表决权的常任理事国中只拥有一票否决权,使美国觉得自己在联合国的地位下降,而美国却对北约拥有控制权。美国国家安全事务助理莱克在解释美国在多边机构中更重视北约的原因时指出:"安理会的问题是否决权的威胁使得以经典的多边方式干事情变得困难。因此,不是我们要越过联合国而选择北约,如果我们能够通过联合国有效地干事,那是再好不过。但如果联合国陷入僵局,我们必须寻找能够干事的其他方式。"②

克林顿政府在北约东扩上面临一个难题,即如何在扩大北约的同时又不恶化同俄罗斯的关系。美国一方面强调任何国家都无权否决北约东扩,另一方面又不希望北约东扩使俄罗斯感到威胁。因为美国希望最终将俄罗斯也纳入西方阵营,因此想出和平伙伴计划,使前华沙条约成员国可以同北约开展军事合作。到1994年夏天,21个国家,包括俄罗斯都参加了北约的和平伙伴计划。为了鼓励东欧的改革,北约为加入该组织的新成员制定了五条标准:政治上实施民主制度,尊重人权,经济上实施市场经济,文官控制武装部队,同邻国保持良好关系。1996年克林顿政府公布的《国家安全战略》就北约东扩问题指出,1994年克林顿总统就明确指出,北约吸收新成员不是问题,问题是何时和如何吸收的问题。1995年,北约开始了东扩的第一阶段工作,研究东扩的程序和原则。同年9月研究过程结束,并将研究结果提交给和平伙伴关系的成员国。1995年12月,北约外长会议在布鲁塞尔举行。北约宣布将开始东扩的第二阶段,所有和平伙伴关系成员将应邀就加入北约问题同北约进行谈判,北约将自行决定何时开始吸收新成员。1996年10月,克林顿总结宣布北约将于1999年接受第一批新成员,波兰、匈牙利和捷克因他们地缘战略上

---

① James D. Boys,"Clinton's Grand Strategy",Bloomsbury Publishing Plc,2015,p.142.
② James D. Boys,"Clinton's Grand Strategy",Bloomsbury Publishing Plc,2015,p.143.

的重要性而被选为第一批吸收进北约的候选国。

美国利用北约作为外交政策工具的一个显著例子体现在解决波斯尼亚冲突问题上。克林顿政府开始希望利用联合国来解决该地区冲突，但由于俄罗斯反对，联合国拒绝授权美国在该地区的行动。美国决心利用北约在波斯尼亚采取行动。克林顿政府在经过一段犹豫后，告诉北约盟友和巴尔干冲突各方，如果不能通过谈判和平解决争端，美国将采取军事行动。1995年8月萨拉热窝的市场爆炸为美国的军事干预提供了借口。美国和北约的飞机开始轰炸塞尔维亚人在萨拉热窝附近的阵地。北约的空袭最终导致冲突各方接受了"代顿和平协议"。美国对波斯尼亚和科索沃的干预都是打着"人道主义干预"旗号进行的。冷战后，克林顿政府许多的对外军事干预行动都以人道主义干预之名进行。1992年克林顿政府派兵进入索马里，1994年克林顿政府出兵进军海地，1995年美国领导北约轰炸波斯尼亚，1999年美国再次率领北约对科索沃进行干预。

美国进行"人道主义干预"的理论依据主要是自由派提出的负责任主权的理论。根据该理论，主权国家不仅享有独立、主权平等等权利，也负有保护的责任。当国家没有意愿或没有能力保护其公民免受大规模杀戮和暴行的时候，国家保护的责任就转移到国际社会。该理论的主张者认为，除了联合国安理会可以授权进行人道主义干预外，像欧盟、北约、美洲国家组织、西非经济共同体等地区组织同样可以授权这样的军事行动。[①]

克林顿政府重塑冷战后国际安全秩序的另一项重要内容是军控和防大规模杀伤性武器扩散。防止大规模杀伤性武器扩散是维持美国超级大国地位的一个重要手段。美国控制了欧洲、东亚和中东。为了维持美国的霸权体系，而又尽可能减少需付出的代价，防止大规模杀伤性武器的扩散就显得十分必要。美国防止大规模杀伤性武器扩散的政策主要基于以下三个假定：第一，拥有大规模杀伤性武器的国家越多，这类武器落

[①] [美]布鲁斯·琼斯、卡洛斯·帕斯夸尔、斯蒂芬·约翰·斯特德曼著，秦亚青、朱立群、王燕、魏玲译：《权力与责任：构建跨国威胁时代的国际秩序》，世界知识出版社2009年版，第64页。

入恐怖组织和"流氓国家"的可能性就越大。第二，尽管核威慑目前仍有效地阻吓着其他国家使用大规模杀伤性武器，但万一威慑失败，后果将不堪设想。第三，同第二假定密切相关的是，一些国家相信，如果拥有大规模杀伤性武器后，可以损害美国或其盟友的利益而不受惩罚，那么他们就会使用大规模杀伤性武器作为盾牌从事损害美国利益的行为。

冷战后美国防扩散的重点主要有两个：一个是俄罗斯和苏联地区，另一个是被美国称为"流氓国家"的一些地区性强国。美国军控谈判的重点仍是俄罗斯，只不过由于苏联的解体，美国还需要同乌克兰、白俄罗斯和哈萨克斯坦打交道。当时美国对前苏联地区核武器和核材料的扩散非常担心，为了防止前苏联地区核材料的扩散，美国行政当局推动国会通过了《纳恩-卢格合作减少威胁计划》，1994年，美国国防部和能源署通过《纳恩-卢格合作减少威胁计划》，拆除了所有哈萨克斯坦的核弹头和白俄罗斯的大部分核弹头。乌克兰同意将核弹头运到俄罗斯拆除。美俄还同意从核武器拆除下来的浓缩铀运到美国作为核反应堆的燃料。在克林顿政府两任内美国监督俄罗斯从核武器共拆除了34吨的钚。克林顿政府还将无限期延长《不扩散核武器条约》作为一个重要目标。1995年5月克林顿政府成功地实现了这一目标，并将该条约作为防止核扩散的一个重要手段。在美俄军控谈判方面，自从1994年12月《第一阶段削减战略武器条约》生效后，克林顿政府很快着手敦促国会批准《第二阶段削减战略武器条约》。1996年1月26日，美国参院批准了《第二阶段削减战略武器条约》。根据新的条约，美俄双方部署的核弹头不能超过3500枚。在1997年赫尔辛基美俄首脑峰会上，双方同意将开始《第三阶段削减战略武器条约》的谈判。美国军控的另一个重要目标是推动通过《全面禁止核试验条约》。1994年1月，有关《全面禁止核试验条约》的谈判在日内瓦的裁军大会进行，1996年8月谈判结束。1996年9月10日，联合国大会通过了《全面禁止核试验条约》，但美国参院在1999年10月13日没有批准美国加入该条约。

美国防止大规模杀伤性武器扩散的另一个重点是所谓的"流氓国家"。20世纪90年代，克林顿政府防止大规模杀伤性武器扩散政策面临的一个挑战是，朝鲜于1993年3月宣布打算退出《不扩散核武器条约》。

根据《不扩散核武器条约》规定，任何签字国在宣布退出的 3 个月后便可以退出。当时，冷战的结束使朝鲜的外部环境开始恶化。首先是俄罗斯停止了对朝鲜的援助，朝鲜失去了第二大燃油来源。其次是作为第一大燃油提供国的中国，也因为国内经济改革而要求朝鲜用外汇支付大部分油价。因此，朝鲜打算发展核能以解决能源短缺问题并增强自卫能力。克林顿政府则决心阻止朝鲜将核燃料加工成能生产核武器的钚。克林顿政府的国防部部长佩里试图通过威慑行为阻止朝鲜的行动。他命令国防部更新防止朝鲜进攻的 5027 作战计划（OPLAN 5027），并要求国防部制定摧毁宁边核反应堆的应急计划。为了防止朝鲜发动先发制人的攻击，美国向韩国增派了反导武器，并向驻韩美军分发了防化装备。但美国采取外科手术式打击朝鲜核设施的障碍在于，韩国首都首尔离军事分界线太近，在朝鲜的远程火炮射程之内。美国任何外科手术式的打击都有可能遭受朝鲜大规模的报复。

克林顿政府采取的战争边缘政策引起了美国前总统卡特的担心。1994 年 6 月，卡特决定访问朝鲜，设法化解朝核危机。在卡特的斡旋下，金日成同意冻结其核计划，并同意谈判在何种条件下放弃核武器计划而按西方允许的方式发展核能。为落实卡特和金日成达成的协议，美国和朝鲜于 1994 年 7 月 8 日开始谈判。但那天金日成逝世，谈判随之暂停。1994 年 8 月 5 日，美国同朝鲜在日内瓦重开谈判，并于 10 月 21 日达成《关于解决朝鲜核问题的框架协议》。根据该协议，朝鲜同意将用过的燃料棒运出朝鲜，继续遵守《不扩散核武器条约》，并允许国际原子能机构人员的核查。美国则同意将在 2003 年前为朝鲜建设两个各 100 万千瓦的轻水反应堆，以取代现有的石墨减速反应堆。美国还将提供燃油以补偿朝鲜由于关闭现有反应堆所造成的损失。此外，美国还承诺不对朝鲜使用或威胁使用核武器，并与其重开贸易和建立外交关系谈判。

美国答应提供的两座轻水反应堆造价约 45 亿美元。到 1995 年 3 月，韩国同意支付其造价的 70%，日本支付 20%，其余由欧洲承担。美、日、韩成立了朝鲜能源发展组织，负责建造轻水反应堆。1995 年，韩国总统金泳三访问美国，告诉克林顿朝鲜政权很可能不久就将垮台。因此，美国有意放慢了同日本和韩国共同建设轻水反应堆的速度，以期待朝鲜政权的垮台。日本也以朝鲜的一些行为不符合日本的利益为由而拖延付款。由于美国未能履行框架协议中的一些承诺，朝鲜继续发展有潜在洲际能力的中程导弹。1998年8月31日，美国宣布朝鲜试射了一枚两级火箭，并飞越日本上空。朝鲜则宣称自己发射的是一颗人造卫星，并指出朝鲜从未对美国和日本发射人造卫星说三道四，尽管朝鲜知道美国和日本发射的一些卫星是针对朝鲜的间谍卫星。日本也以朝鲜发射人造卫星为借口，声称要发射自己的间谍卫星，并威胁退出框架协议。美国则利用这个机会拉拢日本加入美国的导弹防御计划。

1998年，印度和巴基斯坦核试验给克林顿政府的核不扩散政策带来另一次大的冲击。不过，美国自己的政策也破坏了国际防扩散机制的有效性。首先，美国对其盟友，如以色列和印度在核扩散方面采取的"例外"政策已经破坏了核不扩散机制的权威性。克林顿政府还根据美国的法律对印度和巴基斯坦实施了制裁，但不久美国副国务卿塔尔伯特就同印度外长辛格会晤，探讨改善两国关系和解除对印制裁的途径。其次，西方对已经放弃大规模杀伤性武器的利比亚卡扎菲政权采取的"政权更迭"政策使一些国家相信，唯有获得大规模杀伤性武器才能避免类似卡扎菲的下场。

克林顿政府冷战后安全战略的一个重大调整就是将美国从主要应对大国的冲突转向应对非国家行为体和一些美国认为是"流氓国家"的威胁。克林顿政府认定朝鲜、伊朗和伊拉克对美国的安全利益构成了威胁，因此需要加以遏制。由于美国在全球重要地区的安全承诺，克林顿政府意识到，当美国军队在一个地区投入重兵时，另一个地区的潜在侵略者可能会利用这一机会采取侵略行动。因此，美国必须维持同时打两场战争的能力。虽然传统对手对美国安全威胁在减少，但非传统安全威胁，特别是恐怖主义对美国的安全威胁显然是增加了。1994年5月，克林顿签署总统24号指令，要求联邦反恐部门在反恐方面加强合作和协调。克林顿在1995年联合国大会讲话时提到了恐怖主义问题。同年，克林顿访问埃及时召开了和平缔造者国际首脑会议，强调了反恐问题。在1995年七国首脑会议上，七国领导人同意在反恐问题上加强合作。克林顿政府认为伊朗是一个支持恐怖主义的国家，对中东和平构成主要威胁。1996

年 8 月 5 日，克林顿总统签署《伊朗—利比亚制裁法案》，禁止这两个国家获得资助恐怖主义活动的资金和获得大规模杀伤性武器的资源。克林顿政府决心通过在国际上加强同盟国的合作，在国内加强反恐力量，以及加强国内机场和交通工具的安全等手段，进一步打击国际恐怖主义。

克林顿政府冷战后接触和扩展战略的第二根支柱就是重塑国际经济秩序。克林顿政府重塑国际经济秩序的努力主要包括三方面内容：积极推动有关地区性自由贸易协议的谈判；通过国际货币基金组织、世界银行和世界贸易组织等多边机构推动经济全球化；同美国重要的经济伙伴达成双边贸易协定。

克林顿政府重塑国际经济秩序的第一项内容是积极推动有关地区性自由贸易协议的谈判。克林顿政府上台不久就将注意力放在北美自由贸易协定谈判上。尽管美国工会和一些民主党议员反对，克林顿政府还是认为尽快结束北美自由贸易协定谈判有助于增强美国经济在全球的竞争力，通过扩大出口创造就业。1993 年 12 月克林顿政府在共和党议员的支持下通过了《北美自由贸易协定》。该协议创造了当时世界上最大的自由贸易区，成员国之间的贸易增加了 85%，到 1996 年《北美自由贸易协定》为美新增 30 万个就业机会。克林顿政府认为《北美自由贸易协定》是其最大外交成就之一。为了将自由贸易推广至大整个西半球，1994 年 12 月，克林顿政府在迈阿密举行了美洲国家首脑会议，美洲 34 个家保证在 2005 年前完成该协议的谈判。

由于该协议的成功，1995 年欧洲领导人开始讨论欧美自由贸易协定的可能性。1994 年 10 月克林顿在会见英国首相梅杰时，提出跨大西洋自由贸易区的问题。在 1995 年 12 月举行的欧盟—美国首脑会议上，克林顿提出"新跨大西洋议程"，在削减贸易和投资障碍方面超过了关税及贸易总协定乌拉圭回合已经同意的标准。美欧的商品和劳务贸易超过全球的一半，因此，缔结高标准的自由贸易协定对于双方的经济发展都有利。为了推动跨大西洋关系的发展，美欧建立了一系列对话机制，如跨大西洋商业对话机制、跨大西洋消费者对话机制、跨大西洋环境对话机制和跨大西洋劳工对话机制等。1998 年 5 月 18 日，克林顿政府启动了《新跨大西洋议程》的谈判，旨在加强美欧经济和政治关系，消除双边经济关系上的摩擦。谈判重点在美国企业抱怨的问题，如制造标准、劳务市场开放，以及农产品和药品安全方面的规定等。

对于克林顿政府的接触和扩展战略而言，中东欧地区在冷战后是扩大民主和市场经济的重要地区。克林顿政府认为，为了促进该地区的民主和市场经济，应该确保将苏联地区新兴独立国家整合到国际经济体系中，并建立一个有利于企业发展的健康环境。为了推动苏联地区的经济改革，美国同世界贸易组织合作确保吉尔吉斯斯坦、拉脱维亚、爱沙尼亚加入世界贸易组织，并对格鲁吉亚、阿尔巴尼亚、亚美尼亚、克罗地亚、立陶宛、摩尔多瓦、俄罗斯和乌克兰加入世界贸易组织表现出积极态度。克林顿政府对于里海地区的能源产业也特别感兴趣。1999年11月18日，克林顿总统到土耳其参加了巴库—第比利斯—杰伊汉石油管道项目签字仪式。美国的能源企业不仅能从上述项目中获取经济利益，更重要的是有利于增强阿塞拜疆、格鲁吉亚、哈萨克斯坦和土库曼斯坦的独立性以及美国在这些地区的影响。

除了欧洲外，亚太地区对美国繁荣日益重要。1994年亚太地区经济总量占全球的25%，美国对该地区的出口超过3000亿美元，创造了260万个就业机会。1993年11月，克林顿政府组织召开了首届亚太经济合作组织首脑峰会，支持亚太建立地区开放的区域主义，为美国企业在该地区创造新的商业机会。在第二届亚太经济合作组织首脑峰会上，与会领导人原则上同意到21世纪初达成自由和开放的贸易和投资协定。

克林顿政府重塑国际经济秩序的第二项内容是通过多边机构推动经济全球化。克林顿政府高度重视关税及贸易总协定乌拉圭回合的谈判，积极推动关税及贸易总协定乌拉圭回合谈判在1993年12月成功结束，此次谈判的一个重要成果是成立世界贸易组织来取代关税及贸易总协定，新组织增加了争端解决机制。在整个乌拉圭回合谈判期间，美国政府积极推动谈判朝美国希望的方向发展，特别在涉及新成员加入问题上，美国坚持在市场开放和贸易规则方面实行高标准。美国认为，准入谈判提供了一个极好的机会，使新成员接受基于规则的贸易体系。当时中国正在申请加入世界贸易组织谈判。克林顿政府一方面认为中国加入世界贸易组织符合美国的利益，另一方面又坚持，只有中国实施必要的"改革"

后，美国才能同意根据商业的标准决定是否同意中国加入世界贸易组织。克林顿政府意识到，世界经济形势对美国经济发展有重大影响。因此，美国试图通过七国集团来改善全球宏观经济环境。克林顿政府在七国集团会议上保证美国将减少财政赤字，但要求德国降低利率以及日本减少贸易顺差。双重用途技术控制也是需要通过多边机制解决的问题。为了维持霸权，美国一直对双重用途的高科技产品实行严格控制的政策。但在经济全球化的形势下，美国公司抱怨美国的出口控制政策并未妨碍其他工业化国家高科技产品的出口，只是限制了美国高科技公司的国际竞争力。克林顿政府认识到，必须在帮助美国高科技企业在国际市场上增强竞争力和加强出口控制以保卫美国国家安全之间维持一个恰当的平衡。美国通过多边谈判达成《信息技术协定》，为美国信息技术产品的出口打开了国际市场。同时，美国通过核供应集团、导弹技术控制机制、控制生化武器的澳大利亚集团、控制常规武器交易的瓦森纳尔安排机制等防止大规模杀伤性武器的扩散，并确保美国高科技企业的国际竞争力。

克林顿政府重塑国际经济秩序的第三项内容是通过双边谈判打开对方的市场，推动对美有利的议程，并将有关国家纳入西方主导的市场秩序。在1992年总统大选期间，美国两党候选人都将美国经济困难归咎于日本，认为是日本的贸易保护主义导致美日贸易不平衡。克林顿上任后的首要目标之一，就是纠正美日贸易的不平衡，要求日本对美国有竞争性的产品和劳务开放市场。1993年7月，美国总统克林顿和日本首相宫泽喜一同意成立美日经济伙伴关系的框架机制，来解决美日贸易不平衡的问题。到克林顿第一任期结束，美日在框架协议下已经达成包括医疗技术和保险在内的20个市场准入协议。从1993年到1996年，美国对日本的出口从479亿美元增加到676亿美元。美对日贸易赤字也从594亿美元下降到476亿美元。

克林顿政府接触和扩展战略的第三根支柱是在全球推广所谓民主。克林顿的国家安全事务助理莱克在1993年9月阐述美国政府在全球推广"民主"的政策时指出，冷战后美国面临极好的机会利用美国的力量去扩大所谓民主,扩大市场和美国的未来。① 克林顿总统在1994年国情咨文中指出,我们确保美国安全和建立永久和平的最好战略就是在全球支持"民主"的发展。"民主"国家不相互开战,他们是更好的贸易伙伴和外交伙伴。② 克林顿政府将世界上的国家大体上分为四大类:第一类为工业化民主国家,这类国家包括美国、欧洲和日本;第二类为新兴民主和市场国家,这类国家包括拉美、东亚和苏联地区;第三类为像索马里这样的"失败国家";第四类为像伊朗、伊拉克、朝鲜和利比亚这样的"流氓国家",这类国家通过恐怖活动和发展大规模杀伤性武器对国际秩序构成挑战。克林顿政府扩大所谓民主的重点在第二类国家。对于第三、第四类国家,克林顿政府的主要策略是实施"人道主义干预"。为此,克林顿政府在国务院专门设置了负责民主和全球事务的副国务卿一职,在副国务卿下专设了负责民主、人权和劳工事务的助理国务卿一职,在国家安全委员会内也增加了一名专门负责在全球推广民主的官员。在克林顿任期内,美国国际开发署的职能也有很大转变,从冷战前关注全球经济和社会发展到冷战后专注推广全球"民主"。

克林顿政府在全球推广民主的另一个重点在俄罗斯和苏联地区。美国认为,促进俄罗斯的民主和市场经济改革不仅有利于美国的安全利益,也有利于美国的经济利益。从1993年4月克林顿同叶利钦首次见面以来,克林顿同俄罗斯总统就维持了密切的工作关系。克林顿政府一方面强调美国将支持俄罗斯的改革,并将俄接纳进国际大家庭,另一方面也强调美国对俄政治上和经济上的支持将在很大程度上取决于俄内部的改革和外交。美国促使俄改革的一个重要措施就是促进俄经济的私有化,到克林顿第一任期结束时,俄12万家国有企业已经完成私有化,与此同时,美国成为俄最大的海外投资者。美国力图按照美国的"民主蓝图",从以下七个方面改造俄罗斯:自由公正的选举、三权分立、独立和公正的司法体系、新闻自由、普及民主价值观、尊重人权、多元市民社会和非政

---

① Anthony Lake, "From Containment to Enlargement", US Department of State Dispatch 4, No. 39, Sept. 27, 1993.

② Robert S. Litwak, "Regime Change", Woodrow Wilson Center Press, 2007, p. 19.

府组织。按照美国的标准,俄罗斯现在"勉强"属于民主国家。

同时,为了防止俄重新控制苏联地区,支持乌克兰的独立成为克林顿政府推广民主的一项重要内容。美国同乌克兰成立了双边委员会鼓励乌克兰的改革。美国说服其他西方国家领导人向乌克兰提供约40亿美元的援助,帮助乌克兰进行经济改革,并帮助乌克兰加入欧洲、跨大西洋和全球性的经济机构。美国战略家布热津斯基在谈到乌克兰地缘战略上的重要性时指出:"乌克兰是欧亚棋盘上一个新的重要地带。他作为一个独立国家的存在有助于改变俄罗斯,因此他是一个地缘政治支轴国家。没有乌克兰,俄罗斯就不再是一个欧亚帝国。少了乌克兰的俄罗斯仍可争取帝国地位,但所建立的将基本是一个亚洲帝国。……但如果莫斯科重新控制了拥有5200万人口、重要资源及黑海出口的乌克兰,俄罗斯将自然而然重获建立一个跨欧亚强大帝国的资本。乌克兰丧失独立将立即影响到中欧,使波兰变为一体化欧洲东部前沿的地缘政治支轴国家。"①

对于如何对付"流氓国家",克林顿政府的国家安全事务助理莱克1994年在《外交》杂志上撰文指出,"美国的政策必须面对这样的现实,那些选择留在国际大家庭之外,并攻击国际基本价值的顽固和无法无天的国家主要有古巴、朝鲜、伊朗、伊拉克和利比亚。现在它们缺乏成为超级大国的资源,使它们不能严重威胁周边的民主秩序。但是,他们的行为是侵略性的和挑战性的。它们之间在抱团取暖,以抵抗和隔绝它们无法适应的全球潮流。作为世上唯一的超级大国,美国有责任采取限制、遏制,以及通过有选择的压力战略,以最终将它们改造成国际社会的建设性成员。"②

---

① [美]兹比格纽·布热津斯基著,中国国际问题研究所译:《大棋局:美国的首要地位及其地缘战略》,上海世纪出版集团2007年版,第39页。

② Anthony Lake, "Confronting Backlash States", Foreign Affairs 73, No. 2, (March – April 1994), pp. 45–46.

第三节　美国的帝国战略

乔治·沃克·布什（后称"小布什"）在竞选总统时，批评克林顿政府的外交政策，声称要采取独特的美国国际主义的外交。他批评克林顿政府的人道主义干预政策，认为美国军队不应从事"国家建设"工作，而应准备如何赢得战争。他还批评克林顿政府太关注地区性边缘国家，而忽视了能影响到国际秩序的世界性大国。小布什就任美国总统后，在新保守主义的影响下，他决心利用美国的实力优势建立一个较少具有自由国际秩序特点，而更多具有帝国特点的霸权国际秩序。

小布什政府试图建立的帝国霸权秩序战略有五大内容。第一，维持一个单极的世界，不允许霸权挑战者出现。小布什2002年在西点军校的演讲中明确指出，美国打算维持无人能挑战的军力，使得破坏稳定的军备竞赛毫无意义，并将大国间的竞争限制在贸易和其他领域。在小布什政府的心目中，世界秩序的维持不再靠大国间的均势，而是靠美国这个世界警察。小布什上台后重塑国际秩序的一个重大举措就是进一步扩大美国对全球的控制范围。自二战以来，美国传统全球战略的一个重要目标就是维持在欧洲、亚洲和中东地区对美国有利的力量对比。为此，克林顿政府国防安全战略强调要准备同时打两场战争。小布什政府负责国家安全的官员许多是来自老布什政府时期负责起草美国《国防政策指南》的人，维持美国霸权地位，防止潜在挑战者挑战美国老大地位的思想根深蒂固。当年英国维持大英帝国的主要手段是维持全球的海上霸权，但海上霸权仅对控制沿海地区有帮助。然而，随着欧洲大陆的工业化、陆上交通运输的改善，以及沿海防御武器的发展，都削弱了英国的海上霸权。而如今美国的霸权基础更加广泛，其雄厚的经济和科技实力使其能够保持对全球公域的控制。美国的核攻击潜艇和核动力航母是维持对全球海洋控制的关键性资产。美国的军用和民用卫星对于控制太空发挥重要作用。小布什政府的国防部长拉姆斯菲尔德强调军事利用太空的重要性，并将控制太空作为美军的主要任务。2002—2007年财政年度，美国五角大楼计划花费1650亿美元用于控制太空的活动。冷战后美军的全球指挥系统基本上没有大的调整表明，美国决心维持其全球霸权。①

同克林顿政府关注在世界边缘地区进行人道主义干预不同，小布什政府决心关注大国关系，特别是同俄罗斯和中国的关系。在"9·11"事件前，美国的新保守主义认为中国是美国主导的国际秩序的最大威胁。美国保守派作家卡根曾唯恐天下不乱地指出："在'9·11'之前，美国战略界已经开始将注意力转向中国。没人相信近期同中国开战的可能性，但许多人认为，随着中国军事能力和地缘政治'野心'的增长，在未来20年内同中国的某种冲突日益成为可能。对中国的担心是推动美国军事技术现代化的动力之一，也是悄悄推行导弹防御计划的动机之一。从更广泛的角度看，它已成为美国战略规划的组织原则。在克林顿时期政府的国防部就认定中国是下一个大的战略挑战。布什总统在选前和选后都正式确定，中国不是美国的战略伙伴，而是战略竞争者。"② 小布什竞选时的外交顾问赖斯在阐述美国的外交战略时也曾指出，美国的外交将重点关注如俄罗斯和中国这种能影响国际政治体系的大国，特别是中国。

第二，美国有权在全世界范围内发动先发制人的战争。"9·11"事件改变了小布什政府和新保守派对美国面临的安全威胁的看法，激进的伊斯兰主义和大规模杀伤性武器的扩散成为美国安全的最大威胁。美国所面临的最严重威胁，来自激进主义和现代技术的结合。小布什政府的《国家安全战略》完全推翻了《威斯特伐利亚和约》和《联合国宪章》所确定的国际秩序，即尊重国家主权平等、领土完整和互不侵犯等原则，认为美国有权采取预防性战争来防止恐怖主义袭击和大规模杀伤性武器的扩散，以确保美国的安全。小布什政府就是根据预防性战争的原则决定发动对伊拉克的战争。小布什政府向世界说明其发动战争的主要理由是：首先，伊拉克拥有大规模杀伤性武器；其次，伊拉克同"基地"组织等国际恐怖主义组织有勾连；最后，伊拉克萨达姆政权是个残暴的独裁政权，只有推翻萨达姆独裁政权，在伊拉克实现民主化，才能维持该

---

① Barry R. Posen, "Command of the Commons, International Security", Vol. 28, No. 1, (Summer 2003), pp. 5–46.

② Robert Kagan, "Of Paradise and Power", Vintage Books, 2003, 2004, pp. 92–93.

地区的稳定与和平。不过，战后在伊拉克并未发现大规模杀伤性武器和萨达姆同"基地"组织联系的确凿证据，使得美国发动伊拉克战争的理由更加站不住脚。美国学者福山在批评小布什政府采取预防性战争来防止大规模杀伤性武器扩散的政策时指出，首先，预防性攻击政策随着时间的推移将越来越难实施，潜在的大规模杀伤性武器扩散者将会隐藏或分散研制设施，使得美国的情报机构更难准确定位这些设施。其次，预防性攻击政策有时确实能阻止大规模杀伤性武器的扩散，如一些人举出利比亚的例子。但也能促使其他国家加快发展大规模杀伤性武器的步伐。再次，通过政权更迭来防止武器扩散，但伊拉克战争的经验表明，成功地控制政权更迭过程异常困难。最后，运用武力来制止武器扩散必须考虑武力行动的政治代价。[1]

第三，小布什政府不相信国际机构和国际行为准则，更倾向于单边主义。小布什政府不经过联合国授权而入侵伊拉克，表明小布什政府不相信国际机构和多边主义，而更倾向于单边主义。小布什政府未能争取到联合国授权美国对伊拉克的战争，但美国决定入侵伊拉克时，联合国也无法制止美国的行动。在美国保守派看来，联合国存在的主要问题是合法性。联合国成员的标准是主权国家，而不是成员国的"民主和人权"标准，使得联合国多数成员为"专制和非民主"国家，这使联合国失去了合法性。美国保守派看低联合国的另一个原因在于联合国等多边机构的无效性。《联合国宪章》第51条规定，任何涉及武力的问题必须经由安理会讨论通过。但安理会五个常任理事国拥有的否决权意味着，任何损害五常国家利益的决议都不可能在安理会通过。小布什政府倾向于利用"志愿者同盟"来推行美国的对外战略。美国的国防部长拉姆斯菲尔德在谈到美国主导的志愿者同盟时指出，美国的原则是任务决定联盟，而不是联盟决定任务。小布什政府拒绝国际多边主义的另一个表现是，认为国际机构和多边行为准则在促进美国安全利益方面没有什么作用。小布什政府反对《全面禁止核试验条约》，认为该条约仅提供了文字、虚假的希望和高尚的目标，但没有任何保证。美国可以通过斗争阻止核武

---

[1] Francis Fukuyama, "America at the Crossroads", Yale University Press, 2006, pp. 90 - 93.

器扩散，但不能通过不明智的条约使核扩散问题消失。小布什政府反对国际多边机构的另一个理由是，多边机构有损美国的主权。这也是为何小布什政府坚决反对国际刑事法庭，认为该机构将限制美国的行动自由。小布什政府2001年12月宣布退出《限制反弹道导弹系统条约》（简称《反导条约》）也是认为该条约限制了美国研发反导系统的自由。小布什政府更倾向于单边主义，主要出于以下几种考虑。首先，小布什政府认为国际恐怖主义对美国国家安全的威胁更加危险和不确定，依靠多边机构、多边准则和多边协议将妨碍美国的行动自由，损害美国的安全。其次，美国盟友的装备水平同美国军队的差距拉大，美军同盟军的协调更加困难。美国国防部长拉姆斯菲尔德就不希望北约盟国参与在阿富汗的反恐行动。再次，美国政府总体上对多边机制和国际军控协议持怀疑态度。小布什政府退出《反导条约》、《京都议定书》，退出国际刑事法庭，外交行为表现出深厚的单边主义倾向。

第四，为了应对国际恐怖主义的威胁和防止大规模杀伤性武器扩散，小布什政府采取的主要措施之一是大中东民主计划和政权更迭。"9·11"事件后，白宫担心一些国际恐怖组织在敌国的帮助下，有可能获取核、化学和生物等大规模杀伤性武器，并对美国造成大规模的伤害。由于恐怖主义组织同国家不一样，威慑和妥协都不起作用，为了防止国际恐怖主义组织对美国的再次袭击，美国有权在全球范围内追剿国际恐怖主义，并对"邪恶轴心"国家采取政权更迭的政策。以克里斯托尔和卡根为代表的新保守派主张美国采取"仁慈的霸权"战略，该战略要求美国维持军事优势，加强安全同盟，以及发展导弹防御计划。他们认为，让专制政权通过协议、国际法和国际规则来遵守文明规则是行不通的。从长远看，只有民主化才能确保专制国家对规则的遵守，以及他们利益同西方利益的融合。研究美国政权更迭政策的学者利特威克指出，在2003年4月攻陷巴格达后，小布什政府内部的强硬派和政府外部鼓吹新帝国主义的人明确表示，应对朝鲜和伊朗应采取政权更迭政策。但一系列军事的、地缘政治的、经济的和国内政治的限制，使得小布什政府无法对朝鲜和伊朗实施政权更迭政策。对于朝鲜，美国政府担心对朝鲜核设施的打击可能导致一场全面战争。对于伊朗，美国想先发制人地打击伊朗核设施都面临巨大的军事和情报方面的困难。而且,美国对伊朗核设施的打击将引发伊朗国内巨大的反美浪潮,并削弱伊朗内部改革派的影响力。①

由于伊拉克战后未能发现大规模杀伤性武器,小布什政府后来主要强调,美发动伊拉克战争主要是为了"改造"中东,以推动中东地区的"民主化"。在推翻萨达姆政权后,美国将致力于"民主"伊拉克的重建。在经历了"9·11"事件最初的震惊后,美国人开始反思,为什么宗教极端势力仇恨美国?一些美国人认为,他们仇恨美国是因为美国是"民主自由"的象征,而他们仇恨民主自由。另外一些人认为,伊斯兰宗教极端势力认为基督教徒是异教徒,宗教的冲突或者文明的冲突是伊斯兰极端势力仇恨美国的根源。还有一些人认为,阿拉伯国家现代化的失败导致经济落后,社会贫穷,教育不普及,这些都为伊斯兰极端势力的发展提供了肥沃的土壤。因此,美国人相信,要想铲除滋生伊斯兰极端势力的土壤,美国就必须彻底改造阿拉伯国家的社会、经济、政治和教育结构。小布什在一次讲话中指出,"没有他们的民主,就没有我们的安全"。②

2002年12月,美国国务卿鲍威尔在美国华盛顿另一家保守智库——传统基金会的演讲中,正式提出了美国—中东伙伴关系倡议,计划以开放的经济、开放的政治体制和教育改革为支柱,扩大美国与阿拉伯国家的经济、政治和教育合作。该项目由美国国务院负责,旨在通过援助鼓励中东伊斯兰国家的政治改革和市民社会发展。另外,美国国家民主基金会穆斯林民主项目和美国国际开发署也投入较多资源用于促进中东的民主改革和人权发展。2003年2月26日,小布什在对美国商会的演讲中将改造伊拉克与第二次世界大战后改造德国、日本相提并论,认为改造伊拉克将为中东民主化铺平道路。2004年6月9日,在美国举行的八国集团首脑会议通过了"大中东和北非伙伴关系计划",这标志着布什政府的"大中东计划"正式出炉。根据美国的划分,大中东地区包括22个阿

---

① Robert S. Litwak, "Regime Change", Woodrow Wilson Center Press, 2007, p. 95.

② "George W. Bush's Remarks to the American Enterprise Institute's Annual Dinner", The White House, February 26, 2003, http:// www.whitehouse.gov/news/releases/2003/02/20030226 - 11.html.

拉伯国家和以色列、土耳其、阿富汗和巴基斯坦等国。美国的大中东计划，就是联合欧洲盟国一起，在今后数十年间，投入巨大资源，推动中东国家政治、经济、文化、教育等方面的"改革"，使"民主、自由和人权"在中东扎根。美国的大中东计划主要包括以下几方面内容："在政治方面，扶植这些国家的改革派亦即亲美派领导人，从资金和技术上帮助他们对各国的政治体制实行民主改革，废除该地区目前普遍存在的君主政体和其他形式的'专制统治'，实行西方式的民主政治。具体目标是：实行自由选举，扩大言论自由，实现媒体和非政府组织的自由化，加强民众对政府的监督，提高民众的参政意识等等。在经济方面，仿照欧洲战后的模式，联合其他西方大国，共同创建'大中东金融公司'和'大中东发展银行'等金融机构，资助落后地区发展经济，特别是为私营企业主提供大量贷款，以加速经济私有化，推动该地区建立'自由贸易区'，促进其与西方之间的贸易往来与合作，最终将其纳入西方的经济体系。在文化方面，通过各种手段在该地区大力宣传西方的自由、民主和人权等理念，以西方的意识形态和价值观念来对该地区的伊斯兰文化进行所谓'温和化、世俗化'的改造，使当地的人民接受西方文明，特别是要培养经过西方文化熏陶的年轻一代。此外，计划还提出要加强该地区的教育事业，降低文盲率，尤其是妇女的文盲率，提倡男女平等，建立西方式的司法制度等等"。[①]

  美国在中东地区推行民主的计划对不同的国家采取的政策是不同的。对于阿富汗和伊拉克，美国采取的是政权更迭的政策。美国希望通过推翻阿富汗和伊拉克的"专制"政权，建立起有可能成为中东地区其他国家榜样的"民主"政权。对于反恐前线国家巴基斯坦，美国采取的是"又打又拉"的政策。一方面，美国在阿富汗的反恐行动需要巴基斯坦提供补给线路、基地和情报方面的合作，另一方面，美国对巴军方同塔利班保持暧昧的关系感到不满。因此，美国一方面向巴基斯坦提供一定的援助，以争取巴基斯坦在反恐方面的合作，另一方面，美国也对巴基斯坦军方施加一定的压力，要求其减少同塔利班的联系。同时，美国也试

---

① 王缉思主编：《布什主义的兴衰》，世界知识出版社2012年版，第86页。

图通过促进巴基斯坦的民主化以设法减少巴军方在政治中的影响力。对于沙特、卡塔尔、巴林和科威特等海湾君主国家，由于这些国家的军事基地对美国保持在中东地区的军事存在十分重要，因此，美国更注重维持这些国家的稳定，而不是促进这些国家的民主，担心这些国家的不稳定可能危及美国在中东地区的军事存在。对于埃及、约旦和巴勒斯坦这些国家和地区，美国一方面希望促进这些国家和地区的民主化，另一方面又担心这些国家和地区的激进势力通过民主的程序上台，采取激进的政策，从而危及以色列的安全和美国在中东的利益。因此，尽管巴勒斯坦的哈马斯是通过民主选举上台的，但美国采取了不承认的政策。尽管埃及的穆巴拉克在国内实施的是铁腕统治，但小布什政府采取的是支持穆巴拉克执政的政策。因此，美国的大中东民主计划尽管打的是推广民主的旗号，但归根到底是为美国利益服务的。当利益和价值观发生冲突时，往往是利益占上风。因此，美国在中东推行的扩大民主的政策采取的往往是双重甚至三重标准，这也大大削弱了美国在中东推行民主政策的有效性。

不过，美国推翻伊拉克萨达姆政权打破了该地区脆弱的均势。以伊朗为代表的什叶派影响力增强，使得沙特和其他逊尼派国家试图加强跨区域联盟，以抗衡伊朗日益增长的影响力。同时，美国占领伊拉克使伊朗感受到威胁，因而继续秘密推进铀浓缩项目，并加强对伊拉克什叶派反叛组织的支持。美国攻打伊拉克而忽视巴以冲突，导致中东地区普遍极端化，成为孕育恐怖组织的温床。小布什政府借着推翻伊拉克政府的势头试图改造中东，以有效打击恐怖主义，防止大规模杀伤性武器在该地区扩散，维持国际能源价格稳定，并确保以色列的安全。但其政策的结果是恶化了中东地区危机，美国本身也无法在上述众多目标中寻得平衡。

第五，如果由于政治和军事的原因对"流氓国家"政权更迭不可行，那么就应严格限制这些国家获得大规模杀伤性武器。防止大规模杀伤性武器扩散是美国维持霸权的一根重要支柱。"9·11"事件后，小布什政府认为，恐怖主义和"流氓国家"以及他们可能掌握大规模杀伤性武器是美国安全所面临的最大威胁，防止恐怖主义和"流氓国家"获取或发展大规模杀伤性武器就成为美国最重要的安全任务之一。2002年1月29日,小布什在向国会发表《国情咨文》时,将朝鲜、伊拉克、伊朗三国列为"邪恶轴心",防止大规模杀伤性武器在这些国家的扩散成为美国防扩散政策的重点。

巴基斯坦的核安全问题是美国面临的另一个挑战。首先,美国担心巴基斯坦的核科学家有可能被"基地"组织收买,或"基地"组织成员渗透进巴的核设施内。"9·11"事件后,美国资助巴基斯坦对核设施的人员进行甄别的项目,以便将狂热的伊斯兰宗教分子、"基地"组织的同情者、基地组织的间谍和家庭破产者从核设施机构中清除出去。

其次,美国担心巴基斯坦的核技术泄露给其他"流氓国家"。巴基斯坦核科学家阿布杜拉·卡迪尔·汗建立了一个庞大的核技术和材料买卖网,不仅为巴基斯坦购买核发展所需的材料和技术,还出于盈利目的向利比亚、伊朗和朝鲜提供了相关的技术和资料。国际原子能机构、巴基斯坦有关部门、瑞士有关部门和美国中情局联合捣毁了这一地下核市场。美国中情局希望能直接询问卡迪尔·汗,但被巴基斯坦政府拒绝。美国表示,未来对巴政府的援助取决于巴政府确保此类核扩散组织不再出现。

再次,美国担心巴基斯坦政府对核武器的控制是否牢固。虽然美国官方总体说来对巴基斯坦能有效控制核武器表示有信心,但也常常流露出担心。美国三军联合参谋长麦克·穆仁在一次讲话中流露出这种担心:"据我所知,那儿的核武器是安全的。即使政府更迭,对核武器的控制也没有变化。尽管如此,这些武器是他们的,不是我们的,我的了解也有限。如果巴基斯坦出现最坏情况,我最担心的是这些武器落入恐怖分子手中,或扩散出去,或可能被使用。因此,对这些武器稳定和牢固的控制是我们最大的关心。我认为我所接触过的巴基斯坦军方和政府领导人肯定了解这一点。"[1]

最后,美国担心印巴紧张关系有可能导致双方的冲突升级到核冲突。2001年12月,一小股恐怖分子袭击了印度孟买。印度怀疑背后有巴军方

---

[1] Paul K. Kerr and Mary Beth Nikitin, "Pakistan's Nuclear Weapons: Proliferation and Security Issues", Congressional Research Service, June 26, 2012, p. 1.

支持，开始大规模调动军队，摆出随时准备对巴报复的态势。作为回应，巴方也开始调动军队。印巴冲突有一触即发之势。当时陪同小布什总统访问欧洲的国务卿鲍威尔，在美国驻法使馆赶紧给巴基斯坦总统穆沙拉夫打电话，要求巴方保持克制，防止印巴双方由于擦枪走火而引发核危机。

美国同印度的核合作则反映出美国战略利益和防扩散政策冲突的困境。1974年印度第一次核试验导致美国于1978年通过《不扩散核武器条约》，此后美国主导建立了一系列防扩散机制，包括主要限制核材料和核技术转让的核供应集团，防止生化武器扩散的澳大利亚集团，防止两用技术扩散的瓦森纳尔机制，以及防止导弹技术扩散的导弹技术控制机制。1998年印度又进行了一次核试验，美国根据《不扩散核武器条约》对印实施了制裁。不过，到克林顿政府后期，美国已经开始调整对印度政策，寻求解除对印制裁之道。小布什政府上台不久，就将印度视为平衡中国的战略伙伴，开始采取一系列步骤改善同印度的关系。2002年美印双方建立了高科技合作组，探讨美国增加对印高科技的出口。2004年双方通过谈判达成《战略伙伴关系未来步骤》计划，同意加强在民用核能、空间探索和高科技领域的合作。2005年7月，印度总理访问美国，美印两国领导人宣布了两国民用核能合作的新计划，美国答应将修改国内法和有关国际防扩散机构的一些做法，以便美印能全面开展民用核合作。2006年3月，印度政府一些民用核设施可以开放给国际原子能机构核查。同年12月美国国会通过了允许美印民用核能合作的《美印民用核能技术合作法案》。2007年7月美印正式签署"123协议"（即美印核协议的执行协议）。美国根据协议游说国际原子能机构批准有关安全保障的条款，以及核供应集团修改有关程序以便美印民用核能合作能够进行。美国同意印度在不开放所有核设施国际核查的情况下与其进行核合作，严重削弱了国际防核扩散机制。

小布什政府采取单边主义的帝国战略导致的一个严重后果，是严重削弱了国际秩序的基石——国家主权原则。小布什政府在2001年9月11日美国遭到恐怖袭击后所采取的政策，尤其是预防性战争和政权更迭政策，实质是希望美国获得绝对安全，而世界上其他国家得不到绝对安全。

美国拥有绝对的主权,而世界上其他国家则不拥有主权。美国要求世界上其他国家必须遵守《不扩散核条约》,但美国则可以不遵守。美国自由派学者伊肯伯里批评布什政府的帝国战略在国内是不可持续的,在国际上是得不到支持的。[1] 联合国前秘书长安南批评美国入侵伊拉克的战争是非法使用武力。他指出,众所周知,当国家除了自卫外使用武力应对国际和平和安全的威胁时,它们需要只有联合国才能提供的合法性。预防性战争从根本上挑战了过去 58 年来世界和平与稳定的基础。[2] 法国前总统希拉克则批评美国的行为损害了多边体系,并坚持认为任何人都无法接受无法无天的无政府状态。美国保守派学者卡根在为布什政府的帝国战略辩护时则指出,自由国际秩序的基础自由主义一直是充满内在矛盾的。一方面,自从启蒙运动以来自由主义认为世界和平有赖于日益增强的国际法律体系。而该体系的成功又取决于承认所有国家,主权平等不允侵犯原则。格劳秀斯、摩根索等人曾问过,如果国家为了民主或人权或其他道德的利益侵犯彼此的主权,国际法还能存在下去吗?另一方面,现代自由主义一直珍重个人的权利和自由,并将人类的进步定义为在全球范围内扩大对人的权利和自由的保护。但在缺乏突然的全球民主和自由变革的情况下,这一目标只能通过迫使专制和野蛮国家行为更加民主和人道才能实现,就像在科索沃那样,有时还不得不行使武力。自由派一直相信,专制政权更倾向于侵略和战争,因此,全球的和平最终不是靠国际法,而是靠扩大政治和商业自由主义。[3] 卡根认为,当美国面对自由国际秩序这些内在矛盾时,不会像欧洲那样纠结,而是倾向于为了促进自由的原则而忽视主权的原则。美国对于自身的主权十分在意,但并不在乎侵犯别国的主权。美国保留在世界各地干涉的权力,从拉美到加勒比,从北非到中东,从南太平洋到东亚,甚至在欧洲。冷战时期,美国从不愿意接受苏联的合法性,一直从里到外地试图颠覆他。[4]

小布什政府采取帝国战略的另一后果是导致美国扩张过度、债台高

---

[1] G. John Ikenberry, "Liberal Leviathan", Princeton University Press, 2011, p. 270.
[2] Robert Kagan, "Of Paradise and Power", Vintage Books, 2003, 2004, p. 140.
[3] Robert Kagan, "Of Paradise and Power", Vintage Books, 2003, 2004, pp. 132 – 133.
[4] Robert Kagan, "Of Paradise and Power", Vintage Books, 2003, 2004, pp. 136 – 137.

筑。美国战略界经常就美国的大战略进行讨论。任何国家大战略的精髓，都在于在促进国家利益时如何确保目的和手段间的平衡。小布什政府维持美国全球霸权战略和开展全球反恐战争使美国背上了沉重的债务负担。美国哈佛大学教授琳达·比尔梅斯在研究伊拉克和阿富汗战争对美国财政的影响时发现，未来美国国家安全所面临的最大挑战并不一定来自外来的威胁，而是来自美国入侵阿富汗和伊拉克后所留下的财政负担。在2013年该研究报告首次发表的时候，美国在上述两场战争中的直接开支就近2万亿美元。但这仅仅是这两场战争开支的一小部分，最大的开支还在后头，包括对参战退伍老兵提供医疗保险和伤残补助。从历史上看，这些费用数十年后还需支付。例如，对美国参加一战老兵伤残补助支付的高峰是1969年，也就是一战停战的50年后。对二战老兵伤残补助的支付高峰是在20世纪80年代后期。对越南战争和第一次海湾战争老兵的补助费用也在增加。由于下述因素，对阿富汗战争和伊拉克战争老兵支付的费用将大幅度增加，这包括负伤后生存率的增加、更优厚的福利和新的更昂贵的医疗设备等。如果将这些因素考虑进去，美国的阿富汗战争和伊拉克战争的最终费用可能高达4万亿至6万亿美元。更糟糕的是，美国打上述两场战争的费用几乎全是从国外借的。美国借钱并没有用来投资国内的基础设施和教育，而是花在对美国并没有多大好处的地方，如870亿美元用于阿富汗的重建，610亿美元用于伊拉克战后的重建。根据阿富汗重建特别审计长和伊拉克重建特别审计长的报告，上述费用大多被浪费了。美国的阿富汗和伊拉克战争使美国陷入沉重的债务负担。美国对老兵的福利和伤残补助开支，以及对日益增加的债务利息的支付，都使得用于国防预算核心任务的开支减少，这将对美国的安全战略和在全球的地位产生消极影响。[1]

---

[1] Linda J. Bilmes, "The Financial Legacy of Iraq and Afghanistan", Harvard Kennedy School, March 2013.

第三部分

美国的霸权危机

1991年苏联解体标志着世界两极格局的终结，世界进入冷战后时代。美国领导的西方试图将自由国际秩序推广到全球。冷战后的自由国际秩序有以下几个特点。政治上，自由国际秩序强调自由民主、法治和公民权利；经济上，自由国际秩序主张资本主义、自由贸易、海上航行自由、契约神圣和基于规则的争端解决程序；国际上，自由国际秩序强调领土完整和主权不容侵犯，但人道主义干预除外，强调通过多边机构协调应对全球性问题。同时，自由国际秩序又是一个具有等级的国际秩序。随着苏联的解体，冷战时的两极格局演化成冷战后的单极格局，美国成为了世界上唯一的超级大国，根据吉尔平现实主义理论，冷战后世界体系发生了系统性变革。按照沃尔兹新现实主义理论，冷战后的国际体系的组织原则发生了变化。冷战时国际体系基本上是无政府状态的，冷战后变成了等级制。但美国学者努诺·蒙特罗认为，冷战后的单极格局并未改变国际体系的无政府状态。首先，冷战后的单极体系不是霸权体系。在单极体系中，国际体系的组织原则仍是无政府主义，而不是霸权体系下的等级制。单极国家实力并没有大到足以控制世界上所有其他国家行为的地步。其次，单极体系并不是帝国。也就是说，单极体系仍是一个国际体系，在该体系中存在许多在法律上是主权平等的国家。最后，单极体系只存在一个大国。在这里，他的大国定义同国际政治中传统上的大国定义不同。他认为，单极体系中的唯一大国指的是这样的大国：他可以在其所在地区之外的世界上其他地区克服其他强国的反对而推行自己的政策和主张。一旦在上述地区出现能与之抗衡的大国，这意味着单极体系的结束。在冷战后初期的单极时代，美国国内有关"历史的终结"的言论一度甚嚣尘上。美国国内无论是自由派还是保守派，尽管出发点不同，但都试图尽可能长时间地维持美国主导的单极格局，并将自由国际秩序推广到全球。不过，保守派认为美国的实力已达到顶峰，但自由派认为，美国在海外的扩张过度，以及国内政治和经济的衰败都将导致美国的实力由盛转衰。

第八章

美国霸权与"基于规则的国际秩序"的矛盾

第一节 冷战后的过度扩张削弱了美国的霸权基础

保守派学者罗伯特·卡根在《美国缔造的世界》一书中指出，世界上的秩序都是短暂和过渡性的，随着大国力量的兴衰，它们所建立的制度、指导建立这些制度的信仰，以及影响大国间关系的准则也会随着大国的兴衰而改变。历史上每一个秩序都反映了最强国家的信仰和利益。当力量转移到拥有不同信仰和利益的国家时，国际秩序也随之改变。[①] 冷战结束后，美国对全球的影响力达到新的高峰，随着苏联的解体，美国成为世界上唯一的超级大国。美国希望尽可能长时间地维持国际上的单极格局，为此，美国国内有两股势力试图在国际格局为单极的情况下建立反映美国的信仰和利益的国际新秩序。美国的自由帝国主义试图将原先局限于西方的自由国际秩序扩展到全球，美国的保守帝国主义则试图修正以联合国为核心的国际秩序，建立以美国为核心的帝国霸权秩序。但自由帝国主义的行为加剧了西方同非西方世界的矛盾，而保守帝国主义的行为不仅加剧了美国同广大发展中国家的矛盾，还加剧了西方内部的矛盾。

苏联的解体和两极格局的结束导致国际体系实力分布新的变化，俄罗斯制约美国的能力被大大削弱，国际体系的力量失衡突出表现在欧洲

---

① Robert Kagan, "The World America Made", Alfred A. Knopf, 2012, p.5.

地区。虽然俄罗斯提议建立"欧洲安全与合作组织"来取代北约,试图保住过去的势力范围,但美国拒绝了。俄罗斯激烈反对北约东扩,将其视为对俄罗斯安全的严重威胁。但美国深知俄罗斯的虚弱,不可能进行任何报复,因此毫不考虑俄罗斯的担心,继续推行北约东扩,接纳捷克、波兰和匈牙利为北约新成员。而美国出于国内政治的考虑也促使其推行北约东扩的政策。冷战结束后,波兰和捷克均表现出加入北约的意向。"如果宣布北约不再接受其他新成员,克林顿政府会使共和党在1994年的国会选举中在这个问题上夺得优势。但为了鼓吹北约东扩,克林顿总统在拥有大量东欧选民的城市密尔沃基、克利夫兰和底特律发表了重要演说。选票和美元是美国的政治生命。北约的新成员需要改善军事设施和购买现代武器,美国的军工行业希望在这个新市场中占领它们通常能够拥有的巨大份额,因此它们不遗余力地进行游说活动,支持北约东扩。"①

苏联的解体也为扩大美国在中东地区的影响力打开了大门。在苏联行将解体的1990年8月,伊拉克入侵科威特。由于此刻的苏联注意力内倾,美国顺利地使联合国安理会通过了一系列决议,要求伊拉克从科威特撤军,对伊拉克石油进行禁运,并授权美国和任何成员国采取一切所需手段和方式解放科威特。1991年1月,美国对伊拉克发动大规模军事行动,经过6周的空袭,将伊拉克军队赶出了科威特。然而,第一次海湾战争胜利后,美国并没有完全从中东地区撤军。相反,在20世纪90年代,美国驻扎在中东的军队人数有增无减,从1993年的6000多人增加到2000年的16000多人。推动美国在中东扩张的国内权势集团包括石油财团、亲以色列集团,以及军工产业集团等。美国学者查默斯·约翰逊认为,"难以否认石油、以色列和国内政治在布什政府的对伊战争中扮演的关键角色,然而我相信,对第二次伊拉克战争更为贴近的解释与我们1999年在巴尔干或者2001—2002年在阿富汗的战争解释并无不同:帝国

---

① [美]肯尼思·华尔兹:《冷战后的结构现实主义》,载约翰·伊肯伯里主编,韩召颖译:《美国无敌:均势的未来》,北京大学出版社2005年版,第47—48页。

主义与军国主义不可阻遏的压力。"①

美国学者罗伯特·罗斯认为，冷战结束后，亚太地区呈现出朝两极方向发展的趋势，即作为海权大国的美国同陆权大国的中国将在该地区争夺势力范围。② 美国的战略是通过维持美军在亚太的存在和加强同美国盟国和伙伴的关系，遏制任何准备挑战美国霸权的国家，以确保美国作为该地区秩序保护者的地位。在20世纪90年代初期，随着俄罗斯在远东地区军力的衰退，美国也开始逐渐减少在东亚的驻军，包括应菲律宾政府要求从该国撤走了美国驻军。不过，从1995年开始，美国扭转了撤军的趋势，并明确表示，美国将在东亚地区维持10万驻军的水平。同时，美国还加强了同日本和韩国的同盟关系。对于美国潜在的竞争对手中国，美国的政策主要是试图通过接触加防范的做法，将中国纳入美国主导的国际秩序中。另外，美国也利用其政治和军事上的影响力，要求该地区的国家实行自由开放的经济政策，因为美国国内的农业、服务业和高科技产业等利益集团一直想打入亚太地区蓬勃发展的市场。美国积极推动建立亚太经济合作组织，以推动成员国采取经济和贸易自由化的政策。同时，美国还利用其控制的国际货币基金组织和世界银行，提出"华盛顿共识"，推动亚太地区实行金融自由化。

吉尔平在分析霸权国衰落的原因时指出，对国际体系的统治涉及一个基本的经济问题。虽然支配国从控制国际体系中获取了经济利益，但他们也要相应付出人力、物力方面的成本。一个国家为了保持其支配地位，必须将其资源用于军事力量、对盟国的财政支持、对外援助以及因维持国际经济而产生的费用方面。这些所谓保护以及有关成本不是生产性投资，相反却消耗着支配国的经济力量。因此，统治要求有不断的经济盈余的存在。一旦霸权国保护现有领土的划分、势力范围、体系规则以及国际经济的成本超过从控制国际体系中所获取的经济收益，势必造成霸权国的财政危机。这种成本和收益的持续失衡以及它造成的财政枯

---

① [美]查默斯·约翰逊著，任晓、张耀、薛晨译：《帝国的悲哀：黩武主义、保密与共和国的终结》，上海人民出版社2005年版，第275页。

② Robert Ross, "The Geography of the Peace: East Asia in the Twenty-First Century", International Security 23, No. 4 (Spring 1999), pp. 81–117.

竭如果不能解决，最终将导致霸权国经济和政治的衰落。① 冷战后，美国不仅是个维持现状的国家，还是一个修正主义国家，试图改变现有的领土划分，扩大美国为首的西方的势力范围，修改体系规则使其更加符合西方利益。自冷战结束以来，由于外部制衡和内部约束的减弱，美国先后卷入四次战争，即两次海湾战争、巴尔干半岛战争和阿富汗战争。自冷战结束后的22年里，美国在打仗的时间就有13年，换句话说，冷战后美国独霸的时间仅占其历史的10%，但却有25%的时间在打仗。结果是，美国财富大量消耗，仅伊拉克和阿富汗战争的费用就超过1万亿美元。小布什政府为了减少美国民众对战争的反对，不敢增税，反而实施减税政策。为了筹集战争钱款，布什政府大举发行国债，结果是美国债台高筑。

2008年金融危机爆发，美国政府为了拯救濒临破产的大金融机构和汽车制造业，又大肆发行国债，结果美国债务像滚雪球一样迅速膨胀。2001年，美国联邦债务总额仅占国内生产总值的33%，到了2010年这一比例达到62%。2009年美国财政预算赤字为1.4万亿美元，2010年略有减少，为1.3万亿美元。2011年增至1.6万亿美元。到2010年底，美国联邦债务总额超过14万亿美元，占国内生产总值的90%。不过，在这14万亿美元国债中，美国民间和外国持有9万多亿美元，美国社会保障信托基金持有近5万亿美元。由于美国社会保障信托基金属美国政府所有，因此，扣除这一部份，美国联邦净债务为9万亿美元，占国内生产总值的62%。美国国债的利息支出2008年为2530亿美元，由于美联储实施低利息政策，2010年虽然债务总额有所增加，但利息支出仅为1970亿美元。根据国会预算办公室的预测，如果目前政策和法律没有重大改变，到2021年，美国国债总额有可能达到18万亿美元，约占美国国内生产总值的77%，利息支出约6000亿—8000亿美元。② 如果美国经济复苏不如预期，或美国两党无法就如何削减联邦赤字达成一致，美国债务状况有

---

① [美]罗伯特·吉尔平著，宋新宁、杜建平译：《世界政治中的战争与变革》，上海人民出版社2007版，第161—162页。

② Congressional Budget Office, "The Budget and Economic Outlook: Fiscal Years 2011 to 2021", January 2011.

可能比上述预期的要恶劣得多。事后证明美国的债务状况比国会预算办公室的预测还要恶劣，由于特朗普采取减税和增加国防开支政策，以及后来的新冠肺炎疫情的影响，美国债务继续膨胀，到 2020 年美国国债总额已经超过 26 万亿美元。

除了国防支出、对抗金融危机和疫情危机的支出外，美国的社会保障、医疗保险和医疗救助的费用也上涨很快。在国内开支方面，目前美国的社会保障、医疗保险和医疗补助占联邦预算的 65%，国防开支占预算的 20% 左右。根据美国财政责任和改革委员会的一份研究报告，今后 20 年美国婴儿潮一代将有近 7800 万人退休，美国社会保障和医疗费用将大幅度增加。如果美国人想要保持现有的社会福利水平不变，税收则将需要增加 150%，这不仅在政治上很难做到，经济上更会造成灾难性后果。到 2025 年，美联邦收入仅够支付国债利息、医疗保险、医疗救助和社会保障的费用，所有其他联邦政府支出，如国防、国土安全、运输和能源等，全要靠借贷解决。到 2035 年，美国国债有可能占到国内生产总值的 185%。[1] 吉尔平发现："一个社会衰落的不变的征兆是政府和社会的花费入不敷出所导致的过度赋税、通货膨胀和收支困难。"[2] 巨额的美国债务将增加借贷成本，挤压私人投资，使美国人生活水平下降，并最终影响美国经济的竞争力和国家安全。"从历史角度审视当前这一财政状况，我们将会发现：从 21 世纪第二个 10 年开始，美国政府的首要任务和职责将彻底转变美国社会当前的格局，在过去 100 年里，只有大萧条和第二次世界大战可以与之相比。这两个历史事件给美国的外交政策带来巨大的转变，而今天的局面同样具有这样的威力。"[3]

美国学者吉尔平分析的导致霸权衰落的诸多因素对今天而言仍有十分重要的借鉴意义。吉尔平在分析霸权国衰落的原因时指出，维持霸权

---

[1] United States National Commission on Fiscal Responsibility and Reform, "The Moment of Truth: Report of the National Commission on Fiscal Responsibility and Reform", December 2010.

[2] ［美］罗伯特·吉尔平著，宋新宁、杜建平译：《世界政治中的战争与变革》，上海人民出版社 2007 版，第 191 页。

[3] ［美］迈克尔·曼德尔鲍姆著，刘寅龙译：《穷酸超级大国：美国在拮据时代的全球领导力》，海天出版社 2011 年版，第 49 页。

秩序的成本大于维持其霸权地位的财政能力，造成霸权国的财政危机。持续的失衡以及造成的财政枯竭不解决，最终将导致霸权国经济和政治的衰落。霸权国经济增长率的降低，国防开支增加，政府和私人消费增加，经济结构偏重服务业，都导致霸权国国防、消费和投资之间的竞争加剧。更使霸权国面临的挑战雪上加霜的是，通过贸易、海外投资和技术转让，财富和经济活动趋向于从旧的经济增长中心向新的中心扩散。这增加了维持霸权的成本，加剧了霸权国衰落进程。[1]

冷战后美国过度扩张从而损害自身经济的例子很多。美学者迈克尔·曼德尔鲍姆曾指出，冷战后美国的单极霸权使其产生了傲慢和大意，而美国的傲慢和草率使其在东欧和中东接连犯下大错。美国在东欧犯下的错误是决定北约东扩。北约东扩打破了苏联领导人从西方对手得到的，而且曾让他们信以为真的诺言。北约东扩的最终结果是俄罗斯人不再相信西方，尤其是美国的诚意。虽然俄罗斯一直公开反对北约东扩，但美国和西方盟友对于俄罗斯的反对置之不理。在他们眼里，俄罗斯"太弱"，根本无力阻止北约东扩进程。但美国的行为恶化了美俄关系，俄罗斯因美国支持北约东扩而引起的对美国的仇恨与反对，最终将会导致美国自身力量的削弱。

曼德尔鲍姆认为伊拉克的灾难在很多方面类似于北约东扩失误，冷战结束后美国处于十分有利的地缘政治环境，使美国的傲慢和疏忽到了为所欲为的程度。美国在2003年3月对伊拉克发动的战争同样使美国人付出惨重的代价。伊拉克战争除了造成重大伤亡和财产损失外，还让美国公众四分五裂，美国在国际舞台上的威望和影响力也大打折扣。[2]

由于缺乏苏联的制衡，美国对外武装干预明显增多。从克林顿政府打着"人道主义"旗号对索马里、海地、波斯尼亚、科索沃的干预，到布什政府以"预防性战争"为名义发动的对阿富汗和伊拉克的战争，虽然这些武装干预成本高昂，但为了维护美国的单极霸权，美国政府仍坚

---

[1] ［美］罗伯特·吉尔平著，宋新宁、杜建平译：《世界政治中的战争与变革》，上海人民出版社2007版，第161—188页。

[2] ［美］迈克尔·曼德尔鲍姆著，刘寅龙译：《穷酸超级大国：美国在拮据时代的全球领导力》，海天出版社2011年版，第90—92页。

持这样的政策,在对外干预时,如果可能的话,通过多边机构,如有必要的话,美国也不排除单干的可能。

美国霸权的基础是经济实力。强大的经济实力是维持强大军力的基础。一国明智的外交战略是尽可能地在国家利益和国家资源间保持平衡。但美国维持单极霸权的战略却促使美国不得不为了维持强大的军力而削弱综合国力的经济基础。因此,尽管冷战后美国初期美国军费开支略有减少,但随着"9·11"事件和美国对外干预的增加,美国仍继续维持庞大的军费开支。1991年美国军费开支占世界总额的47%,到了2006年美国军费占世界总额的66%。虽然坚持美国单极霸权能够持久的人认为,冷战后美国军费平均占美国国民生产总值的4%左右,与冷战期间9%相比已经减轻不少负担。但从另一个指标衡量,冷战后美国经济占全球生产总值的25%左右,但国防支出却占全球的50%。这从长远看显然是不可持续的。

为了解决资源和目标不平衡的问题,一般国家都将面临着或者增加税收,或者减少支出的选择。但在美国目前的政治体制下,美国共和党的重要政治基础是军工产业集团。美国民主党的重要政治基础是广大劳工阶层和少数族裔。美国的政治体制决定了即使冷战结束,美国也要维持庞大军费,但与此同时,美国的政治体制也决定了美国在维持庞大军费时,既不能增加税收,也不能削减社会福利开支。如果税收不能增加,那么是否能通过减少对外防务承担的义务而减少开支？但美国的霸权战略要求美国必须控制欧洲、亚洲和中东地区,这意味着美国必须对上述三个地区的潜在竞争者俄罗斯、中国和伊朗实施防范和遏制政策。这使美国当前的困境类似1900年英国的困境。当时英国面临三个潜在竞争对手是德国、美国和日本。虽然上述三个国家都无力在全球挑战英国的霸主地位,但要英国同时对付上述三国也确实力不从心。英国的战略是对美日妥协,而集中精力对付德国的挑战。美国奥巴马政府曾意识到美国面临的资源与目标不平衡的困境,试图缓和同俄罗斯的矛盾,从中东适当收缩,以便集中精力应对中国的崛起。但特朗普政府的霸权战略是不仅要同时压制这三个潜在的竞争者,还要控制太空、海洋、网络等全球公共领域,这意味着开支也不能减少。税收不能增加,支出又减少不了,结果是美国政府选择了依靠美国的金融霸权来维持庞大的军费开支和国内消费。由于美元是国际主要储备和交易货币，美国可以以很低的成本从国际上大量举债来维持国防军费和国内消费。美国利用美元作为全球主要交易手段力图使全球经济美元化，使全球特别依赖美国经济的国家为美国的财政赤字、国际收支赤字买单，包括间接为美国对外战争和美国公司收购外国公司买单。这就是美国的金融帝国主义。

当然，这样做也是有代价的。冷战后美国持续的财政赤字，加上国内现有的投资和消费支出，美国的总支出开始大于国内的储蓄和收入。国际资本的流入推高了美元汇率，这削弱了美国制造业的国际竞争力。由于美国制造业的衰退，美国的经济结构偏重于国际竞争相对较弱的非贸易行业，尤其是房地产和金融业。伴随着全球供应链中低附加值产业逐步转入新兴经济体，美国的实体经济和出口产业在整体经济的比重不断下降。美国的开支大于收入，以及高估的美元削弱美国制造业的竞争力，结果是美国持续的财政赤字和贸易赤字。冷战时，美国还可以依赖德国和日本为美国的财政赤字和贸易赤字买单。冷战后，中国出于稳定经济和中美两国关系的考虑，也成为美国国债的主要购买国。但问题是特朗普就任美国总统后，采取"美国优先"的政策，动不动就挥舞关税大棒对贸易伙伴发动贸易战，以及利用美国国内法对别国进行经济制裁，这些都损害了美国作为自由贸易推动者和美元作为国际通用货币的信誉。在美国优先的政策下，欧盟、日本和中国是否还愿意长期为美国的财政赤字买单就成为一个问题。

美国寻求尽可能延长美国单极霸权的战略导致美国持续的预算赤字和经常项目赤字。美国政治体制也妨碍了美国采取资源和目标相对平衡的大战略。而美国采取贸易保护主义的政策，以及利用"长臂管辖"工具动辄对别国实施经济制裁的做法削弱了美元作为全球交易货币的地位。这些都加速了美国霸权衰落的进程。所谓"长臂管辖"指的是美国政府依据国内法对外国公民、公司和政府实施司法管辖。涉及"长臂管辖"的美国法律主要有《美国爱国者法案》《全球马格尼茨基人权问责法案》《出口管理法》《美国全国紧急状态法》《国际紧急经济权力法》《反海外腐败法》，以及对古巴、伊朗、朝鲜、利比亚、叙利亚等国的制裁法等。

近年来,"长臂管辖"成为美国在全球推行单边主义的主要手段,涉及制裁的领域包括政治制裁、经济金融制裁、出口管制和海外反腐败执法等。"美国恣意滥用'长臂管辖'带来多重危害。第一,'长臂管辖'的实质是霸凌,将自身利益凌驾于他人之上,严重破坏国家主权平等的国际准则。第二,以自身国内法对他国企业、个人乃至政府部门采取强制性单边制裁措施,严重破坏他国的主权和司法。第三,在美国的霸权下,企业和个人往往不得不通过合规以求自保,面对美国纷繁复杂的法律和制裁体系,运营风险大,合规成本高,对企业正常开展业务和获取收益产生严重干扰。第四,美国动辄把他国企业列入'实体清单'实施禁运的做法严重危害全球供应链、价值链的稳定和安全。"①

美国战略家布热津斯基曾警告道,除了美国国内的政治对立将加速美国的衰退外,不对现实的国家利益加以深思熟虑的外交政策也将使美国陷入危险的境地。他认为,美国存在三种可能衰落的情形。第一种情形是爆发严重的金融危机,令美国和大多数国家陷入毁灭性的经济萧条。如果在这期间美国在海外的军事行动升级并造成严重后果,那么这场灾难在短短几年内就会终结美国全球霸主地位。第二种情形是美国受到因社会、经济和政治改革不利而造成的制度落后,国内持续动荡,其间伴随着生活质量、国家基础设施、经济竞争力和社会福利的不断下降,国内的持续萧条进一步削弱美国的全球影响力及其国际承诺的可信度。第三种情形是美国的国内改革有所成就,但在外交上继续实施帝国主义政策,在海外四处树敌,将资源浪费在那些削弱国力的错误的海外行动上,国内改革的成功也无法弥补帝国主义对外政策所带来的损失。不管出现上述情况的哪一种,美国继续担任全球性领导者的能力都会逐步甚至终结性地衰落。或许到 2025 年,在发生全球性动荡的背景下,美国实际上将失去他自封的"21 世纪主宰者"的头衔。②

---

① 龚婷:《"长臂管辖":美国的胳膊伸得太长》,《半月谈》2019 年第 12 期。
② [美]兹比格涅夫·布热津斯基著,洪漫、于卉芹、何卫宁译:《战略远见:美国与全球权力危机》,新华出版社 2012 年版,第 73—75 页。

第二节 美国的霸权战略与"基于规则的国际秩序"的矛盾

二战以来世界上存在着以联合国为核心的全球秩序和美苏各自主导的资本主义国际秩序和社会主义国际秩序。虽然美国自立国以来一直强调自己的"例外论",但冷战结束使美国失去了外部约束,更加肆无忌惮地推行美国例外的霸权战略,在小布什政府和特朗普政府期间美国强调自己的例外论达到一个高潮。卡根指出了美国例外论的一些特点,美国称想维持国际体系的稳定,但美国自身就是国际稳定的最大破坏者。美国宣扬国际法和国际机构的好处,但美国违反和忽视国际法和国际机构连眼都不眨一下。美国自称是维持现状的国家,但实际上是一个革命的国家。美国拒绝别国干涉美国内政,自己却干涉世界各国的内政。[1] 加拿大学者伊格纳季耶夫则归纳出美国例外论的三大特点:一是美国自己不遵守美国主导制定和通过的全球性条约和国际准则。二是在要求遵守国际行为准则方面美国对朋友和敌人总是采取双重标准。对朋友的违反视而不见,对敌人的违反则严厉制裁。三是美国认为自己的国内法高于国际法。[2]

1945年联合国成立以来,《联合国宪章》规定由联合国安理会,而不是每个国家自身,来决定通过集体安全行动来维持国际的和平与稳定。在使用武力问题上,每个国家,除了自卫外,未经联合国安理会授权都是非法的。主权平等、领土完整、互不侵犯、互不干涉成为以联合国为核心的国际秩序的根本原则。但美国根深蒂固的例外论思想和霸权思想使美国从来没有完全接受以联合国为核心的国际秩序。美国保守派学者卡根承认,美国会为了维持霸权秩序而无视《威斯特伐利亚和约》以来的国家主权原则。他批评美国国内有人主张离岸平衡的战略是错误的,

---

[1] Robert Kagan, "The World America Made", Knopf Publishing Group, 2012, p. 14.
[2] Michael Ignatieff, ed, "American Exceptionalism and Human Rights", Princeton University Press, 2005, pp. 3–9.

不仅不能减少美国的负担，相反，将使美国付出更大的的代价。他指出，在20世纪前50年，由于采取孤立主义和离岸平衡战略，美国卷入两次世界大战。在20世纪后50年，由于美国采取霸权战略，美国不仅赢得冷战，而且在冷战结束后维持了20多年大国间的和平。美国在阿富汗、巴基斯坦、伊拉克、也门和其他地方的军事行动避免了类似"9·11"事件在美国的重演。美国在东亚和太平洋地区部署军队也防止了该地区爆发大规模冲突。

代表美国军工利益集团的美国保守派总是鼓吹对外干涉。保守派学者卡根认为，那种认为美国军费开支太多，对外干涉太频繁是导致美国财政不堪负荷的观点是不对的，因为军费开支像基础设施建设一样也能创造就业，美国对外干涉创造了世界的和平与稳定，有利于美国的经济发展。真正导致美国财政赤字过大的是美国国内福利支出太多。同时，他还批评了美国外交关系协会会长哈斯提出的美国对外战争可分为"可打可不打的"和"必须打的"战争的两分法，认为美国所卷入的对外战争都是可打可不打的。美国有些人认为冷战后美国对外干涉过多，已经偏离美国的正常状况。卡根认为，实际上，每隔一段时间美国就要从事对外干涉行动正是美国的正常情况，自从1898年以来，美国大约采取了25次对外干涉行动：

表 8-1 美国采取的对外干涉行动表

国家	时间
古巴	1898 年
菲律宾	1898—1902 年
中国	1900 年
古巴	1906 年
尼加拉瓜	1910 和 1912 年
墨西哥	1914 年
海地	1915 年
多米尼加共和国	1916 年
墨西哥	1917 年

续表

第二次世界大战	1941—1945 年
第一次世界大战	1917—1918 年
尼加拉瓜	1927 年
朝鲜战争	1950—1953 年
黎巴嫩	1958 年
越南	1963—1973 年
多米尼加共和国	1965 年
格林纳达	1983 年
巴拿马	1989 年
第一次海湾战争	1991 年
索马里	1992 年
海地	1994 年
波斯尼亚	1995 年
科索沃	1999 年
阿富汗	2001—2021 年
伊拉克	2003—2011 年

资料来源：Robert Kagan, "The Price of Power", Weekly Standard, Vol. 16, No. 18, Jan., 2011。

卡根承认，美国的这些干预行动并不都是合法或对的，但他辩解道，总体上美国通过实力建立和保卫的国际体系使整个世界变得更好，使美国变得更好。[1] 因此，他认为虽然美国在创建联合国和起草《联合国宪章》方面起到独特作用，但美国从未完全接受联合国的合法性，特别是联合国宪章有关所有国家主权平等和不可侵犯的原则。[2]

国际法和国际组织是西方所谓的"自由国际秩序"的重要组成部分。《不扩散核武器条约》是战后国际安全秩序的一个重要组成部分。在防止大规模杀伤性武器扩散方面，美国总体上采取是一种"双重标准"的政策。对于同美国关系良好，或同美国享有共同利益的国家，如以色列和

---

[1] Robert Kagan, "The Price of Power", Weekly Standard, Vol. 16, No. 18, Jan., 2011.
[2] Robert Kagan, "Of Paradise and Power", Vintage Books, 2003, 2004, p. 136.

印度，美国认为他们拥有核武器并不影响美国的安全或损害美国的利益，美国只是表面采取不赞同的立场，并不采取积极反对的政策。但对于美国认为的"流氓国家"伊朗、伊拉克和朝鲜，美国采取了积极威慑、遏制和制裁等一系列政策来防止大规模杀伤性武器在这些国家的扩散。同时，2005 年和 2006 年美国同印度签署的民用核合作协议严重损害了国际社会防止核武器扩散的努力。

美国对待伊朗核问题协议（以下称伊核协议）的态度充分反映了美国认为其国内法高于国际法的态度。奥巴马总统上台后，美国决定从中东地区适当收缩，以便将更多资源转移到亚太地区，这就是奥巴马政府的"亚太再平衡"战略。因此，美国政府寻求在伊朗核问题上能够找到一种妥协的办法。由于美国对"P5+1"（联合国五常加上德国）同伊朗的谈判迟迟没有突破感到焦虑，奥巴马政府决定增加对伊朗的压力。首先，美国加大了对伊朗的经济制裁力度。其次，美国伙同以色列开展了代号为"奥林匹克运动"的秘密行动，破坏了数百台伊朗的离心机。美国的经济制裁和秘密破坏活动对伊朗的经济和核计划产生了一定的影响。2013 年 6 月伊朗新当选的总统鲁哈尼表示将通过外交行动寻求解除对伊朗的经济制裁。2013 年 11 月伊朗同联合国五常加上德国达成临时协议，伊朗同意冻结部分核计划，以换取解除部分国际制裁。2015 年联合国五常加上德国同伊朗最终就伊朗核问题达成《联合全面行动计划》协议。根据该协议，伊朗将运行的离心机数量限制在 5000 台左右，并保证在今后 15 年内浓缩轴丰度不得超过 3.67%。伊朗的重水核反应堆将改造只能用于和平核研究，而不能生产武器级的钚。作为伊核协议的一部分，美国同意伊朗政府部门和金融机构将免除二级制裁。

特朗普在竞选总统时就批评伊核协议有许多问题，包括它的日落条款，没有涉及它的导弹计划，以及它在中东地区的活动等。因此，特朗普就任总统后，对美国国会、欧盟、俄罗斯和中国警告道，如果不对伊朗核协议中他所认为的缺陷尽快加以弥补，美国将单方面退出该协议。2018 年 1 月 12 日，特朗普在第三次签署延长伊朗核协议的豁免条款后警告说，这是最后一次延长豁免。尽管欧盟、俄罗斯和中国就美国所关心的问题同伊朗进行了广泛的磋商，国际原子能机构也多次表明，伊朗并没有违反伊核协议，但特朗普主要出于内政考虑还是在 2018 年 5 月单方面退出了伊核协议，并将根据美国相关的一系列国内法，如《伊朗制裁法》《2012 年国防授权法》《2012 年削减伊朗威胁和保障叙利亚人权法》《伊朗自由和反扩散法》等，对在伊朗投资和同伊朗政府和金融机构进行交易的外国实体实施二级制裁。

欧盟对美国单方面退出伊核协议反应强烈。首先，欧盟认为伊朗核协议大大减少了伊朗发展核武器的风险，并削弱了沙特、土耳其和埃及等国寻求大规模杀伤性武器的动机，这有利于改善欧盟周边的安全环境。其次，伊核协议减少了在中东爆发新冲突的风险。美国和以色列一直威胁，如果伊朗发展核武器，美以将对伊朗发动先发制人的打击。欧盟现在深受"伊斯兰国"、叙利亚和伊拉克冲突所带来的大量难民之苦，如果美以与伊朗发生冲突，将产生更多的难民，欧盟的稳定和团结将受到极大伤害。最后，欧盟的许多企业根据伊核协议中有关二级制裁豁免条款到伊朗投资和从事经贸活动，在伊朗没有违反核协议的情况下，美国单方面退出该协议，并对遵守该协议的其他国家的企业根据美国内法实施二级制裁，实际上将严重损害其所谓的"基于规则的国际秩序"。

第三节　对美国霸权出现新的制衡形式

根据现实主义理论，在国际格局是单极的情况下，其他国家为了维护自身的利益和行动自由，通常对霸权国家会采取顺从霸权国家，或对霸权国家采取内在制衡和外在制衡的战略。所谓内在制衡是通过增强自己的实力以增强自己抗衡霸权的能力。外在制衡则指的是一些国家联合起来通过结盟或合作方式抗衡霸权国家。不过，美国的一些现实主义和自由主义学者从维持美国霸权的角度得出的结论是，至少在冷战结束后的十几年里，世界上并未出现真正抗衡美国霸权的行为。

代表现实主义的威廉·沃尔福思主要从全球力量对比的角度解释了其中的原因。沃尔福思认为，在任何国际体系中，如果实力过分集中在最强大的国家中，要对其进行制衡，就要付出极其高昂的代价。在目前的单极体系中，美国的实力同其他大国实力的差距不仅比过去 300 年中欧洲任何大国相比要大很多，而且实力组合也更加全面。1991年后美国所拥有的军事和经济实力优势在近代史上是前所未有的。美国所拥有的优势不仅大大超过大英帝国在鼎盛时期所拥有的优势，而且，在实力的各个方面都拥有优势。虽然美国的军费开支只占美国经济的3%—4%，但是，美国的军费开支几乎占了全世界军费开支的一半。在世界最强大的7个国家中，美国占了军事研发费用的80%，经济生产的43%，高科技生产的40%，以及全部研发费用的50%。过去居于领先地位的国家或者是商业和海上强国，或者是陆上强国，从来没有哪个国家能够做到同时是海上和陆上强国。

同时，美国不在欧亚大陆，而所有的强国或潜在强国都在欧亚大陆，因此，国际体系的权力集中在美国手中对于其他欧亚大陆强国来说威胁相对要小些。一些国家如果企图通过内在制衡抗衡美国，它们将会发现在它们实际上能制衡美国之前，将引发地区性的抗衡。欧亚大陆强国对维持本地区的均势的重视超过抗衡美国，因此任何内在制衡或外在制衡所引起的地区均势失衡将引起地区内其他强国的更大担心。地区强国更担心本地区其他强国称霸，而不是美国在全球称霸，因此地区强国更有可能同美国结盟来抗衡地区其他强国寻求地区霸权。[①]

伊肯伯里则从制度的角度解释为何没有出现制衡美国霸权的现象。伊肯伯里认为，冷战后一个最让人困惑的现象是，虽然两极世界已经解体，全球实力分布已经发生巨大的变化，但并未出现大国间相互对抗制衡，相互竞争的地区集团。相反，美国同欧洲和日本继续保持稳定、合作和相互依赖的关系。他认为，西方政治秩序的特点，制度和民主体制的约束和制约作用降低了西方民主国家进行战略对抗和制衡美国霸权的动力。

他指出，目前的西方秩序形成于第二次世界大战结束后。1945年后的西方秩序主要解决了两大问题，一是与苏联的抗衡问题，二是西方内部实力不平衡和地区对抗问题。政治和制度上的交易促成这两个问题的

[①] William Wohlforth, "The Stability of a Unipolar World", International Security 24, No. 1 (Summer 1999), pp. 5–41.

解决。战后的西方秩序设法解决的问题是，如何在存在巨大实力不平衡的国家间建立持久和相互可以接受的秩序。美国战后建立的合作性国际秩序是建立在一个基本交换条件上的，霸权国家得到中等国家参与战后秩序的承诺，作为回报，霸权国家对自己的权力运用加以克制。弱小国家不必担心受到控制或被抛弃，而处于领导地位的国家也不必运用自己的权力资源维护国际秩序和迫使其他国家顺从。从某种意义上说，西方的秩序实际上是一种宪政秩序，制度可以约束拥有暂时权力优势者的行为，降低了实力不平衡所带来的长期影响。美国的霸权是建立在自由主义基础上的，具有透明性，加之能为中等国家提供机会等特点，使得欧洲和日本相信他们可以留在这种秩序中，并根据它的规则和制度而采取自己的行为方式。美国霸权因其国内制度的开放性和可参与性而变得更加具有善意和易于接受。同时，由于西方秩序的规则和制度已经越来越稳固地根植于西方国家广泛的政治和社会结构中，西方秩序随着时间的推移而变得更加稳定。在过去几十年里，西方秩序的核心制度已经深深根植于参与国家的政治和经济结构，已经制度化，形成依赖性路径，使得大规模改变变得越来越不可能。总之，西方秩序的稳定性建立在以下两个基础上：首先，该秩序的制度降低了权力回报的作用，从而降低了制衡与相对收益竞争的必要性；其次，制度也表现出增加回报的特点，潜在的秩序和潜在的霸权国家越来越难以同现存的秩序和处于领导地位的国家进行竞争并取代他们。[1]

因此，无论是美国的现实主义者还是自由主义者，都认为这次不一样了，美国的单极霸权秩序将维持相当长一段时间。但具有讽刺意味的是，美国寻求维持单极霸权的努力不仅损害了自身的霸权基础，还损害了基于规则的国际秩序的基础。冷战后美国维持单极霸权战略主要试图靠两种方式维持美国在世界上的超强地位：一是美国给发达国家足够的利益补偿，以劝阻它们不要挑战美国的领导地位；二是维持霸权战略所需的军事力量，威慑潜在竞争者，甚至不允许它们追求发挥更大的地区

---

[1] John Ikenberry, "Institutions, Strategic Restraint, and the Durability of Western Order", International Security, 23, No. 3, (Winter 1998/99), pp. 43 – 78.

角色，更不要说全球角色了。这意味着美国不仅要维持全球重点地区欧洲、亚洲和中东对美有利的格局，而且还要维持对全球太空、海洋、电磁、网络等公共领域的控制。但美国维持单极霸权秩序的战略代价太高，导致美国战略上过度扩张，从而损害了美国霸权的根基——经济基础。

冷战结束后，世界进入一个单极格局阶段。美国现实主义者认为由于美国综合实力同世界上其他国家相比过于强大，加之制衡美国的代价巨大，因此即使国际格局力量失衡，国际上也未出现制衡美国的行为。自由主义者则从国际机构的角度认为，美国自愿受自由国际秩序的约束，使得美国的实力对其他国家的威胁不那么大，因此世界上其他国家缺乏制衡美国的动力。尽管美国的现实主义者和自由主义者从不同的角度试图说明冷战后美国主导下的霸权秩序由于缺乏制衡而将长久持续下去，但世界的现实表明美国试图长期维持单极霸权的努力很难成功。正如吉尔平指出的那样，世界上还没有哪一个国家完全控制过一种国际体系。自从世界进入单极格局以来，世界上其他国家对美国进行制衡的活动实际上也从未停止过，只不过是制衡的形式不同而已。

冷战后世界上一些国家通常采取对美国制衡的一种手段是"软制衡"。所谓软制衡指的是参与制衡者认识到在现阶段并没有能力改变世界实力失衡的现状，但试图在现有实力分布的格局下尽力维护自身的利益。美国学者斯蒂芬·沃尔特指出，在当今由美国主导的时代，软制衡是为了获得与美国偏好相反的结果而有意识地协调外交行为。简言之，软制衡就是试图增强限制美国把自己的偏好强加于他人的能力。软制衡试图达到的目标包括：第一，软制衡能够增强这些国家抵抗美国压力的能力。第二，软制衡也是在全球谈判中增强讨价还价能力的方法之一。第三，软制衡意在提醒美国，不能把他国的顺从视为理所当然。第四，软制衡也是与美国关系越来越不确定时两面下注的一种方法。从长远看，软制衡也是为将来能够从根本上挑战美国权力而打下基础。[1]

冷战后世界上一些国家或非国家行为体试图制衡美国的另一种方式

---

[1] ［美］斯蒂芬·M. 沃尔特著，郭盛、王颖译：《驯服美国权力：对美国首要地位的全球回应》，上海人民出版社2008年版，第106—110页。

是内在制衡。所谓内在制衡，就是动员内部资源来抗衡美国。沃尔特认为，内部制衡至少有三种方式，常规军事战略、恐怖主义和获取大规模杀伤性武器。在常规军事领域，由于美国在外层空间、15000米以上的空中作战、1000—2000米外的装甲作战，以及蓝水海战方面拥有的绝对优势，因此弱国都试图避免在美国占绝对优势的领域同美国进行直接正面交锋，而采取不对称战略。

恐怖主义也是较弱的行为体常采用的制衡美国的战略。与其他不对称战略一样，恐怖主义的战略目标并不是直接击败强大的对手，而是一种通过攻击削弱强大对手的斗志，将同情者团结到恐怖主义旗下从而获得成功的战略。通过增加强国的成本，尤其是增加整个社会的成本，恐怖主义战略通过显示强国目前的政策代价高昂因而难以为继，以此寻求改变强国的行为。恐怖主义作为一项不对称制衡战略，其效力在很大程度上依赖于谁能赢得恐怖主义发源地的大多数人的支持。如果对抗美国的恐怖主义团体能够让大家相信，它们是为反抗美国强权和不公这一崇高目标而战的英雄，而如果美国以严厉和不分青红皂白的方式作出回应，那么它仅仅是为恐怖主义暴力活动做了辩护，甚至强化了它们反抗外国压迫的英雄形象。

弱国想获得大规模杀伤性武器的最大动力在于威慑那些潜在的和实际的敌人，使他们不敢威胁自己的重大利益。拥有大规模杀伤性武器将使美国不敢轻易对它们采取征服或政权更迭的政策。美国近期为防止大规模杀伤性武器扩散而采用"政权更迭"的威胁反而事与愿违，因为这些威胁反而增大了这些国家发展大规模杀伤性武器的动力。目前美国最担心的是恐怖组织获取大规模杀伤性武器。如果一个恐怖组织获得大规模杀伤性武器并使用这些武器对抗美国，那么它对美国造成的伤害程度是任何对手不曾达到的，对美国经济、公民自由和对外政策的间接影响也是无法估算的。因此，防止反美的恐怖主义者获得与最具破坏性的武器相关的技术可能是美国对外政策中最优先考虑的事情。[1]

---

[1] [美]斯蒂芬·M.沃尔特著，郭盛、王颖译：《驯服美国权力：对美国首要地位的全球回应》，上海人民出版社2008年版，第111—117页。

制衡美国的另一个策略是试图利用多边机制和国际制度约束美国单边主义的冲动。冷战结束以来，不少国家尝试通过联合国这一多边机制来解决重大国际问题。不过，通过多边机制对美国的约束效果十分有限。2003年，法、德、俄曾试图利用联合国安理会制度阻止美国入侵伊拉克，但未获成功。这表明，"在美国优势突出的领域（比如在动用军事力量方面）和事关重大安全利益领域，用正式制度来'约束'它是无效的。而在安全领域之外，约束战略通常更显成效"。①

制衡美国的方法众多，但另一个制衡美国的策略是试图证明美国的霸权不合法。美国为了以较小的成本维持霸权，会竭力证明美国霸权的合法性。而试图制衡美国的国家则会力图证明美国霸权的不合法。亨利·基辛格曾给合法性下了这样一个定义："合法性意味着所有大国都接受这种国际秩序的基本结构，或者起码是没有哪个国家像缔结凡尔赛条约之后的德国那样对国际秩序如此不满，以至于用一种革命的外交政策来表达自己的不平。一种合法秩序不可能消除冲突，但却能限制冲突范围。战争是有可能爆发的，但都是以现存结构的名义而战。而且，随后而来的和平也将被证明是'合法的'普遍一致这一事实的更有力体现。传统意义上的外交（即通过谈判来调整差异）只可能存在于'合法的'国际秩序中。"②

然而，在一个无政府状态的国际体系中，合法性的来源是什么？沃尔特认为至少存在四种可能的国际合法性来源，美国要证明其霸权的合法，或其他国家试图证明美国霸权的不合法，都是围绕这四个方面展开竞争的。首先，合法性的第一来源是符合现有程序。在国内政治中，赢得一场公平竞选是政治合法性的来源。在国际政治中，按照现存的国际程序行事也被认为是合法的。例如，美国1991年对伊拉克的战争因为得到联合国安理会的特别授权而被认为是合法的，2003年入侵伊拉克，由于未能获得联合国安理会的授权，因此被认为是不合法的。其他国家虽

---

① [美] 斯蒂芬·M. 沃尔特著，郭盛、王颖译：《驯服美国权力：对美国首要地位的全球回应》，上海人民出版社2008年版，第122页。

② Henry A. Kissinger, "A World Restored—Metternich, Castlereagh and the Problems of Peace 1812–1822", Boston: Hougton Mifflin, 1957, pp. 1–2.

然无法阻挠美国追求特定的政策，但谴责美国单边主义是增加美国政治成本的手段之一。合法性第二个来源是特定政策的效果，即如果一项行为令人广泛受益，就会被视为合法。美国倾向于将自己称为一个仁慈的霸权，认为美国帮助了德国和日本的重建和恢复，促进了世界经济的增长，在全世界推广民主和人权，以此来证明其霸权的合法性。美国的反对者则强调美国的一些政策实际上给世界带来巨大的负面结果，以质疑美国霸权的合法性。就美国入侵伊拉克来说，批评者指出，美国并未在伊拉克发现大规模杀伤性武器，伊拉克人民战后的痛苦，以及伊拉克境内持续的暴力，都说明美国入侵伊拉克的不合法性。合法性的第三个来源是符合道德规范。指责美国的行为不道德也是使美国的霸权不合法的一个常用的策略。例如，国际律师联盟和人权团体起诉美国在1999年的科索沃战争和2003年的伊拉克战争中犯下战争罪行，他们指控美国枪杀平民，以及使用了违背现有战争法的武器（如集束炸弹、贫铀弹等）。美军在伊拉克阿布格莱监狱虐囚的残暴行径，美国士兵杀害伊拉克和阿富汗囚徒的事件，以及美国士兵采用的折磨、胁迫和侮辱手段被曝光，都沉重打击了美国努力塑造的恪守最高道德标准、负责任的全球大国形象。合法性的第四个来源是符合"自然"规律。美国人把自己获得全球首要地位看作是特殊的美国特色和德行的"自然的"、不可避免的产物。美国人一直把本国在世界的兴起描绘成开国先父们的政治天赋、美国宪法的优点、对自由个性的强调以及美国人的奉献进取精神的直接产物。质疑美国霸权合法性的人则认为美国的霸权来源于其运气而不是他的德行。北美大陆自然资源丰富，美国所处的地理位置远离其他大国，从而免于卷入欧洲大陆的战争。通过强调美国首要地位的偶然性，反对者就会鼓励其他人视其为临时的和特定历史事件的产物，而不是永恒不变的形势。

  合法性在国际政治中之所以重要，首先是因为如果美国的霸权行为被认为是不合法的，美国要争取国际合作就非常困难。例如，德国前总理施罗德通过对美国的伊拉克政策保持距离而赢得国内公众的支持。其次，美国的行动自由会因为公众的怀疑和反对而受到限制。公众对伊拉克战争的反对，迫使土耳其政府拒绝美国军队自由进入土耳其领土，并利用其军事基地对伊拉克采取军事行动。最后，美国受损的形象也影响了美国公司在海外市场的竞争地位。对美国外交政策的愤怒已经严重影响大量外国客户购买美国品牌的产品，好几个美国著名公司发现它们在海外关键市场的销售额在逐渐下降。[1]

---

[1] ［美］斯蒂芬·M. 沃尔特著，郭盛、王颖译：《驯服美国权力：对美国首要地位的全球回应》，上海人民出版社2008年版，第130—144页。

第九章

经济全球化与全球治理赤字的矛盾

第一节 霸权国的地缘战略与全球产业链供应链稳定性之间的矛盾

经济全球化指的是跨国商品与服务交易及国际资本流动规模和形式的增加,以及技术的广泛传播使世界各国经济相互依赖的增加。英国学者大卫·赫尔德和安东尼·麦克格雷认为,"目前可以确定的是,全球化具有无可争辩的物质方面,例如,可以识别全球贸易、资本和人员的流动。不同类型的基础设施促进了这些——物理方面(如运输和银行系统),规则方面(如贸易规则),符号方面(如英语作为通行语言)——为建立全球性相对持久的相互联系创造了前提条件。"[1] 美国凯托研究所的学者布林克·林赛将经济全球化定义为跨境市场的日益一体化,各国政府对商品、劳务和资本在国际流通的障碍的减少,以及市场经济在国内层面和国际层面的扩展。[2] 中国学者陈德照认为,"经济全球化是一种有着多方面和多层次内容的复杂的社会经济现象。它的本质属性包含两方面内容。一方面,它是人类社会生产力发展的必然结果和客观要求,是商品和生产跨越国界发展的结果。经济全球化,资本主义可以利用它,社会主义也可以利用它。另一方面,迄今为止的经济全球化又同资本主义生产方式的全球扩展有着密切的联系。从生产力发展的角度看,经济

---

[1] David Held and Anthony McGrew, ed., "The Global Transformations Reader", Polity Press, 2000, p. 3.

[2] Martin Wolf, "Why Globalization Works", Yale Nota Bene, 2005, p. 14.

全球化同科技革命、信息产业等的发展有密切的联系。从生产关系的角度看，到目前为止，经济全球化实际上是与资本主义生产方式的全球扩张齐头并进的。"①

经济全球化一方面反映了人类社会生产力发展的客观要求。英国经济学家亚当·斯密和大卫·里加图认为，劳动分工和生产专业化能使世界上稀缺的生产要素得到最优利用，各国根据比较优势的原则实施自由贸易政策将提高世界各国的经济效率，造福消费者，并最大限度地增加全球的财富。伊莱·赫克歇尔和伯蒂尔·俄林进一步发展了亚当·斯密的比较优势理论，认为一国的比较优势和贸易方式在很大程度上是由一国的要素禀赋（如资本、劳力、自然资源）等决定的。日本等国经济发展的成功使人们开始重视政府在有目的地培育一国竞争优势上的作用。美国学者迈克尔·波特注意到，民族文化对经济的影响、资本与劳力的相互关系、服务业的健康程度，以及一国的产业结构，不仅决定了一国国内的竞争环境，也影响该国的国际竞争力。波特教授的研究发现，一国的制造业优势，以及国际贸易优势，完全可以通过企业和政府的决策和政策选择，而不是依靠自然要素禀赋来获得。竞争优势理论挑战了自由贸易理论基础传统的比较优势理论，人们又在竞争优势理论基础上发展出战略贸易理论。该理论主张政府应帮助本国企业在垄断市场的竞争中取胜。一国政府可以通过排除本国企业的竞争对手或提供补贴，帮助本国企业在国内外市场上获得竞争优势。在飞机、芯片和制药等行业，取得领先地位的企业可以通过提高效率和降低价格将竞争对手逐出市场，使这些行业成为垄断行业。当市场出现不完全竞争或垄断竞争时，必须有不同寻常的高额利润存在。美国政府通过巨大的国防订单支持波音公司，英法政府则向空客公司提供直接补贴。发达国家根据战略贸易理论对许多涉及军民两用的高科技行业提供支持，以确保它们在军事上的领先地位和在市场上的垄断地位，从而攫取超额利润。

跨国公司的对外投资也是推动经济全球化的一支重要力量。在解释跨国公司对外投资的动机时，美国经济学家雷蒙德·弗农提出了产品周

---

① 陈德照：《经济全球化对中国的机遇与挑战》，《国际问题研究》1999年第9期。

期理论。每一个产品都要经历导入、成长、成熟到衰退这一周期。在产品导入的初期，跨国公司主要从本国制造基地出口新产品。随着产品成熟，外国公司也能生产类似产品，跨国公司开始在其他国家建立生产设施，以维持其竞争优势和获得垄断利润。英国学者邓宁则从技术进步、区位优势、突破贸易壁垒等方面解释了跨国公司对外投资的动机。通信和运输技术的进步使企业有可能在全球范围内组织和管理生产和提供服务。许多跨国公司利用其区位优势充分利用全球的生产要素。金融市场的一体化和放松管制也方便了对外投资。哈佛大学教授波特提出"价值链"的概念，跨国公司为了增强国际竞争力和获取超额利润，可以选择价值链高端并按生产要素配置的有效方式在全球开展业务活动。[1]

经济全球化又同资本主义生产方式和自由国际秩序的全球扩张同时进行。如果从自由国际秩序向全球扩张的角度看经济全球化，18—20世纪欧美对亚、非、拉的殖民过程可以看作是经济全球化的1.0版本。英国学者霍布森认为，英国海外殖民的冲动在于国内收入和财富分配的不平等，这大大限制了英国工人阶级消费能力，又导致英国的资本家在完全利用其生产能力时无利可图。由于在英国缺乏有利可图的投资机会，英国的资本家们开始到海外建立殖民地为其过剩资本寻找出路。欧洲其他国家的资本家此时也纷纷到海外寻找过剩商品和资本的出口。于是，欧洲主要强国掀起在全球范围内争夺海外殖民地，瓜分世界的浪潮。[2]

工业革命和技术的发展帮助了欧洲海外殖民扩张。蒸汽机船、铁路、电报等的发明大大促进了商品、资本和人员的流动。西方的军事优势也有助于西方对非西方世界的征服。由于工业革命，西方在军事方面拉开了同非西方世界的差距。"西方军队的组织、纪律和训练方面的优势，以及随后因工业革命而获得的武器、交通、后勤和医疗服务方面的优势，也促进了西方的扩张。西方赢得世界不是通过其思想、价值观或宗教的优越（其他文明中几乎没有多少人皈依它们），而是通过它运用有组织的

---

[1] [美] 罗伯特·吉尔平著，杨宇光、杨炯译：《全球资本主义的挑战：21世纪的世界经济》，上海人民出版社2001年版，第311—315页。

[2] James O'Connor, "The Meaning of economic imperialism" in Perspectives on World Politics, ed., by Richard Little and Michael Smith, Routledge, 1991, pp. 278–279.

暴力方面的优势。西方人常常忘记这一事实，非西方人却从未忘记。"①

第二次世界大战结束后，美国主导的经济全球化可视为经济全球化的 2.0 版本。二战后，国际贸易有了较大的发展，成为影响国际经济发展的一个重要因素。1913—1948 年间，国际贸易平均年增长率仅为 0.5%，而 1948—1973 年间，世界贸易的年增长率达到 7%。世界贸易额从 1947 年的 570 亿美元增加到 20 世纪 90 年代的 6 万亿美元。国际贸易的大发展得益于二战后建立的基于规则的多边贸易体系关税及贸易总协定。由于一系列贸易谈判，贸易壁垒已经大大减少。美欧等发达国家进口商品的平均关税已经从 40% 左右下降到 6%。服务贸易方面的壁垒也在减少。技术的进步降低了通信和交通运输的成本，有助于全球贸易的发展。

自 20 世纪 70 年代以来，发达国家资本管制的解除，新的金融工具的发明和通信技术的进步都有助于国际金融体系的一体化。20 世纪 90 年代末全球外汇每天的交易量达到 1.5 万亿美元，而 1997 年全球商品和服务贸易额全年才 6.6 万亿美元。发达国家的共同基金和养老金等过剩资本为了追求高额利润，大多以短期资本的形式跨国流动，这些跨国流动资金数额巨大，速度很快，并具有高度的投机性，使得国际金融市场动荡不安。经济全球化的另一个重要方面是跨国公司的兴起，带动了对外投资的增加。20 世纪 80 年代以来，对外投资迅速发展，大部分对外投资流向美国、中国和西欧。跨国公司对于全球的贸易流向、产业分工、工业布局等产生了重要影响。

美国主导下的经济全球化 2.0 版本受到政治、经济和技术发展等诸多因素推动。通信和交通运输方面的科技进步缩短了时空距离，大大降低了全球贸易、金融和投资的成本。美国主导下创建的布雷顿森林体系和关税及贸易总协定为经济全球化建立了基于规则的国际秩序，有效减少了国际贸易、金融和其他跨国经济活动的壁垒。美国学者吉尔平在评论美国主导的经济全球化时指出："资本管制的解除，全球金融体系的发展，加上对外直接投资壁垒的消除，也加快了生产和服务的全球一体化

---

① ［美］塞缪尔·亨廷顿著，周琪、刘绯、张立平、王圆译：《文明的冲突与世界秩序的重建》，新华出版社 2010 年版，第 30 页。

与区域一体化趋势。无论在工业国还是工业化中的国家，'重视市场'思想的扩散都对经济政策产生了有力影响。以苏联为首的统制经济的解体，第三世界进口替代战略的失败，以及美国和其他工业国家越来越相信'福利国家'已成为经济增长和提高国际竞争力的重要障碍，这些促使人们赞同不干预市场是治疗现代社会经济弊病的良方。席卷全球的改革之风，带来管制的放松、私有化和各国经济的开放。"①

经济全球化导致生产要素在全球的重新调整。中心国家将制造业向半边缘国家转移，经济重心从制造业转向服务业。半边缘国家在努力完成工业化的同时，还积极向价值链的高端发展。边缘国家则在努力完成工业化。由于技术、资金和管理模式在全球扩散，全球的力量分布也发生较大变化。发达国家在相对衰落，发展中国家在迅速崛起。经济全球化在加深世界各国在经济上相互依赖的同时，外部风险也在增加。这突出表现在霸权国家利用广大发展中国家对美国市场、美元和技术的相对依赖，滥用国家安全借口和美元作为全球重要交易手段的地位，为了维护自身的霸权地位，对其认为是地缘战略竞争对手的国家采取提高关税、技术封锁、金融制裁等一系列手段，严重损害了国际供应链的稳定性和可靠性，迫使一些跨国公司为了分散地缘政治风险而不得不转移生产线和分散供应链，这严重扭曲了全球资金、技术和人力根据市场规律而进行的配置，阻碍了经济全球化的顺利发展。

第二节　美元霸权与国际金融体系的缺陷

首先，2008 年的全球金融危机暴露出国际货币和金融体系的缺陷和监管的缺失。在布雷顿森林体系早期，美元发行受到黄金储备约束，但仍无法阻止美国滥用美元国际储备货币地位的情况，导致固定汇率体系的解体。自从 1971 年美国总统宣布美元同黄金脱钩后，国际货币体系进

---

① ［美］罗伯特·吉尔平著，杨宇光、杨炯译：《全球资本主义的挑战：21 世纪的世界经济》，上海人民出版社 2001 年版，第 22—23 页。

入无规则的"浮动汇率制"。世界各国货币进入信用货币时代,也就是说,各国货币的价值在很大程度上依赖的是政府的信用。由于美元和黄金脱钩,美国向世界输出的美元不再具有内在价值,不再有任何实物担保,这使美国成为世界上唯一一个可以无偿向其他国家索取财物、资源和产品的国家。现行国际货币体系的一个重大缺陷在于缺乏对储备货币发行国的监管和制约,美国为了维持霸权,从此可以无限制制造财政赤字和贸易赤字。美国利用美元作为全球主要储备货币的地位滥用美国的主权信用的方式之一是试图"剪全世界的羊毛"。金融学家黄树东认为,从国际货币和金融的角度,经济全球化为美元"制度寻租"打开了方便之门。全球化有两个相配合的过程:出口导向和金融全球化。全球化一方面通过出口导向为发展中国家带来美元储备;另一方面则通过金融全球化把这种美元储备循环回美国,使美国可以用全世界的资源和资本来维持其世界霸权。金融全球化改变了美国同发展中国家的关系,结果是发展中国家金融主权部分丧失,国际金融资本在资本自由流动中拥有越来越多的决策权。因此,全球化是发达国家掠夺发展中国家的实物和财富的方式。[1]

黄树东认为,在美元货币霸权的情况下,美国开始推行全球化,大幅度开放低端市场。全球化是美元制度寻租的重要战略,它为美国政府的财政赤字、庞大的军费开支和美国消费者获得廉价产品,提供了免费的财力支柱。全球化是一个非常残酷的过程,其残酷性不亚于当年大英帝国用炮艇推行自由贸易。全球化是国际金融资本、发达国家政府和国际金融机构对发展中国家联合洗劫的过程。

在这一过程中,美元债务是重要手段。首先,美国通过国际货币基金组织、跨国银行和其他金融机构向发展中国家提供美元贷款。为了偿还美元债务,发展中国家不得不走向出口导向的发展战略,不得不将自己的货币同美元挂钩,从而被纳入美元体系。其次,通过残酷的债务危机和金融危机,进一步打击发展中国家金融和经济的独立性。在拉美和

---

[1] 黄树东:《选择和崛起:国家博弈下的中国危局》,中国人民大学出版社2009年版,第316页。

亚洲金融危机中，国际资本、国际货币基金组织、世界银行和发达国家政府表现得异常冷酷，要求发展中国家推行私有化和市场化，开放资本市场，削减公共开支，实施紧缩的财政和货币政策，导致许多发展中国家的经济危机加深，社会动荡和政权更迭。

为了避免再次危机，发展中国家纷纷将自己的货币紧盯美元，开始尽量储备美元。美联储前主席格林斯潘曾呼吁，为了防止金融风险，发展中国家应至少积累相当于未来一年外债总额的外汇储备。一些发展中国家由于外汇储备过高，为了维持汇率稳定，大量购买美国政府债券，出口导向导致美元储备增加。继石油美元大循环后，另一轮美元大循环——"赤字美元大循环"开始了。这种出口导向和赤字美元大循环迅速将发展中国家整合进全球化经济体系中，为美国的世界霸权、巨额财政赤字、军费开支和美国人消费水平提高提供了财力支持。历史上的帝国通过征战和殖民地掠夺发展中国家的资源和财富，美国则通过债务和市场掠夺世界。

人类历史上所有的帝国都面临无限扩张与有限资源之间难以解决的矛盾。许多帝国在扩张的过程中，由于受到资源的制约而不得不停止扩张的脚步，或出现衰退并最终导致帝国的崩溃。美国通过美元制度寻租和贸易赤字，找到了破解困境的出路。外贸赤字成为美国追求国家利益的有效手段，美国可以通过贸易赤字，不受约束地利用世界资源来追求美国利益。

美国依靠贸易赤字追求美国利益的战略想要获得成功，必须要有国家愿意为了美元而把自己生产的货物输送给美国。没有其他国家的出口导向战略，美国的贸易赤字战略就不可能成功。设想世界上每个国家都追求国际收支平衡，没有一个国家愿意为其他国家生产。在这种情况下，如果美国依然用财政赤字来支撑霸权，大量的财政赤字产生的美元不能作为用以购买其他国家货物和服务的支付手段，从而转化成美国的贸易赤字，美国将面临通货膨胀和利息上升的后果，导致美国个人消费和投资的减少，这就是经济学所说的政府赤字上升导致的"挤出效应"。如果世界仍实行金本位制，美国长期的贸易赤字和财政赤字将导致黄金外流，通货膨胀和利息上升都会导致美国经济的最终衰退。

从表面上看，出口导向和贸易赤字是单纯的市场交换，但这种市场交换违背了市场交换的第一定律：等价交换。这种交换是"印刷纸"和真实货物之间的交换，是剥削的一种形式，是全球化和出口导向的实质。①

国际货币体系另一重大缺陷在于美国国内货币政策目标经常同各国对储备货币的要求产生矛盾。美联储的任务是防止通胀和促进就业。因此，美联储可能为了抑制国内通胀而提高利率，这有可能导致发展中国家的债务危机。又或者，美联储为了保证美国的充分就业而采取低利率政策，这又可能造成全球流动性泛滥。在现行国际货币体系下，"特里芬难题"仍然无解，储备货币发行国无法在为全球提供流动性的同时维持币值的稳定。

因此，现行国际货币体系存在严重缺陷。虽然在成立国际货币基金组织时，该组织被赋予管理国际汇率体系，并在出现"根本性失衡"时建议有关国家调整汇率的职能，但对什么是"根本性失衡"并没有明确的定义，只是包括一个国家国际收支平衡上出现持续的盈余或赤字。当时的英国主张国际收支持续盈余和持续赤字国家在调整方面应尽相同义务，但美国当时是主要盈余国，坚持主要应由国际收支赤字国家进行调整。到了20世纪50年代后期，美元荒变成了美元泛滥，美国的政策才有所调整。1961年，经济合作与发展组织第三工作小组开始负责监管和协调发达国家的货币政策。直到20世纪60年代后期，美国的立场是适当的调整机制应包括财政政策和货币政策，但不包括汇率政策，当时美英都坚持美元和英镑的汇率政策不属于国际监管的范围。但财政政策和货币政策都同内政联系过于密切，因此美英的政策对于促进国际货币监管和政策协调方面没有发挥作用。到了20世纪60年代末，西欧和日本成为国际收支盈余大国，美国开始要求德国和日本的货币升值。但德日认为国际收支赤字国也应进行相应的调整，因为美国的扩张性宏观经济政策对导致国际收支的不平衡也负有重大责任。由于国际收支盈余国和国际收

---

① 黄树东：《选择和崛起：国家博弈下的中国危局》，中国人民大学出版社2009年版，第321—324页。

支赤字国就恢复国际收支平衡而必须采取的调整责任分担问题上缺乏共识，导致布雷顿森林体系固定汇率的崩溃。

在1976年国际货币基金组织牙买加年会上，美国和法国合作推动国际货币基金组织通过相关协议，使浮动汇率合法化，并加强对所有成员国汇率机制的监管。但在浮动汇率下发达国家收支盈余国和赤字国关于调整代价分配问题仍未取得共识。美国坚持国际收支盈余国应该采取货币升值或采取扩张性财政政策以增加进口。进入21世纪，美国经常项目赤字持续扩大，西欧、日本、石油出口国，以及亚洲新兴市场经济国家成为贸易顺差国，全球经济出现的不平衡现象威胁到全球经济的稳定。国际经济失衡的主要原因是美国为了维持霸权而保持庞大的军费，同时为了减少国内的反战情绪而实施减税和从国外借贷的政策，外资的流入使美元坚挺，导致美国持续的贸易赤字和经常项目赤字。而美国的贸易赤字又推高了美国国会的贸易保护主义情绪。国会通过一系列立法要求贸易谈判代表确定不公平贸易国家名单，要求财政部确定"操纵汇率国"名单。美国行政部门根据国会立法要求贸易顺差国采取必要措施以减少全球经济的失衡现象。自2005年以来，美国主导的七国集团要求中国的人民币升值，增加国内消费和减少经济增长对出口的依赖。2007年6月，国际货币基金组织执行董事会通过了"对成员国政策进行双边监督的决定"，将对成员国监督的重点放在汇率上。许多发展中国家反对国际货币基金组织执行董事会的决定，认为监管的重点应该放在成员国的宏观经济政策上。

国际货币基金组织独立评估办公室于2007年发表的一项研究报告认为，基金组织对汇率的监管是无效的，而且，许多国家强烈感觉到基金组织对成员国汇率问题实施监管的过程是不公平的。[1] 国际货币基金组织对发达国家缺乏监管，而对发展中国家监管严厉，主要是因为发达国家控制了该组织。国际货币基金组织的决策机制确保了发达国家的主导权。该机构的决策机制是，一般问题需要50%的投票通过，重大问题则需要

---

[1] Rosemary Foot and Andrew Walter, "China, the United States and Global Order", Cambridge University Press, 2011, p. 91.

85%的投票通过。在该机构的份额改革前，美国拥有16.77%的投票权，足以在重大问题拥有否决权。七国集团拥有44.44%的投票权，再上其他发达国家的投票权，远远超过50%。这种决策机制一方面保证了美欧等发达国家和地区通过控制50%以上的投票权从而控制了一般议题的决策权。另一方面，美国通过控制16.77%的投票权控制了在重大问题上的否决权，确保美国利益在任何情况下都不会受到损害。在这样的决策机制下，发达国家可以通过任何提案，而100多个发展中国家如果没有发达国家的支持，则不可能通过任何提案。

2008年的金融危机充分暴露了现行国际货币管理体系的缺陷。世界各国在金融危机后所面临的重大挑战是如何重建国际货币秩序。首先，为了防范重大国际金融危机，稳定国际经济，弥补现行国际货币管理体系缺陷的方向之一是国际储备货币的多元化。通过多元储备货币之间的竞争，来保证国际货币体系的平稳运行。其次，应对国际货币基金组织的决策机制进行改革，通过份额改革和治理改革提高国际货币基金组织的合法性和有效性。通过公平、公正的监管机制来维护国际货币体系的稳定。为了避免出现成员国份额严重偏离经济现实的情况，国际货币基金组织应建立某种份额自动调整机制，以便及时反映各成员国在世界经济发展中地位相对变化的情况。经过2008年和2010年两次份额和投票权改革，发展中国家在该机构的份额和投票权有所增加。

表9-1 2008年和2010年国际货币基金组织改革后
各国的份额和投票权

前十会员	2008年改革后			2010年改革后		
	份额（%）	投票权（%）	排名	份额（%）	投票权（%）	排名
美国	17.67	16.73	1	17.41	16.48	1
日本	6.56	6.23	2	6.46	6.14	2
德国	6.11	5.80	3	5.59	5.31	4
法国	4.51	4.29	4	4.23	4.02	5

续表

前十会员	2008 年改革后			2010 年改革后		
	份额(%)	投票权(%)	排名	份额(%)	投票权(%)	排名
英国	4.51	4.29	5	4.23	4.02	6
中国	4.00	3.81	6	6.39	6.07	3
意大利	3.31	3.15	7	3.16	3.02	7
沙特	2.93	2.80	8	2.10	2.01	12
加拿大	2.67	2.55	9	2.31	2.21	11
俄罗斯	2.49	2.39	10	2.71	2.59	9
印度	2.44	2.34	11	2.75	2.63	8
巴西	1.78	1.71	14	2.32	2.22	10

资料来源：Christopher Legg, "International Cooperation in a time of Transition", Wilson Center, p.170.

在 2008 年机构改革前，发达国家份额和投票权分别为 60.5% 和 57.9%，发展中国家相应比例为 39.5% 和 42.1%。2010 年改革后，发达国家的份额和投票权分别为 57.7% 和 55.3%，发展中国家则上升为 42.3% 和 44.7%。发达国家仍主导着国际货币基金组织。当然，国际货币基金组织份额调整意味着成员国之间权力和利益的再分配和再调整，目前主导该机构的发达国家不会轻易放弃他们的特权和既得利益。美国国会直到 2015 年才通过相关法案同意接受国际货币基金组织 2010 年的改革方案，反映出美国十分不情愿接受新兴经济体在国际经济机构影响力增加这一事实。在该机构中实现发达国家和发展中国家相对平衡的份额和投票权将是一个漫长的讨价还价过程。

同国际货币基金组织份额和投票权改革同样重要的是对该机构监管机制的改革。长期以来，该机构注重对发展中国家的汇率机制进行监管，而疏忽对发达国家宏观经济政策的监管。在纠正国际经济失衡中，不仅国际收支盈余国需要进行调整，国际收支赤字国更应进行调整。过去发达国家主要依靠美、德、日中央银行和七国集团进行宏观经济政策和汇率政策协调,削弱了国际货币基金组织在宏观经济政策协调和汇率监管上的作用。2008年金融危机后,发达国家发现七国集团已无力应对经济全球化带来的挑战。法国前总统萨科齐和德国前总理默克尔建议成立类似联合国安理会的联合国经济理事会,讨论全球经济合作问题。美国认为在全球宏观经济协调机制建设方面,不能让欧洲抢了风头,决定召开二十国集团领导人会议,讨论如何应对2008年的金融危机。2009年二十国集团伦敦峰会决定要加强金融监管,成立金融稳定理事会,对国际货币基金组织和多边开发银行进行改革。

第三节　自由贸易与贸易保护主义的矛盾

关税及贸易总协定以及后来的世界贸易组织在推动经济全球化方面发挥了重要的作用,但多哈回合谈判的失败表明,在全球贸易治理方面也存在许多问题。世界贸易组织的决策机制是一国一票,但发达国家通过自己的市场规模、经济和金融实力来控制该组织的议程设置。1995年生效的乌拉圭回合谈判充分反映了这一点。乌拉圭回合谈判的议程包括了服务业、知识产权和外国直接投资等议题。美国经济学家约瑟夫·斯蒂格利茨指出,1994年结束的乌拉圭回合谈判对美欧来说是一大成就,但对撒哈拉以南的非洲国家却是不利的。由于贸易条件的不利影响,这些国家的收入减少了约2%。发达国家一直要求发展中国家为他们的产品开放市场,并取消补贴,但是发达国家却仍对发展中国家的纺织品和农产品维持他们的贸易壁垒,并对他们自己的农产品实行补贴,而纺织品和农产品恰恰是发展中国家有比较优势的产品。发达国家声称乌拉圭回合最大的成果之一是将贸易自由化扩大到了服务业。但是被列入议程的是发达国家有竞争优势的金融业和信息技术行业,而发展中国家有竞争优势的建筑业和海运业则被排除在外,这充分说明了贸易自由化是以不公正的方式进行的。在决定国际经济谈判的议程方面,发达国家的特殊利益集团起了十分重要的作用。以乌拉圭回合讨论的与贸易相关的知识产权协议为例,根据这个知识产权协议,发展中国家将无法使用某些挽救生命的药物。但最终通过的与贸易有关的知识产权协议反映的是发达国家制药公司和其他公司的观点,它们并不关心病人的利益,而是坚持认为对知识产权的保护越强越好。①

美国学者约翰逊则从贸易和知识产权保护等方面揭露了发达国家通过乌拉圭回合谈判对发展中国家的剥夺。美国政府启动乌拉圭回合贸易谈判(1986—1994年)的主要成果是通过《农业协定》《与贸易有关的知识产权协定》以及成立了世界贸易组织,从而实现了美国政府的两个主要目标:调节发达国家之间的贸易摩擦;防止发展中国家利用贸易实现工业化,从而威胁到新自由主义的全球经济结构。在乌拉圭回合的农业谈判中,美国和欧盟将第三世界排除在外,彼此就农业贸易规则达成了协议。根据美欧间的农业贸易协议,禁止发展中国家保护农业,但他们自己的农业补贴却被容许。西方国家全部农业补贴的水平从1995年世贸组织成立起的1820亿美元上升到1997年的2880亿美元和1998年的3620亿美元。到2002年,欧盟的农业补贴是所有发达国家给予穷国海外援助总额的6倍。结果是美欧农产品大量涌入发展中国家,而发展中国家的制成品出口却没有相应增加。欧美的农业补贴不仅沉重打击了发展中国家的农业,而且世界贸易组织的《与贸易有关的知识产权协定》又旨在防止发展中国家以今天发达国家在其经济成长过程中用过的同样方式复制或窃取专利技术。该协定提供给跨国公司至少20年专利保护期,并将争端举证的负担强加于假定的违反者。这是发达国家踢开梯子防止发展中国家追赶的一个明显例证。②

约翰逊还认为,美欧的制药公司和综合农业集团从世界贸易组织获取了最大利益。在药品方面,发展中国家要求他们获准进口或制造目前被世界贸易组织禁止的专利药物的廉价同类复制品来应对严重的公共健康问题。除美国外,所有世界贸易组织成员都倾向放松《与贸易有关的知识产权协定》关于药物的严格解释。美国却要求将豁免限制在艾滋病、疟疾、结核病及若干热带疾病的治疗方面。在农业方面,《与贸易有关的

---

① [美]戴维·赫尔德等著,童新耕译:《驯服全球化》,上海译文出版社2005年版,第34—37页。

② [美]查默斯·约翰逊著,任晓、张耀、薛晨译:《帝国的悲哀:黩武主义、保密与共和国的终结》,上海人民出版社2005年版,第315—316页。

知识产权协定》第一次给予各公司获得生物尤其是种子专利的权利。发达国家的一些种子公司，如孟山都、诺维信和杜邦等就是利用世界贸易组织的这些规则从发展中国家中榨取超额垄断利润。对《与贸易有关的知识产权协定》滥用的另一个例子是"生物盗版"。发达国家的一些公司和大学获取发展中国家已知并经常使用了几个世纪的植物专利，随后向发展中国家榨取专利费。一个经典的案例是，1997 年，美国得克萨斯州埃尔文市的赖斯泰克有限公司企图获取一种已经在南亚次大陆上收种了两个世纪的杂交印度巴斯马提稻米的专利，结果遭到发展中国家的普遍谴责。因此，他得出的结论是："世界贸易组织体系是一个富国对穷国使用的，具有欺骗性却极为有效的经济帝国主义工具。"①

尽管乌拉圭回合谈判在减少贸易壁垒方面取得引人注目的进展，但发达国家和发展中国家长期争论的问题，如农业问题、制成品市场准入问题、服务贸易、规则制定和发展问题仍未得到解决。2001 年 11 月，世界贸易组织在卡塔尔首都多哈举行的部长会议上决定举行多哈回合谈判，旨在削减贸易壁垒，通过创造更公平的贸易环境促进全球经济发展。谈判议题包括农业、非农产品市场准入，服务贸易，规则谈判，争端解决，知识产权，贸易与发展，以及贸易与环境等。但由于发达国家和发展中国家在削减农业补贴和农产品进口关税，以及降低制成品关税等方面分歧太大，2006 年 7 月多哈回合贸易谈判宣告失败。

自二战以来，美国为首的西方发达国家一直主导国际贸易谈判的议程和贸易规则的制定，多哈回合谈判的失败表明，发展中国家成功阻止了西方的贸易谈判议程，并挑战了西方在贸易谈判中的主导地位。发展中国家在世界贸易组织谈判过程中影响的增大，使发达国家一方面更多转向双边和地区组织在十分有利于发达国家的条件下开展贸易谈判，另一方面也试图推动世界贸易组织的改革，使发达国家能重新主导世界贸易组织议程。发达国家推动世界贸易组织改革的一项重要内容就是希望取消发展中国家在该组织中享受的特别和区别待遇。2019 年 1 月 16

---

① ［美］查默斯·约翰逊著，任晓、张耀、薛晨译：《帝国的悲哀：黩武主义、保密与共和国的终结》，上海人民出版社 2005 年版，第 316—317 页。

日，美国提交《一个无差别的世界贸易组织——自我认定的发展地位威胁体制相关性》文件，认为将世界贸易组织成员划分为发达国家和发展中国家已经过于简单和明显过时，并不能反映2019年的发展状况。所有世界贸易组织规则适用发达国家，但只有部分规则适用于"自认为"的发展中国家，结果是世界贸易组织谈判是为少数成员制定更高的标准，而大多数成员都允许享受灵活性和例外。美国建议，如果一国被世界银行列为"高收入国家"，是经济合作与发展组织成员，是二十国集团国家，占全球贸易额0.5%以上，便不应再享受发展中国家地位。

2019年2月15日，中、印、委内瑞拉和南非反对美国提案，并联合发表《惠及发展中成员的特殊和差别待遇对于促进发展和确保包容的持续相关性》文件。指出差别特殊待遇一直是多边体制的基础条款。特殊和差别待遇一直被理解为一种确保谈判结果能够适应经济发展水平差异以及接纳发展中成员国能力受限的一项原则。这将使发展中国家有空间调整贸易一体化，以帮助它们实现可持续增长、扩大就业和减少贫困的目标。发达国家通过反对特殊和差别待遇实现其经济利益最大化，加剧了不公平现象。所有国际组织都以发达国家和发展中国家二分法来描述当今全球经济结构。发展中国家在经济发展水平、产业结构、竞争力等方面同发达国家存在巨大差距。在世界贸易组织中，评价发达和发展的标准以人均国内生产总值、贫困率、营养不良率为基础。2017年，美国、加拿大、澳大利亚、新西兰、欧盟的人均国内生产总值分别是59531美元、45032美元、53800美元、42941美元、33715美元，中国、印度、南非、巴西的人均国内生产总值都在10000美元以下。世界贫困人口比例最高的10个国家是：印度（35.6%）、尼日利亚（6.3%）、埃塞俄比亚（5.9%）、巴基斯坦（5.4%）、孟加拉国（4.5%）、中国（3.9%）、刚果（3.7%）、印度尼西亚（2.7%）、坦桑尼亚（2.1%）、乌干达（1.7%）。在服务贸易、知识产权、全球价值外围赛增值贸易方面，2016年发展中国家人口占全球的85%，他们的贸易份额在全球服务出口中低于30%。1995年，欧盟、美国和日本知识产权费用分别为147亿美元303亿美元和67亿美元。到2017年，这一费用分别涨到1441亿美元、

1279 亿美元和 417 亿美元。2017 年三方的知识产权费用分别是中国（48 亿美元）的 30 倍、27 倍和 9 倍；是印度（7 亿美元）的 206 倍、183 倍和 60 倍；是巴西（6 亿美元）的 240 倍、213 倍和 70 倍。

美国声称的所有规则只适用少数发达国家论断是站不住脚的。首先，发展中国家的能力受限持续存在是一个事实，乌拉圭回合中普遍存在"规则赤字"和"发展赤字"现象；其次，发达国家并未遵从多边贸易规则，而是制定了许多例外条款，这些例外条款实质上是发达国家的特殊和区别待遇。关税及贸易总协定禁止缔约国实施超过减让表规定的贸易壁垒和进口关税，美国则根据自身的豁免条款对农产品实施数量限制。发达国家通过一系列短期、长期协议对纺织品和服装新产品设立进口壁垒。乌拉圭回合的《农业协定》加剧了许多扭曲现象的存在。发达国家能够向本国农业生产者提供多达 1600 亿美元的补贴。20 世纪 90 年代，发达国家将《补贴与反补贴措施协议》中将研发活动的补贴列为非可诉性补贴。当发展中国家开始有能力对研发进行补贴时，发达国家又将对工业化和现代化很重要的补贴变成可诉补贴。

因此，中印等国指出，对世界贸易组织的相关性、合法性和有效性的真正威胁是与世界贸易组织不一致的保护主义和单边主义，上诉机构成员遴选过程的受阻，以及多哈回合谈判的僵局，而不是发展中国家自我声明（发展中国家）的地位。特殊和区别待遇是发展中国家一项基本权利，每一个发展中国家需根据自身具体情况，自行决定是否、何时、何地、如何使用特殊和区别待遇条款。任何其他成员都无权干涉这种自行声明的权利。任何削弱特殊和区别待遇的企图都将与公平和公正这一基本前提相冲突，而公平和公正是世界贸易组织成员多样性背景下订立国际条约框架的基础。[①]

无论是英国主导的经济全球化 1.0 版本，还是美国主导的经济全球化 2.0 版本，除了技术的进步和资本的逐利性推动经济全球化外，主导国的领导作用和大国的合作在推动经济全球化方面发挥重要的作用。不过，

[①] 《中印等关于发展中国家问题的联合文件（概要）》，微信公众号：《国际贸易法评论》。（上网时间：2019 年 2 月 25 日）

自从2008年全球金融危机以来，美国已经从推动经济全球化的主导力量变成"逆全球化"的主导力量。欧盟和日本在维护西方主导的自由国际秩序方面与美国有共同利益，但与美国采取"美国优先"政策损害欧盟和日本珍视的自由贸易方面又有分歧。以中国为代表的新兴市场国家成为推动公平和公正经济全球化的新兴力量。

第四部分

百年未有之大变局与21世纪国际秩序

2017年12月28日，习近平总书记在接见回国参加2017年度驻外使节工作会议的全体使节时的讲话中指出"放眼世界，我们面对的是百年未有之大变局"。[①] 影响未来国际秩序的演变主要受三大因素影响：国际体系力量分布变动情况、国际体系中主要大国对当前国际秩序的接受程度，以及全球治理赤字所提出的新的全球治理要求。

我们前面提到，美国智库兰德公司和大西洋理事会的有关研究报告认为未来国际秩序有可能演变成宪政、大国协调、大国对抗等几种可能性。中国倡导的建立"人类命运共同体"的国际秩序倾向于推动国际秩序朝宪政和大国协调的方向发展，但美国政府目前并不接受中国上述国际秩序的倡议。特朗普政府坚持"美国优先"的战略实质是为了尽可能长时间地维持美国的全球霸权，并试图推动未来国际秩序朝大国对抗方向发展。美国拜登政府虽然在内政方面对特朗普政府的政策有所修正，但在外交战略上，美国仍将中国和俄罗斯看成是对美国霸权秩序的最大威胁。不过，从全球力量对比变化的角度，从美国霸权秩序合法性的角度，从应对全球治理赤字的角度，以及从美国国内治理的角度分析，美国霸权秩序的衰落不可避免。欧盟由于人口老化，经济增长缓慢，在第四次工业革命开始阶段落后于美国和中国，因此，虽然希望将自由国际秩序扩展至全球，但想在应对全球治理赤字方面发挥领导作用却显得力不从心。欧盟和美国在维持自由国际秩序方面有共同利益，同中国在维持多边主义、坚持自由贸易和应对气候变化等全球性挑战方面有共同利益。

回顾大国兴衰和国际秩序变迁的历史，我们发现，大国兴衰同国内治理好坏和应对外部挑战的能力密切相关。国内治理和应对外部挑战的成功将导致大国的兴起，反之将导致大国的衰落。大国的衰落同国际秩

[①] 张蕴岭主编：《百年大变局：世界与中国》，中共中央党校出版社2019年版，第1页。

序变迁密切相关。在当前百年未有之大变局面前，美中关于未来国际秩序之争，按照国务委员兼外交部部长王毅的话说，涉及是开放还是封闭，是合作还是对抗，是共赢还是零和？大国做出什么样的选择，将会牵动世界未来发展，也攸关人类的前途命运。① 未来21世纪的国际秩序，在很大程度上取决于美欧是否能重振国内经济，完善国内治理体系，并防止对外扩张过度，以及中国是否能顺利推行国家治理体系和治理能力的现代化，采取积极有为和明智的外交政策。

---

① 王毅：《进入新时代的中国外交：开启新航程，展现新气象》，载苏格主编：《世界大变局与新时代中国外交》，世界知识出版社2018年版，第3页。

第十章

国际格局的巨大变化

第一节 "从西化到东方化"[①]

2004年,美国国家情报委员会发表了一份题为《展望全球未来2020》的报告,认为国际体系正经历重大变化。亚洲一系列新兴经济体正在崛起,俄罗斯在重新加强其在欧亚大陆的地位。尽管有新兴经济体的崛起,以及全球化带来的混乱,今后15年爆发大国间战争的可能性不大。美国在塑造今后15年的国际秩序方面扮演独特的角色。美国在政治、军事、经济和科技方面的优势至少在2020年前将无可匹敌,这意味着这一时期仍将是美国单极时代,美国在塑造将不同的地区和利益整合起来的国际新秩序方面享有众多优势。

仅仅过了4年,2008年11月,美国国家情报委员会发表了一份语调完全不同的报告。在这份题为《全球趋势2025:转型的世界》的报告中,美国国家情报委员会认为,由于新兴经济体的崛起,一个全球化的经济、相对财富和经济实力从西方到东方的历史性转移,以及非国家行为体影响的增加,到2025年,自二战以来构建的国际体系将会变得难以辨认。随着发达国家和发展中国家综合实力的差距日益缩小,2025年的国际体

[①] 英国学者吉迪恩·拉赫曼在其著作《东方化》一书中,第一节的标题就是《从西化到东方化》,本书这一节标题借用了拉赫曼书中的提法。

系将是一个全球多极体系。①

不仅美国的情报界注意到国际体系的变化趋势，美国的一些学者也注意到了国际格局的变化。就在美国国家情报委员会发表《全球趋势2025：转型的世界》报告的那一年，美国学者法里德·扎卡利亚发表了《后美国世界：大国崛起的经济新秩序时代》一书，他在前言中指出，在过去500年来，世界范围内已经发生了三次结构性的权力转移。每一次权力转移都是权力分配的根本性调整，都重新塑造了国际政治、经济和文化生活。第一次权力转移是西方世界的崛起。西方崛起的进程始于15世纪，到18世纪末期，这一进程大大地加快了。它创造了我们所熟知的现代化——科学和技术、商业和资本主义、农业革命和工业革命，同时也创造了西方国家长盛不衰的政治主导地位。

第二次权力转移是美国的崛起，它发生在19世纪行将结束之际。美国实现工业化不久，就成为自罗马帝国以来最强大国家，并且也是人类历史上唯一一个这样的国家：其他国家无论怎么联合也没有他强大。美国在20世纪的大部分时期，主导着全球经济、政治、科学和文化。在过去的20年间，美国的优势无人可比，这是现代历史上绝无仅有的现象。

目前，我们正经历现代历史上的第三次权力大转移，这次权力转移可以称之为"他者的崛起"。在过去的几十年间，全世界所有国家的经济都在快速增长，而且增长率之高在过去是不可想象的。最明显的增长发生在亚洲，但目前已经远远超出这一地区。正因为如此，把这次权力转移称为"亚洲的崛起"是不恰当的。②

扎卡利亚并不认为第三次权利转移主要是亚洲的崛起所引起的，只是笼统称为除了美国之外的世界上其他国家的崛起。英国《金融时报》专栏作家拉赫曼则明确指出，第三次权力转移主要是由于亚洲的崛起使世界力量中心开始从西方转向东方。拉赫曼认为，从15世纪航海地理大

---

① 美国国家情报委员会2004年和2008年的两份报告内容均引自 Dr. Eric S. Edelman, "Understanding America's Contested Primacy", Center for Strategic and Budgetary Assessments, October 21, 2010, pp. 2–3.

② [美]法里德·扎卡利亚著，赵广成、林民旺译：《后美国世界：大国崛起的经济新秩序时代》，中信出版社2009年版，第VIII–X页。

发现时代开始,世界经历了一个西化的过程。由于资本主义发展和工业革命,西方的势力从西欧向美洲、非洲和亚洲扩展。美国的崛起延长了世界西化的过程。不过,随着世界西化进程进入尾声,世界开始了东方化的过程。二战后民族解放运动和非殖民化浪潮导致一系列亚洲国家的独立,这为亚洲的经济发展和全球政治权力的转移奠定了政治基础。日本、韩国和东南亚在美国的保护伞下实现经济起飞显示了亚洲经济发展的巨大潜力。但是直到20世纪80年代和20世纪90年代中国与印度先后加入经济全球化的浪潮,亚洲的经济潜力才完全显现出来。中国崛起的速度尤为惊人。英属哥伦比亚大学教授蒂伯简的研究表明,1990年,中国经济规模仅相当于美国的6%。到2000年这一数字也仅为12%,到2008年,这一数字是30%,到了2011年中国经济规模是美国的一半。如果按购买力平价计算,中国崛起的速度更为惊人。根据购买力平价,2008年中国的经济规模相当于美国的58%,到2012年这一数字上升到80%。

中美实力对比的变化仅仅是西方和亚洲实力对比变化的一个缩影。经济合作与发展组织成员国主要由包括日本在内的西方发达国家组成,1990年其经济总量占世界的62%,但到了2011年,经济合作与发展组织成员国的经济总量不到世界的50%。经济合作与发展组织失去的份额基本上由亚洲填补了。在英国《经济学家》杂志经济信息社工作的科基克研究表明,按照购买力平价计算,北美和西欧的国内生产总值将从2010年占世界的40%下降到2050年的21%,与此同时,亚洲的发展中国家的国内生产总值将增加到48.1%。中国的国内生产总值将从13.6%增加到20%。英国伦敦经济学院的教授丹尼·奎赫研究世界经济重心的移动问题。他研究了全球不同地区的经济活动,发现世界经济发展的重心正在迅速东移。他指出,1980年,世界的经济重心在大西洋之间。到2008年,由于中国和亚洲其他国家的崛起,全球经济的重心移到了赫尔辛基和布加勒斯特以东。他预测到2050年,世界经济的重心将会移到印度和中国之间。①

---

① Gideon Rachman, "Easternisation", Bodley Head, 2016, pp. 21-32.

拉赫曼认为，促使当前全球力量转移的最根本原因非常简单，就是人口因素。20 世纪 80 年代，日本经济的迅猛发展曾导致美国担心日本会超过它。但日本人口 1990 年仅 1.2 亿，由于人口数量太少，单凭日本一国不可能左右全球力量的平衡。只是到了中国和印度这两个人口都超过 10 亿的国家经济上的崛起，情况就不同了。到 2025 年，全球 2/3 的人口将居住在亚洲。届时美国的人口仅占世界的 5%，欧盟仅占 7%。根据瑞典学者汉斯·罗斯林的研究，目前全球人口分布可以简单概括为"1114"，即目前全球 70 亿人口中，欧洲有 10 亿，美洲有 10 亿，非洲有 10 亿，亚洲有 40 亿。到 2050 年，世界人口将增至 90 亿，届时欧美分别仍保持在 10 亿左右，但非洲将增至 20 亿，亚洲则将增加到 50 亿。过去数百年来，由于西方在经济和技术方面的巨大优势，使得西方能够主导国际事务和世界经济，尽管西方在人口方面占劣势。但在过去两代人的时间里，亚洲经历了迅速的经济发展，使得东西方之间的经济差距足够缩小，使得人口差异开始影响到全球的力量平衡。[①]

除了拉赫曼指出的人口因素外，地缘政治因素也是影响全球力量转移的一个重要因素。美国的地缘政治考虑是影响相关国家经济发展外部环境的一个重要因素。美国 1951 年支持联邦德国加入关税及贸易总协定和 1955 年支持日本加入关税及贸易总协定，为联邦德国和日本的经济复苏创造了良好的外部环境。美国 2001 年支持中国加入世界贸易组织对于改善中国经济发展的外部环境也起了重要作用。

1948 年 3 月，凯南在考察完日本后向国务卿马歇尔提交的考察报告中建议，必须从在国际上遏制苏联，在日本国内防止社会主义化这种双重视点上修正对日政策。美国对日政策的中心目标，是将日本和菲律宾一同作为太平洋地区美国安全保障体系的基础。为此，就必须促进日本经济的复兴。就在凯南考察日本的同一时期，美国陆军部副部长小威廉·德雷帕和美国纽约化学银行主席珀西·约翰斯顿为团长的代表团也在日本考察。约翰斯顿其后提交的报告也建议美国亚洲政策必须以日本经济复兴为中心，提出削减日本的战争赔偿与提供复兴援助相结合的原

---

① Gideon Rachman, "Easternisation", Bodley Head, 2016, pp. 6 – 7.

则。1949年5月6日，美国国家安全委员会批准了国务院和陆军部共同起草的国家安全委员会第13/3号文件，决定停止实施日本赔偿计划，并取消1947年7月确定的"按国分配"原则。1949年9月，美国陆军部副部长T.沃里斯在日本考察期间与麦克阿瑟就美对日政策交换了意见，双方一致认为，应限制日中贸易，鼓励日本同东南亚地区的经济发展。[①]

1951年9月有关讨论对日和约的会议在美国的旧金山召开。美国在排除了中国，以及不顾苏联反对的情况下，强行通过了对日《旧金山对日和平条约》。该条约规定日本放弃对朝鲜、台湾和澎湖列岛、千岛群岛和南库页岛的一切权利，但有意没有明确说明这些领土应该归还失去这些领土的国家。这就为以后日俄、日中、日韩领土纠纷埋下了种子。[②] 在签署《旧金山对日和平条约》后，美国国务卿杜勒斯和日本首相吉田茂签署了美日同盟协定。杜勒斯告诉吉田茂，日本应放弃同中国的贸易关系，尽管日中贸易对日本的经济发展非常重要。为了弥补日本失去中国市场的损失，美国鼓励日本向东南亚发展。美国主导的旧金山体系表明，在亚洲冷战秩序已经取代雅尔塔体系，日本已经从被限制的对象变成扶持的对象。在美国的支持下，日本利用《旧金山对日和平条约》中对东南亚的"劳务赔偿"条款，扩大对该地区商品和资本的输出，这为后来日本主导的亚洲"雁行发展模式"奠定了基础。

到了20世纪60年代，美国深陷越南战争泥潭，全球力量对比开始朝苏联倾斜。美国为了顺利从越南这个泥潭中抽身，以及改善对苏联力量对比中的不利地位，决定改善对华关系。

1972年2月尼克松访问中国，2月27日美中双方签署了《上海公报》，向世界表明美中两国希望关系正常化。该联合公报不仅奠定了未来两国新关系的基础，也打开了中国改善同其他西方国家关系的大门。尼克松访华还促使日中关系正常化。1972年4月，英中关系也由代办级升为大使级。同年5月，中国和荷兰签署了建交公报。1972年10月，中国同联邦德国建交。到了1976年，中国同世界上100多个国家和地区建立

[①] 戴超武:《亚洲冷战史研究》，东方出版中心2016年版，第27—52页。
[②] Kimie Hara, "Cold War Frontiers in the Asia–Pacific", Routledge, 2007.

外交关系。这为中国的改革开放创造了有利的外部环境。

美国从全球力量平衡看待美中关系的改善，认为一个强大的中国符合美国的利益。因此，美国在对华贸易禁运方面开始松动，尼克松政府和继任的福特政府开始向中国出口一些双重用途的产品，包括一个卫星基站、10架波音707飞机和两台高速计算机。1975年，美国还同意不援用冷战时期的出口限制来阻挠英国罗尔斯—罗伊斯飞机发动机卖给中国。

1978年，苏联在第三世界的扩张促进了美中关系的进一步发展。美国认为有必要进一步加强同中国的战略合作，以加大对苏联的压力。1978年4月，卡特总统决定在1978年内完成美中关系正常化。对苏联继续扩张的担忧，1978年初苏联向中国示好和中苏关系缓和的迹象，以及希望进入中国潜在的大市场等因素促使美国做出这一决定。1978年5月20日，美国国家安全事务助理布热津斯基访华，敲定两国建交的一些细节。5月22日，布热津斯基在告别宴会上指出，发展美中关系是基于三个基本信念：第一，美国和中国友好关系对世界的和平极为重要和有益；第二，一个安全和强大的中国符合美国的利益；第三，一个强大、自信、参与全球事务的美国也符合中国的利益。[①]

1991年的苏联解体宣告冷战结束。美中关系发展的一个重要战略基础不再存在。从老布什、克林顿、小布什总统，美国在根据变化了的国际形势和对美国国家利益的判断而调整对华政策，冷战后美国新的对华政策的框架是接触加遏制，也就是一方面在外交和经济方面保持对华接触，另一方面加强美在东亚的军事存在，增强该地区盟友和伙伴的关系，遏制中国的军力增长。老布什政府认为，尽管东欧剧变，但维持与中国稳定的关系对美国的国家利益至关重要。在美国关心的一些全球性问题，如防止导弹、核武器和化学武器扩散，防止全球环境污染等问题上，美中只有继续密切合作才能适当解决。克林顿政府则基于不同的理由主张对华接触。

小布什上台后，美国对华政策有较大调整，防范和遏制成分明显增加。小布什政府的外交和国防团队班子主要由保守派组成。代表极端保

[①] 郝雨凡：《美国对华决策内幕》，台海出版社1998年版，第222—223页。

守派的有沃尔福威茨、理查德·帕尔、副总统切尼、国防部长拉姆斯菲尔德，以及副国务卿博尔顿等。他们主张美国应维持绝对的实力优势，在保护美国利益而使用武力时应不受任何限制，并抑制任何可能挑战美国霸权的挑战者，以长久维持美国的霸权。小布什政府上台后对美国的安全战略进行了重新评估，认为冷战后美国所面临的最大挑战是新兴经济体的崛起和美国所谓的"流氓国家"的冒险行为。

为了平衡中国实力的增长，美国除了加强美日安保同盟外，还开始加强同印度的关系。促使美提升美印关系最重要的因素就是"关切中国的崛起"。美国取消了对印度的制裁，并且拓展情报和防务方面的接触，从高层对话到武器售卖和联合演习，不一而足。为了消除增进合作道路上的外交法律障碍，小布什政府还在核武器不扩散问题上与印度妥协。按照小布什政府发言人的解释，这一做法的目的是为了让印度成为一个全球大国。"一个已确立地位的大国推动另一个大国的产生，其原因显而易见，那就是正在崛起的第三个大国的利益与雄心与这两个大国的利益相左。"①

奥巴马政府和特朗普政府在利用印度制衡中国方面继承了小布什政府的政策。2005年，美国和印度签署了为期十年的《美印防务关系新框架》协议。2012年，美印同意实施"防务技术和贸易倡议"，将两国防务合作提高到与两国战略关系相符的高度，由传统的买卖关系提升到联合研发和联合生产。根据该倡议，美国在雷达、燃气涡轮发动机、夜视仪、可移动混合能源装置、联合生化检测系统等方面向印度提供技术支持。2015年，奥巴马出席印度共和国日庆祝活动，成为第一位任期内两度访问印度的第一位美国总统。美印联合发表了《美印亚太和印度洋地区联合战略愿景》，并同意将2005年签署的《美印防务关系新框架》协议再延长10年。美国加强在反导和航母等高端技术领域同印度的合作。2016年6月，美国宣布给予印度"主要防务合作伙伴"地位，同意向印度提供原本仅向美国盟友提供的广泛军民两用技术。特朗普上台后，为

---

① [美]阿伦·弗里德伯格著，洪漫、张琳、王宇丹译：《中美亚洲大博弈》，新华出版社2012年版，第87页。

了替代奥巴马政府的"亚太再平衡"战略,提出"印太战略构想",继续将印度作为平衡中国的重要一环,明确提出欢迎印度崛起为"全球性领导国家以及更为强大的战略与防务合作伙伴",支持印度在印度洋乃至更大区域安全方面承担领导角色。[①]

经济全球化是促使全球力量从西往东转移的另一个重要因素。除了美国的地缘政治因素外,经济全球化是影响全球力量转移的一个更重要因素。英国主导的经济全球化1.0版本导致全球出现了一个工业化的"北方"和非工业化的"南方",南北差距拉大。二战以后,美国主导的经济全球化2.0版本在第一阶段,也就是20世纪80年代以前,西欧和日本的经济得到复兴,国际贸易和投资主要在北方国家间进行,南北差距继续扩大。美国主导的经济全球化在其第二阶段,也就是20世纪80年代后,导致发达国家内部和发展中国家之间分化的现象。发达国家内部贫富差距拉大,中产阶级萎缩。而在发展中国家之间,新兴发展中国家和最不发达国家之间的差距也在拉大。新兴发展中国家在经济规模和人均收入方面同发达国家的差距呈缩小的趋势。英国学者理查德·鲍德温在其《大合流:信息技术和新全球化》一书中分析了这种现象。由于通信和信息技术的发展,货物和技术流通的成本大大降低,这使得跨国公司可以利用发展中国家的廉价劳动力而增强其国际竞争力,由于信息技术发展而催生的新一轮经济全球化使得国家之间的经济竞争转移到了跨国生产网络的竞争,也就是全球价值链的竞争。德国为了增强其国际竞争力将价值链低端的产业转移到中东欧,美国转移到墨西哥,日本转移到东亚和东南亚。发展中国家的廉价劳动力,加上发达国家的先进技术,不仅提高了发达国家企业的利润率,也大大增强了发达国家企业的竞争力。从1990年到2000年的10年间,发达国家七国(美国、德国、日本、法国、英国、加拿大和意大利)集团将占世界20%的制造业转移到了工业化六国(中国、韩国、印度、波兰、印度尼西亚和泰国)。在全球制造业从北向南转移的过程中,中国制造业的增长尤其迅速,从1990年的不

---

① 杨瑞、王世达:《印度与"印太战略构想":定位、介入及局限》,《现代国际关系》2018年第1期,第51—52页。

到世界的 3% 增长到 2010 的 20%。新兴工业国的经济发展导致了原材料价格的上涨，这又带动了原材料出口，特别是巴西、印度尼西亚、尼日利亚、澳大利亚、墨西哥、委内瑞拉和土耳其等国的经济增长。

信息革命带来的新一轮的经济全球化也使全球的力量分布发生了较大的变化。七国集团在全球经济总量从 1990 年的 60% 左右下降到今天的不足 50%，与此同时，中国、印度、巴西、印度尼西亚、尼日利亚、韩国、澳大利亚、墨西哥、委内瑞拉、波兰和土耳其 11 国占世界的经济总量则上升了 17%。中国的国内生产总值从 1990 年的 2% 上升到 2010 年的 9%，增加了 7%。新一轮经济全球化使得发达国家和发展中国家的经济实力差距大大缩小。① 而中国的快速崛起是导致国际格局变化的一个重要因素。2019 年，中国的国内生产总值达到约 100 万亿人民币，人均国内生产总值超过 1 万美元，中国经济总量占世界的比例也从 2010 年的 9% 上升到 16%。中国的崛起除了得益于冷战后外部环境的改善外，更重要的是内部的改革和中国共产党领导全体中国人民的艰苦奋斗。而中国的崛起很大程度上导致世界经济重心和战略重心从大西洋转向太平洋。

第二节　国际格局从一超多强到全球多极化

2004 年巴里·布赞在《美国和诸大国：21 世纪的世界政治》一书中，用"1 + X"来形容"一超多强"的国际格局，这里"1"当然指的是唯一超级大国美国，"X"指的是俄罗斯、中国、日本和欧盟等大国。② 不过，2008 年全球金融危机后，有关多极、无极、两极的讨论开始增多。除了前面提到的美国情报委员会关于多极世界的预测，阿米塔·阿查亚在《美国世界秩序的终结》一书中认为单极世界的终结是多极复合世界的到来，查尔斯·库普乾也认为单极世界终结后将是一个多极世界，巴西学者奥利弗·斯图恩克尔则认为单极世界终结后将是一个

---

① 这一节内容主要参考鲍德温著作《大合流：信息技术和新全球化》，详细内容可参阅 Richard Baldwin, "The Great Convergence", Harvard University Press, 2016。

② Barry Buzan, "The United States and the Great Powers", Polity, 2004.

两极的世界。①

无论是单极、多极还是两极，众多学者都对什么是超级大国的定义，以及超级大国和其他大国的主要区别在什么地方并无共识。斯蒂芬·布鲁克斯认为，超级大国的定义是在力量的所有领域都远超其他大国，因此单极体系指的是"只有一个国家能够在国际体系的任何领域和任何地方组织重大的政治—军事行动"。② 美国学者努诺·蒙特罗则认为超级大国的标志是能够在其所处的地区之外单枪匹马持续地采取政治和军事行动。在他看来，单极体系意味着该体系内只有一个国家具备这样的能力。③

从冷战结束到 2008 年全球金融危机之前，美国思想界占主导地位的思潮是美国单极论，认为冷战后的国际格局是"一超多强"。保守的专栏作家克劳萨默首先提出"单极时刻"的概念，认为冷战后的国际体系是一个单极体系，美国在军事、外交、政治和经济领域的极大优势，使其成为世界上任何地区起决定性作用的角色。他认为多极是一个神话，多边主义一无是处，联合国毫无用处。美国应维持单极格局，毫不客气地制定冷战后世界秩序的行为准则和行动规范，并运用美国的实力迫使世界上其他国家遵守美国制定的准则和规范。如果美国不这么做，冷战后的世界将更加危险。④ 虽然他认为在最近的将来，世界上不可能出现挑战美国单极地位的国家，但对于美国单极体系将延续多长时间，他当时并没有多大把握，这也是为什么他在《外交》杂志上发表的文章题为《单极时刻》。

---

① 有关单极、多极、无极和两极的讨论参见下列著作：Barry Buzan, "The United States and the Great Powers", Polity, 2004; Stephen G. Brooks and William C. Wohlforth, "World Out of Balance", Princeton University Press, 2008; Amitav Acharya, "The End of American World Order", Polity, 2014; Charles A. Kupchan, "No One's World", Oxford University Press, 2012; Oliver Stuenkel, "Post Western World", Polity, 2016.

② Stephen G. Brooks and William C. Wohlforth, "World Out of Balance", Princeton University Press, 2008, p. 13.

③ Nuno P. Monteiro, "Theory of Unipolar Politics", Cambridge University Press, 2014, p. 48.

④ Charles Krauthammer, "The Unipolar Moment", Foreign Affairs, Vol. 70, No. 1, America and the World 1990/91, pp. 23 – 33.

美国学者库普乾虽然也认为冷战后的世界格局是单极,但明确表示美国的单极时刻并不会长。他认为,根据冷战后世界实力分布的情况,世界格局是单极,美国的主导地位是当前地缘政治的显著特征。美国的国防开支多于世界上其他主要国家的总和,美国经济规模超过第二大经济体日本的两倍。当然,美国的单极地位不仅取决于美国的超强实力,还在于美国运用这些实力的意愿。美国一直在世界各地扮演"世界警察"的角色。美国军队在东亚维持着稳定,保卫韩国防御北方政权,密切注视中国和日本之间的紧张关系。美国在欧洲也维持大量的军事存在,以确保欧洲大陆的稳定。美国在遏制20世纪90年代巴尔干地区的冲突时发挥了关键性作用。在中东、北爱尔兰、塞浦路斯、厄立特里亚,以及许多其他热点地区,美国都扮演了重要角色。此外,美国还主导着世界上许多重要的多边机构。美国对北约、国际货币基金组织、世界银行、世界贸易组织等施加主导性影响。美国认为北约应东扩,几年后,波兰、匈牙利、捷克就成为北约成员国。美国在中国加入世界贸易组织问题上也起着至关重要的作用。

库普乾认为,单极能够防止大国对抗,因此是相对稳定的。罗马的优势地位给欧洲和地中海地区带来长达几个世纪的和平。19世纪英国的霸权也给世界带来相当一段和平繁荣时期。历史上的几次世界大战都是因为大国竞争地缘优势引起的。欧洲爆发的两次世界大战均源于德国要在欧洲争夺霸权。二战扩大到亚洲主要是因为日本想在亚洲称霸。冷战后世界处在单极时期,美国不仅通过防止大国对抗来维持国际体系的稳定,还通过推动经济全球化、政治民主化和人道主义干预来维持世界秩序。

在库普乾看来,尽管单极有种种好处,但遗憾的是有两个不可阻挡的趋势使美国的单极时刻不可能超过10年。第一个趋势是力量的扩散。没有一个主导国家能够无限期地维持优势地位,其他国家会赶上来。冷战后,经济力量的扩散比以往更快。从近期看,美国面临的挑战不会是单一国家,而是欧盟。随着欧盟资源的增长和欧盟治理机构的扩大,大西洋两岸影响力的分配将更为平等。不论美国是否喜欢,欧洲都在变成一个新的权力中心,美国的支配力将会相应缩水。从中长远看,东亚地区具备巨大的经济潜能。日本如果经济改革到位，就有可能激发巨大的经济发展潜能。中国也有可能成为世界上非常重要的货物出口国、重要的消费国和资金提供国。到 21 世纪，东亚将像欧洲一样成为能抗衡美国的力量。

第二个趋势是美国国内国际主义影响力下降，孤立主义和单边主义的影响力上升。冷战结束后，由于缺乏全球性竞争对手，美国对多边主义形式的全球参与的兴趣日益减少。因此，美国国际主义影响的下降是美国地理位置和战略环境的逻辑结果。在冷战后的战略环境中，针对美国本土的恐怖袭击，而不是欧洲或亚洲的霸权战争，成为美国安全的最现实的威胁。与此同时，国际主义影响的削弱也增加了美国转向孤立主义的可能性。美国历来有孤立主义传统，冷战结束后，减少美国的海外义务以减少美国的海外风险，对于部分美国人是有吸引力的。同样令人担忧的是美国日益增长的单边主义倾向。有两大因素促成美国单边主义倾向的增强：一是冷战的制约因素不再存在；另一是美国选举政治的作用。保守的共和党人构成了单边主义政策的强烈支持者。

欧洲和亚洲的崛起，美国支持国际主义的力量下降，孤立主义和单边主义影响力的上升，表明美国单极时刻不会长久。美国的主导地位和对自由国际主义的兴趣都已经达到顶峰，在未来几十年的发展过程中，二者都将渐渐丧失。随着单极让位于多极，现在由于美国的单极地位所暂时停止的多极战略竞争将重新出现。①

库普乾在其 2012 年出版的著作《没有主宰者的世界：即将到来的全球大转折》中进一步完善了他关于单极世界后世界秩序的看法。他认为虽然在今后相当长时间内美国仍将保持军事上的全球投放能力，但由于世界上其他国家的崛起，美国全球力量投放能力将受到越来越大的限制。他修正了冷战后欧盟将会是美国霸权主要挑战者的看法，认为随着美欧实力的相对下降和非西方世界力量的增长，未来的国际格局将是一个无

---

① [美] 查尔斯·库普乾著，潘忠岐译：《美国时代的终结：美国外交政策与 21 世纪的地缘政治》，上海人民出版社 2004 年版，第 66—77 页。

极或多极格局。①

巴西学者斯图恩克尔则认为未来的世界格局将是一个非对称的两极格局。美国仍将是一个军事超级大国，但中国将是一个经济超级大国。同冷战时两极格局存在激烈的意识形态竞争不同，在未来的国际秩序中，美国将会出于战略考虑继续推广所谓的"民主和自由"价值观，但中国不会明显地推行自己的模式，部分原因在于中国在成为全球性大国时还面临国内经济发展的挑战。中国将主要注意力集中在国内百万人口的脱贫上。更重要的是，与美国不同，中国并无意改变国际秩序的基本规则和准则，也不相信普世说教，而更相信世界的多元性。中国并不寻求同美国发生正面冲突，但会使美国维持在中国周边的影响力日益困难。至于这种非对称的两极格局是否稳定持久，在很大程度上取决于中国能在多大程度上将经济实力转化为军事实力。

斯图恩克尔认为，只有小国或大的集体安全体系成员可以专注经济发展，而将防务交给大国或类似北约这样的集体安全机构。像中国这样的大国，随着经济的发展，战略利益和经济触角也会扩展到以前很少触及的地区和领域。中国不像德国，防务上可以依赖北约。没有一个有抱负的大国能够让远道的外国承担其后院的安全责任而赢得国际地位和尊重。至于核武器的出现将导致美国霸权的长期存在的观点也是站不住脚的。中国可以在不同美国发生重大冲突的情况下获得更多的权力并深刻地改变国际秩序。例如，亚洲基础设施投资银行（简称亚投行）也许能取代世界银行作为世界上主要的贷款机构，但这一改变并不需要武力，而是成员国用投票的方式选择亚投行而不是世界银行作为主要贷款机构。中国可以在现行的国际秩序内获得主导地位而不诉诸武力。

因此，斯图恩克尔认为，只要中国在未来的数十年里保持每年3%—4%的增长率，中国的军力也将持续增长。但鉴于美国在19世纪后期就已经成为世界最大的经济体，成为世界上无可争议的军事强国也是此后数十年的事，斯图恩克尔同意美国在今后数十年里仍将维持军事上的领先地位。也就是说，非对称的两极格局仍将维持一段时间。但这种非对称

---

① Charles A. Kupchan, "No One's World", Oxford University Press, 2012.

的两极格局并不稳定,中美两国将围绕当前的国际秩序不断地进行讨价还价。而国际秩序的调整速度在很大程度上取决于中国军力的增长速度。①

美国学者斯蒂芬·布鲁克斯和威廉·沃尔福思认为,当前的国际格局是"1 + Y + X"。"1"指的是美国这一超级大国,"Y"指的是类似中国这样的具有成为超级大国的潜力或正朝着成为超级大国的方向发展的国家,"X"指的是一般大国。在这样的国际体系中,任何大于"1"或小于"1"的变化都是结构性变化。在当前的国际格局中,中国要想成为同美国旗鼓相当的超级大国,必须经过这么几个阶梯:大国—崛起的潜在超级大国—潜在超级大国—超级大国。在2000年之前,中国是"一超多强"中"多强"的一员。2000年之后,随着中国经济的迅速发展,中国的国内生产总值已经相当于美国的60%,中国已经升上第二阶梯,成为崛起的潜在超级大国。在这一阶段,中国拥有足够的经济资源成为超级大国,但缺乏成为超级大国的技术能力和军事能力。只有当中国不仅拥有足够的经济实力,还拥有足够的技术能力能够发展出同美国相匹敌的军事能力时,中国地位将再上一个台阶,成为潜在的超级大国。在判断中国在现有位置上是否能再上一个台阶时,有一个重要的指标,就是中国是否能制造出具有全球打击能力的武器平台。如果中国能够大量生产先进的飞机发动机和足够安静的核动力潜艇,在某种程度上就标志着中国拥有了这种能力。那么,如果从潜在超级大国变成同美国平起平坐的超级大国,则不仅需要制造出拥有全球打击能力的武器系统,还需要掌握如何以协调的方式有效使用这些武器系统。要做到这一点,除了必要的武器系统外,建立有效管控战场的信息构架也是必不可少的。斯蒂芬·布鲁克斯和威廉·沃尔福思一方面认为中国在技术和军事方面同美国的差距如此之大,以至于在相当长时间里美国仍将保留一超的地位。但在另一方面也承认,中国的崛起已经导致国际格局的重大变化,布赞的"一超多强"的描述已经不符合当今的世界,"1 + 1 + X"更符合当前

---

① Oliver Stuenkel, "Post Western World", Polity, 2016, pp. 63 – 96.

的全球力量分布状况。①

但一些中国学者认为两极对抗代替单极霸权的可能性甚微。如中国学者秦亚青认为，虽然中美间出现战略竞争，但中美两极格局难以形成。其主要原因，除了双方实力差距外，两极格局的一个必要条件联盟体系也难以形成。世界上多数国家不会轻易选边站队，更不会分别与大国再建立同盟关系。此外，两极主导世界事务也没有合法性基础。更为重要的是，中美两个大国不会承认两极。美国不承认两极是因为美国不愿放弃霸权，中国不承认两极主要是因为两极对抗格局不符合中国构建人类命运共同体的理想信念。因此，秦亚青认为世界的发展趋势是多极多元，"美国、欧盟和中国是世界上比较明显的权力中心，任何一方的缺席，稳定的世界秩序和有效的全球治理均无从谈起"。②

中国学者杨洁勉也认为当前国际格局正在朝多极化方向发展，美、俄、欧、中是世界上主要的四大力量，他们的互动关系在很大程度上将决定世界的未来。美国20年来经历了从唯一超级大国重新回归正常历史地位的历史性转折时期。欧盟虽仍在西方阵营里，但增加了寻求独立于美国的外交和安全政策的"战略自主"。以中国为代表的发展中大国的政治地位和影响则不断上升。俄罗斯则具有独特的军事科技优势。因此，虽然当前国内外对于国际格局有多种预测，如新两极格局和无极格局，但多数还是认为世界朝多极化方向发展。在美、俄、欧、中四大力量中，除了美国的单极观仍根深蒂固外，中、俄、欧都在积极推动世界朝多极化方向发展。③

第三节　现代化从单一模式到多元模式

自从西方首先开始工业化并在财富和实力方面拉开了同非西方的差距以来，世界便被分成传统社会和现代社会。传统社会的大多数人口居

---

① Stephen G. Brooks and William C. Wohlforth, "The Rise and Fall of the Great Powers in the Twenty-first Century", International Security, Vol. 40, No. 3, Winter 2015/16, pp. 7–53.
② 秦亚青：《世界格局的变化与走向》，《世界知识》2021年第4期。
③ 杨洁勉：《中俄美欧战略互动特点和发展趋势》，《俄罗斯研究》2021年第3期。

住在农村，主要产业为维持温饱的农业，社会结构相对简单，人们大多尊重和服从权威，崇尚道德。现代社会则大多数人口居住在城市，主要产业为工商业，社会结构复杂，人们崇尚理性、宽容和法治。现代化指的是传统社会转变成现代社会的发展过程。早期大多研究现代化的西方学者认为，西方现代化的经历代表了人类现代化的普遍规律，非西方国家要想实现现代化，就必须走西方现代化的道路。

在经济发展方面，美国学者罗斯托根据西方的发展经历提出了经济发展的阶段论，认为传统社会要转变成现代社会必须首先创造经济起飞的必要条件，包括发展现代农业以满足非农业人口的粮食需求，建设道路、铁路、电力等必要的基础设施，以及出现促进工业化的阶级阶层等。当一国经济起飞的条件具备后，该国的发展就进入经济起飞阶段。主导工业的发展带动着上下游产业的发展。例如，19世纪瑞典木料出口带动了伐木业和锯木业的发展，而伐木业和锯木业的发展又带动了生产锯和家具业的发展。随着主导产业带动相关产业发展到一定阶段，该国的经济发展就进入到成熟阶段。随着产业的扩展和人们收入的增加，该国经济将进入大众消费阶段。[①] 总之，现代化理论的倡导者相信，只要一国采取了市场经济的发展模式，该国就自然会遵循西方的模式发展。

到了20世纪80年代后期，美国经济学家约翰·威廉姆森倡导的"华盛顿共识"被新自由主义者认为是发展中国家经济现代化的灵丹妙药。华盛顿共识的要点在于自由化、市场化和限制政府的作用。不过，多数采取"华盛顿共识"的拉美国家先后陷入社会动荡和经济发展缓慢的状况。支持华盛顿共识者认为，拉美国家经济发展的挫折并不是华盛顿共识本身的缺陷，而是它们对华盛顿共识贯彻不彻底或执行不力的结果。但批评者认为，"把华盛顿共识看做简单的公式，只要贯彻执行，在任何国家的任何发展阶段都能够确保成功，这种想法是错误的。将其理

---

① W. W. Rostow, "The Stages of Economic Growth", Cambridge University Press, 1960.

解为可以包治百病的灵丹妙药，这正是主要问题所在。"①

西方工业革命后，随着西方势力在全球的扩张，西方试图根据西方文明来改造世界。非西方社会对西方扩张的反应概括起来主要有以下三种方式：拒绝现代化和西方化，早期的日本和中国采取了这种方法；接受现代化和西化，19世纪末的日本和中国的知识分子持这种想法；接受现代化，拒绝西化，中国在晚清时期采取了"中学为体，西学为用"的现代化策略。日本在现代化过程中则采取"日本的精神，西方的技术"的路线。② 亨廷顿教授的分析高度概括了非西方社会对西方扩张的反应类型，但中国对西方扩张的反应显然更加复杂。1840 年，中国在第一次鸦片战争中战败后，最初的反应是将战败的主要原因归咎于西洋的"船坚炮利"，这就是后来的以张之洞和李鸿章为代表的在中国推行"中学为体，西学为用"的"洋务运动"的主要动机，中国当时现代化的重点是"器物的现代化"。洋务运动中建立起来的北洋水师在 1895 年中日甲午战争中灰飞烟灭宣告了洋务运动的失败。清代的康有为和梁启超等人主张变法，提倡中国实行君主立宪制度，这是中国现代化进入了制度现代化阶段。不过，由于既得利益集团的反对，康梁的变法失败。第一次世界大战结束后，1919 年 1 月在法国巴黎召开和会，西方列强牺牲中国的利益，将德国在山东的权益转交给日本，消息传到中国，激起中国民众的强烈抗议。1919 年 5 月 4 日，中国爆发了著名的"五四运动"，提出"打倒孔家店"口号，提倡"科学与民主"。从此，中国现代化运动进入思想现代化阶段，也就是亨廷顿所说的接受现代化和西化的阶段。但中国的现代化和西化于 1931 年再次被日本的帝国主义侵略所打断，中国被迫进入民族救亡和革命的阶段。

不过，随着西方的相对衰落和非西方社会的复兴，世界出现了西方文明的影响开始下降和非西方文明开始复兴的过程。亨廷顿认为，西方的衰落有以下三个特点：第一，西方的衰落将是一个缓慢的过程。西方

---

① ［美］迈克尔·斯宾塞著，王青、刘其岩译：《下一次大趋同：多速世界经济增长的未来》，机械工业出版社 2012 年版，第 73 页。

② ［美］塞缪尔·亨廷顿著，周琪、刘绯、张立平、王圆译：《文明的冲突与世界秩序的重建》，新华出版社 2010 年版，第 45—57 页。

力量的上升历时 400 年之久，它的衰落也需要同样长的时间。第二，衰落不是直线型的，可能有间歇性反复。西方开放的民主社会具有巨大的更新能力。而且，西方文明有两个力量中心，欧洲和北美。欧洲在 1900 年左右衰落后，美国的崛起延长了西方文明主导世界秩序的时间。第三，西方试图在全球推行西化时其所支配的资源，如经济、军事、制度、政治、技术等同其试图影响的其他国家或群体所支配的资源相比占上风。不过，西方的总体实力在 20 世纪达到顶峰，然后相对于其他文明开始下降。"到 21 世纪 20 年代，即距达到该顶峰 100 年之后，西方将可能控制世界版图的约 24%（顶峰时曾达到 49%），世界人口的 10%（顶峰时为 48%）和社会动员人口的 15%—20%，世界经济产值的大约 30%（顶峰时大约为 70%），制造业产值的 25%（顶峰时为 84%），以及全球兵力的不到 10%（顶峰时为 45%）。"①

　　伴随着西方文明衰落的是非西方文明的复兴。从维持西方主导的国际秩序的角度，西方特别关注亚洲、伊斯兰和俄罗斯的复兴以及带来的挑战。亨廷顿注意到，在 19 世纪以前，拜占庭人、阿拉伯人、中国人、土耳其人、蒙古人和俄罗斯人蔑视西方文化的低劣、体制的落后、腐化和衰败，对自己的力量和成就非常自信。现在随着西方的相对衰落，这种态度重新出现了。随着亚洲和阿拉伯世界的经济和人口增长，亚洲和伊斯兰国家出现了引人注目的文化复兴。20 世纪后半叶世界上最重要的发展之一是东亚经济的崛起。英国和美国分别花了 58 年和 47 年的时间才使人均收入翻一番，日本用了 33 年，印度尼西亚用了 17 年，韩国用了 11 年，中国用了 10 年。亚洲经济的迅速发展同欧洲和美国的中速发展和世界其他大部分地区的普遍停滞形成鲜明对照。

　　亚洲经济上的崛起正改变亚洲和西方的力量对比，并意味着西方正迅速失去使亚洲社会在人权和其他价值观上遵循西方标准的能力。亚洲的经济发展还导致亚洲在"普世价值"方面形成同西方的竞争。亚洲经济上的成功给亚洲国家带来道德自信和文化自信。20 世纪初，中国的知

---

① ［美］塞缪尔·亨廷顿著，周琪、刘绯、张立平、王圆译：《文明的冲突与世界秩序的重建》，新华出版社 2010 年版，第 71 页。

识分子将儒教看成中国落后的根源。20世纪末，中国的政治领导人将儒教看成中国进步的根源。许多亚洲人认为，东亚的成功主要是由于东亚文化更强调集体而不是个人。亚洲的发展和亚洲价值观是其他非西方社会在努力赶超西方时应效仿的模式，西方也应在自我更新中学习亚洲。亚洲的一些学者认为，英美发展模式在过去40年里当作发展中国家经济现代化和建立一种可行的政治系统的模式而受到推崇已经成为过去，东亚模式正在取而代之。正如前几代人试图学习西方的成功经验一样，现在从墨西哥、智利、伊朗、土耳其、到苏联各共和国都试图学习东亚的成功经验。[1]

亨廷顿注意到，如果说亚洲主要是由于经济发展导致亚洲文明的复兴，那么，伊斯兰世界的复兴主要靠20世纪70年代石油繁荣的刺激和人口增长的推动。而且，当西方失去全面的主导地位后，西方的意识形态和制度也失去了吸引力。"伊斯兰复兴运动就其广度和深度来说是伊斯兰文明向西方作调整的最新阶段。它是在伊斯兰教而不是西方的意识形态中寻求'解决方法'的努力。它体现了对现代性的接受，对西方文化的摒弃，以及重新把伊斯兰教作为现代世界生活的指导来信奉。"[2]

亨廷顿认为从文明的角度看俄罗斯是一个无所适从的国家。俄罗斯文明是基辅罗斯和莫斯科的本土根源、拜占庭的强大影响和蒙古长期统治的产物，这些影响使俄罗斯文明不同于西方文明。17世纪末，彼得大帝的改革使得俄罗斯成为欧洲的一部分。到了19世纪，俄罗斯国内斯拉夫主义者和主张西化的人争论很激烈。俄罗斯的十月革命创造了一个不同于西方的政治经济制度，并解决了俄罗斯国内长期存在的"西化"和"斯拉夫化"的争论。俄罗斯不同于西方并反对西方，因为它比西方更先进。苏联解体后，关于俄罗斯的认同的争论又激烈起来。以戈尔巴乔夫和叶利钦为代表的主张西化的人认为俄罗斯应该回到"欧洲家园"。以谢尔盖·斯坦凯维奇为代表的民族主义者则认为俄罗斯应摒弃"大西洋主

---

[1] [美]塞缪尔·亨廷顿著，周琪、刘绯、张立平、王圆译：《文明的冲突与世界秩序的重建》，新华出版社2010年版，第75—88页。

[2] [美]塞缪尔·亨廷顿著，周琪、刘绯、张立平、王圆译：《文明的冲突与世界秩序的重建》，新华出版社2010年版，第90页。

义"道路,本着有利于亚洲或东方的原则,适当重新分配俄罗斯的资源、选择、联系和利益,并强调俄罗斯是独一无二的欧亚文明。①

库普乾也注意到世界正出现的新的大变局对地缘政治、国际秩序和意识形态的影响。非西方世界的崛起不仅将改变全球力量的分布,还将对世界各国的国内治理体系和国际秩序产生深远的影响。库普乾指出,主要由于以下三个原因,使得东西方力量对比的变化并没有导致全球政治上的同质性,而是导致世界出现不同版本的现代性。首先,西方崛起的物质条件是非常独特的。早期欧洲政治上的分裂、商业创新、都市化、农村和城市的社会和经济分化都使得新生的资产阶级逐步成为对抗君主、贵族和教会的力量,并创造出足够的政治空间为以后的宗教改革和最终实施宪政创造了条件。其次是文化的差异。不同的文化导致不同的现代化。在其他国家,集体主义文化、家长式统治文化同西方的自由主义文化有巨大的反差。在这些国家,不"自由"的政治和资本主义的结合提供了一个有别于西方模式的有吸引力的选择。最后,新兴经济体崛起的国际环境同西方崛起时的环境已经不同。在西方崛起前的中世纪和近代早期,世界上许多地区都受到政治、经济和宗教集权的帝国统治。只是在欧洲,由于统治制度的软弱,商人、手工艺人、专业人士能够冲破国家对财富和权力的垄断。在一个世界上分布许多等级森严的帝国时代,各国相对独立,相互依赖不大,欧洲的崛起主要靠的是社会多元力量的推动。现在新兴经济体的崛起在一个相互依赖日益加深的经济全球化时代,大量的资本、商品、劳务和人员都在跨境流动。因此,非西方国家的发展模式并非是通过西化道路上的迷途,而是提供了现代化的非西方模式。即将到来的全球大变局不仅将导致全球多力量中心的出现,也将导致全球多版本的现代化的出现。②

---

① [美]塞缪尔·亨廷顿著,周琪、刘绯、张立平、王圆译:《文明的冲突与世界秩序的重建》,新华出版社2010年版,第119—124页。
② Charles A. Kupchan, "No One's World", Oxford University Press, 2012, pp. 86 – 91.

第四节　东方的复兴和西方的回应

如果我们不仅仅是从1648年以后的历史来看当今百年未遇之大变局，而是从人类两千年的历史角度来看当今世界的变化，我们将发现西方主导世界的历史只不过是人类历史长河中的一朵浪花而已。根据安格斯·麦迪森估算的数据，从公元元年到1000年，中国和印度的国内生产总值不相上下，印度略高于中国。从1000年到1889年，中国一直保持世界第一大经济体的地位。1890年美国超过中国成为世界第一大经济体后，其世界第一的地位一直保持至今。也就是说，在人类两千年的历史长河中，中国和印度在1800年的时间里曾是世界第一和第二大经济体，美国作为世界第一大经济体的时间至今也就是100多年的时间。[1]

在农业文明时代，促进经济发展的主要要素是土地和人口，中国和印度由于国土面积广大，人口众多，长期保持经济大国的地位。从1760—1840年人类进入了第一次工业革命时代。1765年英国发明了蒸汽机，引领了第一次工业革命，成为经济总量仅次于中国的世界第二大经济体。在工业文明时代，促进经济增长的要素除了土地和人口之外，还增加了资本和技术。1948年，英国经济学家哈罗德和美国经济学家多马提出了一个经济增长理论，该理论假设技术水平不变的情况下，资本在增大有效供给和提高有效需求方面发挥十分重要作用。因此，投资带来资本存量的不断增加是经济增长的决定性因素。19世纪后期到20世纪早期，人类进入第二次工业革命时代，由于电力的发明和新的生产组织形式——生产线的出现，大规模生产成为可能。由于美国引领了第二次工业革命，1872年超过英国成为世界第二大经济体，1890年超过中国成为世界第一大经济体。而中国和印度由于错过了第一次和第二次工业革命机遇，经济发展长期处于停滞状态。1960年，世界开始了第三次工业革命，也就是人们通常所说的计算机和信息革命，半导体、计算机主机、

---

[1] 王宏广等：《填平第二经济大国陷阱：中美差距及走向》，华夏出版社2018年版，第2—14页。

个人电脑和互联网的发展代表第三次工业革命的到来。美国在第三次工业革命中继续处于世界经济第一的领先地位。

表10-2 第二次工业革命世界大国经济变动情况

年份	中国	法国	德国	英国	美国	日本	世界	中国/世界
1700	82800	19539	13650	10709	527	15390	105402	25.4%
1820	228600	35468	26819	36232	12548	20739	693502	32.9%
1872	-	78313	76658	105795	107065	26005	-	-
1900	218154	116747	162335	184861	312499	52020	1971881	11.1%
1913	241344	144489	237332	224618	517383	71653	2733190	8.8%
1937	296043	188125	317783	294025	832469	165017	-	-
1950	244985	220492	265354	347850	1455916	160966		4.6%

单位：百万1900年国际元

资料来源：王宏广等：《填平第二经济大国陷阱：中美差距及走向》，华夏出版社2018年版。

1956年美国经济学家罗伯特·索洛和特雷弗·斯旺提出技术进步对经济增长的决定性作用。他们首先提出了全要素生产率的概念，认为投资先进设备和提高劳动力的教育水平所带来的劳动生产率的提高，为全要素生产率的提高。索洛-斯旺的经济增长模型如下：

增长率＝资本份额×资本增长率＋劳动份额×劳动增长率＋科技进步

根据索洛-斯旺增长模型，从增长率中扣除资本与劳动所带来的增长之后，无法解释的那部分增长统称为科技进步。因此，技术进步属于外生变量。1994年，美国经济学家克鲁格曼根据索洛-斯旺模型，认为当时的亚洲经济发展模式不可持续，因为当时亚洲经济的发展主要是对劳动力和资本的高强度投入，而不是通过技术进步促进生产率的提高来实现的。劳动力和资本不可能无限地增加，因此亚洲的经济增长是不可持续的。1986 年，美国经济学家保罗·罗默发表的论文《递增收益与长期增长》的和 1988 年美国经济学家罗伯特·卢卡斯发表的论文《论经济发展机制》提出经济内生增长理论，将索洛－斯旺模型中技术进步要素从外生变量变成了内生变量。内生增长理论认为，一国长期的经济增长是由人力资本、知识或技术进步为核心的内生变量决定。政府的政策，特别是财政政策对内生变量有很大的影响。因此，支持内生增长理论的经济学家主张"政府应着力于能促进知识与技术创新的各种政策，包括加大政府财政对教育、科学技术的支出，鼓励人们进行人力资本投资，通过补贴研究与开发活动或提供税收优惠，鼓励企业技术创新、技术革新等。因此，资本主义开始被称为知识资本主义或脑力资本主义"。[1]

在促进经济增长的四要素土地、人口、资本和技术中，科学技术对经济增长的贡献日益重要。这就是为什么在 20 世纪 80 年代面对日本和德国的经济竞争，美国经济竞争力下降的情况下，美国政府的回应既不是提高关税，也不是增加对本国产品的出口补贴，而是采取加强对知识产权的保护，这对推动美国的信息产业发展起了很大作用。

在土地和人口方面，所谓"西方文明"在 1920 年控制了全世界 48% 的土地和 48% 的人口，到 1993 年控制了 24% 的领土和大约 14% 的人口。[2] 也就是说，在促进经济增长的前两大要素中，非西方国家占据了绝对优势。在资本和技术方面，美国主导的经济全球化从 20 世纪 80 年代开始加快了资本和技术向非西方地区的扩散，使得非西方地区的经济得到快速发展。20 世纪 70 年代的石油涨价使得中东地区的一些阿拉伯国家积累了大量的资本，20 世纪 80 年代的经济全球化也使得许多亚洲国家通过出口积累了大量财富。伴随着经济全球化带来的资本和技术的扩散，西方国家和非西方国家在资本和技术方面的差距逐渐缩小。如果仅从土地、人口、资本三个因素考虑，西方的相对衰落和非西方的崛起似乎不可避免。

---

[1] 张弛编著：《解读中国经济：揭示中国经济增长背后的危机》，经济科学出版社 2010 年版，第 221 页。

[2] ［美］塞缪尔·亨廷顿著，周琪、刘绯、张立平、王圆译：《文明的冲突与世界秩序的重建》，新华出版社 2010 年版，第 64—65 页。

但影响西方和非西方力量对比的还有一个关键性因素,那就是技术。世界经济论坛的创建者克劳斯·施瓦布先生在《第四次工业革命》一书中指出,世界上17%的人口至今还未经历第二次工业革命,因为他们还未用上电力。世界上还有将近一半的人口还未经历第三次工业革命,绝大多数生活在发展中国家的大约40亿人口还未能用上互联网。就在20世纪末,21世纪初,世界又开始了第四次工业革命。以自动化、3D打印、人工智能、新材料为代表的第四次工业革命将同前三次工业革命一样,不仅将对世界各国的政治、经济、军事产生深刻的影响,而且还将对国际格局产生巨大影响。[1]

如果说第一次工业革命以来,西方向全球扩张是百年未有之大变局,那么,第三次工业革命以来西方的相对衰落和非西方国家的崛起,以及第四次工业革命的到来又将带来一次百年未见之大变局。

表10-3 四次工业革命的变迁(1760—2050年)

	第一次工业革命	第二次工业革命	第三次工业革命	第四次工业革命
时期	1760—1850年	1850—1950年	1950—2000年	2000—2050年
世界总人口(亿)	8—11	11—25	25—61	61—93
世界GDP(万亿国际元)	0.5—0.7	0.7—5.3	5.3—36.7	63.6—121 (2000—2018年)
世界出口占GDP比重(%)	1.0—5.1 (1820—1870年)	5.1—8.7 (1870—1913年) 8.7—7.1 (1913—1950年)	7.1—19.2	19.2—24.1 (2000—2007年) 24.1—21.9 (2007—2017年)
主导国家及地区	英国	美国、英国、苏联	美国、日本、欧洲、苏联	中国、美国、欧盟、日本

---

[1] Klaus Schwab, "The Fourth Industrial Revolution", Penguin, 2016, pp. 6-9.

续表

	第一次工业革命	第二次工业革命	第三次工业革命	第四次工业革命
跟随国及地区	美国、法国、德国	德、法、日、澳大利亚、俄国	亚洲"四小龙"、中国、印度	其他发展中国家
中国角色	边缘	落伍	追赶	赶超、创新、引领
主导产业	农业生产力大幅提高，工业迅速发展	工业、通信、交通	服务业占主导、信息经济兴起	服务业主导、知识经济、数字经济、绿色经济兴起
主要技术	蒸汽机、棉纺织品、铁器、瓷器	各种新型产品和消费品	ICT技术、核能、互联网、移动电话	移动互联网、智能手机、数字网络、智能制造、绿色能源等

资料来源：胡鞍钢：《中国现代化与国家治理现代化》，浙江人民出版社2020年版，第151页。

日本科学史学家汤浅光朝注意到世界科学中心转移的一些规律性现象。他认为，如果一个国家的科学成果数量占世界科学成果总量的25%，就可以称之为世界科学中心。根据这一标准，他发现人类近代史上科学中心经历了五次大转移：意大利（1540—1610年）、英国（1660—1730年）、法国（1770—1830年）、德国（1810—1920年）、美国（1920年以后），平均维持时间为80年。如果根据科学中心转移规律，到2000年前后，美国的世界科技中心的地位将受到新兴经济体的挑战。中美科技实力在整体上虽然存在较大差距，但近年来中国科技实力快速崛起，在通信设备、集成电路、互联网等部分领域开始取得关键进展和优势。在国家研发投入方面，2017年美国的研发投入达到5432亿美元，位居世界第一，中国的研发投入为2551亿美元，占世界第二。但中国研发投入的增长速度快于美国。2000年到2017年，中国研发国内支出增长超过20倍，年均复合增速达20.5%，同期美国研发国内支出增长接近2倍，年均复合增速仅为4.2%。除了研发经费的支持，支撑科技发展的最重要的力量是工程师和科学研究人员。2014年自然科学和工程学学士学位获得人数排名靠前的国家和地区分别为中国（144.7万人）、欧盟（56.9万人）、美国（37.7万人）日本（12.2万人）。从科学技术领域全职研究人员数量来看，2017年排名分别为中国（174万人）、美国（约138万人）、日本（67万人）、德国（41.4万人）。再从发明专利角度来看，据世界知识产权组织统计，到2017年底全世界共有1043万件有效发明专利，其中保有量前五名的分别是日本（282万件）、美国（236万件）、中国（152万件）、韩国（99万件）和德国（67万件）。从增量角度，2017年各国发明专利申请量排名分别为中国（131万件）、美国（53万件）、日本（46万件）、韩国（23万件）和德国（18万件）。而专利授权量排名分别为中国（35万件）、日本（29万件）、美国（29万件）、韩国（13万件）和德国（10万件）。中国近年来在专利申请和授权量方面已经超过美国和日本。中国在科技领域的迅速发展使美国觉得自己的"国家安全"和科技垄断地位受到威胁。[①]

中国学者林毅夫、蔡昉和李周认为，如果支撑中国经济增长的条件不变或继续改善，中国经济总体规模按最保守的估计将会在2035年前后超过美国。他们认为，支撑中国经济快速增长的主要因素有以下三点：首先，中国可以充分利用技术进步的"后发优势"。发达国家由于处在技术的最前沿，因此必须通过自己从事技术研发才能实现技术进步，因而这些国家实现技术进步的成本高，总体的进步慢。日本从20世纪50年代和亚洲"四小龙"从20世纪60年代通过引进技术实现了近40年的快速技术进步和经济的快速转型与增长。由于中国1978年改革开放时同发达国家在技术上存在较大差距，也可以通过采用模仿、购买等方式维持近50年的技术进步和经济的快速增长。其次，中国改进制度效率的潜力还很大。中国自实施渐进式的改革开放政策以来，已经取得令人瞩目的成就。但中国改革的任务还没有完成，通过深化改革，将被传统体制压制的生产力释放出来，还有相当大的潜力。最后，中国的经济规模也是维持中国经济继续增长的重要因素。由于中国是一个大国，地区间的发展

[①] 任泽平、罗志恒：《全球贸易摩擦与大国兴衰》，人民出版社2019年版，第272—278页。

差距很大,技术转移从东部沿海地区向中西部地区转移成本会更低,对经济增长的贡献会更大。而且,中国人口众多,在推动科学进步方面有比较优势。最近 20 年,中国的正式教育和非正式教育发展都很快,同发达国家的差距正在逐步缩小。由于中国人口总量大,不仅能工巧匠的绝对数量多,有天分的科学家的绝对数量也会多。科学家越多,科学家群体的结构优势越强。经济规模越大,科学家个人能力的辐射范围越大,开展技术创新进而推动经济发展的条件就越好。[①]

根据以上分析,一国的经济增长主要依靠各种生产要素的投入增加,生产结构从低附加值产业向高附加值产业的升级,以及技术的进步。由于生产要素投入的增加是有限的,并受投资收益递减规律的限制,因此世界各国经济增长日益依赖产业升级和技术进步。在工业革命前,非西方世界在经济总量上占据绝对优势。工业革命导致了西方和非西方世界的大分流,非西方世界在经济技术方面同西方的差距逐渐拉大。二战后,随着非西方世界的民族独立和人民解放运动,以及伴随跨国公司投资所带来的知识、技术和资本的扩散,西方和非西方地区的经济增长开始走向趋同,特别是 20 世纪 80 年代以来,随着中国的改革开放和印度的经济改革,亚洲经济复兴的势头强劲。从土地、人口、资本、技术诸要素分析,非西方世界在经济总量上超过西方已经是发展的大趋势。世界正见证英国学者拉赫曼所称的东方化的过程。

近代以来,随着世界力量中心第一次从亚洲向欧洲转移,西方体系逐步从西欧向全球扩张,非西方世界和西方世界的冲突主要表现为传统农业社会与现代工业社会的冲突和殖民主义与民族主义的冲突。非西方世界对西方世界扩张的回应经历了十分痛苦的过程。在世界力量中心第二次从欧洲向北美和苏联转移的过程中,西方与非西方的主要冲突表现为东西方冲突,即社会主义与资本主义的冲突。现在人类社会正经历第三次力量转移,世界力量中心正从大西洋两岸转向太平洋地区。新兴经济体的崛起,特别是中国的复兴,正导致国际格局发生深刻变化。最近

---

① 林毅夫、蔡昉、李周:《中国的奇迹:发展战略与经济发革》,格致出版社 2014 年版,第 12—14 页。

一次的力量转移使得非西方世界不仅在力量上同西方世界趋于平衡,而且大有赶超之势。那么,在西方逐步丧失主导地位,非西方世界要求未来的国际秩序更多反映其国家利益和价值观的情况下,西方将会做何种反应?我们将在下面的章节中分析美欧对新兴经济体崛起的反应,以及新兴经济体有关构建更加公平正义的国际秩序的主张。

第十一章

美国霸权秩序由盛转衰

第一节 维持美国的单极霸权

如果说1991年苏联的解体标志着美国霸权的极盛那么2008年全球金融危机则标志着美国的霸权转向衰落。面对全球力量对比的变化，新技术革命所带来的挑战，以及大国竞争时代的回归，美国的"外交政策精英们已经得出一个几乎一致的结论，自二战以来美国领导的自由国际秩序正在崩塌，光靠惯性是不可持续的"。[1]

关于在世界大变局的情况下如何继续维持美国的霸权和自由国际秩序，美国国内大体上有三种反应。第一种反应我们可以称为继续维持现状派，代表人物有罗伯特·卡根、布鲁斯·琼斯、斯蒂芬·布鲁克斯和威廉·沃尔福思等。卡根2014年在《超级大国从不退休：我们这个疲惫的国家亏欠世界什么》一文中指出，二战后建立在美国实力基础上的国际秩序正在崩溃。俄罗斯和乌克兰危机、中东和北非的动荡、东亚日益增长的民族主义和大国关系紧张，这些都标志着世界正向一种不同的秩序或失序过渡，而且这种变化比我们想像的要快得多。如果美国主导的世界秩序崩溃，并不是因为美国的实力在下降，美国的财富、实力和潜在的影响力足以应付当前的挑战；也不是因为世界变得更复杂和更难管理，因为世界总是复杂和难以管理的，而是因为美国国内有一股思潮，

---

[1] Rebecca Friedman Lissner and Mira Rapp-Hooper, "The Day after Trump: American Strategy for a New International Order", the Washinton Quarterly, Spring 2018, p. 7.

想放弃美国的全球责任,转而注意更加狭隘的国家利益。人们有时称这股思潮为"孤立主义",但卡根认为,更恰当的说法是美国不再想背负超级大国的负担,而想成为一个正常国家。

卡根警告说,二战的历史教训告诉人们,如果美国不再在欧洲、中东和亚洲维持对美国有利的力量对比,不维持开放的世界经济体系,不在全球推广美国的价值观,最终将损害美国的安全。因此,为了美国的安全和繁荣,美国必须维持美国的霸权和美国主导的自由国际秩序。[1]

就在卡根发表上述文章的同一年,布鲁金斯学会的学者布鲁斯·琼斯出版了《还得我们来领导:美国、崛起中大国以及竞争和约束之间的紧张关系》一书。针对美国国内有关全球力量对比变化和美国相对衰落的讨论,琼斯自以为是地认为,虽然中国的经济规模在未来某一天会超过美国,但美国的人均国民生产总值、军费开支、在国际组织的支配地位、联盟体系,以及美国价值观在全球的吸引力,这些在相当长时间里中国都无法与之匹敌。中国要想成为一个同美国"旗鼓相当"的超级大国则面临相当多的挑战。首先,中国面临"中等收入陷阱"的挑战。中国要想加入高收入国家俱乐部,就必须从简单的制造业转向更复杂的工程、设计和发明领域,从出口转向国内消费,这一经济结构的调整过程充满挑战。其次,金砖国家在价值观和国家利益方面存在许多分歧,作为一个整体挑战西方的可能性不大。最后,最重要的是,西方作为一个整体,虽然在经济实力方面相对下降,但在军事实力方面仍拥有绝对优势。根据2012年瑞士国际和平研究所的统计数据,美国的军费开支占世界的45%,美国盟国的军事开支占世界的33%,中国和俄罗斯的军费开支占17%,印度和巴西的占6%。因此,琼斯的结论是以美国为首的西方在相当长的一段时间里仍将维持其主导的国际秩序。[2]

斯蒂芬·布鲁克斯和威廉·沃尔福思是继克劳萨默后美国单极论的强烈鼓吹者。他们在《失衡的世界:国际关系和美国首要地位的挑战》和《美国海外:为什么唯一的超级大国不应该退出世界》(*America A-*

---

[1] Robert Kagan, "Superpowers Don't Get to Retire", New Repulic, May 26, 2014.
[2] Bruce Jones, "Still Ours to Lead", Brookings Institution Press, 2014.

broad：Why the Sole Superpower Should Not Pull Back from the World）两书中，分析了全球力量对比和美国的对外战略，认为在相当长的时间里世界将是一个单极世界。他们的主要论据是美国在科技和军事方面的领先地位同潜在挑战者之间的差距太大，潜在的超级大国没有一二十年的时间不可能同美国在科技和军事方面平起平坐。因此，他们建议美国应继续维持美国的霸权和自由国际秩序，在对美国至关重要的欧洲、亚太和中东地区维持对美国有利的均势，继续维持开放的国际经济体系，以及建立、维持和调整国际机构，以确保在对美国有利的情况下进行国际合作。

一方面，他们反对美国国内一些人主张的，美国应当采取适当收缩的战略，认为主张收缩的人的主要依据是霸权衰落和帝国过度扩张的理论是站不住脚的。在他们看来，美国的霸权并未导致制衡联盟的出现，美国维持霸权秩序的负担也并未损害美国的经济竞争力。美国的军费虽然比欧洲和日本多，但欧日的经济发展水平在20世纪90年代接近美国后又开始逐渐落后于美国。

另一方面，他们也反对美国一些人主张将自由国际秩序扩展到全球的战略，认为该战略确实有导致美国过度扩张的风险。他们认为，美国维持霸权和自由国际秩序现状的战略的基本逻辑同将自由国际秩序扩展到全球的战略的区别主要有以下四点：首先，维持现状战略主要在于维持对美国有利的全球实力分布平衡，防止至关重要的地区、国家和领土落入敌对势力之手，从而导致全球力量分布发生对美不利的变化；其次，美国在全球承担的义务主要是防止对美本土安全形成威胁。美国不仅要防止大国力量对比发生对美不利的变化，还要防止大规模武器扩散，以及某些国家成为针对美国的恐怖主义活动的基地和温床；再次，美国考虑是否对某一地区、国家和领土进行干预时还应考虑该地区、国家和领土对全球经济的重要性，上述地区的经济形势恶化是否会导致全球经济的恶化并损害美国的经济繁荣；最后是世界上某一地区、国家和领土的形势恶化是否会影响到支撑自由国际秩序的国际机构的正常运转。如果上述地区的形势恶化将影响到北约、美日安保同盟、国际货币基金组织、世界银行和世界贸易组织的正常运转，美国也将进行干预。因此，维持现状战略同过度扩张战略的最大区别在于，美国并不寻求按照美国的意愿改造世界，且在全球推广民主和人权，而是在对美国利益至关重要的地区维持对美有利的现状。①

在美国鼓吹维持美国单极霸权的主要是美国新保守主义思潮。在小布什政府期间，对美国政府的全球战略影响最大的莫过于新保守主义。美国的新保守主义实际上是新保守主义杂志、智库、基督教犹太复国主义狂热信徒和军工产业集团拼凑起来的一个大杂烩。新保守主义根源可以追溯到 20 世纪 70 年代的冷战时期。新保守主义运动的主要创建者欧文·克里斯托脱胎于 20 世纪 30 年代的托派运动，后来由自由派转向保守派。除了克里斯托外，《纽约时报》的威廉·沙费、《华盛顿邮报》的查尔斯·克劳萨默、《华尔街日报》的罗伯特·巴特利等都是新保守主义运动中有影响的人物。据中国学者王联合的研究，新保守主义既重视价值观，更强调实力，相信民主可以使世界变得更加"安全"，而民主需要外部的强制输入，也需要强大的武力来保卫。军事上的绝对优势是安全和正义的唯一保障。这里，新保守主义的战略思维中包括了自由主义的民主和平论和进攻性现实主义的教条。民主和平论的核心是民主国家间不打仗，但民主国家为了维护和平可能与非民主国家打仗。进攻性现实主义认为，由于各国的意图难以确定，国家安全战略只能基于能力而非意图。国家要在国际体系中生存，只有在削弱别国实力的同时使自己实力的最大化，才能保证自己的安全，而在达到霸权地位之前，国家永远不可能有真正的安全。

新保守主义受到上述理论的影响，在对外战略中强调价值观和美国霸权对美国安全的重要性。美国只能在一个美式价值观被广泛接受和传播的世界上才能获得安全。新保守主义的代言人欧文·克里斯托认为，如果世界上大多数国家敌视美国的价值观，美国的民主也很难长期生存。在这一目标实现之前，美国的安全只能依赖于美国保持不可匹敌的军事力量。在这样的安全观指导下，新保守主义的对外战略狂热追求输出价

---

① Stephen G. Brooks and William C. Wohlforth, "America Abroad", Oxford University Press, 2016.

值观和美国军力的绝对优势，力图建立美国主宰的单极体系，谋求将美国的霸权秩序强加在国际体系之上。美国新保守派中的另一位重要人物埃利奥特·艾布拉姆斯就宣称，美国在世界上的主要作用就是利用他的力量优势来强化国际行为规范，就像英国在19世纪所扮演的角色一样，但美国的核心目标是防止国家间的暴乱失控。①

新保守主义运动另一支有影响的力量是基督教右翼，包括基督教原教旨主义教会、福音教会、基督教犹太复国主义等。基督教原教旨主义教会在美国南部较贫穷的州影响力较大，这些州就是所谓的"圣经地带"，包括弗吉尼亚州、亚拉巴马州、北卡罗来纳州、佐治亚州、密西西比州、南卡罗来纳州、路易斯安那州、得克萨斯州和俄克拉何马等。美国南方各州大约占美国国土面积的25%，人口占美国总人口的35%，却拥有36%的国内军事设施并提供了43%的美军志愿兵。南方州从国防开支中的受益多于其他地区，因此这些州主张美国应维持强大的国防就不足为奇了。基督教右翼的另一支为基督教犹太复国主义，小布什2000年竞选总统时，他们充当了活跃的核心投票机器。基督教右翼在2004年帮助小布什竞选连任发挥了重要作用。对在2003年美国投票集团的研究表明，基督教右翼是小布什共和党的最大选票来源。小布什的竞选顾问罗夫在小布什周围建立了一架政治机器，其核心是对基督教福音主义和700万基督教犹太复国主义者的狂热支持。他们认为以色列的侵略是为了《圣经》预言的世界末日善恶大决战中的最后一战。在这善恶大决战中，信奉上帝的选民将升到天国，而异教徒将在相互屠杀中死亡。

新保守主义运动还有一支重要的力量是军工产业集团。美国军工产业集团在华盛顿游说的最有影响的团体要数美国国家安全委员会、美国国家政策委员会、美国企业公共政策研究所和新美国世纪工程等。美国国家安全委员会创建于1938年，创始人包括《时代》周刊和《生活》周刊创始人亨利·卢斯，美国产业组织劳工联盟的国际事务部主任杰伊·洛夫斯通，马歇尔百货公司主席休斯顿·麦克贝恩，美国驻波兰前大使

---

① 王联合：《美国新保守主义国际体系论的理论与实践》，载上海社科院世界政治与经济研究院主编：《国际体系与中国的软力量》，时事出版社2006年版，第210—212页。

阿瑟·布利斯·雷恩等。在整个冷战期间，该委员会在维持美国军工产业复合体的利益方面发挥了非常重要的作用。另外一个有影响的军工产业集团游说机构美国国家政策委员会创建于20世纪80年代，主要成员有约翰·辛格将军、得克萨斯州亿万富翁纳尔逊·亨特、传统基金会的埃德温·小福伊尔纳、基督教广播网的帕特·罗伯逊牧师和老布什周围的大多数基督教右翼头面人物。美国企业公共政策研究所主要代表核工业利益，该研究所主张美国应积极开发新一代可以使用的低当量核武器。该研究所的三个成员加入了小布什政府制定安全政策的核心团队。史蒂芬·哈德利和罗伯特·约瑟夫成为小布什政府国家安全委员会的成员。新美国世纪工程成立于1997年，新保守主义的领军人物威廉·克里斯托和罗伯特·卡根为主要创始人。小布什政府的许多成员，如副总统切尼、国防部长拉姆斯菲尔德、副国防部长沃尔福威茨等同该机构联系密切。冷战结束后，美国军工产业集团面临的巨大挑战是，当美国不再面临苏东集团军事威胁的情况下，如何说服美国纳税人继续在国防上大量投钱。克林顿政府时期，美国政府面临要求享受和平红利、削减军费的巨大压力。因此，克林顿执政期间曾对军费有小幅削减，这导致美国军工产业集团的不满。美国军工产业集团在帮助小布什上台方面出了大力，因此小布什竞选胜利后，军工产业集团在布什政府的国家安全、情报、国防和外交政策机构中占据了重要位置。副总统切尼是老布什政府的国防部长，国防部长拉姆斯菲尔德于1975—1977年间任福特政府的国防部长，国防部副部长沃尔福威茨曾参加了防务承包商休斯电子公司的特别小组，为军工巨头诺斯罗普·格鲁曼公司做过咨询，空军部副部长兼国家侦察局局长彼得·特伊茨曾是洛克希德·马丁公司的首席执行官。另外，白宫办公厅主任利比、助理国防部长费思、空军部长詹姆斯·罗奇、空军助理部长纳尔逊·吉布斯等都同诺斯罗普·格鲁曼公司关系密切。为了给增加军费开支提供依据，军工产业集团"发明"了维护美国霸权的理论，认为为维持美国的霸权，美国必须保持军事上的绝对优势。小布什政府安全战略的许多重要组成部分，从先发制人思想，到伊拉克的政权更迭，再到发展导弹防御系统，都是在小布什上台之前就已形成，代表军工产业集团的智库和游说团体，如国家政策委员会、企业公共政策研究所和新美国世纪工程等首先提出并完善了这些战略思想。

我们在前面提到,小布什政府的单极霸权战略削弱了自由国际秩序的基础,导致美国扩张过度,这反过来又削弱了美国的霸权基础。因此,美国的自由派主张美国应该采取在非重点领域适当收缩,将资源集中到对维持美国霸权至关重要领域的战略。在下面小结里,我们将更详细地讨论美国对力量转移的第二种反应。

第二节 亚太再平衡

第二种反应是为了维持美国的霸权和自由国际秩序,美国必须采取有选择的收缩政策,这一派的代表是奥巴马政府。奥巴马政府的战略目标同维持现状派并无不同,仍是维持美国霸权和自由国际秩序,不同的是,奥巴马政府并不想在对美国至关重要的所有地区平均用力,而是在一些地区适当收缩,在一些地区适当加强。如果说美国在小布什时期为了维持其霸权采取的是全面进攻的战略,那么到了奥巴马时期美国采取的是重点进攻的战略。美国在奥巴马时期采取重点进攻的战略也有些"不得已而为之"的意味。2008年的全球金融危机对美国经济打击很大,在伊拉克和阿富汗的战争也使得美军疲惫不堪。更使美国感到力不从心的是,全球的战略格局正在发生深刻的变化,一些新兴经济体的崛起正在改变全球的力量对比,美国的实力则因金融危机、伊拉克和阿富汗战争而走下坡路。因此,当奥巴马上台时,美国面临的形势是世界政治和经济的重心正在从大西洋向太平洋转移。美国的战略重心也必须根据世界格局的变化进行相应调整。

奥巴马政府认为,美国对中东投入过多,而对亚太投入不足。因此,美国必须进行战略调整,在中东进行适当收缩,以便将更多的资源投入到亚太地区,这就是奥巴马政府实行的"亚太再平衡"战略。美国该战略的重点是防止该地区的力量对比发生不利于美国的变化,阻止一个潜在敌国主导亚太地区。虽然冷战早已在1991年结束,但美国仍然继续在亚太地区竭力维持冷战时的秩序。美国维持亚太地区主导地位,阻止中国行使正当主权的两大支柱是前沿部署和可靠的军力投放能力。在中国实力日益增长，美国亚太霸权的两大支柱日益受到挑战的情况下，奥巴马政府主要采取了三大措施试图维持美国在亚太的主导地位。首先，在军事方面，美国决定将美国军事力量的60%，主要是海空力量部署到亚太地区。美国加强了关岛军事基地的建设，部署了美国最新的F-22和F-35战斗机，在新加坡部署了新式军舰，在澳大利亚增派了美国海军陆战队。同时，鉴于中国实施反介入和区域拒止战略，美国计划实施一系列新的应对战略，从最初的"海空一体战"演变成"在全球公域介入与机动联合作战概念"，以及最近的第三次"抵消战略"，利用美国的技术、战术和人力资源方面的优势，充分利用机器人、定向能、自动指挥系统、3D打印，以及大数据处理等新兴技术，在必要时能更有效和更可靠地投放美国的军力。① 同时，为了减少美国前沿部署基地受到突然袭击的损失，美国采取了分散前沿部署的做法，将美国的兵力部署分散到澳大利亚、马里亚纳群岛和马绍尔群岛等。

其次，在经济方面，奥巴马政府积极推动跨太平洋伙伴关系协定谈判。在美国参加跨太平洋伙伴关系谈判之前，中国就已经在积极推动亚太地区全面经济伙伴关系协定和亚太自由贸易区协定的谈判。美国加入跨太平洋伙伴关系协定谈判的动机之一是担心中国主导亚太地区的经贸秩序。亚太地区是全球经济发展的重心，也是争夺确定未来全球经济规则的重要战场。美国总统奥巴马在为跨太平洋伙伴关系协定辩护时指出："当我们潜在客户的95%生活在美国境外时，我们不能让像中国这样的国家制定全球经济的规则。我们应该在为美国的产品开辟新市场和为保护工人和环境制定高标准的同时，制定这些规则。"② 美国加入跨太平洋伙伴关系协定谈判的动机之二是避免中国周边国家对中国市场的过度依赖。美国国务院负责东亚事务的助理国务卿坎贝尔认为，跨太平洋伙伴关系协定为亚洲的贸易伙伴的经济增长提供了更多的机会，减少了他们受中国和其他大国的"经济胁迫"。而且，亚洲贸易伙伴经济关系的加强也有

---

① Center for Strategic and Budgetary Assesments, "Toward a New Offset Strategy", 2014, http://csbaonline.org/uploads/Offset-Strategy-Web.pdf.

② Kurt M. Campbell, "The Pivot", Twelve Hachette Book Group, 2016, p.267.

助于加强安全方面的合作，扩大了美国在亚太地区盟友和伙伴的基础，有助于增强美国在亚太地区的盟友和伙伴平衡中国的实力和信心。[1] 美国加入跨太平洋伙伴关系协定谈判的动机之三是试图影响中国的发展方向。有些人认为，美国在亚太地区搞跨太平洋伙伴关系协定是为了"遏制"中国，但坎贝尔认为，跨太平洋伙伴关系协定主要目的是制定一个高标准的经贸规则，如果中国未来想加入这一协定，就必须实施必要的改革，达到相应的标准后才能加入，这就为影响和约束中国的行为提供了一个新的手段。[2]

最后，在外交方面，奥巴马政府除了进一步巩固美国在亚太地区的传统盟友美日、美韩、美澳和美菲关系外，美国"亚太再平衡"战略在外交方面的第一个重要目标是加强同东南亚国家的关系，并同中国建立既合作又竞争的关系。奥巴马政府将印度看成平衡中国崛起的一个重要伙伴，并积极争取欧洲盟友对美国的"亚太再平衡"战略进行配合。奥巴马政府重视亚洲的一个象征性行动就是打破了美国国务卿第一次出访是欧洲的惯例。2009年2月15—22日，美国国务卿希拉里·克林顿第一次出访便精心安排出访日本、韩国、中国和印度尼西亚四国，这一出访安排充分反映了奥巴马政府亚太政策的关切重点。

奥巴马政府发现应对中国的崛起是一个非常棘手的问题。一方面，美国国内越来越多的人认为，中国的崛起是美国面临的最大的地缘政治挑战，美国过去接触加遏制的战略必须进行调整。另一方面，在刚刚经历了全球金融危机后，美国的经济复苏需要中国的合作。此外，在伊朗和朝鲜核问题、气候变化、在阿富汗和巴基斯坦的反恐行动，以及苏丹内战问题上美国也需要中国的合作。因此，奥巴马政府的对华政策几经调整，最后逐步成型为竞争与合作的政策。在涉及未来亚太政治、安全和经济秩序方面，美国认为中国是"竞争对手"，但在涉及美中双方拥有共同利益的领域，中国又被视为合作伙伴。

奥巴马政府重申了美日安全同盟是美国亚太安全秩序的基石。美国

---

[1] Kurt M. Campbell, "The Pivot", Twelve Hachette Book Group, 2016, p. 268.

[2] Kurt M. Campbell, "The Pivot", Twelve Hachette Book Group, 2016, p. 268.

希望日本经济能恢复活力，在亚太安全事务方面发挥更大的作用。美国重视韩国在朝鲜半岛无核化问题上所发挥的作用，并希望在安全事务方面能加强美、日、韩三边合作。

美国"亚太再平衡"战略的第二项重要内容是重视发展同东盟的关系。为此，美国决定加入《东南亚友好合作条约》，并积极参加东亚峰会。奥巴马政府认为，维持美国主导的亚洲秩序除了加强美国前沿部署和传统盟友关系外，支持该地区的地区性组织，如东南亚国家联盟、东亚峰会、太平洋经济合作组织等，也是约束和制衡中国的一个有效手段。此外，从"制约"中国的角度出发，美国还特别重视发展与东盟内越南、印尼和缅甸的关系。

奥巴马政府"亚太再平衡"战略的第三项重要内容是改善同印度的关系。从力量平衡的角度，奥巴马政府继承了布什政府的南亚政策，继续积极发展同印度的关系。美国支持印度参加二十国集团、联合国安理会和核材料供应集团等国际组织。美印于2015年签署了《美印防务关系新框架》协议，并在武器采购、军事交流和联合军演等领域开展了广泛的合作。奥巴马政府将印度看成是平衡中国崛起的一个重要角色，认为美印可以在维持印太地区海上航行自由方面开展合作。同时，美国积极支持印度的经济发展，将印度看成一个可以替代中国的贸易和投资伙伴。

美国"亚太再平衡"战略第四项重要内容是争取欧洲的合作。美国国务院助理国务卿坎贝尔指出，美国亚太再平衡战略不是将美国的战略重点从欧洲转向亚太，而是美国和欧洲同时将注意力转向亚太。美国在硬实力方面有优势，欧洲在软实力方面有优势。美欧在维持该地区自由国际秩序方面可以在以下几个领域开展合作：首先，美欧在促进亚太地区的市场经济等方面可以进行合作。其次，美欧在促进地区性组织建设方面可以合作。欧洲是东盟地区论坛的成员，朝鲜能源开发组织（KEDO）的成员，并建立了亚欧对话机制亚欧会议（ASEM），欧洲可以通过上述机制施加影响力。再次，美欧可以在维护全球公共领域的行为准则和规则方面进行合作。在涉及东海和南海争端问题上，美欧可以共同支持海上自由航行的规则，双方在制定网络和太空领域的国际规则方面也可以进行合作。最后，在安全领域美欧也可以进行分工合作。例如，北约可以在亚洲一些国家的首都设立联络办公室,并在北约总部设立亚洲事务办公室。北约在海洋安全和导弹防御方面可以同亚洲的伙伴国进行合作,并向亚洲伙伴国提供相应的援助和培训。①

俗话说:"理想很丰满,现实很骨感。"奥巴马政府的"亚太再平衡"战略在美国白宫国家安全委员会讨论时,是一个理想的战略,但在具体实施过程中却是困难重重。首先,奥巴马政府"亚太再平衡"战略的基本设想之一是欧洲在安全方面没有问题,美国通过对俄罗斯实施"重启"战略可以改善同俄的关系,这样美国可以从欧洲适当收缩,将更多的资源转移到亚太地区。但2012年普京重任俄罗斯总统后,美国对俄的"重启"政策显然是失败了。俄罗斯在普京领导下,对北约东扩进行了反击。俄罗斯的反击使美国和北约认识到,北约东扩已经扩张过度,如果不增加军力部署,北约实际上已无力保护波罗的海沿岸国家和东欧国家的安全。冷战后,北约一度将注意力转向欧洲以外的安全事务,但俄罗斯的重新崛起使得北约不得不将主要注意力重新回到欧洲,美国也不得不向东欧和波罗的海沿岸国家增加防务力量,这意味着美国无法从欧洲适当收缩。

其次,奥巴马政府"亚太再平衡"战略的另一个基本设想是,美国应当在不损害自身利益的前提下从中东适当收缩。但美国面临的挑战是,如何在中东适当收缩又不损害美国在该地区的利益。例如,奥巴马在竞选总统时承诺,当选后将以每月一个旅的速度从伊拉克撤军。虽然当选后放慢了从伊拉克撤军的步伐,但奥巴马在2010—2011年期间主要关心是如何尽快从伊拉克撤军,而对撤军后如何维持伊拉克的稳定考虑不足。结果是美国撤军后伊拉克陷入了极大的混乱,并导致"伊斯兰国"控制了伊拉克三分之一的土地,这迫使美国不得不于2014年后又派军队打击"伊斯兰国"。在阿富汗,奥巴马政府一方面希望打赢阿富汗战争,另一方面又想尽快结束美国在阿富汗的卷入。为此,奥巴马执政初期大规模增加了驻阿富汗的美军,但与此同时又宣布美国对阿富汗的增兵将仅维持到2011年中期。这充分反映了奥巴马政府面临的困境:一方面,美国

---

① Kurt M. Campbell, "The Pivot", Twelve Hachette Book Group, 2016, pp. 290 – 292.

想从该地区收缩，以便将资源转移到东亚；另一方面，又想在资源减少的情况下扭转阿富汗对美不利的形势。结果是虽然美国短期内增加了在阿富汗的兵力，但并未打破对美不利的僵局。

最后，美国国内的政治斗争也妨碍了奥巴马政府"亚太再平衡"战略的顺利实施。例如，2013年美国行政部门和国会在政府预算问题上分歧太大，以至于双方在预算问题无法达成协议，导致政府关门。奥巴马政府由于国内的预算纠纷，而不得不取消参加当年的东亚峰会。这导致美国的亚太盟友担心美国对该地区承诺的可靠性。而且，跨太平洋伙伴关系协定是奥巴马政府"亚太再平衡"战略的一项重要内容，但自从2008年全球金融危机后，美国国内反经济全球化和自由贸易的势力日渐壮大，在2016年美国总统大选时，美国两党的总统候选人都明确反对跨太平洋伙伴关系协定。特朗普当选总统后为了履行其竞选承诺，宣布美国退出跨太平洋伙伴关系协定，这导致奥巴马政府"亚太再平衡"战略三大支柱之一的经济支柱崩塌。

第三节　美国优先

第三种反应是为了维持美国的霸权不惜牺牲自由国际秩序。2016年美国总统大选特朗普获胜，这标志着美国对外战略的重大改变。自二战以来，美国历届总统的对外战略目标都是同时寻求维持美国的霸权和自由国际秩序。但特朗普政府的对外战略目标却仅是维持美国的霸权，不想继续维持自由国际秩序。在特朗普当选不久，从美国的左翼扎卡利亚，到中间派沃尔特·拉塞尔·米德，再到右翼埃利奥特·科恩和罗伯特·卡根，都认为特朗普的当选是对自由国际秩序的威胁。

特朗普政府国家安全委员会负责战略沟通的官员迈克尔·安东反驳了这些人的批评。他认为，自由国际秩序是二战后一些战胜国在有关安全、贸易和国内政治安排方面的一些共识，以及反映这些共识的国际组织形式，如联合国、北约、欧盟和世界银行等。自由国际秩序的初衷同美国每一个重大外交政策的初衷一样，都是为了保护当时的美国安全和利益。现在批评特朗普政策的人实际上已经忘记了美国外交政策和自由国际秩序的初衷。安东认为，美国外交政策和建立自由国际秩序的初衷是为了促进美国的繁荣、声望和和平。二战后，美国主导建立自由国际秩序时，该秩序对美国的安全、繁荣和威望都十分有利。但70多年过后，国际环境已经发生了重大变化，虽然该秩序总体上仍对美国有利，但已经需要进行一些大的改革。特朗普的批评者们已经忘记，美国建立和维持自由国际秩序的目的是为了维护美国的利益，自由国际秩序是手段，美国利益是目的。但美国的一些人却将维持自由国际秩序当成目的。维护美国的利益当然不意味着完全抛弃自由国际秩序，但同时也不意味着不能对自由国际秩序进行有意义的改革。

安东认为，从美国利益出发，应对自由国际秩序进行以下几方面的改革：首先，国际贸易秩序应该进行改革。特朗普政府认为，自由贸易政策已经不再符合美国的利益，美国应该根据其核心利益和经贸现实构建新的国际贸易秩序。其次，美国的联盟体系也需要改革。北约的初衷是抗衡苏联，但苏联已经解体，现在需要回答的问题是，北约的目的是什么，北约东扩符合美国的战略利益吗？如果能够将北约改造成更好地应对恐怖主义和大规模非法移民问题的组织，那是再好不过。最后，将自由国际秩序扩展到全球符合美国的利益吗？1945—1950年美国建立自由国际秩序时的主要目的是为了保护美国和其在欧洲和亚洲盟友的利益，在苏伊士运河危机后，随着英法在中东的霸权垮台，以及西方成为净石油进口国，美国将该秩序扩展到了中东。不过，冷战结束后，美国的一些人鼓吹将自由国际秩序扩展到全世界，这确实是将意识形态同国家利益搞混了。事实上，将自由国际秩序扩大到全球并不符合美国安全、繁荣和声望这些核心利益。特朗普政府所实行的政策并不是完全抛弃自由国际秩序，恰恰相反，而是为了恢复建立该秩序的初衷，即美国利益优先。[①]

特朗普是在国际格局发生深刻变化和美国国内矛盾日益尖锐的情况下上台的。虽然美国国内仍有一些人抱着美国单极的信念不放，但中国

[①] Michael Anton, "America and the Liberal International Order", American Interest, Vol. 1, No. 1 (Spring 2017), pp. 113 – 125.

等一大批新兴经济体的崛起已经深刻地改变了国际格局。如果说"越南综合征"深刻地影响了冷战后期美国的内政外交，那么"阿富汗、伊拉克综合征"则深刻地影响了2008年全球金融危机后的美国内政外交。美国国内支持自由国际秩序的基础受到严重削弱。二战后，美国国内支持美国霸权和自由国际秩序的主要基础是美国资本垄断集团和工人阶级、中产阶级所达成的一种妥协安排。通过累进制的税收，实施凯恩斯主义的充分就业政策，建立社会保障网等一系列有利于社会阶层向上流动的政策，争取到美国的多数人支持美国对海外盟友承担的义务，推行自由贸易政策和对外军事干涉。"越南综合征"分裂了美国社会，打破了冷战共识。美国通过海外适当收缩，取消义务兵制，采取职业军队的办法渡过"越南综合征"所带来的冷战时第一次社会分裂的危机。

不过，自从里根政府以来，美国所采取的税率递减的税收政策，削弱社会保障网和打击工会，以及技术进步和经济全球化，再一次导致了美国的社会分裂，削弱了美国社会支持自由国际秩序的共识。拥有充足资本、受过良好教育的人能够充分享受经济全球化带来的好处，而没受过良好教育的蓝领工人则由于经济全球化的冲击而收入下降。据一项研究表明，从1974年到2015年，美国未受过高中教育的家庭平均收入减少了20%，接受过高中教育，但未上过大学的家庭的平均收入下降了24%。[1] 美国贫富差距的扩大削弱了美国国内支持自由国际秩序的基础。美国在伊拉克和阿富汗的长期军事卷入不仅使得美国消耗了大量的人力和财力，还使美国国内支持美国霸权的意愿下降。据2009年皮尤的一次民意调查显示，49%的美国人认为美国应该管好自己的事，让其他国家自求多福。[2]

美国在对华政策上的分歧进一步削弱了美国支持经济全球化的基础。自从尼克松总统打开美中关系大门以来，扩大对华接触已经成为美国两党的共识，因为这不仅有利于美国的经济繁荣，还有利于将中国进一步

---

[1] Hal Brands, "American Grand Strategy in the Age of Trump", Brookings Institution Press, 2018, p. 94.

[2] Michael J. Mazarr, "The Risks of Ignoring Strategic Insolvency", The Washington Quarterly, Fall 2012, pp. 11 – 12.

纳入美国主导的自由国际秩序。美国这种接触加防范的政策的高潮是同意给予中国最惠国待遇和中国加入世界贸易组织。不过，随着中国近年来的迅速崛起，美国国内有关对华政策的辩论又激烈起来。一些人认为，美国对华接触加遏制的战略是自相矛盾的。主张接触的人认为对华接触将增加双方贸易和外交合作。主张遏制的人则认为如果美国对华接触政策的目标不能实现，那将培养一个"更为强大的竞争对手"。布什政府时期在促成美印关系改善方面起了重要作用的阿什利·泰利斯指出，美国虽然从其维持的国际经济秩序中获得众多好处，但与此同时也帮助了有可能成为"美国最大地缘战略竞争对手"的经济的发展。美国失去全球老大的地位将使美国的安全和经济利益受到中国的"威胁"。① 一些人认为由于同意中国加入世界贸易组织，美国在1999—2011年间失去了200万个制造业工作。② 特朗普充分利用了美国对华政策的争论，对经济全球化的分歧，特别是对华贸易逆差的问题，并利用"阿富汗、伊拉克综合征"，打着美国优先和经济民族主义旗号而赢得2016年的总统大选。

特朗普政府美国优先政策的实质，就是将国际政治看成是一场零和游戏，美国必须采取一切手段维持美国的霸权地位。特朗普政府美国优先的政策主要包括两大部分内容：从美国优先的角度重新审视自由国际秩序，凡是特朗普政府认为不符合美国利益的，必须改变，以更好地适合美国的国家利益；采取一切手段打压美国的"潜在对手"。

特朗普政府认为，首先，自由国际秩序的重要组成部分自由贸易和经济全球化不符合美国的利益，因为它允许其他不遵守自由贸易规则的国家充分享受自由贸易的好处，从而使美国的企业在竞争中处于不利地位。其次，美国通过北约向欧洲盟友、通过双边协定向亚洲盟友提供安全保护伞使得美国的盟友在安全事务上搭美国的便车，而不愿与美公平分担防务负担。再次，国际法、国际协定和国际组织虽然对世界各国都有约束，但对美国的行动自由约束最大，因为美国拥有其他国家所不拥

---

① Ashley J. Tellis, "Balancing without Containment", Carnegie Endowmwnt for International Peace, 2014, p. 14.

② David Dorn, and Gordon Hanson, "The China Shock: Learning from Labor Market Adjustment to Large Change in Trade", Working Paper 21906, National Bureau of Economic Research, 2016.

有的巨大实力。最后,在边境控制和移民问题上采取自由的政策将削弱美国的主权和对边境的控制,导致非法移民的增加和国际恐怖分子的活动自由,从而损害美国的安全。

因此,特朗普上台后不久,采取了重视双边谈判,而忽视多边贸易协定的做法。特朗普退出了跨太平洋伙伴关系协定,重新谈判北美自由贸易协定,增加了重要的"毒丸条款",即北美自由贸易协定的伙伴今后在同其认为的非"市场经济"的第三方谈自由贸易协定时,必须事先通知美国,美国拥有事实上的否决权。特朗普政府威胁对欧盟和日本增加钢铁和汽车关税,以迫使美国在欧洲和亚洲的贸易伙伴对美国的商品开放更大市场。特朗普政府对多边贸易体系,特别是世界贸易组织感到不满,认为世界贸易组织必须进行重大改革,否则威胁称美国将退出世界贸易组织。

在安全领域,特朗普政府要求美国的北约和亚洲盟友承担更加公平的防务负担。特朗普政府公开要求北约盟国尽快将防务开支增加到占国民生产总值2%的水平,否则威胁将拒绝履行北约中的第五条款。美国同北约盟国在负担分担问题上的分歧由来已久。美国国防部长罗伯特·盖茨2011年就曾警告道:"明显的事实是,美国国会和美国政府存在日益减少的意愿和耐心,将宝贵的资金花在那些明显有能力,但缺乏意愿和认真对待自身防务的伙伴身上。"[①] 特朗普则多次表示北约已经过时了,认为北约是一个和北美自由贸易协定一样糟糕的协定,"传统盟友对美国构成的威胁甚至比长期对手更大,因为他们本质上是友好的扒手:利用美国的军事保护和对贸易的优惠待遇,以牺牲美国利益为代价致富。"[②] 美国要求日本和韩国增加对美国驻军分担的费用。对于沙特,美国要求沙特增加对美国军备的购买,从而增强自我防卫能力。

特朗普政府为了强调美国的主权和行动自由,也减少了对多边机构、国际协议和国际组织的支持。特朗普政府决定退出《中导条约》是认为

[①] Hal Brands, "American Grand Strategy in the Age of Trump", Brookings Institution Press, p. 92.

[②] 王辉:《特朗普"选择性修正主义"外交的特点及影响》,《现代国际关系》2019年第6期,第29页。

该条约限制了美国维持战略优势的努力。特朗普政府还以一些国际组织的行为不符合美国国家利益为理由，退出了一系列国际组织，如联合国教育、科学及文化组织、联合国人权理事会，并威胁要退出万国邮政联盟。美国政府以"损害美国主权"为由退出了由联合国主导的《移民问题全球契约》制定进程。在气候变化领域，特朗普政府退出《巴黎气候变化协定》，停止落实国家自主减排目标，大幅度削减国际气候变化援助资金，停止为联合国"绿色气候基金"提供资助。特朗普政府还以对伊核协议的"日落条款"、未限制伊朗弹道导弹的发展，以及未涉及伊朗支持地区恐怖主义活动等不满而单方面退出伊核协议。2019 年新冠肺炎疫情在全球暴发后，美国又以世界卫生组织在对抗疫情方面表现不力和过于亲华为由，在 2020 年宣布退出世界卫生组织。

特朗普的民粹主义和交易式做法严重损害了美国两党主流派支持的自由国际秩序。特朗普的继任者将发现，自由国际秩序已经奄奄一息，美国的联盟体系受到很大的损害，全球自由贸易体系被大大削弱。

特朗普"美国优先"政策的另一个重要组成部分就是防止中国取代美国世界"老大"的位置。在特朗普政府看来，"美国的霸权比起同别国分享霸权，甚至成为世界老二相比，能使美国拥有更大的安全。它使得美国能够吸引必要的资源维持世界上最具创新能力的经济体系，这一能力使得美国能够享受高的生活水平，并建立一支令人生畏的军事力量，将美国的意志强加给美国的对手。它使得美国拥有为了保卫自己而在对手的领土附近，而不是美国本土附近采取军事行动的自由。它使得华盛顿能够维持一个强有力的联盟体系，该体系承诺通过集体防务来应对共同的威胁，并为向海外采取远征行动提供巨大能力资源。它增加了美国的意识形态、风俗习惯和时尚在国际上的吸引力，除了实力之外，这又为美国的行为增加了一层合法性外衣。它使得美国能够通过国际机构和'基于规则'的秩序保护美国的财富，并在无需经常动用武力的情况下获得对美国有利的结果。"[①]

[①] Ashley J. Tellis, "Balancing Without Containment," Carnegie Endowment for International Peace, 2014, p. 14.

第四节　建立西方主导的价值观联盟

2020年11月7日，美国大选计票在经历过山车般的起伏后，美国众多媒体宣布，美国民主党总统候选人拜登终于跨过大选胜利所需要的270票门槛，这意味着美国民主党失去白宫四年后，重新执掌白宫。新当选的美国总统拜登发现，特朗普的民粹主义和交易式做法严重损害了美国两党主流派支持的自由国际秩序。美国的联盟体系受到很大损害，全球自由贸易体系已经支离破碎，美国的"自由民主"理念在全球的影响力被大大削弱。拜登上台后在外交方面的首要任务是终结特朗普民粹主义的"美国优先"外交战略，使美国的外交重新回到维持美国主导的自由国际秩序的轨道。不过，鉴于国际格局在受到新冠肺炎疫情冲击后已经有了进一步变化，拜登政府对中国崛起的反应战略，将会是奥巴马政府"亚太再平衡"和特朗普政府"印太战略"的折中体。

拜登政府认为，中国和俄罗斯等新兴市场国家的崛起对美国的挑战主要有两大部分：一是结构性的，即非西方国家的崛起对西方主导的自由国际秩序的挑战；另一个涉及国家利益的挑战。作为美国民主党总统候选人的拜登，在2020年初《外交事务》杂志上发表了题为《为什么美国必须再次领导世界？》的文章，较系统地阐述了民主党执政后美国将采取的外交战略。他认为，为了维持美国主导的自由国际秩序，美国必须首先改革国内政治经济制度，恢复美国政治和经济活力；其次，美国必须重建美国的同盟体系；最后，在同其他国家竞争中，美国必须构建"民主联盟"。

拜登入主白宫后，他和他的团队就美国应对新兴经济体挑战政策确定了竞争、冲突和合作的基调。2021年5月26日，美国白宫国家安全事务理事会中国事务主任罗拉·罗森伯格在斯坦福大学研讨会上，介绍了拜登政府应对新兴经济体挑战政策的三大支柱：一是增强美国自身的竞争力；二是加强同美国盟友的合作；三是在全球治理方面要赢得同他国的"竞争"。罗森伯格的讲话表明拜登政府应对他国挑战的"战略"已经基本成型。首先，在应对新兴经济体对自由国际秩序的"挑战"方面，美国政府在国内政策上最重要的任务是增强美国的经济竞争力。拜登政府认为，赢得同他国的战略竞争的焦点不在于如何削弱中国的竞争力，更重要的是如何增强美国自身的竞争力。美国的内外政策密切相关。如果不扶持美国制造业，不加强基础设施建设，不解决就业问题，不培养美国创新能力，不改革移民政策，美国的外交政策就缺乏强有力的基础。为了增强美国自身的竞争力，拜登政府表示，执政后的首要工作是控制新冠病毒的传播、推行经济复苏计划、改善美国的基础设施和科技竞争力。因此，拜登在媒体宣布其当选后的第一项举措，就是宣布组建控制新冠病毒的顾问委员会，研究如何采取有效措施尽快控制新冠肺炎疫情。在促进美国经济尽快复苏方面，拜登政府承诺要对美国的中小企业提供救助资金，创造数百万个高薪工作岗位。美国将增强基础设施建设，加强在科技、教育方面的投资，在"奥巴马医改"的基础上改善医保体系，促进种族和性别平等。拜登政府自 2021 年 3 月 11 日开始提出了总额超过 6 万亿美元的经济刺激计划，包括价值 1.9 万亿美元的《2021 年美国救助计划》，价值超过 2 万亿美元的《美国就业计划》和价值超过 1.8 万亿美元的《美国家庭计划》。拜登政府提出的《美国就业计划》重点放在基础设施领域。在拜登政府的基础设施投资计划中，大约有 6000 亿美元投资于半导体和医药产品制造、高速宽带网等数字基础设施和关键技术领域的研发。

拜登政府应对他国挑战方面的第二根支柱就是加强同盟友合作。美国的保守派和自由派在维持美国的全球领导地位方面享有共识。但在如何维持美国的全球领导地位方面却有重大分歧。美国的保守派主要从地缘战略考虑美国的外交战略，防止欧亚大陆出现挑战美国霸权的国家和国家集团是美国保守派外交战略的重要出发点。美国的自由派则主要从维持美国主导的自由国际秩序的角度出发制定美国的外交战略，巩固和扩展自由国际秩序成为自由派外交战略的重点。以特朗普为代表的美国民粹主义将美国的相对衰落和国内贫富差距的扩大归咎于新兴经济体的崛起、美国盟友的"白搭车"和外来移民抢了美国人的饭碗，因此，特朗普政府采取的对策是美国优先和贸易保护主义政策。在拜登看来，特朗普政府的美国优先政策既无助于解决美国相对衰落和国内分配不公的问题，还会造成美国在国际上的孤立，削弱美国主导的自由国际秩序的合法性。[1] 因此，拜登认为美国外交战略的优先事项是修复美国的盟友体系和多边主义制度，通过构建国家联盟的方式应对全球治理和美国面临的他国家的挑战。

为了修复盟友体系，拜登政府主要采取了两大措施：一是提升美日印澳"四边对话"机制规格，积极推动"四边对话"机制从非正式的合作框架向正式的地区组织方向发展；二是高调宣传"美国回归"，积极修复在特朗普执政期间损坏的美欧关系。2021年6月11—14日，拜登不顾高龄，风尘仆仆地奔赴英国和比利时参加西方七国峰会和北约峰会。6月11—13日在英国举行的西方七国峰会还邀请澳大利亚、印度、韩国和南非领导人参会，这体现了拜登政府试图联合西方盟国进行"战略竞争"的战略思维。6月14日在布鲁塞尔举行的北约峰会更体现了美国高调的"回归"。美国重申了对北约的承诺，并表示将加强同盟友的磋商。此次北约峰会通过了"北约2030倡议"，突出强调要加强北约维持和塑造基于规则的国际安全秩序的能力。为此，北约公报提出为了积极应对印太地区大国崛起带来的挑战，北约要强化同澳大利亚、日本和韩国等亚太伙伴国家的合作，以提升北约介入印太事务的能力。

以拜登为代表的美国自由派对国际形势的看法同美国保守派不同，认为当前美国为首的西方所面临的最大挑战并不是西方的相对衰落和新兴经济体的崛起所引起的力量转移的问题，而是冷战后美国所推行的接触和扩展战略失败后，西方应该采取何种战略继续维持和巩固自由国际秩序的问题。西方不能对新兴经济体继续实施接触和扩展战略，但也不能采取特朗普政府美国优先的单边主义战略，而是应采取理智竞争的战略，在全球治理上赢得竞争，这成为拜登政府新兴大国挑战战略的第三根支柱。

作为理智竞争战略的一部分，美国的对俄竞争战略包括以下三项重要内容。首先，美国应该继续支持欧盟的一体化进程。一个稳定和团结的欧盟将是美国巩固和扩展自由国际秩序的重要伙伴和抗衡俄罗斯的重

---

[1] Jake Sullivan, "Yes, America Can Still lead the World", The Atlantic, Jan. – Feb., 2019.

要助手。美国应该在"负担分担"问题上继续对欧施加适当压力，但不应同美国对欧洲的安全义务相挂钩。美国应鼓励欧盟继续加强防务，并推动欧盟和北约就双方的防务分工问题开展进一步的讨论。在英国"脱欧"问题上应谨慎表态，不能让英国脱欧事件削弱欧盟的团结。在涉及跨大西洋贸易摩擦问题上，美国应同欧盟就双方的贸易关系框架进行谈判，尽快达成一项有关双边经贸关系的框架性安排。其次，在涉及俄罗斯试图在其周边地区建立势力范围的问题上，美国不能接受俄的要求，而是坚持各国主权平等有权自行决定自己的外交关系。但在另一方面，美国在乌克兰和格鲁吉亚加入北约的问题上应当谨慎。美国和欧盟应该对上述国家提供一定的经济和防务援助，但应防止过分激怒普京，使得该地区的紧张关系升级。在乌克兰问题上应鼓励欧盟在"诺曼底四方对话"下发挥主导作用。最后，美国和欧盟在应对俄威胁自由国际秩序的行为实施制裁方面应该加强协调。美欧双方应继续鼓励俄的内部变革，并在一些双方拥有共同利益的领域开展合作。不过，美国应该吸取冷战的教训。一旦普京后的俄罗斯在内外政策方面发生西方希望的变化时，西方应该灵活调整政策，将目前以竞争和遏制政策为主调整为接触和防范为主。

当然，拜登政府在对华政策上虽然同特朗普政府的对华政策相比有很大的连续性，但也有不同的地方，这主要表现在拜登政府将美国外交战略的重点放在维持自由国际秩序上。因此，在涉及全球性挑战问题上，如在气候变化、防止大规模武器扩散等方面也会寻求同中国的合作。

基辛格认为，国际秩序的稳定取决于力量对比和合法性的相对平衡。美国总体亚太政策，特别是美国对华政策的根本性缺陷在于，在亚太地区力量结构发生巨大变化的情况下，美国政府的建制派仍然生活在美国单极的幻想世界里，拒绝调整基于《旧金山对日和平条约》基础上的已经过时的美国亚太霸权秩序。美国将中国维护国家主权的行为看作是寻求势力范围，拒绝承认中国的合法权益，这是当前亚太地区秩序不稳的根本原因。国际秩序变迁史表明，当一个缺乏合法性的地区秩序缺乏足够的力量支撑时，秩序的调整和变迁就变得不可避免。

第五节　美国霸权秩序衰落的内因与外因

一、内部因素：产业空心化和政治极化

尽管美国的自由主义和保守主义在内政上有种种分歧，但不管是从愿望还是信仰出发，都认为基于美国的总体经济实力、创新潜力、人口活力、地理优势和制度的吸引力，美国仍将主导21世纪的国际秩序。不过，基于客观的分析，导致美国衰落的因素同样不应忽视。美国学者吉尔平在其经典著作《世界政治中的战争与变革》一书中指出，导致美国力量衰落的原因分两个层面，国内层面和国际层面。在国内层面，由于受收益递减律的影响，每一个社会发展都呈现S形曲线。尽管当今技术进步缓和了收益递减规律的作用，但成熟的社会往往在后期由于革新速度有限而呈发展速度下降的趋势。此外，新的军事技术和装备成本呈上升的趋势。经济增长率的降低，防务开支的增长，私人和公共消费的增加，使得防务、消费和投资为了有限的资源而竞争得更加激烈。如果抑制消费，社会矛盾将加剧。如果减少防务开支，有可能被新兴强国击败。如果减少投资，社会的经济基础和维持防务和消费的能力将衰落。在国际层面，国际体系力量分布发生不利于支配国的变化，外部新兴经济体的快速发展，对国际市场、原料和国际储备货币地位的争夺日趋严重，都将迫使支配国花更多的资源维持其占优势的政治和军事地位。[①]

影响美国国际地位的一个重要因素是美国经济增长呈减速的趋势。20世纪40年代，美国国内生产总值的平均增长率为4.47%，50年代为3.92%，60年代为4.05%，70年代为2.79%，80年代为2.64%，90年代到目前为止，美国经济增长率约2%左右。美国经济增长率降低的一个后果是高失业率。根据美国经济学家迈克尔·斯宾塞的研究，[②] 1990—2008年，美国的总就业人数从1.22亿增加到1.49亿。在2700万新增的

---

① [美]罗伯特·吉尔平著，宋新宁、杜建平译：《世界政治中的战争与变革》，上海人民出版社2007年版，第164—188页。

② Michael Spence, "The Impact of Globalization on Income and Employment", Foreign Affairs, July/August, 2011.

就业中，98%来自美国经济非贸易领域。美国非贸易领域最大的雇主是美国政府（2008年雇佣2200万）和医疗领域（2008年雇佣1600万）。从1990—2008年，这两个部门增加了约1000万个新岗位。在此期间，美国经济贸易部门（包括制造业、工程和咨询服务业，1990年雇佣3400万）只增加了60万个岗位。导致美国经济贸易部门新增就业机会不多的重要原因，一是信息产业节约劳动力的技术减少了一些就业机会，二是美国制造业中价值链的低端行业转移到新兴经济体。美国就业结构已经从贸易部门转向非贸易部门。但由于美国面临削减赤字的巨大压力，美国政府和医疗机构的就业增长不可能像以前那样大，这意味着如果美国的贸易部门不能创造大量新的就业机会，美国将面临着持续高失业率的问题。

自从2008年全球金融危机以来，美国失业率下降速度就超过了其他发达国家。特朗普曾在国情咨文中吹嘘，现在美国的失业率是美国历史上最低。对此我们应该注意，美国的失业率数据存在很大的水分。这主要是因为美国成人劳动力参与率在发达国家中是很低的。据比尔·艾蒙特的研究，在1967年，美国年龄在25岁到54岁之间的成年人的劳动参与率为96.6%，到2014年，这一比例已经下降到88%。同期瑞士的劳动参与率为96%，日本为95.5%，西班牙为92.6%，英国为91.7%。美国劳动参与率下降主要由两大因素造成：一是据2008年的一项研究统计显示，有6%—7%的美国成年男性在其人生中某个阶段被逮捕关押过，美国许多州立法禁止有前科的人从事一些特定的工作，这导致这些人很难找到工作；二是美国的伤残人福利计划导致许多美国人钻法律空子享受为伤残人提供的福利。因此，美国的低失业率没有统计那些不再寻找工作的人口和没有充分就业的人口。这就从一个方面解释了虽然美国的失业率很低，但美国的经济增长率也不高的原因。从1950年到2006年，美国年均经济增长率为3.3%，自从2010年以来，美国年均经济增长率仅为2.1%。如果美国人想在继续保持现有的福利和军费开支的同时而又不会增加财政赤字，美国的经济增长率就必须保持在2.5%—2.75%以上。①

---

① Bill Emmott, "The Fate of the West", The Economist Books, 2017, pp. 78–83.

导致美国霸权衰落的最重要因素在于美国维持全球霸权的野心和资源不足的深刻的矛盾。美国学者托马斯·奥特利在《美国霸权的政治经济学》一书中详细分析了美国霸权是建立在脆弱的基础之上的。他指出，美国学者吉尔平和肯尼迪分别从理论和实践上指出了维持霸权和有限资源之间的矛盾。不过，美国通过金融霸权缓解了资源限制的矛盾。二战以来美国先后在朝鲜战争、越南战争、苏联入侵阿富汗、反恐战争期间经历了大规模的军备扩张。除朝鲜战争外，后三次军备扩张为减少国内的反对，都是通过对外举债而不是通过增加税收进行的。美国三次军备扩张的时间正好也是美国内经济处于扩张的周期，美国巨额的财政赤字，加上现存的投资与消费，使得美国的开支大于国民收入。外资的大量流入使得美元坚挺，这削弱了美国制造业的竞争力。美国制造业国际竞争力的下降，又使得美国的投资转向国际竞争相对不激烈的金融和房地产领域。美元的坚挺导致美国贸易赤字增加，美国的制造业和工会向国会施加压力，要求采取贸易保护主义措施，以应对日益增加的国际竞争。美国行政部门在国会的压力下，又向外国的贸易伙伴施加压力，要求减少美国的贸易赤字。

美国军费增加导致美国赤字增加，美国对外举债增加导致美元坚挺，美元坚挺导致美国贸易赤字增加，美国贸易赤字增加导致美国贸易保护的增强。这样的模式在二战后的三次军备扩张中重复出现。美国在越南战争期间军费大增，导致美国预算赤字增加和通货膨胀压力增大，在此期间美国的贸易赤字也在增加。作为对美国国内贸易保护主义压力增大的反应，在1966—1968年间，美国出现"敲打联邦德国"的现象。美国行政部门加大力量对联邦德国施加压力，要求其货币升值，采取扩张性财政政策，并同联邦德国政府签署了抵销协议，要求其购买足够多的美国军事装备，以抵销美国驻军联邦德国对美国国际收支平衡的影响。1982年到1988年美国出现的"敲打日本"的现象，则同苏联入侵阿富汗后美国增加军费开支有关。美国政府通过1985年的"广场协议"要求日元大幅度升值，日本政府采取扩张性财政政策，并在市场导向的具体行业谈判中要求日本在电讯、电子、医疗设备、医药和汽车零部件等产业对美国的企业开放市场。在1986年美国与日本签署了半导体协议，要求日本保证美国的半导体产品占日本半导体市场10%的份额。①

二战后美国四次大规模扩充军备,除了朝鲜战争,彼时由于美国还有大量的二战战争财富,因而对美国的宏观经济没有造成太大的不利影响,越南战争、苏联入侵阿富汗战争后的扩军,以及反恐战争给美国带来了一次货币危机和两次金融危机。越南战争期间美国政府采取扩张性的财政政策导致美国贸易赤字增加,国际收支平衡地位恶化。从1965年到1968年,美国的国际收支赤字从15亿美元增加到35亿美元。由于越战的军费支出所刺激的国内消费增加导致的进口激增,以及美国企业对欧洲和日本的投资增加,都增加了美国国际收支赤字。如果美国不调整宏观经济政策或美元贬值,当时35美元兑换一盎司黄金的固定汇率机制不可能持续。但美国政府拒绝采取财政紧缩政策,在越南战争逐步升级的同时,美国政府为了减少国内对越南战争的反对,推行"伟大社会"计划,不肯增加税收,宁愿采取通货膨胀型宏观经济政策为社会福利和越南战争提供开支,结果是国际投机对定值过高的美元打击越来越厉害,最终导致1971年尼克松政府宣布美元贬值和停止美元换黄金。

作为对1979年苏联入侵阿富汗的反应,美国又一次进行了大规模扩张军备的行动。美国的扩张性财政政策刺激了经济增长,美国的经济增长又吸引了外资流入,外资流入增多导致美元坚挺,促使资本流入国际竞争性不强的金融服务和房地产领域。在20世纪80年代,房地产投资占美国投资总额的比重从1981年的20%上升到1986—1988年的30%,房地产价格也从1983年到1989年间全国平均上涨了20%,波士顿则上涨了115%。房地产繁荣吸引了更多银行贷款。从1980年到1990年,美国银行对房地产的贷款比重从18%上升到27%。在泡沫最严重的美国东北地区,银行对房地产的贷款比重同期从25%上升到51%。房地产泡沫的破灭导致了金融危机和大量的银行倒闭。从1984年延续到1997年的储蓄和贷款危机期间,美国有大约一半从事储蓄和贷款的金融机构,由于资不抵债而破产。从1988到1992年期间,有1394家商业银行或者破产或

---

① Thomas Oatley,"A Political Economy of American Hegemony", Cambridge University Press, 2015.

者资产重组。2002年美国开始的军备扩张重复了20世纪80年代经济繁荣、资产泡沫和金融危机这一周期。从2008年到2010年期间，有181家银行破产，许多非银行房地产抵押贷款机构破产，5家美国最大的投行或破产或重组，两家美国最大的政府担保的公司房利美和房地美由于美国政府的注资而免于破产。

上述三次扩军经历表明，美国通过对外举债而不是增加国内税收的方式扩充军备，虽然能减少美国国内政治上的反对，但也不是没有代价的。首先，外资的流入推高了美元汇率，削弱了美国制造业的竞争力，导致美国制造业"空心化"；其次，美国将由于自身储蓄和开支不平衡导致的经济失衡归咎于美国的盟国和贸易伙伴，将经济调整的代价强加于他人，导致美国与盟国和贸易伙伴的关系紧张；最后，三次美国军备扩张都在经济扩张时期，这加剧了美国内的通货膨胀，导致资产泡沫和金融危机，削弱了美国经济长期可持续发展的基础。美国为了维护全球霸权而维持庞大的军费，为了避免国内民众的反对而不敢削减福利和增加税收导致美国债务的大幅度增加。美国国会预算办公室2016年1月曾预测到2026年美国公共债务总额将达14万亿美元。但实际上，由于特朗普政府实施大幅度减税和增加军费的政策，到了2019年，美国公共债务就超过22万亿美元。2019年底暴发的新冠肺炎疫情更使美国的债务问题雪上加霜。特朗普政府应对新冠肺炎疫情不力，导致美国的经济危机和社会危机，美国的债务如气球般迅速膨胀起来。到2020年7月，美国债务已经超过26万亿美元。

美国外交关系委员会主席理查德·哈斯认为，有两大因素将导致未来美国债务危机将更加恶化，一是随着美国人口的老龄化，美国福利开支将增加，二是未来美国支付债务的利息将增加。美国巨额债务最终将迫使美国减少国防开支，削弱美国的安全。美国的巨额债务还将削弱其政治和经济制度在世界上的影响力，并使美国的内政外交更易受市场波动和外国债权国的影响，美国1956年就是利用英国在金融上的软弱迫使英国停止了苏伊士运河行动。美国持续增加的债务还使得美国缺乏资金进行必要的投资，从而削弱美国的经济增长，并限制了美国应对重大经济和安全危机时的灵活性和韧性。美国持续增加的债务还将加快美元不再是世界储备货币的步伐。[1]

导致美国霸权衰落的第二大因素在于新兴力量的崛起减少了美国资本垄断集团的超额利润，加剧了美国内部矛盾。资本主义生产方式在一定的历史时期确实促进了生产力的发展，但资本主义内部的基本矛盾，即资本主义生产方式导致的社会内部贫富差距扩大却难以根本解决。英国主导的自由国际秩序 1.0 主要靠对非西方殖民地的掠夺来缓和资本主义世界内部矛盾。英国《金融时报》驻美国华盛顿的记者爱德华·卢斯指出，英国的东印度公司通过在印度市场倾销兰开夏棉布而摧毁了印度的丝绸业。英国在殖民时期实施了所谓的"帝国特惠制"政策，迫使殖民地向英国廉价出口原材料，从英国高价进口制成品，这种贸易关系毫无"自由"可言。

美国主导的国际秩序 2.0 则主要靠资本主义世界垄断价值链的高端，从非西方世界获取超额垄断利润来缓和资本主义世界内部矛盾。不过，美国主导的自由国际秩序 2.0 稳定的前提，是建立在维持现存的国际不平等分工体系的基础上，美国希望维持这样一种国际分工秩序，即非西方世界主要生产劳力密集型、资源密集型产品，西方世界维持价值链高端的垄断地位。

中国学者黄树东认为，金融全球化则加剧了金融资本社会化和私人占有形式之间的矛盾，导致金融资本带来系统性风险和私人盈利冲动的矛盾，资本的冲动是盈利。然而，资本在追求利润最大化时，会走向反面。资本追求利润，往往会导致资产价格普遍上升，未来回报下降。回报率下降是对资本生存价值的挑战，迫使资本开始通过资本扩张、加大杠杆运作方式来提高回报率。资产规模急剧扩张导致社会风险的高度集中，这不仅给金融资本个体带来极大风险，而且给金融体系、经济体系带来极大风险。[2] 黄树东对这种风险进行进一步分析后，指出，这种风险是多方面的，其中主要包括：资金链风险、非流动性风险和资产泡沫风

---

[1] Richard Haass, "A World in Disarray", Penguin Press, 2017, pp. 293 – 297.
[2] 黄树东：《选择和崛起：国家博弈下的中国危局》，中国人民大学出版社 2009 年版，第 331—333 页。

险。金融资本的这三大风险导致金融资本无法摆脱"繁荣—破裂"这一怪圈。在经济繁荣时,金融资本追求过多风险,导致信用扩张和资产泡沫。在泡沫破裂时,金融资本追求太少风险,导致信用收缩和经济进一步收缩。这种规避风险的行为不仅进一步恶化了金融危机,而且导致经济衰退更加严重。美国的金融霸权面临两难挑战。由于这种繁荣—破裂危机存在,美国需要不断吸引全世界的资本来支撑其资产泡沫或减轻泡沫破灭的打击。假如美国资本市场有一天不再能制造出有吸引力的回报,不能吸引世界资本,美国将无力循环其赤字美元,美国霸权将会衰竭。而金融自由化是实现这种循环的基本前提。没有金融自由化,就没有美国金融霸权;然而,金融自由化又必然导致危机,这是美国金融霸权面临的两难挑战。[1]

经济全球化和技术进步,一方面增加了美国金融垄断集团和高科技集团的利润,另一方面也使得新兴经济体和发达国家之间的差距缩小,美国国内贫富收入的差距加大,这些都动摇了美国主导的自由国际秩序2.0的稳定。纽约大学访问教授布兰科·米兰诺维奇对全球不平等现象的研究发现,自20世纪80年代以来,全球出现了新兴经济体和发达国家人均收入的差距在缩小和发达国家内部贫富差距扩大的趋势,这种趋势自从2000年以来有了加速发展迹象。他发现,中国、印度、泰国、越南和印度尼西亚等亚洲新兴经济体是全球化的最大赢家。从1988年到2008年,中国城市和农村中产阶级居民的收入分别增加了3倍和2.2倍,印尼城市中产阶级、泰国和越南的中等收入阶级收入同期也翻了一番。与此同时,发达国家的中产阶级的实际收入同期几乎没有增长。那么,亚洲中产阶级收入的增加是否以发达国家中产阶级收入增长的停滞为代价呢?米兰诺维奇的研究发现,经济全球化真正的大赢家是发达国家的富豪和财阀。发达国家占人口总数1%的富豪和财阀通过全球化攫取了超额利润是导致发达国家内部贫富差距扩大的主要原因。[2]

---

[1] 黄树东:《选择和崛起:国家博弈下的中国危局》,中国人民大学出版社2009年版,第334—338页。

[2] Branko Milanovic, "Global Inequality", Belknap Press of Harvard University Press, 2016.

美国的金融资本和高科技垄断集团利用经济全球化在全世界寻求超级垄断利润，而发达国家制造业中的中产阶级却在技术进步和新兴经济体制造业发展的双重挑战面前收入增长处于停滞状态。过去，美国垄断资本集团可以利用从非西方世界攫取的超额垄断利润建立社会福利体系，从而缓和国内的阶级矛盾。但随着亚洲新兴经济体的崛起，美国垄断资本集团获取超额垄断利润的领域在减少，这表现为美国的经济增长率显著下降和美国贫富差距的扩大。在美国经济结构发生变化的同时，美国的社会结构和政治结构也在发生变化。美国的中产阶级在萎缩，社会不平等在加剧，党派对立也在加剧。美国经济学家克鲁格曼观察到，在20世纪80年代，一个由中产阶级主导、政治上奉行中庸之道的美国开始出现变化，经济学家开始论述迅速加剧的不平等，他们指出经济进步只惠及少数人，而大多数美国人却被远远地抛在了后面。

英国《金融时报》记者卢斯注意到美国经济停滞加剧了美国国内的矛盾这一现象。他指出，自由民主制度最强的黏合剂是经济增长。当社会各个集团争抢经济增长的蛋糕时，各方还是相对容易遵守政治游戏规则。当这些蛋糕不再存在或被少数人垄断时，事情就变得残酷了。历史告诉我们，竞争失败者要寻找替罪羊，不同利益集团的斗争变成零和游戏。① 代表军工产业集团的共和党要保国防开支这块大蛋糕，代表中下层的民主党则力图保住社会福利这块大蛋糕。当经济增长强劲时，美国人似乎还可以兼顾大炮和黄油。但当大炮和黄油不可兼顾时，美国国内的竞争也就变得异常激烈。美国共和民主两党都清楚，美国目前长期财政开支大于收入，寅吃卯粮的做法不可持续。但要平衡预算就必然涉及减少开支和增加税收。共和党反对增加税收，民主党则不肯减少福利，因此，近年来美国国会在预算讨论时常常导致僵局的出现。美国的决策机制也日益短视和质量下降。随着美国统治集团内部矛盾的加剧，为了转移国内矛盾，美国统治集团也开始转向国外寻找"替罪羊"。美国的垄断资本集团寻求转移国内矛盾的做法，一是实施更加排外的移民政策，将美国下层白人失业率增加归咎于非法外来移民。美国统治集团转移国内

---

① Edward Luce, "The Retreat of Western Liberalism", Atlantic Monthly Press, 2017, p. 13.

矛盾的另一做法是将中国的崛起看成是对其继续攫取超级利润的重大威胁，指责中国通过不公正手段攫取美国的知识产权，导致美国民众损失了众多就业机会，以及美国企业损失了巨额的超额利润。

美国的政治学家也开始注意到不断加深的政治两极分化，即政治家在向极左与极右两个方向移动。"民主党人"日益被归为"自由派"，"共和党人"则成为"保守派"。这些趋势一直持续到今天，当前的收入不均与20世纪20年代的不平等同样严重，而政治两极化也和那时差不多。[①] 有些人将今天美国社会的两极分化归咎为技术的变迁、移民和国际贸易，克鲁格曼认为，制度与规范的变化是不平等拉大的主要原因，而制度与规范的变化是因政治变化导致的。[②] 美国的共和党人希望进一步减少罗斯福总统实行"新政"以来所包含的一系列社会平等措施，而美国的民主党人不仅希望保住已有的平等权利，还希望进一步扩大社会平等措施。两党对立常常导致美国政治出现僵局，令许多经济和社会问题难以得到解决。

早在19世纪，法国学者托克维尔就注意到社会结构的变化对政治的影响，他指出，任何社会大体上是由富人阶级、中产阶级和穷人阶级构成。如果政府由富人执政，富人很少会考虑节省开支；如果由中产阶级执政，他们会考虑节省开支，并反对征小额财产税。如果由穷人阶级执政，他们会考虑对富人征税和增加福利开支。[③] 美国贫富差距的扩大导致美国政治的极化。美国研究国会政治的学者托马斯·曼和诺曼·奥恩斯坦注意到美国社会的两极分化导致了美国政治的两极化。代表富人阶级的共和党极右势力开始主导党内的政策辩论，批评民主党建立的社会福利计划和国家管制，主张减少税收、减少政府规模，去除政府对经济的管制和政府应该促进宗教和保守主义文化的发展。民主党也转向更加自

---

① [美] 保罗·克鲁格曼著，刘波译：《美国怎么了？：一个自由主义者的良知》，中信出版社2009年版，第6页。

② [美] 保罗·克鲁格曼著，刘波译：《美国怎么了？：一个自由主义者的良知》，中信出版社2009年版，第147页。

③ [法] 托克维尔著，张晓明编译：《论美国的民主》，北京出版社2007年版，第58—59页。

由主义倾向，注重福利改革、医疗保险体系改革、环境问题等。在支持共和党的选民中，70%的人称自己为保守派或极端保守派，40%的民主党选民称自己为自由派或极端自由派。由于政治极化，两党的温和派人数都在减少，导致两党在议题审议中更不易妥协，往往造成政治上的僵局。[1]

虽然美国的军工产业集团和新自由主义集团仍维持较高的对外干涉意愿，但美国维持霸权的意愿也面临国内内部矛盾增加而导致美国国内难以形成对外干涉共识的困境。自从越战引起的全国反战高潮后，美国资本垄断集团为了减少国内民众对美国对外干涉的反对，采取的一个重要措施就是美国从征兵制向志愿兵军队的转变。美国取消了征兵制，改成志愿兵制。当兵就像当工人、农民一样，成为一个职业。这就大大减少了战争对全国普通民众的影响。例如，美国有9%的人口参加了第二次世界大战，2%的人口参加了朝鲜战争和越南战争。但在美国史上最长的战争伊拉克和阿富汗战争中，只有0.5%的美国人参加了。[2] 美国职业军人制虽然使美国政府决定对外武力干涉时，较少受到国内政治的制约，但职业军队的一个弱点是，如果这个职业危险性偏高，持续伤亡偏高，就将影响未来的兵源。这就是为何冷战后美国卷入的数次战争都刻意追求低伤亡。美国的职业军队制还未经受与大国对抗的考验。美国学者亚当·柏林斯基的一项研究表明，如果美国卷入的战争伤亡过大，短期看不到胜利的希望，美国公众对战争的支持度将会下降。[3] 因此，从美国实力角度看，美国的经济规模在相对下降，美国实现国家目标的能力虽然仍很强，但这是建立在削弱美国长远实力基础上的，因此是不可持续的。至于美国实现国家目标的意志力，自越南战争以来，实际是在下降的。自从征兵制改成志愿兵制后，美国人将战争看成一种职业，目前看来，

---

[1] Thomas E. Mann and Norman J. Ornstein, "It is Even Worse than It Looks", Basic Books, 2012.

[2] Thomas Oatley, "A Political Economy of American Hegemony", Cambridge University Press, 2015, p. 163.

[3] Stephen G. Brooks and William C. Wohlforth, "World Out of Balance", Princeton University Press, 2008, p. 5.

在对付弱国和小国方面,这种制度还是有效的,但这种制度是否能应付大国对抗的考验,还有待时间来证明。

导致美国霸权衰落的第三大因素是美国政治体制的衰败。美国学者福山在 2018 年出版的《身份政治:对尊严与认同的渴求》一书中对 1989 年发表的《历史的终结?》以来的世界政治发展进行反思,他认为很多对《历史的终结?》一文的批评是出于误解,他在文中所指的"历史"是黑格尔和马克思意义上的历史,指的是人类机构长期的演变过程,这里的历史也可以理解为发展和现代化。"终结"也非停止,而是指"目标""目的"。马克思认为历史的终结是共产主义,而福山则偏向于黑格尔的版本,历史的终结为民主和市场经济。他承认,自从那时起,他对政治发展有了两个新的想法:一是认为建立一个能够克服人性弱点的现代法治国家非常不易,二是一个现代自由民主国家也有可能经历政治上的衰败。[①] 2014 年他在《政治秩序与政治衰败》一书中对美国民主制度的衰败有了较深度地分析。他的老师亨廷顿曾将政治衰败定义为发展中国家在现代化过程中出现的一种现象。传统秩序无法应付社会转型过程中出现的新的利益集团的利益诉求和政治参与要求导致政治冲突和混乱,这是转型社会政治衰败的主要原因。不过,福山认为政治衰败不仅局限于发展中国家,无论是民主制度还是专制制度,都有可能经历政治衰败。任何制度都是特定条件下为了满足特定需要而建立的,而制度一旦建立,制度本身便会寻求稳定,而稳定本身也是制度衰败的一个原因。因为条件和需要是会不断变化的,如果制度不能随着条件和需要的变化而进行调整,那么这将导致制度的衰败。导致制度不能随着情况的变化而进行调整有许多原因。原因之一是人的认识跟不上形势的变化,原因之二是既得利益集团为了维护自身利益抗拒变革。

现代政治体制一个重要特征是试图摆脱传统社会政治制度的世袭制和裙带关系对政治制度的影响。为此,现代政治体系建立了一系列制度,包括文官考试制度、绩效考核制度、利益冲突回避制度、反行贿和反腐败制度等。但人的本性对政治体系的影响是如此顽固,以至于尽管现代

---

① Francis Fukuyama, "Identity", Profile Books, 2018, pp. xii – xiii.

社会建立了种种防止亲情和朋友关系影响体系公正的制度，但亲情和朋友关系等还是不断地腐蚀现代政治制度。这种互惠朋友关系对美国政治体系腐蚀的突出表现为美国的利益集团通过雇佣政府前官员和前国会议员作为说客影响国会和政府决策。1971年在华盛顿仅有175家游说公司，10年后增加到2500家，到了2013年有12000个注册说客，花费32亿美元用于影响美国政府的决策。美国政治体系的设计者们，原本希望通过对所有利益集团的开放，使各利益集团在开放体系下公平竞争达到决策的相对公平。但美国政治体系运行的结果是，由于富人的利益集团可运用的资源远远超过中产阶级和穷人阶级，使得富人阶级对美国政治的影响远超其他阶级。这突出表现在税收政策上，虽然美国名义上的公司税率高于其他发达国家，但美国公司通过游说公司对国会的游说，使得美国公司获得了许多税收减免，结果美国富人享受了比其他阶层更多的特权。

　　防止世袭和裙带关系对政治制度影响的另一项重要制度是法治，其目的是保护个人免受政府的专制统治。不过，自20世纪下半叶开始，法治的重点不再是限制政府的权力，反而成为政府扩大其权力范围的工具。美国立国者的初衷是限制"大政府"，但政治发展的结果是美国政府变得越来越大，大众对政府的控制越来越小，而政府对大众的控制却越来越大。同样，美国人的初衷是想通过选举国会议员的方式确保国会制定的法律能反映公众利益。但由于政党已经成为强大利益集团的工具，而有影响力的利益集团的利益不一定代表美国广大人民群众的利益。美国利益集团影响美国立法最明显的例子是美国的金融财团、步枪协会和农场主集团对美国国会的强大影响，使得任何有可能加强对金融业管制的法案、控枪法案和减少农业补贴的法案都很难在国会通过。

　　当代美国政治上衰败的最大表现为政治上的极化，导致整个政治机器运作不灵，无法提供选民所希望的服务。民主政治并不是防止利益冲突，而是通过遵守大家同意的游戏规则减少或和平解决利益冲突。民主政治设想是通过共识进行决策。当群体利益日益分化时，共识决策将变得更加困难。美国社会贫富差距的拉大导致美国政治上的极化。美国三权分立的制衡制度，又使得美国政治上的极化导致美国政治体制运转的失灵，这突出表现在美国政府无力解决日益增大的债务问题。[①] 自1980年里根上台以来，美国工人家庭收入增长缓慢。1980年，美国收入高的40%的家庭的平均收入是低收入60%家庭的4倍，到2016年底，两者的收入之比增加到10倍。如今，美国最富的1%的人拥有的财富大约等于最穷的90%的人拥有的财富总量。导致贫富差距拉大的主要原因有：靠资本获利超过劳力获利。美国政府的减税和扩军同时进行，导致美国产业资本逐渐走向金融资本，强美元、强金融、弱制造、高赤字、高负债。房地产、股票、信托、债券、基金期货迎来大牛市。美国的经济增长靠货币增长推动。1946—2006年，美国广义货币年均增速6.5%，比实际国内生产总值高出3.4个百分点。美国多发货币流入房地产和金融业，而不是制造业。

导致美国政治衰败的另一大因素是美国统治集团的思想日益僵化。美国主导国际秩序80年后过于自满，在百年未有之大变局面前不是力图革新，而是力图维持现状。美国对自己制度过于自满的典型反应是苏联解体后美国学者福山提出的历史终结论，认为在意识形态的竞争中，资本主义已经获得最后的胜利，全世界各国面临的选择是，接受资本主义制度从而加入和平与繁荣的世界，或拒绝资本主义制度而陷入贫穷冲突的世界。中国等新兴经济体的崛起表明，世界上并不存在终极完善的制度。正如马克思历史唯物主义理论指出的那样，人类历史上的任何社会和经济制度都受到特定历史时期生产力和生产关系的制约。资产阶级在刚诞生时是代表社会先进生产力的。不过，随着资产阶级上升为统治阶级，并为了追逐超级利润而日益形成各种垄断集团，资产阶级就逐步从促进社会生产力发展的力量变成限制和阻碍社会生产力发展的力量。2008年，美国金融机构的危机导致全球金融危机表明，美国金融垄断集团的做法正在为了短期利益而不顾长远利益，为了少数利益集团的利益而不顾整体社会利益，以及为了美国一国的利益而不顾世界各国的利益。而且，美国金融垄断集团在危机过后仍竭力阻挠国内和国际为了加强金

---

① Francis Fukuyama, "Political Order and Political Decay", Farrar, Straus and Giroux, 2014, p. 479.

融监管采取的必要的改革，表明美国的资产阶级统治集团自我革新能力的减弱。

南亚学者的比姆·布特尔指出，西方正在抛弃那些曾经帮助西方崛起的核心价值观，包括理性思维、自由市场资本主义、人权、民主、法治、基于规则的全球治理和开放社会。第一，美国在 2016 年总统大选后抛弃了理性思维。特朗普政府对中国商品加征关税表明逻辑和理性思维在美国没有立足之地，这是因为美国同中国打贸易战无论是短期还是长期都无法改善他的贸易逆差，原因有两个，一是美国的生产成本比中国和其他低成本制造业国家相比要高，二是在美国重建制造业需要时间。第二，美国由于成为全球保护主义和反自由贸易的主要倡导者而已经抛弃了自由市场资本主义。第三，特朗普就沙特记者《华盛顿邮报》专栏作家贾迈勒·卡舒吉遇害一事发表的声明表明，美国总统更爱的是钱而不是人权这一西方国家本该捍卫的核心价值观。第四，特朗普当选和英国脱欧所带来的混乱使民主对非西方社会的吸引力减弱。第五，美国谴责国际刑事法院，并违反世界贸易组织规定对欧洲、日本和中国的商品加征关税表明美国带头破坏了西方珍视的法治和基于规则的国际经济秩序。第六，特朗普政府拒绝承认资本主义的贪婪引发了目前达到灾难级别的气候危机，削弱了西方的另一项软实力——科学世界观。最后，美国、英国和澳大利亚等国的选举政治中，种族、移民和仇外成为重要议题，终结了西方的多元主义和开放社会的神话。①

二、外部因素：日益失去合法性

冷战后，世界存在以《联合国宪章》为基础的国际秩序，美欧主导的自由国际秩序，以及美国保守派寻求建立的单极霸权秩序。从合法性的角度看，以《联合国宪章》为基础的国际秩序合法性最强，美欧主导的自由国际秩序次之，美国寻求建立的单极霸权秩序更次之。美国霸权秩序的合法性本来就不强，但美国寻求维持霸权的做法更是进一步削弱

---

① 《港媒：西方正在抛弃"文明"》，参考消息网，2019 年 5 月 31 日，http://m.cankaoxiaoxi.com/toutiao/column/20190531/2381704.shtml。

了美国霸权的合法性。在国际安全领域，二战后世界上多数国家愿意支持成立联合国的主要目的，就是试图通过集体安全维护世界和平。以联合国为核心的国际体系和基于《联合国宪章》的国际秩序被世界上多数国家所接受，因此拥有较强的合法性。但美国出于同苏联争夺霸权的需要，成立了北约，并将北约当作维护西方安全的主要组织，这就削弱了联合国维持和平的功能。美国在维护自身主权神圣不可侵犯的同时，却不承认《联合国宪章》主权平等和不容侵犯的原则，并保留在世界各地——从拉美、加勒比、北非、中东、南太平洋到东亚，甚至在欧洲干涉其他国家内政的权力，美国霸权的合法性就大大地削弱了。美国 2003 年未经联合国安理会授权入侵伊拉克，不仅遭到世界上多数国家反对，还遭到美国盟国法国和德国的反对。

在国际政治和安全领域，美国将其安全利益置于世界其他国家的安全利益之上，这是美国霸权秩序失去合法性的重要原因之一。自二战以来，美国安全战略的首要目标是，防止对美国安全至关重要的欧洲、亚太和中东地区被敌对势力控制。在欧洲，美国二战后一直视苏联为美国霸权秩序的主要威胁，防止苏联控制欧洲就成为美国二战后的重要战略目标。苏联解体后，为了防止俄罗斯重温帝国旧梦，美国采取一系列政策支持和巩固从苏联分离出来的国家的独立，尤其是乌克兰和阿塞拜疆的独立。美国著名的战略家布热津斯基曾指出，维持乌克兰的独立有助于改变俄罗斯。没有了乌克兰，俄罗斯就不再是个欧亚帝国。美国支持阿塞拜疆独立，主要是因为阿塞拜疆是装满了里海盆地和中亚财富大瓶的瓶塞。如果西方控制了阿塞拜疆，西方就能进入能源丰富的中亚国家。如果俄罗斯控制了阿塞拜疆，中亚各国就无真正的独立可言。"几乎同乌克兰一样，阿塞拜疆和中亚的前途对于俄罗斯将成为一个什么样的国家也有重要影响"。[1]

冷战后美国为了完全主导欧洲，使整个欧洲成为"基于规则的国际秩序"主导下的自由欧洲，美国采取了北约东扩政策，并鼓励欧盟东扩。

---

[1] ［美］兹比格纽·布热津斯基著，中国国际问题研究所译：《大棋局：美国的首要地位及其地缘战略》，上海人民出版社 2007 年版，第 39 页。

美国将俄罗斯建立"欧亚经济联盟"和"集团安全条约组织"的行动看作是俄罗斯试图恢复苏联帝国的行为。作为对抗,美国在俄罗斯的周边地区煽动了一系列"颜色革命",并试图最终在俄罗斯境内煽动"颜色革命"。美国的北约东扩政策严重压缩了俄罗斯的地缘战略空间,威胁到俄罗斯的安全。俄罗斯总统普京在 2005 年曾指出,苏联的解体是俄罗斯重大的地缘政治灾难,并明确反对美国试图将自由国际秩序扩展到整个欧洲的战略意图。2007 年,普京在一次讲话中明确指出:"我认为当今世界上单极模式不仅是不可接受的,而且是不可能的……该模式从根本上缺乏现代文明的基础……单边主义和经常非法的行为没有解决任何问题……今天我们见证了在国际关系中肆无忌惮地使用武力的情况,使全世界陷入长期冲突的深渊……我们见证了越来越多的无视和践踏基本国际法准则的现象。有一个国家,美国在许多方面干涉他国内政。在经济、政治和文化教育等领域,他将其政策强加到其他国家身上……这是非常危险的。结果是世界上没有一个国家感到安全。我想强调这一点,所有其他国家都感到不安全。我深信我们已经到了一个决定性的时刻,我们必须认真地考虑建立一个全球安全架构的问题。"[①]

俄罗斯对北约一步步东扩开始变得忍无可忍。2021 年底,俄罗斯要求同北约就欧洲的安全框架问题进行磋商,要求北约停止东扩,不在俄边境地区部署进攻性武器,但美国为首的北约轻蔑地拒绝了俄罗斯的提议。这导致俄罗斯在 2022 年 2 月 21 日宣布承认乌东地区的"顿涅茨克人民共和国"和"卢甘斯克人民共和国"为独立国家,俄罗斯军队并据此进入上述两地执行维和任务。俄罗斯总统普京 2 月 24 日在宣布对乌克兰采取特别军事行动时解释道:"在过去 30 年里,西方政客奉行错误的对俄政策,特别是北约东扩,将军事基地部署靠近俄边境,已经构成对俄的致命威胁……俄不断尝试同北约主要国家就欧洲的平等和不可分割安全达成共识,但等到的只是欺骗、谎言或是施压和恫吓。二战后所形成的国际法准则的核心、基本内容,以及二战胜利成果成为那些自称为冷

---

① Paul D. Miller, "American Power and Liberal Order", Georgetown University Press, 2016, pp. 72 – 73.

战胜利者实现霸权的绊脚石。……尽管 2021 年 12 月，我们再次试图同美方及其盟友就欧洲安全保障原则和北约不东扩达成共识，但这一切都是徒劳。美方固执己见，认为没有必要同俄就俄核心关切达成共识，为达自身目的，罔顾俄利益。"① 美国为首的北约无视俄罗斯的合理关切，一味东扩，最终遭到俄罗斯的强力反击，导致冷战后欧洲安全秩序的崩溃。

中东地区也是美国认为对美国的安全利益至关重要的地区。防止任何敌对势力控制该地区是二战后美国重要的战略目标。美国在该地区的主要利益包括，保卫以色列的安全，确保该地区石油进入世界市场，打击恐怖主义，以及防止伊朗发展核武器。在冷战期间，美国中东战略的重点是防止苏联染指该地区。冷战结束后，美国的中东政策是防止伊拉克和伊朗主导中东地区，因此美国采取了"双遏制战略"。2002 年，美国认为伊拉克有可能在发展大规模杀伤性武器，这将威胁到美国的安全。为此，美国打算对伊拉克发动"预防性先发制人的攻击"。世界上的主要大国都坚持认为如果没有得到联合国安理会的授权，美国无权入侵伊拉克，甚至连美国最亲密的盟友英国也认为如果能争取英国公众支持美国入侵伊拉克的行动，联合国的授权是必须的。2003 年，美国在没有得到联合国安理会授权的情况下入侵伊拉克后，联合国秘书长安南谴责美国的行为是"非法使用武力"。法国总统希拉克批评美国的单边主义行为，认为国际社会无法接受没有规则的无政府主义行为。其他欧洲国家批评美国在未得到安理会授权的情况下入侵伊拉克是损害了国际秩序的基本原则。②

美国在推翻了伊拉克萨达姆政权后，在中东地区的战略重点又放在防止伊朗主导该地区，尤其是防止伊朗发展核武器方面。为了阻止伊朗发展核武器，美国除了对伊朗采取一系列经济和金融制裁外，还伙同以色列通过网络采取了一系列破坏伊朗核设施的行动。2006 年，美国将伊朗核问题提交到联合国安理会讨论。在欧盟的斡旋下，联合国安理会五

---

① 《普京：有必要再一次解释我们为什么要这么做（全文）》，观察者网，2022 年 2 月 25 日，http://www.guancha.cn/f-putin/2022_02_25_627675.shtml。（上网时间：2022 年 3 月 10 日）。

② Robert Kagan, "Of Paradise and Power", Vintage Books, 2004, pp. 130-131.

个常任理事国加上德国同就伊朗核问题同伊朗展开了一系列谈判,并最终于 2015 年 7 月就伊朗核问题达成协议,伊朗承诺不发展核武器,美国和联合国承诺将逐步解除对伊朗的制裁。2016 年,美国总统特朗普入主白宫后,认为伊核协议有严重的缺陷,不符合美国的安全利益,威胁要单方面退出。为了讨好美国国内犹太游说集团,美国不仅单方面于 2018 年 5 月退出伊核问题全面协议,还对伊朗实施极限施压政策,全方位打压和遏制伊朗,导致伊朗问题重新成为地区重大安全问题。2020 年 9 月 19 日,美国单方面宣布,鉴于美国 8 月 20 日致函要求联合国安理会启动对伊朗"快速恢复制裁"机制,安理会对伊朗的制裁已经全部恢复。中国、俄罗斯、英国、法国和德国对于美国的政策宣布均表示,美国已经退出伊核问题全面协议,不再是全面协议参与方。美国 8 月 20 日的信函根本不具法律效力,美国根本没有要求安理会启动"快速恢复制裁"机制的权力。

2020 年 1 月 3 日,美国对伊朗伊斯兰革命卫队下属"圣城旅"指挥官苏莱曼尼在伊拉克巴格达机场采取了暗杀行动。美国声称采取行动的目的在于防止伊朗对美国发动新的袭击,从而保护美国人的安全。美国采取该行动的法律根据主要是两个:一个是预防性自卫,二是打击国际恐怖主义。现代国际法禁止在国际关系中使用武力或以武力相威胁。合法使用武力仅限于自卫权的使用和安理会授权的维持或恢复国际和平与安全的行动。1 月 8 日,美国根据《联合国宪章》第 51 条致函联合国安理会,通报了该行动并称这为"行使自卫权"。但多数国家和国际法学者认为,美国的行为已经严重超越行使自卫权的合法、合理限度。

美国强调击杀苏莱曼尼的另一个理由,是因为他是世界"头号恐怖分子"。如果美方所声称的自卫权依据完全是无稽之谈,能否以反恐为由将美国的行为合法化?2001 年 9 月 12 日,联合国通过 1368 号决议。重申各国在遭受恐怖主义袭击时,拥有单独或集体自卫之固有权利。不过该决议特别提到自卫权的行使应按照宪章,并重申了宪章的原则和宗旨。显然,针对恐怖主义行为行使自卫权时,受到的条件约束与宪章第 51 条所规范的内容相同。除了按照一般国际法和宪章所设定的各项条件行使自卫权,根据安理会授权开展维和行动外,美国没有任何其他动用武力的合法依据，苏莱曼尼从未被联合国认定为恐怖分子，实际上除了根据联合国1267号决议建立了一份以"基地"组织和塔利班有联系的个人和实体名单外，安理会和联合国其他机构没有建立过任何所谓反恐名单，更没有制裁制度。这主要是因为联合国各会员国间政治分歧较大而无法就国际恐怖主义的认定标准达成广泛共识。因此各国为有效应对本土可能发生的恐怖活动，都在国内法上确立了界定识别惩治与恐怖主义有关犯罪的制度，并建立了本国的恐怖主义组织或主要成员名单。根据这一事实，国际反恐合作就应发挥联合国的主导作用，符合宪章的宗旨和原则。遵循国际法国际关系准则，而不应将一国国内法凌驾于国际法之上，也不应将恐怖主义与特定国家民族和宗教挂钩。美国和伊朗将伊朗伊斯兰革命卫队、美国武装力量相互认定为恐怖组织，显然是出于对特定国家的敌视政策。联合国主导的国际反恐合作的根本目的是，确保恐怖主义罪行受到本国政府的审判，或被引渡到愿意对其进行审判的国家，而不是通过武力进行清除。进行反恐行动的同时，必须尊重他国主权，并遵守国际人权法律下的义务。安理会有关反恐决议从未允许未经安理会授权对所谓恐怖主义使用武力。而在国内法层面上，未经公正司法审判就实施定点清除，也同法治原则相违背，彻底暴露了美国法制的双重标准。美国击杀苏莱曼尼事件对国际法治的负面影响可能是长期和深远的，一方面，传统国际法的基石被动摇，另一方面，对新技术的法规规则尚未健全。近年来无人机执行的武力攻击屡见不鲜，战争进入一个全新时代。对无人机攻击的管制是国际社会面临的一个新的挑战。[①]

2020年1月28日，美国总统特朗普在海湖庄园给以色列盟友送上一份隆重的见面礼，宣布中东和平新计划政治部分内容。这份长达50页的政治方案，重申耶路撒冷为以色列不可分割的首都，同意让巴勒斯坦控制领土范围扩大至约旦河西岸的70%，但必须满足条件，包括巴勒斯坦先实现非军事化，放弃约旦河谷等重要地区。美国有关巴以问题的解决新计划，体现出特朗普政府典型的单边主义。国际社会的共识是，巴以问题应以安理会242号决议为基础，根据两国方案和以土地换和平原则，

---

① 叶强：《美国击杀苏莱曼尼拷问国际法底线》，《世界知识》2020年第4期。

在 1967 年边界基础上建立以东耶路撒冷为首都，拥有完全主权的独立的巴勒斯坦国，支持巴加入联合国等国际组织。但美国特朗普政府抛弃了过去历届美国政府在巴以问题上的谨慎立场，将驻以使馆从特拉维夫迁往耶路撒冷，关闭巴勒斯坦驻美办事处，承认以色列对戈兰高地主权，支持以色列在巴勒斯坦土地上修建犹太人定居点。美方在新计划起草过程中，规定了巴单方面应当承担的安全义务，而不是巴以双方应当承担对等义务，美国丧失了和平公正的斡旋者角色，挑战国际社会在巴以问题上的共识，也改变了美国的一贯立场。特朗普政府在巴以问题上的政策调整严重违背了国际社会解决巴以问题必须采取两国方案的共识，美国承认有争议的犹太人定居点和约旦河谷为以色列土地，巴勒斯坦领土将进一步碎片化，未来恐怕会成为以色列境内的"自治区"，而非"独立国"。美国的新计划是在阿拉伯伊斯兰世界陷入分裂、巴勒斯坦哈马斯和巴勒斯坦民族解放运动严重对立的背景下提出的。美国政府有关解决巴以问题的新计划遭到国际社会的普遍批评，主要是因为其核心内容缺乏公平正义。在特朗普政府花费近三年时间起草的中东和平新计划公布后，作为当事方的巴勒斯坦坚决反对，阿盟召开紧急会议宣布拒绝新计划，伊朗、叙利亚、土耳其和约旦批评美国偏袒以色列。欧盟、俄罗斯和联合国呼吁根据安理会有关决议解决巴以问题。连原本支持该计划的沙特和阿联酋也态度暧昧。

二战后美国亚太战略的一个重要目标就是防止亚太地区被敌对势力控制。不过，美国在亚洲的霸权秩序不仅从一开始就不具备合法性，现在连维持该秩序的力量基础也受到很大的削弱。2008 年发源于美国的全球金融危机沉重打击了美国维持单极霸权秩序的信心。美国敏锐地感觉到亚太地区的力量平衡正在发生不利于美国的变化。

在国际货币领域，二战后建立的以美元作为国际主要交易和储备货币的国际货币体系的合法性也在日益削弱。1971 年 8 月，美国单方面放弃固定汇率制，宣布美元同黄金脱钩，终结了金汇兑本位制。这是美元为中心的国际金融秩序合法性第一次受到重大削弱。美元与黄金脱钩后，美元发行机制从锚定黄金改为锚定美国国债。这产生了两个重要效果，第一，美国单方面实现了强制对债务进行重组，各国通过贸易等形式获得的美元储备及美元债权，从对应的黄金变成了没有内在价值的绿纸，被美国征收铸币税。第二，美元发行不再受美国黄金储备的限制，仅受美国国债需求规模和发行利率的限制，美国只要能在合理价格水平发行超出到期债务规模的国债，债务就不会违约。与黄金脱钩后的美元是典型的国家信用货币。支撑美元的国家信用可概括为四个方面：美国既有的生产能力、居民消费能力、向美国的盟国及伙伴提供安全保护伞和其他国际公共产品供给能力与美元化的国际交易网络。为了维持美元为中心的国际金融秩序，美国必须控制和引导美国境外的巨额美元回流来购买美国国债及其他金融资产，让全球为其提供低息融资，如此可以维系美国的债务循环，也有利于美国的跨国产业资本和金融资本将低成本资金输出，在全球攫取高收益后回流美国，以资本项目下的资本盈余抵消贸易项目下的赤字。

为了支撑美国的美元全球循环，美国采取的具体措施包括：一是主导全球石油美元循环。美国和沙特在1974年达成"不可动摇的协议"，美国通过向沙特阿拉伯提供安全保证，换取后者将美元作为出口石油唯一的计价和结算货币。同时，沙特将石油出口换取的美元投资美国国债。随后美国与石油输出国组织其他成员国逐一达成谅解，彻底确立美元在石油输出国国家出口石油计价和结算货币中的垄断地位。石油美元循环机制由此建立。美国负责印制美元，石油消费国需通过向美国大量出口货物或服务形成贸易顺差获取美元，用获取的美元储备购买石油，石油输出国则以出售石油获得的美元投资美国国债或其他金融产品回流美国。尼克松冲击后，美国通过美元与石油挂钩维持住了美元为中心的国际金融秩序。二是美国通过向西欧和日本提供安全保护，换取西欧和日本购买美国的国债作为储备资产以维护美元作为全球交易和储备货币的地位，间接分担美国的保护成本。三是中国等向美国出口大量商品，拥有巨额外汇储备的国家，通过购买美国国债以支持美元的地位。

美国经济实力的相对削弱，以及美国为了一己私利牺牲世界上其他国家利益的做法都大大削弱了支撑美元的国际信用。首先，美国的经济总量已经比建立布雷顿森林体系时下降了一半多，美国居民的低储蓄率和超前消费倾向使得美国许多家庭债台高筑，消费经济继续扩大，但透支空间不大，美国居民的低储蓄率和美国产业的"空心化"导致美国贸易逆差日益恶化，美国国债日益增加。据 2019 年美国财政部公布的数据，美国联邦政府的公共债务超过 23 万亿美元，2018 年美国对外支付利息总额 5230 亿美元。2019 年底爆发的新冠肺炎疫情更加剧了美国的债务负担。到 2020 年底，美国公共债务超过 26 万亿美元。根据美国财政部向借款咨询委员会提交的报告，2025 年美国所发行公共债务所筹资金将全部用于支付净利息，其规模介于 7000 亿到 1.2 万亿美元。也就是说，从 2025 年开始，美国国债就要变成一个庞氏骗局，支撑美元信用的第一大支柱美国的生产能力已经摇摇欲坠。

其次，美国通过进口中东石油，向中东海湾国家提供安全保护，海湾国家将美元作为结算货币的体系正在解体。导致石油美元体系逐渐解体的主要因素包括美国已经从石油进口大国变成了石油出口大国，美国对中东石油依赖度降低。美国正逐步从中东抽身，欲将更多资源转向印太地区，导致海湾国家对美国提供的安全保护伞的信心下降。支撑美元信用的第二大支柱也在崩溃。

再次，美国的金融霸权和贸易保护主义行为也削弱了美国向欧日提供安全换取欧日支持美国美元霸权的结构。在 20 世纪 80 年代，日本经济迅速崛起，成为全球最大债权国，日元也成为世界第三大储备货币。美国感觉到其金融霸权受到威胁，于是便通过"金融战"和"贸易战"迫使日本继续充当美元霸权支持者的角色。1985 年 9 月，美国迫使日本签定了"广场协议"，该协议表明日本的货币主导权掌握在美国人手中。"广场协议"后，日元被迫急剧升值，1986 年日元对美元的比值就从 1985 年的 1∶235 升到 1∶120，日元升值和美元贬值导致日本的美元资产缩水高达 40% 以上，日本企业的出口竞争力也受到沉重打击。美国在 1988 年通过以日本为主要对象的美国贸易法"超级 301 条款"，对日本威胁到美国产业的领域，特别是汽车和半导体行业进行打击。由于日元急剧升值，导致日本资本输出增加，大量制造业转移到劳动力成本较低的国家。同时，日本国内经济结构向金融业和服务业转移，以及对不动产投机行为的加剧，导致日本经济泡沫及泡沫破灭后的经济崩溃。但由于日本在安全上高度依赖美国，美国虽然通过"贸易战"和"金融战"击败了日元对美元的挑战，但日本仍不得不继续大量持有美国国债，以换取美国安全上的保护。不过，特朗普上台以来，美国要求日本大幅度增加负担驻日美军的费用，虽然不会动摇美日同盟，但会加强日本政治、经济和外交方面自主性。美日间美国提供安全保护，日本购买美国国债分担美国保护费用的美日联盟体系的根基开始动摇。

美欧间类似结构也在松动。美欧大西洋联盟在小布什政府决定入侵伊拉克时经历过政治和外交危机，在奥巴马政府期间经历过安全和金融危机，在特朗普政府期间则经历了较全面的危机。在安全领域美欧在北约经费负担方面有分歧。美国威胁，如果欧洲的北约盟国不大幅度增加军费，美国将减少对北约承担义务。在金融领域，自从美元同黄金脱钩以来，西欧各国经济受美元汇率大幅度波动的影响，在20世纪70年代经历了衰退和通胀的打击，在1999年决心建立欧元体系，以避免美元波动对欧洲经济的负面影响。欧元区的建立促进了国际货币的多元化，对美元霸权形成直接冲击。欧元的出现使得世界各国中央银行和个人投资者开始在持有外币构成中，增加欧元、降低美元的比重，以分散美元波动风险。不过，由于欧元区制度设计的缺陷，无法解决统一的货币政策和各国独立的财政政策之间的矛盾，以及欧元区南欧国家深陷债务危机，美国成功利用了南欧债务国的脆弱性和欧元制度设计的矛盾，运用美国评级机构在信用评级话语权方面的优势，通过频繁调降有关国家的主权信用评级，成功打击了欧元的信用，使欧元在短期内无法同美元竞争。不过，美国利用欧洲对美国安全上的依赖和美元霸权寻求美国单方面利益，已经导致美欧间的大西洋联盟体系开始松动。欧盟不仅开始寻求在国际政治中维护欧盟的主权利益，而且也在寻求国际货币的多元化。2018年9月12日，欧盟委员会主席容克就抱怨道，"实在荒谬的是，欧盟每年支付3000亿欧元的能源费，竟然是用美元付的，而欧洲从美国进口的能源仅占2%。同样荒谬的是，欧洲航空公司要买欧洲的飞机，也是用美元支付。"

从次，美国将中国视为战略竞争对手而试图采取遏制战略，推动美中经济和科技"脱钩"政策将最终损害美元霸权。自从2001年中国加入世界贸易组织以来，美中之间在经济上的相互依赖显著增加。美国的贸易和财政赤字被全世界的主要工业制造国和能源出口国分担，中国是主要的分担国之一。中国制造的廉价商品帮助美国维持了长期低通胀的经济增长。中国积累的巨额美元储备又通过购买美国国债的方式维持了美国的低利率和美元的国际地位。美国则通过对中国开放低端制造业市场推动中国的对美出口，促进中国制造业发展。美中两国形成了经济上的相互依赖关系。美国的市场开放有利于中国制造业的发展，而中国的廉价商品和利用积累的美元储备购买美国国债有助于美国维持低利率、低通胀的局面。美中两国这种互利的经济相互依赖关系在特朗普上台后受到威胁。第一，美国政府试图通过对中国出口美国的商品加税、鼓励美商转移供应链，以及以国家安全名义限制美国高科技产品的出口来减少美中经济上的相互依赖。第二，美国试图通过限制中国对美国高科技产业投资、限制两国科技交流来推动两国科技方面的"脱钩"。第三，也是最重要的一点是，特朗普政府从根本上调整了自尼克松政府以来美国历届政府采取的接触加防范的政策，采取了对华遏制政策。这不仅将在很大程度上影响美中两国的政治和战略关系，而且还将影响两国的经济关系，并最终影响美元的国际地位。影响中国将大量美元储备用于购买美国国债的主要有以下三大因素：第一是美国市场对中国的开放，导致中国积累较大贸易顺差；第二是美国对中国对美国投资的严格限制，使中国无法在短期内找到美国国债的替代投资品；第三是出于稳定中美关系的考虑，中国避免大幅度减持美国国债。不过，如果美国采取贸易保护主义政策，鼓励美国企业将供应链转移到中国以外的国家，中国对美国贸易顺差减少，这势必导致中国对美国国债购买的减少。而且，如果美国对华采取遏制战略，中国出于稳定中美关系的考虑而持有大量美国国债的动机也相应减少。相反，出于金融资产安全的考虑，中国会有更多的动机减持美国国债。中国抛售美国国债有可能导致美元贬值，进一步削弱美元信用。

最后，美国的金融制裁损害了美元信用。支撑美元信用的另一根支柱是全球美元结算清算体系。全球美元结算和清算系统主要包括：一是美国主导的环球银行金融电信协会支付系统（SWIFT），是国际上统一的银行间支付信息传输系统，世界上200多个国家和地区1.1万多家银行加入。二是美联储转移大额付款系统（Fedwire），主要从事银行间的大额付款转账。三是美国纽约清算所银行同业支付系统（CHIPS），是全球最大的私营支付结算系统之一。这些全球美元结算和清算系统对于维护美元作为主要的国际交易货币和储备货币发挥重要作用。美国通过"长臂管辖"对一些国家随意实施经济制裁损害了美元的信用，违反了国际上通行的属地原则和属人原则，即便当事人是外国人，不在美国境内，或其行为和美国无直接关系，只要任何环节同美国存在最低限度联系，美国司法部门就能管辖，对受制裁的公司禁止使用美元支付系统，或限制使用主流银行业务。①

中国学者魏来指出，美国的"长臂管辖"政策正成为美元国际化"自毁长城"的重要因素。越来越多的国家和金融机构都感受到，美国"二级制裁"损害相关国家的主权，并增加了相关金融机构的合规成本负担。越来越多的国家开始寻求绕过美元监管体系的替代金融交易和结算方案，避免经济利益和主权利益受到侵蚀。② 尽管目前美元仍然是全球主要的储备货币，但根据国际货币基金组织的数据，美元在全球外汇储备中的比例从 2001 年的 73% 下降到 2018 年的 62%。各国都在试图建立独立于美元的结算和清算体系。一是欧盟建立了独立于美元的交易机制"特殊目的实体"（SPV）；二是英国、法国和德国为了和伊朗进行石油交易，建立了一个独立的结算机制（INSTEX），该机制建立后不久，比利时、丹麦、芬兰、挪威、荷兰和瑞典也加入进来；三是中国从 2015 年开始建立的人民币跨境支付系统（CIPS）；四是俄罗斯建立了独立于美元的金融信息传输系统（SPES）。全球 34 个国家开始去美元化，减少美元储备或美元在贸易中的使用率。一些国家开始抛售美债，增持黄金。英国央行行长马克·卡尼认为，目前全球金融体系的演变落后于全球经济的发展，主要表现为发达国家在国际金融方面的影响力同其经济实力不对

---

① 张家铭：《"长臂管辖"：美国单边域外制裁的目的与实践》，《太平洋学报》2020 年第 2 期。该论文作者发现，美国单边域外制裁的对象最多的是欧洲企业。近年来，随着中国的崛起，中国企业正迅速成为美国单边域外制裁的主要受害者。有关美国"长臂管辖"的问题，还可参考戚凯著：《霸权羁缚：美国在国际经济领域的"长臂管辖"》，中国社会科学出版社 2021 年版。
② 魏来：《美国自己在挖美元霸权的墙角》，《环球时报》2019 年 12 月 13 日。

称。新兴经济体占全球经济总量的 60%，但其在全球金融资产份额仅占 30%。目前国际贸易的一半以上以美元计价，但随着经贸的转变，实体经济和金融之间的脱节可能会减少，可能会出现其他储备货币。中国学者保建云认为，美国利用美元的国际储备货币和国际流通货币地位，对其他国家进行金融与贸易制裁，严重干扰了国际货币与金融秩序。特别是特朗普执政以来，发起以中国为主要攻击对象的全球贸易战、金融战和科技战，不仅严重损害了全球自由贸易体系，还严重破坏了国际货币及金融市场的稳定性，诱发全球性经济衰退及货币金融危机。因此，他建议把数字人民币引入全球实体经济领域，这将有利于世界经济摆脱以美国为代表的西方的贸易保护主义、民粹主义、保守主义与单边主义的不当影响，重构世界经济增长的货币基础。[①]

在国际贸易领域，从一开始美国在世界贸易自由化的立场采取的就是双重标准。虽然美国主导了关税及贸易总协定的谈判，但美国从来就没有成为关税及贸易总协定的正式成员国。他的参与所依据的是总统行政令，因为美国国会拒绝放弃其对国际贸易协定的管辖权。因此，在国际贸易上，美国的国内法律优先于国际协定。美国强调其他国家要遵守自由贸易的既定规则，即非歧视原则、无条件互惠原则和透明度原则，但只有它可以单方面取消这些原则和协定，只要国会通过相关法律就可。不过直到特朗普就任美国总统前，美国历届政府由于美国国内特殊利益集团压力，也采取过形形色色的贸易保护主义措施，但总体上还是推动贸易自由化的。自由贸易是强者的旗帜。英国在其工业化高潮时高举自由贸易的大旗，美国在二战后也成为自由贸易的旗手。不过，随着美国二战后四次大规模扩军所导致的产业空心化，美国开始日益转向贸易保护主义。特朗普政府更是将美国的贸易保护主义推向一个高潮，根据国内法挑起国际贸易摩擦，滥用国家安全概念采取贸易保护主义措施。2017 年 4 月，美国政府以"国家安全"为由对包括中国在内的全球主要经济体的钢铁和铝产品发起"232 调查"，并于 2018 年 3 月宣布对进口钢

[①] 保建云：《主权数字货币、金融科技创新与国际货币体系改革——兼论数字人民币发行、流通及国际化》，《人民论坛·学术前沿》2020 年第 1 期。

铁和铝分别加征25%和10%的关税。中国和欧盟先后向世界贸易组织申诉，指责美国的措施违反世界贸易组织规则。

以世界贸易组织为核心的国际自由贸易秩序正受到美国单边主义和贸易保护主义的严重威胁。面对新兴经济体的崛起，美国和欧洲都强调要维持以规则为基础的国际经贸秩序。世界贸易组织是维持自由贸易秩序的核心机构，但当美国发现世界贸易组织的多边规则束缚了美国的单边主义和贸易保护主义行动自由时，美国就要求世界贸易组织按照美国的意愿进行改革，否则美国威胁将退出世界贸易组织。

世界贸易组织主要通过组织多边贸易谈判、对成员的贸易政策进行审议，以及通过争端解决机构协调解决成员间的贸易纠纷，在维持国际多边自由贸易体系方面发挥重要作用。特朗普执政以来，美国一直阻挠世界贸易组织上诉机构大法官的遴选程序，导致多数世界贸易组织成员的不满。2019年10月28日，世界贸易组织举行讨论有关争端解决机制例会，116个成员方要求尽快开启争端解决机制下上诉机构的法官纳新和甄选程序，但美国再次拒绝了大多数成员方的建议。世界贸易组织上诉机构前法官彼得·范登博舍2019年12月3日在欧洲议会听证会上指出，当前世界贸易组织争端解决机制有危机是美国阻挠上诉机构法官造成的。美国要求解决其对上诉机构运行机制的关切，包括上诉机构的司法越权、上诉机构无视90天的审查期限，以及即将离任的上诉机构法官在任期结束前完成上诉案件指派等。自2018年11月以来，包括欧盟在内的世界贸易组织成员至少提交了11项提案，以解决美国提出的关切，但美国认为没有一项是对美国关切的充分回应。由世界贸易组织总理事会任命的新西兰驻世界贸易组织大使大卫·沃克同世界贸易组织其他成员进行了密切磋商，并于2019年10月15日形成了一份关于上诉机构运行的总理事会决议草案，以解决美国的关切，同时维护一个有效、独立、公正、并基于规则的争端解决机制。美国拒绝了这项决议草案，认为它不足以解决美国的关切。由于美国的阻挠，从2019年12月11日起，世界贸易组织上诉机构处于瘫痪状态。为了防止国际贸易领域重新回到单边主义和保护主义丛林状态，2019年7月25日，欧盟和加拿大共同宣布，建立一项贸易争端解决的临时协定或临时机制，以应对世界贸易争端解决机制瘫痪的危机,并呼吁其他世界贸易组织成员加入这个开放的"临时协定"。2020年3月27日,中国、欧盟和其他十多个世界贸易组织成员宣布,决定在世界贸易组织建立多方临时上诉仲裁安排。该安排将在上诉机构停摆期间,利用世界贸易组织《关于争端解决规则与程序的谅解》第25条规定的仲裁程序,审理各参加方提起的上诉争端案件。中国、欧盟和其他十多个世界贸易成员同意建立这一项贸易争端解决上诉临时仲裁安排,反映了美国单边主义与贸易保护主义合法性的缺失和世界上多数国家维护基于规则的多边贸易体制的愿望。

美国要求世界贸易组织改革的清单中,还包括要求取消发达国家和发展中国家差别对待的内容,这充分体现了美国无意为多边贸易体系中的广大发展中国家提供"公共产品",在贸易自由化问题上又一次站在广大发展中国家的对立面。2017年12月,美国贸易谈判代表罗伯特·莱特希泽在世界贸易组织部长级会议上明确表示,世界贸易组织框架下的发展问题应予以澄清,美国不能容忍所有新规则仅适用于少数国家,而大部分国家却可以通过自我认定为发展中国家地位而加以逃避。2018年2月。美国贸易代表办公室发布的《2018年贸易政策议程和2017年度报告》第五部分着重谈了如何定义发展中国家问题。该报告指出,虽然世界贸易组织中的最不发达国家概念使用了联合国标准,但是缺少界定发展中国家的标准,这导致那些相对发达的发展中国家,例如巴西、中国、印度、南非,在适用世界贸易组织规则时可以获得与撒哈拉沙漠以南非洲地区和南亚地区等落后国家同样的灵活性。2019年2月5日,美国在向世界贸易组织总理事会提交的文件《总理事会决定草案:加强世界贸易组织谈判功能的程序》中主张下列国家不能享受"发展中国家"资格:第一,经济和发展合作组织成员或申请加入该组织的国家;第二,二十国集团成员国;第三,被世界银行定为"高收入国家"的国家;第四,占世界贸易份额0.5%或以上的国家。2019年7月26日,美国白宫发布《改革世界贸易组织发展中国家地位备忘录》,明确表示对近2/3的世界贸易组织成员将自己定义为发展中国家,获得特殊待遇并承担较少的世贸承诺表示不满,认为其中有些并非真正的发展中国家,这种现象同时损害了其他发达经济体和那些真正需要特殊和差别待遇的经济体。美国在该备忘录中表示，美国将努力改变世界贸易组织对于发展中国家地位的认定，不让那些自称为发展中国家的经济体继续获得发展中国家地位所带来的利益，如更低的通知要求、更长的保障措施实施时间、更宽松的过渡期、更温和的关税削减、争端解决中的程序优势、允许保有某些出口补贴等。

在关税及贸易总协定谈判和建立世界贸易组织的过程中，发展中国家争取"特殊和差别待遇"的原则是为了解决多边贸易体系中经济力量不对称的问题，以此实现各国参与国际贸易上的有效平等和实质公平。发达国家给发展中国家特殊和差别待遇的一项重要措施是普惠制。历史上，约有170个发展中国家和地区成为普惠制的受惠国。然而，20世纪90年代以来，发达国家在给惠产品范围、关税削减幅度、保护措施等方面逐步采取了更加严格的规定。一些发达国家用"国家毕业"和"产品毕业"规定取消了一些发展中国家和地区或者某些产品享受普惠制的资格。例如，2019年3月4日，美国总统通知美国国会，计划取消给予印度和土耳其的普惠制待遇。另外，发达国家可以自行制定和调整普惠制方案及与发展中国家不同的优惠待遇，以迫使享受普惠制的发展中国家接受发达国家在人权、劳工权利、环境保护等领域制定的规则。例如美国曾于1997年因知识产权保护争端终止了对阿根廷的优惠待遇，还暂停过一段时间对巴基斯坦的优惠待遇，不过，为了换取巴基斯坦在反恐问题上的合作，美国又恢复了对其的贸易优惠待遇。美国实施的普惠制就是一种典型的附加条件方案，要求享受美国给予普惠待遇的国家在保护劳工权利、为反恐提供支持，以及执行有利于美国公民的仲裁等遵守美国的规则。

2019年2月15日，印度、南非和委内瑞拉向世界贸易组织提交文件，反对美国试图在世界贸易组织中取消发展中国家"特殊和差别待遇"原则。广大发展中国家认为，世界贸易组织最惠国待遇原则、非歧视原则、制定规则的多边框架，以及特殊与差别待遇，都会因为美国的提案受到冲击。以印度、南非和委内瑞拉为代表的发展中国家认为，从关税及贸易总协定到世界贸易组织建立，特殊差别待遇条款一直是多边贸易体制的基础条款。目前几乎所有国际组织都使用发达成员和发展中成员二分法来描述当今全球经济结构。发展中国家由于缺乏必要的人力资源、谈判能力、良好运作的政府间协调机制，以及社会团体有效参与贸易谈判进程的能力，特殊差别条款是一种确保谈判结果能够适应经济发展水平差异以及接纳发展中国家能力受限的一项原则。这将使发展中国家有空间调整贸易一体化，以帮助它们实现可持续增长、扩大就业和减少贫困的目标。遗憾的是，现行的特殊差别条款大多是"最大努力"条款，缺乏精确性、有效性、可操作性和可执行性。相反，发达国家通过反向的特殊差别条款来实现其经济利益最大化。

中国、印度、南非和委内瑞拉等发展中国家从经济指标（人均国内生产总值、贫困率、营养不良率）、贸易（服务贸易、知识产权、全球价值链贸易）、人均能源利用率、金融、研发能力、数字经济差距、企业效率、全球化带来的利益、能力限制等方面指出了发达国家和发展中国家存在巨大差距。美国声称的所有规则只适用于少数发达国家的论断是站不住脚的。首先，发展中国家能力受限持续存在是一个事实，乌拉圭回合谈判中普遍存在"规则赤字"和"发展赤字"现象。其次，发达国家并未完全遵守多边贸易规则，而是规定了许多例外条款，这些例外条款实际上是发达国家享受的特殊和差别待遇。关税及贸易总协定禁止缔约国实施超过减让表规定的贸易壁垒和进口关税。美国政府可根据自身的豁免条款，针对农产品进口进行数量限制。美国政府和其他发达成员国通过一系列的短期协议、长期协议，以及可参考协议豁免关税及贸易总协定项下 11 条所规定的义务，对进口纺织品和服装产品实施贸易壁垒。配额最初限于棉纺织品，后来扩大到羊毛和人造纤维纺织产品，最后涵盖所有纤维纺织产品。

农业一直是关税及贸易总协定最有争议的领域之一。发达成员国采取了一系列措施，以保护自己的农业市场并扭曲贸易。此外，乌拉圭回合期间谈判的《农业协定》加剧了许多扭曲现象的长期存在。发达成员目前享有的巨大的利益是，它们能够向本国农业生产者提供多达 1600 亿美元的综合支持措施。发达成员可采取的获利措施包括：获得农产品的大量补贴，如美国的棉花、欧盟的牛奶和家禽等的补贴。

20 世纪 90 年代，发达成员国在高新技术产业中占据主导地位。为了保持这些优势，他们大力推动并成功地确保在《补贴与反补贴措施协议》中，将研发活动的补贴列为转型时期的非可诉补贴。《与贸易有关的知识产权协定》是被认为有"严重缺陷"的协定，它只规定保护知识产权所有人的利益。没有任何显著的平衡因素用来保护知识产权消费者的利益。一些专家认为，《与贸易有关的知识产权协定》旨在为现有专利持有者寻求最大的利益。这种失衡尤其体现在发达成员国获得的巨额知识产权使用费上。美国是跨境知识产权交易的最大受益者，2012年其特许权使用费和许可费收入达850亿美元。

建立世界贸易组织的目的是提高生活水平，确保充分就业，扩大生产和贸易，促进可持续发展等。对于发达成员来说，他们有相适应的经济结构和相关的能力，从扩大市场准入和降低贸易壁垒中获益。而对于发展中成员来说，结构限制和薄弱的能力，将其置于同发达国家不同的地位。人们普遍认为贸易政策或经济开放不是实现持续经济增长的唯一决定性因素。成功的融入全球经济和实现高水平可持续的经济增长，这需要将国内体制改革、结构转型、技术升级、知识分享和加强生产能力建设和进入国际市场结合起来。而发展中国家的这种国内改革，无论是体制改革还是生产力的提高，都需要不断地进行政策试验。发展中成员在向国际市场开放的过程中，确实需要同样的政策空间来推进国内改革和国内转型议程，这正是世界贸易组织采取自我声明发展中国家方式的原因。剥夺发展中成员的政策空间和灵活性，将严重违反国际治理中正义和公平的基本原则，并将损害基于规则体系的合法性。

对世界贸易组织的相关性合法性和有效性的真正威胁是世界贸易组织不一致的保护主义和单边主义、上诉机构成员遴选过程的受阻以及多哈回合谈判的僵局，而不是发展中国家自我声明的状态。特殊和差别条款是多边贸易体制的重要组成部分，发展中成员地位的自我声明是世界贸易组织的一项基本规则。尽管许多发展中成员在过去几十年内取得了巨大的经济进展，但与发达成员方的差距仍然存在并不断扩大。此外，发展中成员相继面临艰巨的挑战。作为所有发展中成员的一项基本权利，每个发展中成员应根据自身的具体情况自行决定是否、何时、何地、如何使用特殊差别条款，以及在何种程度上使用该条款，任何其他成员都无权干涉这种自行声明的权利。否则,世界贸易组织就不可能通过多轮谈判发展到今天的规模,形成这样一个全面的以规则为基础的体系。任何削弱特殊差别条款的企图都将与公平和公正这一基本前提相冲突,而公平和公正是在世界贸易组织成员多样性背景下订立国际条约框架的基础。

三、在全球治理方面,美国提供国际公共产品的能力和意愿日益减少

导致美国霸权秩序衰落的另一个重要因素是,美国已经从在全球治理发挥领导性作用和提供国际公共产品的主要国家,变成了一个美国优先、不再愿意提供国际公共产品或不再愿意在全球治理方面发挥领导作用的国家。美国学者伊肯伯里在研究影响国际秩序稳定性诸因素时指出,除了力量对比、合法性外,还有一个重要因素是该国际秩序能够向秩序内的国家提供功能性回报。[①] 所谓功能性回报,是说该秩序能够积极有效处理和解决世界各国在交往日益密切和经济相互依赖的环境里所面临的问题和挑战。在经济全球化时代,国际事务的跨国性、跨地区性和跨领域性的挑战不断增多,这日益增多的挑战涉及各国主权之外的国际公共领域治理或全球治理问题,以及为解决这些挑战提供公共产品的问题。当然,各国对全球治理关注的重点和议题由于经济发展阶段不同、在全球体系中的地位不同和科技发展水平的不同而各不相同。但由于全球治理的议事日程由主要大国确定,因此,我们有必要关注大国,特别是霸权国家对全球治理议程的关注。美国地缘战略家布热津斯基将需要全球治理的超越国界的全球公域分为战略公域和环境公域。战略公域包括海洋、天空、外太空和网络空间,以及涉及全球防扩散的核领域,需要关注的环境公域包括水资源、北极和全球气候变化等领域。[②]欧盟在全球治理方面主要关注防止大规模武器扩散、打击国际恐怖主义、气候变化、

[①] G. John Inkenberry, "Power, Order, and Change in World Politics", Cambridge University Press, 2014, p. 84.

[②] [美]兹比格涅夫·布热津斯基著,洪漫、于卉芹、何卫宁译:《战略远见:美国与全球权力危机》,新华出版社2012年版,第113页。

难民和网络安全等领域。中国则强调在全球治理领域愿和国际社会一道，携手应对气候变化、恐怖主义、网络安全、能源资源安全、重大自然灾害等全球性问题，共同保护人类赖以生存的地球家园。习近平主席2018年7月25日在金砖国家工商论坛上的讲话指出："不管是创新、贸易投资、知识产权保护等问题，还是网络、外空、极地等新疆域，在制定新规则时都要充分听取新兴市场国家和发展中国家意见，反映他们的利益和诉求，确保他们的发展空间。"①

英国学者罗斯玛丽·福特指出，美国对全球治理机制怀着深深的矛盾心理，一方面，美国在建立众多现代主要全球治理机制上发挥了领导作用，另一方面，当它认为某些机制不符合美国利益时，就会不时地试图加以改革或修改。由于美国的超强实力和例外主义，美国在必要时更愿意与全球治理机制方面的共识保持距离，有时甚至试图彻底重塑这些机制。② 在战略公域，美国二战后为了维持其霸权地位，一直试图将海洋、天空和外太空作为自己一国的私域。美国学者巴里·波森认为，美国霸权的军事基础在于对海洋、天空和太空的控制。美国对上述国际公域的控制并不是说在和平时期禁止其他国家对上述公域的利用，而是美国拥有在其认为必要时可以阻止其他国家利用上述公域的能力。③ 这就是虽然中国和俄罗斯在联合国多次提出和平利用太空的决议案，而美国一直反对的原因。2005年10月25日，联合国大会就防止太空军备竞赛决议案进行投票，结果是160个国家投票赞成，美国一票反对。美国解释投反对票的原因时指出，由于不存在太空军备竞赛的可能，没有达成太空军控协议的必要。但美国的真实理由体现在2006年小布什政府宣布的《美国太空政策》中。美国在该份文件中强调，为了维护美国在太空中的行动自由，美国必须抵制任何损害美国在太空行动自由的军控协议。美国不参加《联合国国际海洋法》的原因，也就是美国想拥有在全球海洋

---

① 谭笑间：《卫星互联网技术：亟需加强国际治理》，《世界知识》2021年第2期。
② ［英］罗斯玛丽·福特：《美中在全球治理与国际组织中的交流》，沈大伟主编，丁超、黄富慧、洪漫译：《纠缠的大国：中美关系的未来》，新华出版社2015年版，第251页。
③ Barry R. Posen, "Command of Commons", International Security, Vol. 28, No. 1, (Summer 2003), pp. 5–46.

的绝对航行自由权利和阻止其他国家维持其合法权益的能力。美国参院不批准美国加入《联合国国际海洋法》的一个重要理由，是该法损害美国的主权，限制美国的行动自由。

防止大规模杀伤性武器扩散对于世界的和平与稳定相当重要。作为世界上一个超级大国，美国在防止大规模杀伤性武器扩散方面必须发挥重要的作用。不过，美国学者尼娜·哈奇格恩和莫娜·萨特芬的研究表明，美国自身的行为损害了国际上防止大规模杀伤性武器扩散机制的稳定。美国未能批准《全面禁止核试验条约》，美国仍在着手研制新式核武器的行为破坏了《不扩散核武器条约》的前提，因为《不扩散核武器条约》不仅要求防止水平核扩散，也要防止垂直核扩散。如果美国不能在防止核扩散方面发挥领导作用，无核国家就更没有动机加入《不扩散核武器条约》了，因为无核国家加入该条约的前提是拥核国家进行核裁军。"美国对国际上一系列防扩散条约的公然蔑视不限于核武器。另一个极端恶劣的例子发生在2001年，美国谈判代表团发出一个单边的、出乎意料的声明，终止了《禁止生化武器公约》历时六年半的谈判。美国代表团团长宣称，不仅条约的草案内容不可接受，该条约的缺陷还不可修正。"[1]特朗普执政以来，美国单边主义冲动更加强烈，进一步损害了全球防止大规模杀伤性武器扩散的努力。美国退出《中导条约》削弱了国际军控体系，增加了全球军备竞赛的可能性。美国单方面退出伊核协定不仅破坏了国际社会多年来防止核扩散方面的努力，还增加了中东地区的不稳定。

美国不仅通过美国例外主义破坏了有关防止大规模杀伤性武器扩散的全球治理体系，还在防止大规模杀伤性武器机制方面采取双重标准，进一步削弱了这一机制。罗斯玛丽·福特的研究表明，美国同印度在2005年和2006年签署的民用核能合作协定推翻了美国过去25年来的核不扩散政策。《美印民用核能合作协议》不仅允许印度获取美国和其他国家的核技术、核反应堆和核燃料，还同意印度只将部分核设施对国际原

---

[1] [美]尼娜·哈奇格恩、莫娜·萨芬特著，张燕、单波译：《美国的下个世纪：美国如何在其他大国崛起的时代里保持繁荣》，社会科学文献出版社2011年版，第36—37页。

子能机构开放,尽管印度的政策不符合核供应集团的准则,因为核供应集团的准则规定,集团成员只能向完全遵守核供应集团准则的国家转让核技术和供应核材料。在小布什政府的强烈游说下,核供应集团 2008 年取消了对印度核交易的限制。①

自从 1983 年国际互联网域名体系诞生,1989 年万维网发明以来,互联网成为一个新的全球公域。随着互联网应用的日益扩大和普及,互联网对全球政治、经济、科技、文化和安全的影响也日益增大。但由于互联网的诞生和发展是政府、企业和个人多方努力的结果,互联网管理的碎片化同互联网对全球政治、经济、文化、安全的影响都要求世界各国在互联网管理问题上加强合作,尤其在维护网络的安全,确保网络的正常运转方面。不过,在互联网的全球治理问题上,目前世界上并不存在共识。美欧认为互联网治理应主要靠利益相关方负责,政府应减少参与。以俄罗斯为代表的新兴经济体认为国际电信联盟和联合国等政府间国际组织应发挥更大作用,同时,各国政府也应加强对互联网的管理。美国利用自己的技术优势和话语权优势,试图迫使其他国家根据美国设定的议程讨论互联网的治理问题,并将自己的偏好强加到其他国家上面。美国政府 2011 年公布的互联网国家战略中强调,互联网应该建成一个公开、兼容、安全和可靠的体系。在互联网治理的议事日程设置上,美国强调信息的自由流动、防止对互联网的破坏、防止通过网络偷窃技术和知识产权,以及防止政府对网络内容的控制等。2000 年,美欧达成了数据安全港协议,该协议允许企业将涉及欧洲公民的数据信息传输至美国。2012 年在迪拜举行的国际电信世界大会上,许多国家主张国际电信联盟应该在网络管理方面发挥主导作用,但以美国为代表的西方反对。美国主张 1998 年成立的"互联网域名和地址分配机构"应该成为互联网的管理机构。斯诺登事件后,美国通过网络刺探世界各国的政治、军事和经济情报的内幕大白天下。美国争辩道,各国通过网络进行间谍活动是应该允许的,但通过网络进行知识产权盗窃则是不应该允许的。

---

① Rosemary Foot and Andrew Walter, "China, the United States, and Global Order", Cambridge University Press, 2011, pp. 142 – 143.

美国在网络治理方面的双重标准是破坏网络全球治理的一个重要因素。美国一方面强调世界各国应加强合作维护网络安全，一方面利用美国的网络技术优势破坏其他国家的网络安全。这方面最典型的例子是美国利用病毒破坏伊朗的离心机的运行。虽然美国强调网络信息自由，但美国强调的是美国在互联网领域的行动自由，支持一些国家的反对派和非政府组织利用网络和社交媒体搞"颜色革命"。但对所谓的外国通过网络和社交媒体对美国2016年大选的干预，美国则是一致反对，并威胁进行制裁。美国一方面反对中俄有关互联网管理的国家主权说，指责中俄政府对互联网内容的过多控制，一方面自己又制定了《国家网络安全战略》《国家网络安全战略》等一系列政策法规，强化政府的网络控制力。2018年3月，特朗普签署了《澄清域外合法使用数据法》，授权美国政府可以直接从世界各地的美国数据控制者手中调取数据。

网络的全球治理正面临两大方面的挑战。一方面，网络攻击、网络犯罪、网络恐怖主义、网络假新闻已经成为全球公害，危害世界各国的安全。另一方面，以互联网、人工智能、大数据为代表的信息通信技术已成为大国竞争的一项重要内容。世界上主要大国围绕网络空间技术标准的制定、网络空间关键资源的控制，以及网络空间国际规则的制定开展了激烈的争夺。最近的例子反映在美国政府对中国华为公司的打压上。2019年5月16日，美国商务部以国家安全为由，将华为及其70个附属公司列入管制"实体名单"，禁止美国企业向华为出售相关技术和产品。这实际涉及的是5G网络之争问题。而不是网络安全问题。美国一直要求欧洲和其他地区的盟友不要使用华为的设备，理由是不安全。但著名的"棱镜门"事件表明，自2007年以来，美国国家安全局就开始监听世界各国的通话。美国担心华为的技术和设备将损害美国监听世界各国通话的能力。因此，美国除了本身加大对华为的打击力度外，还从2018年开始，游说美国的盟国拒绝接受华为的技术和设备。在澳大利亚和新西兰先后拒绝华为设备后，美国又游说捷克、挪威、波兰先后禁止华为参加5G项目。2019年美国国务卿蓬佩奥访问东欧期间，要求东欧国家不要与华为合作，否则美国将很难同东欧国家继续合作。美国同时以中断情报共享为威胁，要求德国和英国重新考虑华为参与其5G项目的决定。2019

年5月，美国、德国、日本和澳大利亚等32国在捷克首都布拉格召开5G安全会议，通过了所谓"布拉格提案"，里面包括了美国关心的"供应商可能受政府影响"条款，但由于该提案不具有约束力，美国希望通过该提案阻止华为技术落了空。2020年5月15日，美国宣布了打击华为的新举措，要求向华为提供芯片的公司，只要利用了美国的技术或设备，必须获美国政府批准。2020年2月6日，美国司法部长威廉·巴尔在华盛顿战略与国际问题研究中心发表演讲时解释了美国为什么要"绞杀"华为。他指出，5G技术正在形成未来技术和工业世界的中心。通信网络不再仅仅用于通信，而是正演变成下一代互联网、工业互联网，以及依赖于这一基础设施的下一代工业系统的中枢神经系统。未来5年内，全球有可能形成5G占应用主导地位的格局。问题是在这个时间窗口内，美国和其盟国是否能够与华为展开足够的竞争，以保持和占有足够的市场份额，从而维持足够长期和强劲的竞争地位，避免将主导权拱手让给中国。如果中国在5G领域处于领先地位，美国不仅会失去制裁的权力，而且，如果工业互联网依赖中国的技术，中国将有能力切断各国与其消费者和工业所依赖的技术和设备之间的联系。与美国将屈服于中国主导权这个前所未有的杠杆影响相比，美国今天使用的经济制裁力量将显得苍白无力。因此，绞杀华为关系到美国未来的生活水平、经济机会，以及美国的国家安全所依赖的科技领先地位。

自从1995年世界各国政府根据《联合国气候变化框架公约》第一次召开应对全球气候变化会议以来，世界上越来越多的国家认识到，气候变化问题是人类面临的一个重大挑战，不仅威胁着低海拔国家的生存，而且还威胁到世界各国人民的生活健康、农业生产、粮食安全和水资源安全等。2015年在法国召开的有关气候变化大会上通过了《巴黎协定》，要求世界各国努力采取各种措施，力争在21世纪内将全球平均气温升高控制在2摄氏度以内。为此，世界各国需要制定减排温室气体的自主贡献目标。同时，《巴黎协定》也要求发达国家在应对气候变化方面向发展中国家提供资金和技术援助。美国在民主党执政时期，在应对气候变化挑战方面还一度发挥了某种程度的领导作用，但在共和党执政时期，特别是特朗普就任美国总统以后，美国日益将美国国内某些特殊利益集团的短期利益置于全世界多数国家和人民的长远利益之上。为了维护美国能源集团的利益，特朗普政府决定退出《巴黎协定》，停止落实减少温室气候减排的国家自主贡献目标，大幅削减国际气候援助资金，停止为联合国"绿色气候基金"提供资助。美国在应对全球气候变化挑战方面的"退群"行为，严重损害了世界应对气候变化的努力。

随着经济全球化和交通运输科技进步，全球人员流动日益增加，公共卫生安全也成为需要全球共同合作应对的新挑战。2019年12月底中国武汉发现了类似非典的传染性疾病。1月3日中国向美国通报了有关新冠肺炎疫情。美国在应对新冠肺炎疫情过程中坚持"美国优先"的单边主义做法不仅使美国的全球影响力受到进一步削弱，并凸显了美国单边主义行为在全球的孤立。美国在全球抗疫合作中的表现，从公然抢劫多国口罩，到意图独占德国企业和法国企业正在研制的疫苗，再到威胁停止资助世界卫生组织，将美国的单边主义和自私自利本性暴露无疑。2020年3月，意大利请求美国提供医疗设备援助，美国不仅对意大利的请求迟迟没有回应，反而从3月16日到4月6日，美国空军将400万份检测拭子从意大利空运回美国。4月7日，特朗普宣称，世界卫生组织的资金主要来自美国，但世界卫生组织却非常以中国为中心，美国将停止对世界卫生组织的资助。其实早在2020年2月，正值全世界共同抗疫的关键时刻，美国白宫在向国会提交的2021财年联邦政府预算报告中，提出将外援资金大幅削减21%，包括大幅削减提供给世界卫生组织的经费和全球卫生项目拨款。据世界卫生组织网站显示，截至2020年2月29日，美国仍拖欠2019年多达70%的世界卫生组织经费。美国还应在2020年1月1日前缴纳总额约1.2亿美元的2020年会费，但到4月为止仍分文未交。2020年4月上旬，德国媒体报道一批德国在中国订购的口罩被美国在海外截下并运转美国。法国媒体也报道法国购买的口罩被美国人拦截了。美国不仅抢截口罩，还运用《国防生产法》阻止本国医疗物资出口。美国政府近期不仅要求N95口罩主要生产商3M公司将其海外生产的口罩运回美国，更不准其向加拿大和拉美地区出口。2020年4月14日，特朗普宣布美国将暂停资助世界卫生组织，攻击该组织在处理新冠肺炎疫情上不力，导致疫情在全球暴发。国际社会纷纷谴责美国停止资助世界卫生组织的错误决定。联合国秘书长古特雷斯4月14日晚通过发言人发表声明,指出削减世界卫生组织或任何其他人道主义组织行动所需资源不合时宜。欧盟外交与安全政策高级代表博雷利4月15日在社交媒体上表示,在现在这个时候,没有任何理由可以为美国的行为辩护,现在比任何时候都需要美国在减缓新冠肺炎疫情全球蔓延方面作出努力。只有共同努力,我们才能战胜这场没有国界的危机。2020年4月16日,美国积极争取七国集团中的其他六国的支持,对世界卫生组织进行审查和改革。德国外长马斯则认为世界卫生组织仍然是对抗疫情的支柱,现在来质疑世界卫生组织的运作能力或其重要性是毫无意义的。加拿大总理特鲁多也表示国际协调一致是很有必要的,而世界卫生组织是这种合作和协调的重要组成部分。欧盟也对美国发出了警告,强调多边主义应该是行动的核心。英国《卫报》4月16日报道指出,特朗普在长达一小时的七国线上会议中显得孤立,在美国暂停对世界卫生组织资助后,其他国家表达了对该组织的强烈支持。2020年5月29日,美国总统特朗普以世界卫生组织拒绝执行美方所要求的改革为由,宣布终止美国与世界卫生组织的关系,并将向该组织缴纳的会费调配至别处。美国这一单边霸道做法,遭到国际社会的强烈谴责。欧盟委员会主席冯德莱恩与欧盟外交和安全政策高级代表博雷利发表联合声明,重申欧盟对世界卫生组织的支持,敦促美国重新考虑退出世界卫生组织的决定。意大利卫生部长在社交媒体上强调,当今世界需要一个更强大的世界卫生组织,而不是削弱世界卫生组织。俄罗斯政界人士更是一针见血地指出,这是美国领导人在大选前迈出的笨拙的一步,目的是因抗疫不力而转移视线。这再次反映出美国领导人为了个人和党派私利而不顾世界抗疫大局。

对于衰落中的霸权国家,到底什么条件下该采取防御性国防政策,什么情况下该采取战略收缩政策或妥协政策,在很大程度上同霸权国家的衰落程度和速度有关。吉尔平认为,在霸权国家衰落的早期,由于霸权国家还拥有军事上的优势,因此更愿意采取先发制人的战略消灭或削弱竞争者。但美国学者保罗·麦克唐纳和约瑟夫·培伦特则认为,如果一个大国衰落的幅度不大,该大国一般会选择战略收缩,将资源集中到保卫自己的核心利益方面,同时加紧建立战略同盟,让盟国承担更多的责任，并期待经济重建后再恢复过去的霸权秩序。但如果一个大国衰落的幅度很大，而且衰落的速度也很快，那么这个大国会寻求采取妥协的战略，以设法保住自己的既得利益。[①]

当前，美国人对于美国是否衰落还有不同的看法。有些美国人认为，美国已经相对衰落，建议美国采取克制战略。但有些美国人认为，美国的霸权地位仍十分稳固，美国的军事优势在相当长一段时间里仍无人超越，美国的经济实力依然超群。美国学者保罗·麦克唐纳和约瑟夫·培伦特在研究大国的衰退和收缩之间的关系时发现，在一个高度竞争的自助国际体系中，大国主要关心的是相对实力，而非绝对实力。衰落中的大国会依据其衰落程度，如轻度、中度和重度等，适当调整国内外政策，以选择采取维护霸权、大国协调或离岸制衡等战略。[②] 目前美国政界、军界、产业界和学术界对于美国衰落的程度有争议，但对于维护美国霸权秩序的战略目的并没有太大分歧。因此美国国内目前讨论更多的是如何更好地削弱竞争对手，以及如何将资源从利益边缘区转移到核心利益区，以更好地维护美国的霸权。拜登政府通过政策声明和外交行动表明，其维持美国霸权的战略主要包括三大部分：一是加强国内基础设施建设；二是加强价值观联盟；三是加强同美国的主要竞争对手的竞争，并争取在竞争中获胜。

---

① Paul K. Macdonald and Joseph M. Parent, "Graceful Decline", International Security, Vol. 35, No. 4, Spring 2011, pp. 7–44.

② ［美］保罗·麦克唐纳、约瑟夫·培伦特著，武雅斌、郭晓梦译：《霸权的黄昏》，法律出版社2020年版，第7页。

第十二章

欧盟与国际秩序

德国外交政策分析师尤利克·斯佩科在特朗普当选美国总统前夕警告道，自由国际秩序处于危机中，正面临美国的民族主义和孤立主义、正在崛起的新兴经济体和重新恢复活力的俄罗斯，以及西方内部兴起的民粹主义的三重威胁。[1] 另一家德国媒体在特朗普当选美国总统后不久，呼吁除了美国外的西方国家承担起维持自由国际秩序的责任。该媒体指出，自由国际秩序之所以存在到今天，主要是因为西方主要大国致力于维护该秩序，特别是美国扮演了该秩序保护者的角色。2016年美国大选结果表明，美国国内孤立主义情绪上升，不愿继续承担自由国际秩序保护者的角色。美国总统特朗普并不理解美国的国际作用，只是想防止墨西哥的移民进入，认为与他国经济竞争损害美国经济，叙利亚的恐怖主义威胁美国。特朗普认为美国的盟友和伙伴只是代价高昂的负担，国际机构和组织大多毫无用处。如果美国不愿承担维持自由国际秩序的义务，欧盟、日本、加拿大和澳大利亚等西方国家出于自身利益的考虑必须承担起维护自由国际秩序的责任。

基辛格在论述美国和欧洲的关系时指出，如果美国在政治、经济和军事上与欧洲分离，美国将在地缘政治上成为欧洲大陆的一个孤岛。同样，欧洲将成为亚洲和中东的附属物。[2] 二战后，欧洲一直将大西洋伙伴关系看成自由国际秩序的基石。特朗普当选美国总统在欧洲看来是对自

---

[1] Ulrich Speck, "The Crisis of Liberal Order", The American Interest, September 12, 2016.
[2] Henry Kissinger, "World Order", Penguin Press, 2014, p. 95.

由国际秩序的一个沉重打击。欧洲安全秩序的一个重要支柱是北约。当年成立北约主要有三个目标：让美国留存欧洲，让德国受到多边机构的约束，以及将俄罗斯挡在门外。冷战结束后，德国不仅在美国的保护伞下获得了统一，而且，苏联的解体还一度使北约将其主要职能调整为维持欧洲之外地区的稳定。因此，北约除了还留有约束德国的功能外，似乎其他两个功能都在减弱。但2014年克里米亚"脱乌入俄"使得北约又恢复了将维护稳定的重点回到欧洲。德国发现在北约和欧盟的框架内向中欧和东欧扩大贸易和投资能够减少该地区对德国扩张的担心。法国在1994年重返北约指挥系统后，积极推动北约改革，希望能够减少美国在北约的影响力，增加欧洲的作用。德国认识到法国一直有推动欧洲一体建设、使欧洲成为国际政治中重要一极的抱负，但德国明白，法国实力确实有限，经济上比德国弱，军事上又不够强大。因此，德国过去一直支持美国在欧洲安全事务上发挥领导作用。特朗普当选初期轻视北约的做法让德国担心美国可能会抛弃北约。德国一方面希望美国的"建制派"能够对特朗普的"美国第一"倾向有所制衡，另一方面也希望美国的"建制派"能够在特朗普一任后重返白宫，在特朗普政府对大西洋伙伴关系尚未造成大的损害的情况下重新修复大西洋伙伴关系。

不过，现在包括德国在内的越来越多的欧洲国家认识到，欧美分歧除了特朗普政府推行的"美国优先"政策外，国际格局的变化也是导致欧美分歧增加的一个重要因素。新兴经济体的崛起、俄罗斯力量的振兴，以及世界力量重心从大西洋向太平洋转移，导致世界上主要大国相应地调整战略。在欧洲看来，美国为了维持所谓的"单极格局"，在特朗普领导下正转向"美国优先"的单边主义，俄罗斯仍在坚持旧式的"主权至上，不干涉内政"原则。欧洲目前可以扮演"平衡者"的角色，在维持国际秩序方面发挥关键性作用。

第一节　维护大西洋联盟与欧盟的战略自主利益

二战以来,欧洲视北约为自由国际秩序的一个重要支柱。自从特朗普就任美国总统以来,美国对欧洲安全承诺的不确定性大大增加。虽然欧洲许多国家对美国的"建制派"拜登重回白宫感到欢欣鼓舞,认为这将有助于重建大西洋的伙伴关系,但也有越来越多的欧洲国家认识到,实际上在奥巴马任总统时期,美欧在安全战略重点方面已经存在重大分歧。美国的战略重心在亚太地区,而欧洲的安全战略重心则在欧洲的东面和南面。

虽然特朗普政府对欧洲安全承诺不确定性的增加是促使欧盟加强自主防务能力的一个重要因素,但欧盟也认识到,由于美国的主导地位、欧盟内部的分歧和能力不足,欧盟在相当长一段时间内要想摆脱安全上对美国的依赖是困难的。而且,从根本上说,维持西方主导的自由国际秩序符合大西洋两岸的利益。因此,为了缓和欧美矛盾,欧洲北约成员国也表示要积极增加国防开支。按照北约规定,为了公平分担负担和责任,北约成员国应该遵循两项原则:第一,防务开支应维持至少占本国国内生产总值的2%;第二,各成员国防务开支的至少20%用于装备采购。2018年7月,北约布鲁塞尔峰会的主要议题就是成员国防开支问题。当年欧盟成员国中只有英国、希腊、爱沙尼亚的军费开支达到北约的标准。因此,面对美国抱怨欧盟在防务上"搭便车",欧盟为了缓和欧美矛盾也加大了国防开支力度。2016年9月,容克宣布建立"欧洲防务基金",以帮助成员国更快和更有效地提升战略防御能力。欧盟认为,如果欧盟成员国能够共同采购军事装备,就能减少重复性的浪费。为此,欧洲防务基金将投入5亿欧元用于2019—2020年的购买和研制军事装备,如资助无人机和机器人等高科技项目研发,并建议自2020年起每年拨付至少15亿欧元用于联合项目研发。欧洲防务基金并不是要取代成员国的防务投资,而是为了促进欧盟成员国在"永久结构性合作"框架下联合研发、生产和采购装备,加强网络安全及为提高三军作战能力提供稳定的资金保障。关于北约成员国国防支出达到国内生产总值2%标准的问题，法国总统马克龙在2018年1月宣布，法国将在2025年达到国防支出占国内生产总值2%的标准。德国总理默克尔在2018年4月访美时表示，德国国防开支在2019年将增加到占国内生产总值的1.3%，到2025年增至2%。

此外，为了维持西方主导的自由国际秩序，欧盟对奥巴马政府的"亚太再平衡"战略、特朗普政府的"印太战略"和拜登政府的理性竞争战略也进行了一定的配合。欧盟一方面继续维持对中国的军事禁运政策，另一方面也加强了同中国周边国家的军事合作。欧盟虽然缺乏统一的、与美国相配合的亚太战略，但欧盟的一些大国会根据自身的利益自觉不自觉地配合美国的亚太战略。英国为了维持同美国的"特殊伙伴关系"，支持美国的亚太战略目标，除了加强英日战略对话外，重点放在发展同澳大利亚和印度的关系上。法国为了强调自己仍是一个太平洋强国，积极支持南海的航行自由行动，并积极发展同澳大利亚、印度、日本、马来西亚和越南的军事关系。德国从加强西方阵营的角度，重点放在加强同新加坡和澳大利亚的军事合作。

但欧盟国家也认识到，欧盟和美国在战略重点上的分歧在逐步扩大。美国安全战略重点移向亚太，而欧盟的安全关注重点则在欧洲的东部和南部。因此，为了欧洲自身的安全利益，欧盟必须加强自身的防务力量建设和安全领域的合作。2017年7月，德国发布的国防白皮书中提出适时重启"欧洲防务共同体"构想和"深化欧盟成员国之间永久性防务合作"的倡议。德法两国决定根据《里斯本条约》规划了重启"永久结构性合作"方案。2017年11月，欧盟外长会议决定为加强欧盟自主防卫能力，欧盟国家根据自愿原则启动"永久结构性合作机制"，到2017年12月，欧盟25个成员国（丹麦、马耳他和英国除外）加入了"永久结构性合作"。"永久结构性合作"防务协议包括一份参与国的"承诺清单"，如同意定期增加国防开支，在2024年前达到占本国国内生产总值2%的目标；将国际开支的20%用于军备采购和将2%的国防开支用于武器研发；加强防务政策协调和资源共享，防止重复建设以浪费资源；建立欧洲防务基金，为欧盟的军事研发提供财政支持；建立欧盟快速反应部队，以更有效地应对欧盟周边的危机。2018年3月，欧盟理事会通过了首批17个防务合作项目。欧盟防长在后来比利时布鲁塞尔举行的会议上又同意增加17个防务合作项目，项目涵盖培训、战备、网络安全、新一代无人机研制、新型导弹等。

2017年9月，法国总统马克龙提出"欧洲干预倡议"，指出该倡议主要是为了确保自主防务能力，应对各种安全威胁。2018年6月25日，法国、德国、比利时、英国、丹麦、荷兰、爱沙尼亚、西班牙、葡萄牙9个欧盟成员国在卢森堡签署了"欧洲干预倡议"文件。2018年11月，"欧洲干预倡议"成员国举行首次部长会议，确定了2018—2019年度军事合作主要方针，并接纳芬兰成为参加该倡议的第10个欧盟国家。此外，为了克服军事合作的法律障碍，立陶宛、比利时、荷兰、卢森堡等国在2017年9月欧盟防长会议上提出了"永久结构性合作"框架下建立"军事申根区"的建议，以便在应对危机时快速调动部队和军用物资。2018年3月，"永久结构性合作"成员国防长会议决定就"军事申根区"进行协调。"军事申根区"的建立将提高欧盟的军事机动性，为欧盟在2025年前建立全面防务联盟打下良好的基础。

欧盟东部的危机源于欧盟试图进一步东扩，将乌克兰纳入欧盟的势力范围，而俄罗斯则试图通过欧亚经济联盟将乌克兰留在俄罗斯势力范围内。欧盟通过"颜色革命"推翻了亲俄的乌克兰政权，而俄罗斯则通过"收回"克里米亚进行反击。欧盟意识到，随着俄罗斯实力在某种程度上的恢复，欧盟近期内已不可能进一步东扩。现在欧盟和俄罗斯试图通过"诺曼底四方会谈"模式解决乌克兰危机，寻求建立欧盟和俄罗斯在新的基础上和平共处的机制。对于欧盟、俄罗斯和乌克兰来说，乌克兰在欧盟和俄罗斯之间保持中立也许是双方都可接受的安排。

欧盟认为，美国单方面退出伊核协议损害了欧盟维持南部地区稳定的努力。欧盟认为，消除中东地区核武器扩散威胁，维持该地区的稳定符合欧盟的安全利益。为此，欧盟主要的大国德、法、英同美国和中俄经过13年的努力，终于和伊朗达成伊核协议。根据该协议，伊朗同意将98%的浓缩铀运到国外，并将其国内浓缩铀的丰度限制在3.67%。伊朗同意将福尔多浓缩铀工厂变成研究设施，并对阿拉克重水反应堆进行改造。作为交换，美国、欧盟和联合国同意撤销制裁。伊朗"核突破"的时间也从数月延长到一年。该协议包括国际原子能机构对伊朗核设施的严密督查，因此伊朗任何不遵守该协议的行为都无法逃脱国际机构的监督。欧盟认为，伊核协议消除了美国和以色列对伊朗动武的风险，并避免了该地区可能出现的核竞赛。就在国际原子能机构多次宣布伊朗一直遵守伊核协议的时候，特朗普政府于 2018 年 5 月 8 日宣布退出伊核协议，恢复对伊朗的制裁，并以"长臂管辖"禁止伊朗石油出口和各国与伊朗的美元贸易。

欧盟认为美国单方面退出伊核协议的行为削弱了国际核不扩散机制，将多年多边外交的成果毁于一旦，损害了国际法和国际组织的权威，破坏了大西洋两岸的团结，并加剧了中东地区的紧张局势。2018 年 11 月 2 日，欧盟外交和安全高级代表费代丽卡·莫盖里尼与法国、德国和英国三国外长和财长发表联合声明，对美国的行为"深表遗憾"，承诺将继续致力于执行伊核协议，维持与伊朗正常的经贸往来，确保伊朗继续出口石油和天然气。欧盟认识到，在美国单方面退出伊核协议的情况下，要使伊朗继续遵守伊核协议，欧盟和联合国就必须继续保持撤销对伊朗经济制裁的承诺。同时，欧盟也意识到，欧盟若想继续同伊朗保持经济往来，争取美国的制裁豁免也很重要。欧盟曾努力争取美国对欧盟企业根据伊核协议开展在伊朗的业务实施制裁豁免，但美国没有同意。

考虑到美国的金融制裁将制约欧洲与伊朗企业账户间的正常交易和结算，欧盟和法、德、英三国将加紧推动建立对伊结算"专门机制"，筹备建立"特殊目的机构"，绕过美国制裁，这显然是对美元霸权的挑战。2018 年 8 月，为了协助和保护进入伊朗市场的欧洲进出口商，欧盟宣布更新"阻断法令"，如美国对别国的制裁殃及欧盟企业，欧盟企业无需遵守相关制裁法案，还可索赔相关损失。欧盟还宣布援助伊朗 1800 万欧元，用于扶持伊朗私营企业发展。"阻断法令"只对没有什么美国业务的欧洲小企业具有一定的保护作用，而许多在美国有广泛业务往来的大型欧洲企业，由于担心美国的制裁，开始撤出在伊朗的业务。2019 年 1 月 31 日，德、法、英三国宣布建立独立结算机制"INSTEX"，以说服伊朗继续留在伊核协议内。但为了避免更多刺激美国，独立结算机制开始主要集中在涉及伊朗国计民生的药品、医疗器械和农产品领域,而且美国对伊朗的制裁出于人道考虑也没有包括这些领域。但由于这几乎是一种易货贸易机制,伊朗因受到制裁导致石油出口大减,欧盟向伊朗出口上述领域产品的企业还是很难及时获得货款。伊朗也因欧盟迟迟未能提供其承诺的经济好处而威胁退出伊核协议。

与此同时,特朗普政府进一步增加了对伊朗的制裁力度。伊朗为了显示对美国极限施压和欧盟并没有给伊朗带来多大实惠而感到不满,一方面开始宣布将逐步减少对伊核协议的遵守,另一方面开始展示其军事实力。欧盟一方面担心美国的极限施压有可能迫使伊朗退出伊核协议,威胁伊朗如果退出,欧盟将不得不同美国一道对伊采取遏制政策;另一方面又担心伊朗采取激进的反制措施,有可能导致美国和以色列对伊动武。上述两种情形都不符合欧盟的利益。因此,2019 年 8 月在法国召开的七国首脑峰会上,法国总统马克龙向美国总统特朗普建议,由欧盟向伊朗提供 150 亿美元贷款,以换取伊朗同意继续遵守伊核协议。但该倡议成功与否仍取决于美国是否能对欧洲企业与伊朗作生意实施制裁豁免。2020 年美国民主党总统候选人拜登成功地赢得了美国大选,并表示美国将考虑重返伊核协议,欧盟已经对拜登的当选表示欢迎,并期待在包括伊核协议的问题上与美国合作。

第二节 维护一个开放和基于规则的经贸秩序

欧盟认为,一个开放和基于规则的国际经贸体系是自由国际秩序的核心内容。不过,欧盟意识到当前这一开放和基于规则的国际经贸体系正受到来自两方面的威胁:特朗普的贸易保护主义,以及新兴经济体的崛起所带来的挑战。特朗普政府正在采取的措施损害了基于规则的多边贸易体系的基础——世界贸易组织。特朗普威胁如果世界贸易组织不按美国的要求进行改革,美国将退出世界贸易组织。同时,为了增加对世界贸易组织改革的压力,从 2017 年 8 月开始,美国就开始阻止世界贸易组织上诉机构法官的任命或重新任命。结果,到了 2018 年 9 月 30 日,上诉机构只剩三名法官,刚刚达到上诉机构行使正常职能的最低法官人数。

由于美国继续采取阻挠的做法，上诉机构终于无法运行。特朗普政府还以"国家安全"的名义单方面对钢铝增收关税，并同其他国家展开了"贸易战"。美国的贸易保护主义和单边主义行为严重损害了基于规则的多边贸易秩序。在欧盟看来，新兴经济体加入自由贸易体系也给基于规则的经贸体系带来新的冲击。面对上述两方面对欧盟珍视的基于规则的经贸秩序的挑战，欧盟在维持多边自由贸易秩序上试图发挥其"平衡者"的作用。

欧盟认为，特朗普政府单方面以"国家安全"的名义增加钢铝关税不符合世界贸易组织规则，实质是一种贸易救济行为。欧盟一方面通过在世界贸易组织起诉美国的贸易保护主义行为，另一方面也试图同美国达成"零关税、零补贴和零非关税壁垒"的贸易协定。同时，欧盟也采取行动避免世界贸易组织争端解决机制的瘫痪。2018年9月18日，欧盟发表了关于世界贸易组织现代化的概念文件，认为世界贸易组织由于世界力量对比的变化，存在边缘化和缺乏合法性的风险。欧盟提出的改革建议重点之一是争端解决机构的改革。欧盟建议，在争端解决机制方面，欧盟认为需要一个系统性解决方案，以保证上诉机构成员的独立性和公正性，应提出一个综合性方案，来解决某一阻挠上诉机构遴选成员关注的问题。这个方案的第一阶段旨在打破遴选僵局、提升程序有效性，创造更好条件改善上诉机构与世界贸易组织成员的互动，同时加强上诉机构的独立性。第二阶段将解决世界贸易组织规则适用方面的实质性问题，包括《关于争端解决规则与程序的谅解》第17条中关于上诉程序时间、上诉机构成员的过渡规则等。

2018年10月24—25日，欧盟同加拿大、澳大利亚、巴西、智利、日本、肯尼亚、墨西哥、新西兰、挪威、新加坡、韩国和瑞士12个世界贸易组织成员在渥太华开会，商讨世界贸易组织改革方案。会后发表声明，重申支持以规则为基础的多边贸易体系，强调世界贸易组织在促进和保障贸易方面发挥不可或缺的作用。对贸易保护主义威胁世界贸易等多边贸易体系，认为世界贸易组织现代化应着重三个领域：首先，争端解决机制是世界贸易组织的核心支柱。有效的争端机制可以维护世界贸易组织成员的权利和义务，并确保世界贸易组织规则具有可执行性。其次，必须重振世界贸易组织谈判职能。需要于2019年完成渔业补贴谈判，更新世界贸易组织规则以反映21世纪的现实。保障世界贸易组织在全球治理中的相关性的关键在于解决现代经济和贸易问题、处理未决和未完成工作，以及通过灵活和开放的谈判方法达成多边成果。最后，加强对成员贸易政策的监督，提高透明度。这些政策在确保世界贸易组织成员及时了解合作伙伴政策及实践方面发挥核心作用。2018年11月22日，欧盟联合中国、加拿大和印度等成员联合向世界贸易组织提交了关于争端解决机制上诉程度改革的联合提案，日本没有参与，但美国否决了该提案。

除了特朗普政府的贸易保护主义政策危及世界自由贸易秩序外，美国单方面退出伊核协议也使欧盟意识到，美国的美元霸权和二级经济制裁已经影响到欧盟的安全、经济和外交等方面的独立自主。欧盟和中国在支持国际货币多元化方面持有共同立场。欧盟希望欧元能够在国际交易和资产储备方面发挥更大作用。为此，欧盟一些专家建议欧盟应该建立一个增强深度和广度的统一资本市场，欧盟成员国内银行间建立欧元互惠信贷机制，并增强欧元资产的安全性。欧盟在反对美国的二级制裁方面也同中国有共同利益。欧盟一些专家建议欧盟应该建立非对称的反制措施，包括建立欧盟制裁办公室，对违反欧盟阻断规则的行为进行调查，建立补偿基金，以及将欧盟特殊支付机制扩大到所有欧盟成员国。[1]

在应对所谓的中国挑战方面，欧盟在呼吁寻求同中国建立均衡互惠的经济合作关系的同时，也在加强同美日等国家的政策协调。2019年3月12日，欧盟发表了新的对华战略文件，将中国定位为合作伙伴、谈判伙伴、"经济竞争对手"和"制度性对手"。从2017年12月12日到2019年5月23日，欧盟和美国、日本就如何应对中国崛起的"挑战"和世界贸易组织改革问题进行了多次磋商，并发表了六份联合声明。这些声明的主要内容包括：首先，强调市场经济是公平互惠的全球贸易体系的基石，对国有企业所拥有的非市场优势和非市场行为感到关切。三方认为，

---

[1] Mark Leonard and Jeremy Shapiro, "Strategic Soveignty: How Europe Can Regain the Capacity to Act", European Council on Foreign Relations, June 25, 2019.

非市场经济行为导致严重产能过剩，造成不公平竞争，削弱了国际贸易的正常运转，导致现行规则无效。欧、美、日三方同意加强产业补贴规则来解决市场扭曲问题，并保证在世界贸易组织争端中达成的关于非市场扭曲和公共补贴方面加强合作。其次，三方还讨论了如何制定应对国有企业挑战的规则问题，要求国营企业必须增加透明度和遵守非商业支持原则。新的北美自由贸易协定、欧日自由贸易协定以及全面和进步跨太平洋伙伴关系协定都有专门有关国有企业的章节。再次，在强制技术转让方面，三方同意分享最佳实践和寻找有效办法来防止强制性技术转让的做法，包括制定新规则、加强以国家安全为目的的投资审查、强化出口管制等。保证将在执法、新规则制定和国家安全审查和出口管制方面加强协调和合作。最后，在世界贸易组织改革方面，三方强调了世界贸易组织在加强透明度、发展中成员的特殊和差别待遇问题，以及出口信贷等方面改革的必要。

作为欧、美、日有关加强外国直接投资安全审查合作的一部分，2019年3月5日，欧盟理事会批准了《欧盟外商直接投资审查框架》，4月初生效。《欧盟外商直接投资审查框架》是欧盟层面第一个基于国家安全和公共秩序审查外国直接投资的法律，涉及国有企业在关键领域和新科技产业的投资，也涉及影响欧盟计划和项目的外国直接投资，以防止对欧盟安全和战略利益的威胁。《欧盟外商直接投资审查框架》对"关键领域"的定义十分广泛，其中包括如能源、交通、通讯、数信、航空和金融等关键基础设施，也包括半导体、人工智能和机器人等高科技产业，还包括健康、医疗、食品安全等关系国计民生领域。《欧盟外商直接投资审查框架》要求欧盟国家在外国直接投资审查方面加强信息交流和合作。2017年12月20日，欧盟通过了新的反补贴和反倾销法。根据新的法律，欧盟采取"双反"的主要依据是对象国是否存在"市场扭曲"。欧盟认定的"市场扭曲"包括：政府干预企业经营，政府操纵生产资料价格，对外企歧视，影响其公平参与市场竞争，公司法、财产法、破产法不健全等。欧盟在评估一国是否存在"市场扭曲"时，还将考虑该国是否在劳工保护和环境保护方面达到国际标准。

除了在美中竞争中充当"平衡者"角色来维护自由国际秩序外，欧盟还利用其单一市场作为筹码在食品安全、消费者权益保护、化工产品，以及航空排放等方面制定有国际影响力的规则。由于欧盟单一市场足够大，欧盟为单一市场制定的标准和准则有时便成为国际标准和准则。欧盟在发展问题上也想制定欧盟的标准，将发展问题同贸易、投资、善治、人权和法治等问题挂钩。在投资保护问题上，欧盟除了积极推动同世界各国和地区谈判投资保护协议外，还在考虑建立国际投资法庭，取代当前的投资者和国家争端解决机制，以确保投资者得到公平透明的保护。

第三节 在全球治理方面发挥规则倡议者和维护者的作用

如果说美国主要靠实力构建和维持对自己有利的国际秩序，中国主要靠道义构建和维持对广大发展中国家有利的国际秩序，欧盟则主要靠规则和标准来构建和维护对其有利的国际秩序。"首次将欧盟定义为规范性力量的英国学者伊恩·曼纳斯认为欧盟权力的特殊之处在于其'榜样性'和输出'规范'的能力，其核心规范主要关注和平、自由、民主和法治等领域，凸显欧洲作为一支国际力量与物质性的经济、军事性力量的差异。"[1] 欧盟试图在中美之间扮演一个"平衡者"角色，在人权和网络治理方面偏向美国的立场，而在气候变化方面则寻求同中国的合作，以最大限度地维护欧盟的利益。

在人权领域，欧盟一直将人权、民主和法治作为自由国际秩序的另一个重要基石。冷战结束后，欧盟同美国一道积极将西方的价值观向全球推广。通过推动建立国际刑事法庭、倡导保护的责任，以及在联合国建立人权理事会，欧盟满怀信心地积极地向全球推广西方的价值观。在20世纪90年代，欧盟有关人权的提案在联合国大会和人权理事会中获得的支持率高达70%。但进入21世纪以来，随着新兴经济体的迅速崛起，中国、俄罗斯和埃及等国家主张的尊重国家主权和强调发展权也是人权的观点受到越来越多国家的支持。到2007—2008年，以中国为代表的新

---

[1] 金玲：《规范性力量：欧盟战略自主的依托》，《世界知识》2021年第9期。

兴经济体有关人权问题的主张得到联合国大会超过 70% 国家的支持。欧盟感到西方坚持的民主和人权价值观在联合国大会和人权理事会里的影响力在下降，特别是特朗普政府退出联合国人权理事会后，欧盟自称是维护自由国际秩序的中坚力量。

　　网络空间作为一个人造的技术空间，与物理现实空间有着十分不同的特性。随着世界经济对网络的依赖越来越大，网络空间治理问题日益成为一个紧迫的问题。在网络治理问题上，美国主张网络应成为一个新的全球公共领域，认为所有利益相关方虽然彼此独立但应共同努力，而不是让某个群体获得更大优势地位。美国提倡"互联网自由"模式，由非营利性的国际组织"互联网名称与数字地址分配机构"（ICANN）负责管理全球互联网的"通讯簿"，美国商务部对其进行监管。2018 年 9 月，特朗普政府发布《国家网络安全战略》，强调通过报复威胁来维护网络空间秩序，固化美国在网络空间国际治理中的领导力。美国的政策无论是强调互联网言论自由，还是主张数据自由流动，或是加强社交网站内容的管控，实际上都是企图维持美国在网络空间各个层次的全方位优势，服务于"美国优先"的战略目标，防止世界上其他国家在该领域对美国主导地位的限制。

　　欧盟认同美国的价值观，支持"网络自由"和"多利益相关方"治理模式，但在实践中则坚持政府应加强对网络空间的管理和控制，在安全领域尤其重视社会层面的个人信息安全和隐私保护，特别是"斯诺登事件"后，欧盟同美国于 2016 年就数据安全问题签署了新的隐私盾协议，以取代原有的安全港协议。欧盟 2013 年公布了《欧盟网络安全战略》，该战略偏重于网络治理和社会安全，希望通过增强成员国的网络安全，来防御网络攻击和其他破坏行为，并加强对公民个人权益的保护。欧盟有关网络治理的战略反映了欧盟的核心价值观，其实质是用欧盟的价值观来制定有关网络空间的规则和秩序。2018 年 5 月，欧盟《一般数据保护条例》生效，其管辖和适用范围不仅是欧盟境内注册的互联网服务提供者，也包括对欧盟公民提供服务的所有国外网点和公司。《一般数据保护条例》主要侧重数据安全和个人隐私保护，欧盟在网络治理方面的核心利益是促进数字经济和社会安全运行的协调发展，以推动欧洲的复兴和外交的重新定位。

欧盟在网络治理问题上总体上立场偏向美国，尤其在制定网络空间国际条约和联合国的作用方面。2001 年 11 月，27 个欧洲国家同美国、日本、加拿大、南非在匈牙利首都布达佩斯签署了《网络犯罪公约》，这是互联网领域的第一个国际公约，欧盟一直积极推动其成为各国制定网络安全法规、开展国际合作的范本。由于《网络犯罪公约》并未反映发展中国家的利益诉求，中国并不支持这一公约，而是主张在联合国框架下建立公正、透明、权威的互联网国际管理机构，制定新的国际公约。欧盟则不支持中国的主张，认为联合国系统的国际机构效率低下，缺乏公信力和透明度，因而反对由联合国等多边国际机构来管理网络空间。

虽然欧盟在网络言论自由方面偏向美国立场，但在信息安全和数据隐私保护方面欧盟同中国也有合作的余地。打击网络犯罪和保护数据安全是欧盟制定的《通用数据保护条例》的重点，中国在《网络空间国际合作战略》中也呼吁世界各国在打击网络犯罪和网络恐怖主义方面进行国际合作，因此，双方在这方面存在合作的空间。

欧盟许多国家对全球气候变化对全球生态系统的影响感到关切，希望欧盟在应对全球气候变化问题上发挥领导作用。欧盟在《京都议定书》的谈判过程中发挥了重要的领导作用，并承诺在 2000 年前将排放水平在 1990 年基础上降低 8%。如果没有欧盟，《京都议定书》可能难以写入实质性的减排目标。2001 年美国退出《京都议定书》后，欧盟又劝说俄罗斯签署协议，促使《京都议定书》在 2005 年生效。减少温室气体排放是减缓全球气候变化的一个重要措施。欧盟是减少温室气体排放的重要倡导者。欧盟 2020 年目标是将欧盟的温室气体排放总量在 1990 年水平基础上削减 20%，能源利用率提高 20%。2030 年的目标是温室气体排放总量在 1990 年水平上至少削减 40%，能源利用率提高 32.5%，到 2050 年使欧洲成为世界上第一个碳中和的大陆。截至 2017 年，欧盟已经超额完成 2020 年目标，温室气体排放总量下降了 23%。为了实现 2030 年目标，欧盟已经通过立法，规定欧盟温室气体排放总量将在 1990 年水平基础上减少 45%。欧盟也是全球最大的气候治理资金的捐助者，提供了超过 40% 的全球气候治理公共资金。2007 年，欧盟建立了欧盟—非洲基础设施信托基金，帮助非洲经济发展向低碳经济发展是该基金的主要目标之一。2008 年启动了名为"全球气候变体联盟＋"项目，主要向小岛屿国家和最不发达国家提供援助，帮助他们提高落实《巴黎协定》和联合国《2030 年可持续发展议程》等全球环境与发展治理目标的能力。自该项目启动以来，欧盟已经向全球 60 多个国家提供了约 4.5 亿欧元的应对气候变化资金。2019 年 7 月 16 日，德国前国防部长冯德莱恩当选新一任欧盟委员会主席，她在欧洲议会上提出重振欧盟气候领导地位的计划，希望欧盟欧洲成为世界上第一个实现碳中和的大陆，因此必须将之前到 2030 年减排 40% 的中期目标提高到减排 50%，甚至 55%，并且欧盟还将通过领导国际谈判说服其他合作伙伴提升减排水平；出台一项欧洲绿色新政，包括制定欧洲气候法，以促进欧盟 2050 年实现碳中和目标；成立可持续欧洲投资计划，将已有的欧洲投资银行的部分业务发展为气候银行，以此在下一个 10 年带动 1 万亿欧元的投资，从而解决仅靠公共资金无法满足气候资金需求的问题；引入边境碳税以提高排放成本，防止碳泄漏。

不过，欧盟在气候变化问题上采取过于激进的行动削弱了欧盟在全球气候治理中的道义优势。2008 年 11 月 19 日，欧洲议会和欧盟理事会发布了"第 2008/101/EC 指令"，明确规定自 2012 年 1 月 1 日起，除了某些非商业飞行外，欧盟将向所有到达或者离开欧盟成员国的商业航班开征二氧化碳排放税，从而将航空业正式纳入碳排放交易体系，包括欧盟航空公司在内，全球有 4000 多家航空公司被纳入排放交易体系，这意味着绝大多数欧盟以外空域的碳排放都要被纳入欧盟航空税的征收范围，这引起国际社会的一致反对。

从 2009 年哥本哈根世界气候大会开始，欧盟在全球气候治理中的领导地位受到削弱，中国、印度、巴西和南非基础四国和美国的领导地位上升，此后逐步形成美中共同主导全球气候治理的局面。在美国退出《巴黎协定》后，欧盟认识到如果欧盟想在全球气候治理方面取得进展，就必须加强同新兴经济体，特别是同中国的合作。这也是欧盟在应对全球气候变化方面将中国定义为合作伙伴的原因。实际上早在 2005 年中欧发表《中欧气候变化联合宣言》后，双方在应对全球气候变化方面就开展了合作。2010 年，双方发表中欧气候变化对话与合作联合声明，建立了中欧气候变化部长级对话与合作机制,标志着双方气候合作进入机制化阶段。2013年的《中欧合作2020战略规划》提升了气候变化在双方整体合作中的地位。2015年的《中欧气候变化联合宣言》和2016年的《中欧能源合作路线图》使双方合作更加务实。2017年6月3日,中欧领导人会晤发表成果清单,其中包括"双方确认应对气候变化的重要性,重申在2015年《巴黎协定》下所作的承诺"。2018年7月双方发表了《中欧领导人气候变化和清洁能源联合声明》,双方不仅重申了加快落实《巴黎协定》的政治决心,提升了务实合作的程度,同时更加聚焦于清洁能源领域的合作,决心在双边、多边和第三方合作中加快清洁能源的研发、生产和推广。①

第四节 国际格局变化使欧盟继续扩展自由国际秩序日益困难

第二次世界大战结束了欧洲主导国际秩序的局面,世界进入了美苏争霸的冷战格局。战后欧洲一直作为对美国主导的自由国际秩序支持者的身份出现在国际舞台上。冷战结束后,欧洲曾同美国一道,试图将自由国际秩序扩展到全球。不过,随着新兴经济体的崛起和美国特朗普政府推行"美国优先"政策,倾向于以牺牲自由国际秩序为代价维护美国的霸权,欧盟日益扛起了维护自由国际秩序的"大旗",并仍积极努力推动自由国际秩序成为"普世秩序"。不过,欧盟也非常清楚,单凭欧盟的实力扛不起维护自由国际秩序的大旗,因此打心底还是希望同特朗普后的美国一道共同维护自由国际秩序。在拜登入主白宫并打出"美国重回多边舞台"后,欧盟一方面希望加强同美国的关系,另一方面仍希望在扩展自由国际秩序方面发挥战略自主作用。不过,从全球力量对比的变化、合法性和功能性三个方面考虑,欧盟都很难独自将自由国际秩序扩展到全球。

首先,从全球力量对比变化角度看,欧盟的实力呈下降趋势。自由

---

① 康晓:《全球气候治理与欧盟领导力的演变》,《当代世界》2019年第12期。

国际秩序最初从欧洲的一个地区性秩序逐步演变成具有全球影响力的秩序的主要推动力，先是第一次工业革命后欧洲的崛起，之后是第二次、第三次工业革命后美国的崛起。目前世界正在进入第四次工业革命，新兴经济体，尤其是亚洲新兴经济体的群体性崛起，正在改变全球西方和非西方世界的力量对比。如果说在冷战结束初期西方力量占绝对优势时都无力使自由国际秩序成为普世秩序，那么在美国推行"美国优先"的政策，寻求单极霸权，以及非西方总体实力将超过西方的大趋势下，欧盟显然无力将自由国际秩序扩展到全球。

1980年，欧盟经济总量占世界的比重达30%。根据国际货币基金组织预测，欧盟占全球国内生产总值的比重将从2015年的17%降至2021年的15.3%。[①] 在经受2008年全球金融危机打击后，欧盟经济复苏乏力，增长缓慢。从1996年到2016年欧盟经济平均年增长率为1.7%。导致欧盟经济增长乏力的主要因素包括人口老龄化、一些国家债务负担沉重、研发费用不足、贫富差距扩大、经济结构调整缓慢等。

根据联合国相关机构统计，欧盟平均生育率为1.6%，低于保持人口稳定的2.1%生育率。按目前的趋势发展，欧洲许多国家的人口到2050年时将减少15%，欧洲人口占世界人口的比重也将从现在的10%下降到7%左右。尽管许多欧洲国家采取了鼓励生育政策，但均无法扭转欧洲人口出生率下降的趋势。欧洲人口老龄化的一个直接后果，就是欧洲国家目前的养老金制度难以为继，并影响欧洲经济的健康发展。欧洲目前应付人口老龄化的做法除了鼓励生育、延长退休年龄外，就是吸收移民，特别是德国、奥地利和瑞典，吸收了大量的年轻移民。结果是欧洲的人口构成更加多样化。在欧洲的穆斯林人口比重由1990年的4%增加到2010年的6%。如果按照每十年增加1%的速度增长，穆斯林占欧洲人口比重2020年将达到7%。虽然移民给老龄化的欧洲带来年轻劳动力，但如何使移民融入主流社会仍是欧洲面临的一大挑战。

由于福利负担过重，欧盟许多国家债台高筑，在研究和发展方面投

---

① "Europe in 2022: Alternative Futures", Atlantic Council, March 29, 2017, http://www.atlanticcouncil.org/wp-content/uploads/2015/08/Europe_in_2022_web_0329.pdf.

资不足，这也影响了欧盟经济发展后劲。根据经济发展和合作组织的一项统计资料显示，从 2000 年到 2014 年间，欧盟 28 国的研发费用占国内生产总值的比重约 1.5%，不仅长期低于美国（2.5%）和日本（3.2%），还低于中国（约 2.1%）。欧盟内部的收入不平等以及欧盟各国内部贫富差距的拉大，也在拖欧盟经济发展的后腿。另外，欧盟在数字经济发展方面也落后于美国和中国，这些都使得欧盟经济总量在世界的比重呈下降趋势。

其次，欧盟实现目标的能力也在下降。冷战结束后，欧盟有意在欧盟东扩、维持巴尔干半岛和中东北非的和平与稳定方面发挥更大作用。不过，随着欧盟经济实力的下降，欧盟国家的军事实力也在下降。欧盟最重要的三个大国英国、法国和德国在冷战后军费均呈下降趋势。从 1994 年到 2015 年，英国的军事开支占全球军事开支的比重从 5% 下降到 3.4%，陆军人数从 11.2 万人削减至 9.16 万人，海军水面舰艇和潜艇从 38 艘和 15 艘削减至 19 艘和 10 艘，空军战斗机中队从 16 个削减到 7 个。法国同期军费在世界的比重也从 5.9% 降至 3.5%，陆军从 22 万人下降到 11.5 万人，海军从拥有 42 艘水面作战舰艇和 14 艘潜水艇削减至 23 艘水面作战舰艇和 10 艘潜艇，空军战斗机中队从 12 个减至 9 个。德国同期军费开支则从 4.7% 降至 2.7%。德国陆军人数从 24 万减至 6.3 万，海军水面舰艇和潜艇总数从 31 艘减至 21 艘。空军战斗机中队从 16 个减至 8 个。[①] 随着军费的减少和军队的缩减，欧盟的军事能力也大大下降。冷战后欧盟几次对外军事干涉行动，从 1999 年对科索沃的干涉到 2011 年对利比亚的干涉都反映出欧盟目标和能力间的差距，没有美国的参与，欧盟无法独立完成干涉任务。

最后，欧盟实现目标的意志处于摇摆状态。欧盟老牌帝国主义的旧习难以改变，只要有机会还是会积极干涉非西方国家的内政，只不过欧盟通过军事手段实现目的的意志在减弱。欧盟通过军事手段实现其目标的意志削弱的表现除了上述提到的欧盟三个大国自冷战后一直在缩减军

---

① Hal Brands, "Dealing with Allies in Decline, Center for Strategic and Budgetary Assessments", 2017, pp. 17–19.

队规模外,另外一个主要表现是在北约军费开支分担问题上与美国之间的分歧。冷战期间美国负担了北约开支的一半左右,冷战结束后,美国对北约的开支负担增加到68%,2013年美国开支占北约的比重上升到73%。因此,美国一直抱怨欧洲成员国对北约的贡献太少。1997年北约同意成员国军费开支应达到国内生产总值的3%,2006年这一指标又降到2%。这一指标是志愿性质,因此许多北约成员国军费开支除了美国、英国、波兰、爱沙尼亚和希腊外,都未达到这一指标。2014年克里米亚"脱乌入俄"后,同年9月在威尔士召开的北约峰会上北约成员国同意到2024年成员国的国防开支应达到占国内生产总值2%的目标。但如果欧盟经济增长继续乏力,欧洲的北约成员国公众支持军费开支的愿意将继续走低。

在伊核问题上,虽然美国单方面退出伊核协议有损欧盟的外交和安全利益,欧盟也试图通过阻断法和建立特殊支付机制维护欧盟的利益。但欧盟对美国的市场和投资依赖过大,因此,在维护伊核协议方面欧盟的意志也不是太强。但在国际贸易领域和全球气候变化领域,欧盟仍有较强的意愿保扮演领导者的角色。

自由国际秩序如果要想从大西洋两岸的区域性秩序扩展到全球,就必须充分考虑广大发展中国家的利益,并在价值观方面有更大的包容性。我们在前面说过,自由国际秩序1.0版本是英国主导的殖民帝国秩序。自由国际秩序1.0版本是建立在欧洲列强将全球作为公地进行瓜分,向世界输出国内矛盾,从全球输入利益的基础上的。这种建立在将全球作为公地瓜分的殖民秩序随着第二次世界大战后民族解放运动的兴起而土崩瓦解,但自由国际秩序作为中心对边缘的控制和剥削的秩序在二战后仍然存在,只是表现形式不同而已。在冷战期间,美国主导的自由国际秩序2.0版本主要通过"政权更迭"、对金融货币的控制、国际经济规则的控制,以及在产业分工方面控制价值链的上端而维持中心对边缘的剥削和控制。

欧盟虽然想当维护自由国际秩序的旗手,但对自己的能力差距还是有较清醒的认识。中国学者崔洪建认为,欧盟在安全上严重依赖美国,在能源上严重依赖俄罗斯,在经济和供应链上过于依赖中国。在这种情况下，欧盟只能通过灵活的议题组合，尽可能发挥自己的长处，在全球安全、气候治理、经贸规则、"印太"秩序等方面做到不缺席，至少有发言权和基本存在感，确保世界上其他主要力量都需要欧盟，进而塑造出欧盟也是大国政治中的一个主要"玩家"形象。①

第五节　自由国际秩序面临合法性挑战

自由国际秩序的三大支柱则分别为建立在北约和美日安保同盟组成的西方安全同盟体系、布雷顿森林体系的国际金融和贸易体系，以及基于民主、自由、法制和人权的资本主义意识形态之上。

维持自由国际秩序的第一根支柱北约面临着来自两大方面的挑战。一方面，由于国际格局的变化，美国和欧盟的安全战略重点方面出现分歧。美国日益将安全战略重点转向亚太地区，而欧盟的安全战略重点仍集中在欧洲东部和南部。美欧安全战略重点的分歧导致美国要求欧盟分担更大的防务负担，以及欧盟开始寻求更大的战略自主性。北约东扩更加剧了北约内部矛盾以及同俄罗斯的矛盾。美国学者西恩·凯认为，北约东扩成为冷战后美国及欧洲自由主义构想的核心，官方赋予的理由是巩固民主，从而促进欧洲的稳定。但问题是北约条约中并没有制裁、中止或驱逐条款，机构中也没有相关程序。近年来，波兰、匈牙利和土耳其正变得不自由，北约面临分裂的风险。北约东扩还引起俄罗斯的警惕。② 另一方面，北约强调人权高于主权原则则加剧了同非西方世界在国家主权问题上的分歧。在国家主权问题上，欧盟认为中国和俄罗斯主张的主权平等和领土完整原则不符合全球化的新时代，应该用"保护的责任"来取代主权平等原则。不过，欧盟在 1999 年和 2011 年打着"人道主义"旗号对塞尔维亚和利比亚的干涉，实际上造成了更多人道主义灾难，特别是对利比亚的干涉，实际上是打着"人道主义"旗号而进行政

---

① 吴孟克：《一个独立自主的欧洲是多极化世界不可缺少的存在》，《世界知识》2021 年第 9 期。

② Sean I. Kay, "Realist Foreign Policy and Translantic Secuirty Institutions", Security Studies, June/July, 2020.

权更迭，这招致世界上许多国家对欧盟"人道主义干涉"的反对。美欧打着"人权""民主"的旗号对巴尔干、中东和北非地区的干涉导致了上述地区的混乱，大量难民涌入欧盟地区，加剧了欧盟国家内部的社会矛盾，也加剧了欧盟和非西方世界的矛盾。

维持自由国际秩序的第二大支柱，国际金融和贸易体系也由于西方和非西方实力对比的变化，面临着如果不进行调整就缺乏足够合法性的挑战。冷战结束后，垄断资本的逐利性促使美欧国家的产业资本和金融资本努力将自由国际秩序扩展到东欧地区，将新兴经济体更紧密地融入国际产业链和消费链中。不过，让美欧垄断资本集团没有预料到的是，新兴经济体在融入国际经济供应链和产业链后，不再满足于继续处在产业链和供应链的低端，而是通过模仿、学习和创新不断向产业链和供应链的上端移动，这使欧美垄断资本感到其获取超额利润的能力受到威胁。欧盟竭力维护的以"规则为基础的国际秩序"实际上是想维护对欧盟垄断资本有利的国际规则和秩序。在国际货币基金组织和世界银行的配额和投票权方面，欧盟不愿进行反映当前经济实力对比变化的改革。在世贸组织改革问题上，欧盟一方面对美国试图瘫痪世界贸易组织感到不满，另一方面也感受到新兴经济体向供应链高端移动带来的威胁。因此，欧盟支持美国要求世界贸易组织在涉及国营企业、知识产权保护、技术转让、发展中国家待遇方面的改革，同时也采取一系列贸易保护主义措施。欧盟通过修改相关法律使得欧盟能够继续相对容易地对中国实施反倾销和反补贴政策。同时，欧盟还通过了对外资加强安全审查的法律，以限制中国对欧盟高技术领域的投资，延缓中国产业升级步伐。

随着非西方世界的复兴和西方的相对衰落，近年来西方越来越多的政治领导人、学者和媒体评论员开始喋喋不休地谈论维持"基于规则的国际秩序"，并认为一些快速发展的新兴经济体是对基于规则的自由国际秩序的最大威胁。不过，英国埃克斯特大学战略与安全研究所所长帕特里克·波特却认为，过去没有，现在也没有基于规则的国际秩序，甚至假装可能存在基于规则的国际秩序都是危险的。"基于规则的国际秩序"这一概念，就像"全球治理""国际社会"这些概念一样，听上去不错，但在残酷的国际现实面前，却显得十分苍白无力。在他看来，这一概念主要有三大缺陷。首先,该概念声称对现实世界真实地描述其实从历史和现实上并不真实。过去和现在的每个大国,包括联合国安理会常任理事国都违反过国际法,拒绝国际法庭裁决,甚至不承认国际法庭的管辖权。法国的希拉克以未经联合国安理会授权为由,反对美国单方面入侵伊拉克。但法国自己却在1999年未经安理会授权的情况下参加了北约对塞尔维亚的轰炸。美国自己没有批准《联合国国际海洋法》,却敦促中国遵守该法律。在20世纪80年代,尼加拉瓜就美国在其港口布雷一事将美国告到国际法庭,国际法庭判美国行为违反国际法,应向尼加拉瓜赔偿。美国拒绝承认国际法院判决。当时的美驻联合国大使柯克帕特里克称国际法院为"半法律机构,世界各国可以接受其判决,也可以不接受"。其次,由于国际政治的悲剧性质,未来也不可能出现"基于规则的国际秩序"。世界可能存在全球治理,但不可能出现政界政府。因此,世界缺乏一个公正无私、始终一致的执法权威。而且,规则、准则之间也常常相互冲突。安理会的决定有时同国际人权法相冲突。西方国家常常理直气壮地违反国际法。如美国总统奥巴马常将维护"基于规则的国际秩序"挂在嘴边,却在未征得别国同意和安理会授权的情况下,派无人机攻击伊斯兰国家,这明显侵犯了别国主权,违反了通过正当程序准许而动武的原则。最后,试图建立一个"基于规则的国际秩序",并由一个国际机构来执行国际行为准则有可能损害西方的行动自由。

英国学者波特揭露了西方在谈论"基于规则的国际秩序"时的虚伪性指出,主要大国想不遵守规则就可以不遵守规则时,谈论"基于规则的国际秩序"便毫无意义。他进一步从逻辑上说明规则与秩序的不相容。他认为,规则意味着严格、不容谈判和明确无误,更重要的是有一个高高在上的裁判执行规则。而秩序则意味着在不存在裁判的情况下通过妥协、谈判和交易产生。因此,他的结论是,国内基于规则的秩序由于存在执法权威而存在,而国际体系因缺乏执法权威而不可能存在"基于规则的国际秩序"。[1]

---

[1] Patrick Porter, "Sorry, Folks, There Is No Rules – Based World Older", The National Interest, August 30, 2016.

维持自由国际秩序的第三根支柱——西方的意识形态，也面临文化和文明的多样性的挑战。西方的自由主义认为西方的价值观、体制和文化包涵了人类最高级、最进步、最自由、最理性、最现代和最文明的思想。但2008年的全球金融危机和2019年以来西方在抗击新冠肺炎疫情方面的表现都证明事实并非如此。在文明多元化的世界，要避免文明的冲突就必须接受文明的多元化。亨廷顿在《文明的冲突与世界秩序的重建》一书中就指出，文明冲突是对世界和平的最大威胁，他建议要避免文明冲突西方应该采取"避免干涉原则""共同调解原则"和"共同性原则"三原则。[①]"避免干涉原则"实际上就是尊重各文明核心国家的主权和领土完整，"共同调解原则"就是大国协调，"共同性原则"就是各文明国家应寻求扩大与其他文明共有的价值观、制度和实践。亨廷顿的建议同中国领导人一直寻求同世界上主要大国建立不冲突、不对抗、相互尊重和合作共赢的新型大国关系，以及倡导构建人类命运共同体有异曲同工之妙。目前问题的关键是美国为首的西方是否愿意承认俄罗斯在欧洲地区和伊朗在中东地区的核心利益，从而避免文明的冲突，还是为了维护西方主导的自由国际秩序而不惜挑起同俄罗斯、伊朗的对抗和冲突？

第六节 民粹主义削弱欧盟内部对自由国际秩序的支持

从历史上看，自由国际秩序是伴随着欧美的殖民主义和帝国主义的扩张而向全球扩张的，随着殖民主义的崩溃和帝国主义的衰落，特别是美国霸权的衰落和新兴市场国家的崛起，自由国际秩序面临深刻的危机。

自由国际秩序源于西方的自由主义思潮，诞生于资产阶级上升期，代表了资产阶级的利益和诉求。英国学者比特·简恩认为，自由国际秩序在西方的基础受到削弱主要是因为在殖民主义和帝国主义时期，西方可以将国内的矛盾和经济负担转嫁到国外，而到了20世纪90年代经济全

[①] [美]亨廷顿著，周琪、刘绯、张立平、王圆译：《文明的冲突与世界秩序的重建》，新华出版社2010年版，第292—295页。

球化时期，西方内部反全球化的人认为，经济全球化导致国外的矛盾和经济负担转嫁到了西方内部，这是西方民粹主义兴起的原因。

简恩从理论和历史两个角度论述了西方对自由国际秩序态度转变的历程。从理论上讲，洛克是西方自由主义思潮集大成者。洛克认为，人的自然状态是自由的，但人自由的前提是能够拥有自身财产。人拥有财产不仅使得人可以生存，也使得人能够在专制政府面前保持独立。受到人民认可的政府的首要职责是保护人们的私有财产。因此，洛克理论的三大核心是财产、个人自由和人民认可的政府。这三者是相互联系的。私有财产确保了人的自由，个人自由需要政府是人民认可的政府，政府的首要职责是保护人的私有财产，而保护人的私有财产也就是从根本上保护人的自由。洛克认为，如果私有财产是人自由的基础，私有财产拥有者就会要求政府保护私有财产和他们的自由。因此，洛克主张财产拥有者应该获得完全的政治权利，而拒绝没有私有财产人的政治权利。但将政治权利局限于财产拥有者又同洛克人生而自由和平等的原则相矛盾。因此，洛克认为理想的状况是社会的所有成员都应该获得私有财产，从而获得自由。但一个社会的私有财产受到政府的保护，重新分配是不可能的，因此洛克建议应该从国外获得财产。西方工业化的历史深受洛克理论的影响。当时英国最重要的财产是土地，但土地是稀缺资源，英国的许多穷人不可能都拥有土地。英国的资产阶级利用洛克理论在议会通过了《圈地法》，将过去的公共土地私有化。在 1710 年到 1815 年间，英国地主和资产阶级将 20% 的公共土地私有化，导致失地农民的反抗和社会骚乱，要解决这一矛盾的唯一办法是到国外掠夺别人的土地。因此，洛克的宪政自由主义的前提是私有财产的普及，而在私有财产受到保护而不能重新分配的情况下，私有财产的普及只能靠向外掠夺。换句话说，英国当时在国内实行宪政民主，转移国内矛盾的方法就是向外殖民、掠夺别人的土地。英国以及后来的西欧各国在工业化过程中，都通过殖民主义向外输出贫民、孤儿、罪犯，以及通过向殖民地派遣官员输出中产阶级，从而缓和国内的阶级矛盾和中产阶级要求政治参与的政治压力。

欧洲列强为了缓和国内矛盾而纷纷踏上海外殖民道路时，在国际上便出现争夺殖民地的斗争。18 世纪欧洲列强争夺殖民地的战争迫使这些列强不得不增加国内的税收,这加剧了国内贫富之间的矛盾,成为 18 世纪西方革命的重要导火索。法国大革命的后果是扩大了选举权,而美洲殖民者因为不能享受同宗主国同等权利而开始了争取独立的斗争。美国的独立战争和法国大革命所产生的国家主权和人人生而平等,享有生命、自由、财产和追求幸福的权利的思想成为自由国际秩序的重要基础。独立后的美国决心在美洲大陆建立一个自由帝国,但这个自由帝国中的自由权利并不包括黑人奴隶和印第安人。美国人通过西进运动不断地掠夺印第安人的土地。到 19 世纪末西进运动结束后,美国也加入老牌帝国主义争夺殖民地的行列。因此,西方鼓吹的自由国际秩序一开始就是一个矛盾体,在这样一种秩序中,资产阶级的权利和利益得到保护,受压迫和剥削的殖民地人民的权利和利益被剥夺了。欧洲列强间实行主权平等原则,而殖民地的主权则被侵害和剥夺。基于民族国家主权平等的国际秩序只是到了 1948 年《联合国宪章》中才得到肯定,直到 20 世纪 70 年代非殖民化运动后才成为现实。

到 19 世纪末,大英帝国建立起自由国际秩序 1.0 版本。但由于殖民地大体已经被西方列强划分完毕,这意味着西方列强不再能够输出政治困难,输入经济好处,这加剧自由国际秩序下的三大矛盾:首先是加剧了西方列强对殖民地的争夺,最终导致第一次世界大战;其次是加剧了宗主国和殖民地的矛盾,导致民族独立运动的兴起;最后是加剧了西方列强国家内部的矛盾。第一次世界大战的后果是各国采取贸易保护主义政策,这导致了世界重大的经济危机和贫富差距的扩大。第一个自由国际秩序由于自身的矛盾在第二次世界大战崩溃,取而代之的是两极体系和冷战。

冷战结束后美国推行的自由国际秩序 2.0 版本削弱了西方和非西方、国内和国际的界线,从而加剧了自由国际秩序内部的矛盾和分歧。随着苏联的解体,西方外部不再存在政治、经济和意识形态方面的严重威胁,这也使得西方内部有关内外政策的共识也不复存在。由于西方认为资本主义赢得了冷战,在国内采取政治和经济妥协的需求也不再存在,资本主义现在可以在全球寻求利润机会。同自由国际秩序 1.0 版本时的情形不同,当时的西方可以从殖民地掠夺经济资源,并将国内矛盾向海外转移,自由国际秩序2.0版本则是向海外转移资本和价值链低端的工作机会并通过维持价值链高端垄断而获取超额利润。但由于新兴经济体通过融入全球价值链和供应链而缩小了同发达国家的经济差距，特别是一些新兴经济体通过经济结构调整而向价值链高端移动，威胁到发达经济体在高端价值链中的垄断地位。经济全球化导致国内和国外隔离的减少，以及发达国家垄断资本超级利润受到威胁，导致自由国际秩序的危机。自由国际秩序2.0版本的危机主要由两大因素造成：首先是经济全球化和科技革命导致西方输出资本和工作机会，导致西方各国内部贫富差距加大；其次是西方在发展中国家推行"人道主义干预"和"保护的责任"政策，加剧了世界上一些地区的动荡和冲突，由此产生了大量的难民，而这些难民大多寻求到西方国家避难，这又加剧了西方内部的社会矛盾。因此，西方内部支持自由国际秩序的基础大大削弱，而反经济全球化，主张实行贸易保护主义和民族主义政策的呼声高涨。[1]

自从冷战结束后，伴随着经济全球化，全球反恐战争和难民潮的冲击，欧盟内部民粹主义思潮也在增长。据英国前首相托尼·布莱尔建立的托尼·布莱尔全球变化研究所发表的一份研究报告称，从2000年到2017年，欧洲的民粹主义政党从33个增加到63个，这些民粹主义政党要求公投式的直接民主，对媒体和司法机构持批评态度，它们的主要主张包括反移民、贸易保护主义，以及保护基于基督教的民族认同。民粹主义在东欧的影响最大，民粹主义政党已经在波斯尼亚和黑塞哥维那、保加利亚、捷克、匈牙利、波兰、塞尔维亚和斯洛伐克七个东欧国家掌权。民粹主义在南欧的影响也不小。希腊、西班牙和意大利民粹主义政党影响都很大。南欧的民粹主义倾向于强调经济民族主义和社会福利保障。因此，从这一角度反对移民和经济全球化。西欧受民粹主义影响虽然不如东欧和南欧，但近年来也有上升趋势。如法国右翼国民阵线在2017年的法国大选中获得约30%的选票。德国的另择党在2017年的全国选举中也获得13%的选票。民粹主义右翼政党的兴起对西欧政坛的影响

---

[1] Beate Jahn, "Liberal Internationalism: Historical Trajectory and Current Prospects", International Affairs, Vol. 94, No. 1, January 2018, pp. 43–61.

主要有两方面：一方面，极右翼民粹主义政党影响的增加迫使中右政党更加右倾。另一方面，在一些实行比例代表制的国家组建联合政府更加困难。议会里出现了民粹主义政党，这使得无论是中左还是中右，要和意识形态相近的其他小党组建联合政府更加困难。2017 年德国大选后就出现组建联合政府的困难，今后西欧其他一些国家也可能遇到类似困难。①

美国特朗普实施的"美国优先"政策对自由国际秩序的冲击、新兴经济体崛起对自由国际秩序的挑战，以及欧盟内部民粹主义兴起，削弱了支持自由国际秩序的基础，使得欧盟认识到在自由国际秩序下推行的经济全球化的结束和大国竞争时代的回归。欧盟今后的重心除了在欧盟内部改革和完善欧盟内部一体化外，还将面临在大国竞争的国际环境里如何更好地维护自身战略自主的挑战。

---

① Martin Eiermann, Yascha Mounk and Limor Gultchin, "European Populism: Trends, Threats and Future Prospects, Tony Blair Institute for Global Change", December 29, 2017, https: // institute. global/insight/renewing – centre/european – populism – trends – threats – and – future – prospects. （上网时间：2018 年 2 月 1 日）

第十三章

新兴经济体呼吁更加公正合理的国际秩序

中国的崛起和俄罗斯的复苏成为影响未来国际秩序的重大因素。自第一次工业革命以来，西方一直主导国际秩序的构建。2008年全球金融危机后，西方的相对衰落和非西方世界的崛起，尤其是新兴经济体的发展和俄罗斯重新在国际舞台上扮演重要角色，开启了世界百年未有之大变局。美国的拜登政府视俄罗斯等国为"基于规则的国际秩序"的最大挑战者和竞争者。欧盟则指责其在遵守国际规则方面挑挑拣拣。而俄罗斯等国认为自己是国际秩序的坚定维护者。美、欧、俄等国之所以在"国际秩序"问题上各说各话，主要原因是他们谈论中的"国际秩序"含义大不相同。美国人心目中的国际秩序主要指的是美国的霸权秩序；欧盟谈的国际秩序主要指的是"基于规则的国际秩序"；而俄罗斯等国谈的国际秩序则主要指的是以联合国为核心的国际秩序。

第一节 中国的"天下观"与俄罗斯的双头鹰世界观

中俄在国际秩序问题上同美欧的主张不同，在很大程度上是双方历史、文化和利益上的不同造成的。西方的自由国际秩序在很大程度上是建立在个人主义、市场经济和一神教价值观的基础上。中俄对国际秩序的立场在很大程度上受两国传统文化、科学社会主义和近代历史的影响。中国学者赵汀阳指出，西方政治始于城邦国家，西方以个人、民族、国家和宗教为基础所建立的政治秩序很难发展出普遍共享的世界秩序。《威斯特伐利亚和约》基础上产生的主权国家体系使世界分裂合法化,以国家主权否定了世界概念和世界利益。他认为当今国际体系问题丛生的根源在于民族国家作为国际体系的主体,各国寻求利益最大化,以及基督教征服希腊文明后西方形成的固定异端模式思维。现代主权国家体系极大地促进了国家的发展,但并非所有国家都因此受益。对于现代初期的列强来说,仅仅是列强国家的主权获得相互承认,世界上绝大多数其他国家和地区仍是未加划分的公地,可以被任意入侵、征服和占领,甚至被作为殖民地。虽然二战后的民族解放运动几乎使所有国家都变成主权国家,但主权国家体系不是一个为了世界共同利益的体系,而是属于霸权国家的帝国主义体系。对主权的普遍承认虽然在很大程度上抑制了领土的兼并和瓜分,兼并模式让位于竞争模式,但现代竞争规则并不是让世界普遍受益的规则,而是先由欧洲、后由美国制定的专门有利于欧洲和美国的游戏规则,也就是在经济上、政治上和文化上支配世界的帝国主义规则。美帝国主义不仅继承了现代帝国主义不平等的国际贸易体系,还形成了以英语为载体的知识霸权和不平等传播体系,深化了现代帝国主义对其他国家的政治霸权、经济支配和知识霸权,从而形成世界全方位"依附"美国的格局。美国成功地成为世界游戏中唯一的法外主体,集参赛选手、游戏规则制定者和游戏类型指定者三个身份于一身。美国因此成为世界上唯一超越主权国家而拥有双重边界的特殊国家。"双重边界"指的是国际共同承认的主权有形边界和美国单方面建立的权力无形边界,包括美国实际控制或支配的覆盖了世界大部分地区的国际体系。尽管美国的霸权秩序纳入世界大部分地区,但终究难以为继,终其原因,在于帝国主义虽有统治世界的雄心,却没有一个以世界利益为准的世界观而只有国家观,只以国家为最高主体而把世界看作是统治对象。因此,无论帝国的支配力扩展到什么程度,其利益和价值观都仅限于国家尺度,这就是帝国主义逻辑的局限性。只要缺乏"天下无外"的世界观,就没有希望建立一种真正的普遍秩序。① 另外，基督教在西方哲学中毁灭了"世界"这一概念，因为按照异端模式思维习惯，即使某个异端被消灭了，那么就必须把另一种东西定义为异端，否则就不知道该与谁进行斗争了。冷战的结束也是"共产主义异端"的结束，亨廷顿马上发现了新的异端和文明的冲突。②

而早期中国政治始于世界政治，即以天下为政治框架而建国建家。中国既不是城邦，也不是民族国家，更不是西方政治概念的帝国。西方和中国一些人认为中国不是一个普通的民族国家，而是一个文明国家，而且是大陆文明。但赵汀阳认为既然文明可以定义中国，为何文明不能定义其他国家？使中国区别于民族国家的性质是中国的"天下"概念及其"无外"和"协和"的原则。因此，古代的中国是一个以"天下"为内在结构的国家。古代中国没有主权概念，只有政权；没有法定边界，所谓领土，只是实力变化的函数。古代战争也不是民族战争，而是政权之间的战争。中国直到清末遇到西方现代民族国家的挑战，才产生了民族国家和民族主义概念。现代中国则在古代中国的基因上引入现代中国的性质而成为现代主权国家。在赵教授看来，西方的政治框架是个人—共同体—民族国家，中国的传统政治哲学框架则是天下—国—家。"天下"这一概念包含着"世界""人民"以及"世界制度"三层意思。天下体系始于周朝，是一个开放和包容性的体系，各国可以自愿加入或退出。天下的宗主国理论上是不固定的，如果宗主国无道不公，失去天下民心，也就是说，失去了政治上的合法性，每个国家都有潜在资格发展成为天下新核心取代旧核心。周朝"创制天下"目的是为了解决"以小治大"这一特殊问题，但却产生了一个具有普遍意义的政治模式。该模式的普遍性表明一种世界制度必须具有的基本性质：第一，天下体系必须保证各国加入的好处大于独立在外的好处，从而各国愿意加入这一体系。第二，天下体系必须形成各国在利益上相互依存和互惠互利，从而

---

① 赵汀阳：《天下的当代性：世界秩序的实践与想象》，中信出版集团2016年版，第214—247页。

② 赵汀阳：《天下体系：世界制度哲学导论》，中国人民大学出版社2011年版，第67页。

保证世界的普遍安全和永久和平。第三，天下体系必须能够发展普遍有利于各国的公共利益、共享利益和公共事业，从而保证天下体系的共享性质。

天下秩序有两大支柱："德治天下"和"协和万邦"。"德"意味公正原则，特别指分配公正。德治的原义是保证所有人的物质利益。德治有两个主要原则：比例原则和对称原则。比例原则指的是每个人配得什么就应得什么；对称原则则指的是一个人如何对待别人，别人就如何对待他。德治最重要项目是土地政策，法律规定每个家庭都分得一定面积的土地，保证耕者有其田。德治的另一项内容是政府必须为人民的经济发展创造有利的环境。德治还表现在国家治理上必须实行选贤任能的政策。

德治要解决的是政府对人民的责任问题，而天下体系的另一个支柱"协和万邦"则要解决的是不同利益主体如何合作的问题。在中国传统文化中，"和"的概念包括以下内容：第一，关系决定存在。一个事物无法单独存在，必须以另一事物存在为前提，共存是任何存在的必要条件。第二，共存关系的最低标准是相互伤害最小化，最优标准是相互利益最大化，形成相互依存、共荣共损的关系，即任何一方都无法单独获得利益改进。赵教授将协和万邦概括成比帕累托改进更优的"孔子改善"。帕累托改进只能改善一部分人的利益而不使他人利益受损，或某些人改善程度大于另一些人，但不足以保证社会普遍满意。协和万邦则能创造稳定的合作以及各方都满意的利益改进。协和策略表达的正是孔子的原则"已欲立而立人，已欲达而达人"，也就是合作的好处大于各自独立所能获得的好处。[1]

俄罗斯被亨廷顿认为是一个无所适从的国家。俄罗斯文明是基辅罗斯和莫斯科的本土根源、拜占庭的强大影响和蒙古长期统治的产物。俄罗斯认为自己属于西方文明的一部分，但西方又认为俄罗斯文明不同于西方文明。自近代以来，西方对俄罗斯的不接纳和压制使得俄罗斯对西方有了怨恨，并产生一种孤傲感。俄罗斯一位重要的思想家苏尔科夫

---

[1] 赵汀阳：《天下的当代性：世界秩序的实践与想象》，中信出版集团2016年版。

2018年发表了一篇《混血儿的孤独》的文章，就反映了俄的这种情绪。"作者认为俄罗斯的文化和地缘政治属性就像一个混血儿，他对自己的身份迷惑茫然。到处都把他当亲戚，但却不把他当亲人；在外人中他是自己人，在自己人中他又是外人；他懂得所有人，但却不被所有人理解。"[1] 俄罗斯对于自身身份认同上的迷茫同俄罗斯广阔的地域和众多的民族有关。它横跨欧亚大陆，拥有一百多个民族和世界上主要的宗教信仰。英国皇家国际问题研究所的研究员鲍伯洛认为俄罗斯既是欧洲的，也是亚洲的，既是基督教国家，也是伊斯兰国家。从沙皇、苏联，再到后苏联时代的俄罗斯，俄罗斯历届领导人都试图充分利用它这种多重属性。因此，普京在同欧盟打交道时强调俄的欧洲文明属性，同亚洲打交道时强调俄的欧亚属性，同中东和中亚打交道时则强调俄人口中有15%是穆斯林。[2]

17世纪末，俄国的彼得大帝试图使俄国成为欧洲的一部分，引进西方的科学技术和管理体制，但由于俄国的体制和信仰同西欧差别很大，西欧不肯认同俄国为欧洲的一部分。俄国十月革命后，由于苏联实施社会主义制度，因此苏联被西方视为东方，东西方陷入四十多年的冷战。苏联解体和冷战结束后，俄罗斯的知识界和政界精英存在着的"世界主义者""大西洋主义者"和"民族主义者""欧亚主义者"之间的分歧再度出现。"世界主义者"和"大西洋主义者"的代表戈尔巴乔夫和叶利钦，希望能够成为"共同的欧洲家园"的一分子，成为欧盟甚至北约成员。欧盟和北约对于俄罗斯提出的建立"共同的欧洲家园"建议反应冷淡，认为在俄罗斯的政治和经济体制同欧盟和北约接轨之前，将其接纳进欧盟和北约不仅将削弱欧盟和北约的凝聚力，而且还将有损于这两个机构建立的初衷。

欧盟和北约不仅将俄罗斯拒之门外，还继续向东扩张，这大大削弱了俄罗斯内部"大西洋主义者"的影响力，俄内部"民族主义者"和

---

[1] 赵华胜：《中俄美关系与国际秩序》，《俄罗斯东欧中亚研究》2020年第3期。

[2] Bobo Lo, "Russian and the New World Disorder", Chatham House and Brookings Institution Press, 2015, p.17.

"欧亚主义者"的影响力开始上升。欧盟的东欧伙伴关系计划更是促使俄罗斯寻求建立欧亚联盟的动力。1999 年，当时还是俄罗斯总理的普京在谈到俄欧关系时指出，俄罗斯作为横跨欧亚两大陆的世界强国和独联体中最大的国家，应保留决定和执行其内外政策的自由。同欧盟发展伙伴关系应有助于巩固俄罗斯塑造独联体国家间新的政治和经济制度的领导作用。因此，对于欧盟任何试图通过与独联体个别国家发展特殊关系而妨碍独联体经济一体化，从而损害俄罗斯利益的企图，俄罗斯将坚决反对。[①] 俄"欧亚主义者"认为，俄罗斯应该把保护生活在其他国家的俄罗斯人作为优先考虑，将俄罗斯的国家安全作为外交政策的重点。为此，俄罗斯应重建俄的国防力量，在加强与独联体关系的同时，还应加强同土耳其等其他伊斯兰国家的关系，以抗衡西方对俄罗斯的压迫。2012 年 3 月，普京再次当选俄罗斯总统后，决定积极推动建立欧亚经济联盟。2015 年 1 月 1 日，欧亚经济联盟正式成立。2021 年 7 月 3 日俄罗斯公布的《俄罗斯联邦国家安全战略》在很大程度上反映了俄"欧亚主义者"的主张。俄罗斯的新版国家安全战略在国际关系部分去掉了"与美国构建真正伙伴关系"和"与欧盟巩固互利合作"内容，转而强调加强同独联体、中国和印度的合作。

第二节　新兴经济体倡导建立以 《联合国宪章》宗旨和原则 为基础的国际秩序

从中国同近现代国际秩序的互动历史中看，中国在相当长一段时间不仅被排除在西方主导的国际秩序之外，而且即使在加入西方主导的国际秩序之后，在相当长一段时间也主要表现为国际规则的接受者，而不是国际秩序的制定者。英国学者福特和沃尔特在定义国际规则接受者时指出："国际规则接受者，更可能视现存的国际规则为只是为了维护霸权

[①] Frederick Starr and Svant E. Cornell, ed., "Putin's Grand Strategy: The Eurasian Union and its Discontents", Central Asia – Caucasus Institute and Silk Road Studies Program, 2014, p. 16.

国家的地位、价值和利益，因此认为其是不公正的，更因为在现存国际秩序的形成过程中，国际规则接受者的利益和愿望不是受到忽视，就是受到压制……这将导致这些的国家试图反对或改变国际规则，并在此过程中试图成为规则的制定者。当现存的国际规则同本国的规则发生冲突时，当现存国际规则的一些限制对这些国家不利时，当这些国家相信它们拥有足够的实力去挑战现存规则的合法性，并提出自己的规则主张时，它们将试图这么做。当然，实力资源并不是成功的规则制定者的唯一资源，成功的规则制定者还必须说服其他国家其倾向的规则拥有足够的合法性。"[1]

从1840年鸦片战争到1971年中国加入联合国之前，中国在西方主导的国际体系里几乎总是扮演规则接受者和挑战者的角色。如果中国主导的东亚体系是一种中心—外围结构，西方主导的威斯特伐利亚体系也是一种中心—外围结构，那么中国在西方主导的国际体系中成了外围的一分子。中国学者蒋廷黻曾形象地指出鸦片战争前后中国和西方关系的变化："中西关系是特别的。在鸦片战争以前，我们不肯给外国平等待遇；在以后，他们不肯给我们平等待遇。"[2] 在第一次世界大战结束后建立的凡尔赛—华盛顿秩序中，虽然中国属于战胜国之一，中国的利益和愿望总体上却受到忽视。第二次世界大战期间，美国为了鼓励中国坚持抗日战争，在考虑战后秩序时，曾有限地让中国参与了战后秩序重建的磋商过程，中国的利益和愿望得到有限的关注，但中国的整体利益和愿望仍在很大程度上受到忽视。二战结束后，随着中国共产党赢得胜利，以及美苏陷入冷战，西方干脆将中国排除在其主导的国际体系之外。美国主导的《旧金山对日和平条约》就是在中国被排除在外的情况下制定的。

中国这一时期对国际秩序的最大贡献就是支持亚、非、拉国家的民族独立解放运动，以及1953年中国总理周恩来在访问印度时提出著名的"和平共处五项原则"。1955年4月，中国参加了在印尼万隆举行的万隆

---

[1] Rosemary Foot and Adrew Walter, "China, the United States, and Global Order", Cambridge University Press, 2011, pp. 11–12.

[2] 蒋廷黻：《中国近代史》，湖南人民出版社1987年版，第17页。

会议，并通过万隆会议这一国际舞台向全世界宣传"和平共处五项原则"。20世纪70年代，随着美苏力量对比发生不利于美国的变化，美国开始缓和同中国的关系，这为中国重返西方主导的国际体系创造了机会。1971年10月25日，中国加入联合国，标志着中国重返西方主导的国际政治体系。1979年中美正式建交。这时中国已进入改革开放阶段，融入西方主导的国际经济体系成为中国改革开放战略的重要组成部分。1980年4月和7月，中国先后恢复在国际货币基金组织和世界银行的合法席位，开始了融入西方主导的国际经济秩序的过程。1986年，中国向关税及贸易总协定秘书处正式提出恢复中国缔约方席位的申请，不过直到2001年12月中国才成为世界贸易组织的正式成员。在这期间，由于中国恢复了联合国常任理事国的地位，中国在以联合国为核心的国际政治秩序方面成为坚定的维持现状国，在国际金融和经济秩序方面，中国基本上是规则接受国。中国学者卢静在研究中国申请恢复关税及贸易总协定缔约国地位的经历时发现，中国虽然是关税及贸易总协定的缔约国，但由于长期中断同关税及贸易总协定的关系，对于其规则的认识和掌握是非常有限的。为了顺利复关，中国需要学习掌握该机构的规则，并按其要求进行相应的国内制度改革，逐步完善社会主义市场经济体制，深化外贸体制改革，改革关税制度，完善法律法规，使中国的外贸体制和关税制度尽快地同关税及贸易总协定的规则相一致，中国有关市场准入和知识产权保护的法律法规逐步向国际规范靠拢。[①]

自近代以来西方主导的中心—外围的结构中，俄罗斯也长期处在外围。美国学者亨廷顿认为，俄罗斯之所以被认为不属于西方，是因为它没有或很少经历过以下这些界定西方文明的历史现象：罗马天主教、封建主义、文艺复兴、宗教改革、海外扩张和殖民化、启蒙运动以及民族国家的出现。有关西方文明的八个特征之中的七个，如宗教、语言、政教分离、法治、社会多元化、代议机构、个人主义，几乎完全与俄罗斯

[①] 卢静：《中国参与世界贸易组织的实践进程》，载朱立群等：《中国与国际体系进程与实践》，世界知识出版社2012年版，第28—66页。

经历无缘。① 1917 年俄罗斯的十月革命更使社会主义的苏联和西方割裂开来。1991 年苏联解体后,从叶利钦到普京俄罗斯领导人曾努力想成为西方社会平等一员。俄罗斯外长拉夫罗夫曾指出,冷战的结束给欧洲提供了一个独特的变革机会,在没有分裂线的情况下建立一个基于平等和安全不可分割的原则上的欧洲安全框架。我们现在实际上有机会修补欧洲的裂痕,并实现建立一个共同欧洲家园的梦想。俄罗斯建议欧洲安全与合作组织应该取代北约成为欧洲主要的安全机构。2008 年 6 月 5 日,俄总理梅德韦杰夫在德国柏林讲话时,建议欧洲签署一个新的欧洲安全条约,通过建立一个包括欧洲所有国家的安全体系来避免欧洲出现新的分裂线。② 但欧盟和北约却担心接纳俄罗斯将损害西方的价值观、欧盟和北约的凝聚力以及美国的领导地位。因此,欧盟和北约对苏联解体的反应是急于消化冷战胜利后的果实,不仅通过东扩将东欧纳入其势力范围,而且试图将前苏联地区(如白俄罗斯、乌克兰、摩尔多瓦、格鲁吉亚和阿塞拜疆)也纳入其势力范围。俄罗斯有影响的评论家谢尔盖·卡拉加诺夫认为,欧盟东扩在扩大了欧盟的政治和经济影响区域,以及北约东扩扩大了北约的政治和军事控制范围的同时,限制了俄罗斯的行动自由、势力范围和市场范围。西方地缘政治的扩张减少了俄罗斯人民同欧洲关系中所获得的好处,俄罗斯从西方扩张得出的结论是,西方利用俄罗斯的虚弱剥夺了俄罗斯几个世纪所获得的成果,并使得俄罗斯更加虚弱。③

　　西方以冷战胜利者的傲慢对待俄罗斯,使俄罗斯同西方的关系日趋走向对抗。1994—1997 年曾任美国国防部长的威廉·佩里在北约东扩和在东欧部署反导系统等问题上建议应谨慎,以避免恶化同俄罗斯的关系,但得到的回答是,"谁在意俄罗斯的想法,它只不过是一个三流国家。"④ 欧盟和北约不肯平等对待俄罗斯,甚至损害俄罗斯的地缘战略利益,大大削弱了俄内部"世界主义者"和"大西洋主义者"的影响力,使得俄

---

① [美]亨廷顿著,周琪、刘绯、张立平、王圆译:《文明的冲突与世界秩序的重建》,新华出版社 2010 年版,第 119 页。
② Richard Sakwa, "Russian Against the Rest", Cambridge University Press, 2017, pp. 141–142.
③ Richard Sakwa, "Russian Against the Rest", Cambridge University Press, 2017, p. 39.
④ Richard Sakwa, "Russian Against the Rest", Cambridge University Press, 2017, p. 30.

内部的"民族主义者"和"欧亚主义者"影响力上升。俄罗斯发现自己既然不可能成为大西方中的平等一员，就只好转向寻求建立欧亚联盟。俄罗斯的外交战略也从努力加入大西方变成努力建立一个民主和多极的世界。1996—1998年任俄罗斯外长的普里马科夫面对西方对俄罗斯的压迫，开始提倡建立一个多极世界，并主张同中国建立战略伙伴关系和建立俄、中、印战略三角以抗衡美国的霸权。

普里马科夫建立多极世界的外交思想对俄罗斯的外交战略有很大的影响。面对西方自由国际秩序的扩张，俄罗斯的外交战略试图达成以下三个战略目标：一是迫使美欧认真对待俄的安全关切，尊重俄的国家安全利益；二是承认俄的全球大国地位；三是加强同在国际秩序问题上立场类似国家的关系。2017年2月17日，俄罗斯外长拉夫罗夫在出席慕尼黑安全会议时指出，一个被称为后冷战秩序的历史时代已经结束。这一时期的主要特点是冷战时期的机构完全不能适应新的现实。北约仍然是一个冷战组织，自由国际秩序充满危机。当今世界所面临的挑战是建立一个民主和公正的世界秩序，一个后西方的秩序。在这样一种国际秩序中，每一个国家都在国际法的框架内享有主权。[①]俄罗斯外长的讲话表明，俄罗斯已经放弃加入西方，从而在内部改造西方的努力，转而开始努力构建一个多极的后西方世界。

俄罗斯"多极世界"主张的重点是抗衡美国的霸权。英国皇家国际问题研究所的学者鲍伯洛指出，俄罗斯多极世界主张除了强调力量均势外，还有两个值得注意的方面。首先，俄罗斯的多极世界并不是想建立一个新的国际秩序，而是试图恢复旧的秩序，即大国协调秩序。俄罗斯多极世界主张的灵感主要来自1815年的欧洲协调秩序。大国将决定国际政治的安排和准则，并遵守这些安排和准则。任何一个大国试图破坏现状，干涉其他大国的内政，或获得远超其他大国的实力都是不能允许的。其次，俄罗斯的多极世界主张还有抗衡西方文明普世价值的一面。俄罗斯认为，就像国际体系分布多个力量中心一样，在世界文明的版图上也分布着多个文明中心。在2013年公布的《俄罗斯外交政策概念》文件

---

① Richard Sakwa, "Russian Against the Rest", Cambridge University Press, 2017, p. 278.

中，俄罗斯指出，随着世界各国日益强调自身的文明属性，在全球范围内有关文明的竞争也日趋激烈。俄罗斯建议应该开展文明对话，并明确向西方表明，俄罗斯的价值观虽然同西方的不同，但同西方的价值观相比，一点也不比西方的差。①

21世纪后，随着新技术革命的发展和经济全球化，国际格局发生了重大变化。世界见证了力量的重心从西向东，由北向南转移的过程。国际格局重大的两个标志性变化，一是发达国家和新兴经济体的经济体量相对平衡，二是中美两国的经济总量十分接近。中国学者杨光斌认为，中国崛起给新世界秩序带来新的价值元素。"第一，中国是发展中国家中第一次不以战争掠夺而以和平发展而跻身发达行列的国家，根本地改变了西方国家崛起道路和影响世界的方式，其意义不亚于英国工业革命给人类带来的变化，这意味着人口占绝大多数的非西方国家可以不依赖于他国而独立地发展起来。第二，与历史上的荷兰、英国、美国相比，中国的崛起看起来是渐进性改变，但具有'质变'的意义。"他进一步指出，一个强大起来的中国才有可能提出关于新世界秩序的"中国方案"。基于中华文明基因的"人类命运共同体"，提倡共商共建共享原则，与西方主张的"普世价值论"和"历史终结论"不同，中国主张的世界秩序中西方不再主导世界秩序，而是西方和非西方世界互容互鉴，共同推动世界的和平和发展事业。②

西方对新兴经济体的崛起和俄罗斯的复苏有许多疑虑。美国的特朗普政府担心其会影响以美国为首的西方主导的国际秩序。拜登政府则视其为"基于规则的国际秩序"的最大竞争者和挑战者。俄罗斯等国认为，随着东西方力量对比的变化、世界经济的全球化、全球性挑战的增多，现存的国际秩序需要进行改革和调整，以反映世界上多数国家的利益和诉求，更好地应对全球性挑战。

随着21世纪国际格局的变化，中国的崛起和俄罗斯的复苏使两国在

---

① Bobo Lo, "Russian and the New World Disorder", Chatham House and Brookings Institution Press, 2015, p.43.

② 张蕴岭主编：《百年大变局：世界与中国》，中共中央党校出版社2019年版，第120、129页。

国际体系中扮演双重角色。一方面，中国的崛起和俄罗斯的复苏改变了东西方的力量平衡，中俄在现行西方主导的国际体系中成为发展中国家利益的代言人和制衡性主导力量。另一方面，中俄在边缘和半边缘区域扮演新兴主导角色，为世界上广大的边缘和半边缘地区创造了新的安全和发展空间。中俄作为对西方的制衡角色和发展中国家的新兴主导力量这样一种双重角色，对于处于国际体系中不同地位的国家的影响是不同的。正是由于中俄角色的变化，中俄已经从过去国际规则挑战者和接受者逐步演变成国际规则参与者和制定者。

中俄在国际体系中扮演对西方影响的制衡角色最突出的表现，就在于坚定维护以联合国为核心的国际秩序。2005年7月1日，中俄两国元首共同签署了《中俄关于21世纪国际秩序的联合声明》，指出21世纪人类面临的中心任务是维护全人类和平、稳定和安全，在平等、维护主权、互相尊重、互利和确保子孙后代发展前景条件下实现全面协调发展……只有以公认的国际法原则和准则为基础，在公正、合理的世界秩序下，才能解决人类面临的问题。[①] 从这个角度说，中俄是维持现状国。美学者伊肯伯里将国际秩序分为均势秩序、霸权秩序和宪政秩序三大类，并倾向于西方主导的自由国际秩序作为一种主导全球的宪政秩序。中俄反对霸权秩序，主张建立在大国协调基础上的宪政秩序。不过，中俄主张的宪政秩序不是建立在自由国际秩序基础上的宪政秩序，而是建立在联合国宗旨和原则为核心的国际秩序。2016年10月27日，俄罗斯总统普京在瓦尔代俱乐部研讨会上指出，一些国家视自己为冷战的胜利者，并采取行动去塑造一个仅符合它们自身利益的全球政治和经济秩序。结果是，它们在国际生活中基本上放弃同其他国家进行实质和平等的对话，选择了不去完善或建立普遍性的国际机构，而是设法将它们控制的机构、准则和规则扩展到全球。从这个意义上讲，"基于规则的国际秩序"是一种工具性和机会主义式的秩序。一些经济和政治的准则和原则不断被扭曲。今天一些强权国家发现一些标准和准则对它们有利，就强迫其他所有国家必须遵守这些标准和准则。但如果明天它们发现这些标准和准则不再

---

① 秦亚青主编：《大国关系与中国外交》，世界知识出版社2011年版，第424页。

符合他们的利益,它们将飞快地将这些标准和准则扔进垃圾箱里,然后着手制定新的标准和准则。一些国家将世界贸易组织边缘化,以及将欧洲安全与合作组织作为外交工具都是极好的例子。普京在批评西方霸权行为的同时,高度赞扬了联合国在维护国际秩序中的作用。"我们需要利用联合国安理会。在当今复杂和混乱的世界上,维护法律和秩序是防止国际关系滑向混乱无序的少数方法之一。法律就是法律,我们必须遵守法律,不管我们是否喜欢。"[1] 中俄认为,"联合国在当代全球治理体系中处于核心地位。《联合国宪章》是维护国际体系稳定、规范国家间行为的重要基石。当今世界发生的各种对抗和不公,不是因为《联合国宪章》宗旨和原则过时了,恰恰是因为这些宗旨和原则未能得到有效履行。维护联合国的权威和作用,就是维护国际社会的共同利益和各国合法利益,就是维护全人类的美好未来。各国要坚定维护以联合国为核心的国际体系,坚定维护以《联合国宪章》宗旨和原则为基石的国际法和国际关系基本准则,坚定维护联合国在国际事务中的核心作用。"[2]

党的十八大以来,习近平总书记根据中国的发展和国际格局的变化提出构建新型大国关系和人类命运共同体的理念。他指出,和平、发展、公平、正义、民主、自由,是全人类的共同价值,也是联合国的崇高目标,为了实现这些目标,世界各国必须合作共建以合作共赢为核心的新型国际关系和打造人类命运共同体。[3] 联合国的主要任务是维持世界和平,中国除了通过坚持和平共处五项原则促进世界各国的和平共处,还积极参加联合国的维和行动。中国是联合国安理会五个常任理事国中派出维和部队最多的国家。2015年9月28日,习近平主席在出席联合国维和峰会时,提出中国参与联合国维和的四项主张:第一,恪守《联合国宪章》和维和基本原则。联合国安理会决议应该得到完整执行,任何国家不能越权行事。维和行动要根据当地形势和人民意愿,及时制定并落

---

[1] Bobo Lo, "Russian and the New World Disorder", Chatham House and Brookings Institution Press, 2015, p. 71.

[2] 中华人民共和国国务院新闻办公室:《新时代的中国与世界》,人民出版社2019年版,第50页。

[3] 《习近平在第七十届联合国大会一般性辩论时的讲话》,《人民日报》2015年9月25日。

实撤出战略。第二，维和行动既要同预防外交、和平建设纵向衔接，也要同政治斡旋、推进法治、民族和解、改善民生等横向配合。联合国应同相关地区组织建立更协调的维和伙伴关系。第三，提高快速反应水平。中国欢迎联合国实施"维和能力待命机制"，呼吁会员国积极加入。第四，联合国和国际社会要加强对非洲维和维稳能力的支持，以非洲方式解决非洲问题。接着，习近平主席又提出中国支持联合国维和行动的六大具体措施：第一，加入联合国维和能力待命机制，为此中国将建设8000人的维和待命部队；第二，积极考虑应联合国要求，派更多工程、运输、医疗人员参与维和行动；第三，今后5年为成员国培训2000名维和人员，开展10个扫雷援助项目，包括提供培训和器材；第四，今后5年向非盟提供总额为1亿美元的无偿军事援助，以支持非洲常备军和快速反应部队建设；第五，向联合国在非洲的维和行动部署首支直升机分队；第六，将中国—联合国和平与发展基金的部分资金用于支持联合国维和行动。①

21世纪国际体系中的大国力量分布与联合国成立时已经有很大不同，国际社会要求联合国改革，特别是联合国安理会改革的呼声不断。但到目前为止，国际社会对联合国安理会的改革还缺乏共识。以德国、日本、印度和巴西为代表的"四国联盟"主张增加安理会拥有否决权的常任理事国，以意大利、西班牙、加拿大、巴基斯坦、墨西哥等国组成的"咖啡俱乐部"则反对增加常任理事国，主张只增加半常任理事国或非常任理事国。中俄支持联合国的改革，并认为联合国安理会的改革必须在合法性和有效性之间维持较好的平衡。中国坚定支持联合国安理会适当地扩大其代表性，认为安理会改革的重点在改进发展中国家的代表性，如果能将非盟、阿盟和欧盟等具有广泛性的地区性组织吸纳进安理会将有利于增强安理会的合法性。此外，中国又强调联合国安理会的改革不应削弱安理会的行动能力和有效性。因此，安理会的扩大和改革必须在取得广泛共识的基础上稳妥地进行。在没有广泛共识的基础上强行推动安理会的扩大和改革只能导致联合国的分裂，削弱而不是加强联合国安理

---

① 江时学：《人类命运共同体研究》，世界知识出版社2018年版，第150—151页。

会的行动能力和有效性。①

在国际经济秩序方面，中俄也有许多原则性共识。"他们的共同点是提高新兴经济体在国际机构中的地位，反对单边制裁政策，反对保护主义，反对贸易战，坚持自由贸易制度等。除了双边形式和在联合国等多边国际平台上的协作外，中俄在国际秩序建设上还有重要的共同平台，他们主要是上海合作组织、金砖国家机制、'一带一盟'对接以及中、俄、印三边框架等。"②中俄认为，随着国际格局的变化，二战后建立在布雷顿森林体系基础上的国际经济秩序需要与时俱进，不断改革，才能适应形势的发展。在世界经济宏观政策协调方面，中俄主张二十国集团应该成为国际宏观经济政策协调的主要论坛。

在二十国集团峰会上，以中国为代表的新兴经济体要求其在世界银行、国际货币基金组织等机构的投票权和份额权，要求取消世界银行行长由美国人担任，国际货币基金组织总干事长由欧洲人担任的惯例。二十国集团2009年匹兹堡峰会上一致通过关于改革国际货币基金组织和世界银行份额和投票权的决定，同时还决定二十国集团取代七国集团成为全球经济治理的首要平台。不过随着2008年全球金融危机的缓解，中俄和西方在如何看待二十国集团在全球治理方面的作用上的分歧开始显现。西方国家总体上将二十国集团看成危机应对机制，一旦危机缓解，西方仍希望将七国集团作为宏观经济政策协调的主要工具。中俄则主张二十国集团应该取代七国集团成为全球经济治理的主要平台。中俄一直积极推动二十国集团峰会机制化、常态化，主张建立二十国集团秘书处，以加强金融监管政策的相互协调和监督。

中国借助2016年在中国举办二十国集团峰会的机会，成功提出中国有关全球经济治理的议事日程。由中方起草的《二十国集团领导人杭州峰会公报》中，包括中国构建人类命运共同体和完善全球经济治理的主张，并将中国有关创新、协调、绿色、开放和共享的经济发展理念和主

---

① 有关中国关于联合国改革的主张，请参见张贵洪等著：《中国与联合国》，江苏人民出版社2019年版，第83—89页。

② 赵华胜：《中俄美关系与国际秩序》，《俄罗斯东欧中亚研究》2020年第3期。

张上升为国际共识。中国作为发展中国家中的一个大国，举办的杭州峰会凸显了发展问题的重要性，使杭州峰会成为二十国集团历史上发展中国家参与最广泛、发展特色最鲜明、发展成果最突出的一次，第一次将"发展"置于全球宏观政策框架的核心位置，第一次制定《落实 2030 年可持续发展议程行动计划》，推动二十国集团机制同联合国 2030 目标战略对接，第一次倡议集体支持非洲工业化，发起《支持非洲和最不发达国家工业化倡议》。中国利用举办二十国集团杭州峰会的机会提醒国际社会关注广大发展中国家的经济发展问题，充分体现了中国作为全球最大的发展中国家的责任与担当。①

同时，在发达国家民粹主义影响上升，单边主义、贸易保护主义、逆全球化思潮抬头，个别国家动辄采取保护主义、霸凌主义，破坏全球价值链、供应链和消费链，破坏现有国际贸易秩序，并有可能将全球经济发展带入"衰退陷阱"的时候，中国提出"一带一路"倡议，致力于开创国际经济合作新模式，在全球范围内整合经济要素和发展资源，以沿线各国发展规划对接为基础，以基础设施建设特别是互联互通建设为重点，以贸易和投资自由化、便利化为纽带，推动政府、企业、社会机构、民间团体开展形式多样的互利合作，构建多主体、全方位、跨领域的合作平台。习近平主席指出，"一带一路"是一个开放包容的合作平台，是各方共同打造的全球公共产品。它以欧亚大陆为重点，向所有志同道合的朋友开放，不排除，也不针对任何一方。在"一带一路"倡议国际合作框架内，各方秉持共商、共建、共享原则，携手应对世界经济面临的挑战，开创发展新机遇，谋求发展新动力，拓展发展新空间，实现优势互补、互利共赢，不断朝着人类命运共同体方向前进。②

中国为实现联合国提出的 2030 年前彻底消除极端贫困的目标做出积极贡献。中国主张加快全球减贫进程，发达国家要加强对发展中国家的发展援助，发展中国家要增强自身发展能力建设，中国积极落实联合国

---

① 王文：《强国长征路：百国调研归来看中华复兴与世界未来》，中共中央党校出版社 2019 年版，第 185 页。

② 潘忠岐等：《中国与国际规则的制定》，上海人民出版社 2019 版，第 111 页。

2030 年可持续发展议程，进一步加强国际减贫发展合作，支持联合国、世界银行等继续在国际减贫事业中发挥重要作用，推动建立以合作共赢为核心的新型国际减贫交流合作关系。中国通过对外援助、减免债务、增加进口、扩大投资等措施，努力帮助发展中国家特别是最不发达国家增强自身发展能力。2015 年 9 月 26 日，习近平主席在纽约出席并主持中国和联合国共同主办的南南合作圆桌会议时，就南南合作提出以下建议：一要努力探索多元化发展道路，二要致力于促进各国发展战略对接，三在致力于实现务实发展成效，四要致力于完善全球发展架构。同时，习近平主席宣布，为了帮助发展中国家发展经济，改善民生，未来 5 年中国将向发展中国家提供"6 个 100"项目支持，包括 100 个减贫项目，100 个农业合作项目，100 个促进贸易发展项目，100 个生态保护和应对气候变化项目，100 所医院和诊所，100 所学校和职业培训中心。未来 5 年，中国将向发展中国家提供 12 万个来华培训和 15 万个奖学金名额，为发展中国家培养 50 万职业技术人员。[①]

中国作为霸权主义抗衡者的角色还反映在世界贸易组织的改革方面。特朗普政府通过采取单边主义和贸易保护主义极大地损害了以世界贸易组织为核心的基于规则的多边贸易体系。中国明确支持以世界贸易组织为核心的国际自由贸易秩序，认为世界贸易组织为推动全球贸易发展，建设开放型世界经济，增进各国人民福祉发挥了中流砥柱作用。中国认为美国的单边主义和贸易保护主义政策破坏了基于规则的自由贸易秩序，呼吁世界各国团结起来，坚定支持多边主义，捍卫世界贸易组织核心地位和基本原则，维护自由、开放、非歧视的多边贸易体制，维护发展中国家的合法权益和发展空间，建设开放型世界经济。中国积极维护以世界贸易组织为核心的国际自由贸易秩序体现在同欧盟和其他 17 个世界贸易组织成员共同建立《多方临时上诉仲裁安排》上。自从美国持续阻挠世界贸易组织上诉机构法官遴选，导致 2019 年 12 月 11 日上诉机构停摆以来，中国和欧盟等一些支持基于规则的多边自由贸易秩序的国家，就一直在磋商如何挽救世界贸易组织上诉机构。2018 年 11 月 22 日，中国

[①] 江时学：《人类命运共同体研究》，世界知识出版社 2018 年版，第 162—163 页。

联合包括欧盟和加拿大在内的 11 个世界贸易组织成员，向世界贸易组织提交了关于争端解决上诉程序改革的联合提案。同时中国还与欧盟及印度另行补充提交了联合提案。但是美国对这些努力均未作出积极回应。2020 年 1 月 24 日，在达沃斯论坛期间，欧盟与其他 16 个世界贸易组织成员发表联合声明。各方同意将基于世贸《关于争端解决规则与程序的谅解》第 25 条设立一个多方临时上诉仲裁安排。2020 年 4 月 30 日，中国、欧盟和其他 17 个世界贸易组织成员正式向世界贸易组织提交通知，共同建立的"多方临时上诉仲裁安排"自通知之日起开始生效运行，处理参加方之间提起上诉的争端案件。

中国在世界贸易组织改革中维护发展中国家的利益，还表现在美国和欧盟要求世界贸易组织取消发展中国家特殊和差别待遇的问题上。美国要求世界贸易组织改革的议程之一是必须改变发展中国家的特殊和差别待遇。美国认为，有关发展中国家的定义含糊不清，如果多数成员自称为发展中国家而要求特殊和差别对待，那么世界自由贸易体系将是不可持续的。欧盟则认为当前发达国家和发展中国家之间的差距日益缩小，而且发展中国家内部差别也很大，因此主张设立发展中国家"毕业"条款，不再享受特殊和差别待遇。中国则坚持世界贸易组织改革应保障发展中国家的发展利益和特殊与差别待遇。2018 年 11 月 23 日，中国商务部宣布了对世界贸易组织改革的三原则和五点主张。三项基本原则是：一是世界贸易组织改革应维护多边贸易体制的核心价值。二是世界贸易组织改革应保障发展中成员的发展利益。三是世界贸易组织应遵循协商一致的决策机制。

中国还对世界贸易组织改革提出五点具体主张：世界贸易组织改革应维护多边贸易体制的主渠道地位，仅对个别成员以新概念和新表述混淆并否定多边贸易体制权威性，反对"另起炉灶"。世界贸易组织改革应优先处理危及世界贸易组织生存的关键问题。世界贸易组织改革应解决规则公平的问题并回应时代需要。世界贸易组织改革应保证发展中成员的特殊与差别待遇。世界贸易组织改革应尊重成员各自的发展模式。

除了支持世界贸易组织改革外，中国还积极推动区域性贸易谈判。《区域全面经济伙伴关系协定》是东盟十国加上中国、日本、韩国、印度、澳大利亚和新西兰十六国参加谈判的地区性贸易协定，一旦达成，将覆盖约47%的世界人口，约32%的全球国内生产总值，约29%的全球贸易和约32%的全球投资。《区域全面经济伙伴关系协议》谈判由东盟发起，中国积极推动谈判并在其中发挥了建设性作用。自2013年开始第一轮谈判以来，《区域全面经济伙伴关系协议》各方进行了28次谈判并召开了7次部长级会议，终于在2019年11月4日的第三次《区域全面经济伙伴关系协议》领导人会议上，宣布除印度外的15个成员国已经结束了全部20个章节的文本谈判以及实质上所有的市场准入的谈判，将启动法律文本的审核工作，以便在2020年签署协定。目前的《区域全面经济伙伴关系协议》在货物贸易方面，整个开放水平达到90%以上，在投资方面，用负面清单方式进行投资准入谈判。2020年11月15日，《区域全面经济伙伴关系协议》15个成员国以视频方式顺利完成了签署仪式，一个世界上人口最多、成员发展水平参差不齐、发展潜力最大的自由贸易区建设正式启动。随着《区域全面经济伙伴关系协议》的签署，亚太自由贸易区、北美自由贸易区和欧盟关税同盟区三大经济板块隐然成形。

中国政府认为，当前世界不仅面临和平赤字、信任赤字、发展赤字挑战，还面临全球治理赤字挑战。中国政府积极推动全球治理体系朝着更加公正合理的方向发展，与国际社会一道，共同应对气候变化、恐怖主义、网络安全、能源资源安全、重大自然灾害等全球性问题。在应对全球气候变化方面，中国一直是联合国框架下国际气候谈判的重要参与者。全球气候治理的目标是形成一份世界各国普遍接受的温室气体减排协议并付诸行动，以在21世纪末将全球平均气温升幅控制在前工业化水平之上2摄氏度以内，并努力将其限制在1.5摄氏度以内。中国和广大发展中国家一道在气候变化谈判中争取发展中国家的权益，并使得1992年通过的《联合国气候变化框架公约》包括"共同但有区别"的原则，成为此后国际气候谈判的指导性原则。1997年各国通过谈判通过的《京都议定书》以自上而下的方式，分配了发达国家的约束性减排指标，而对发展中国家则未做要求。同时，为了促进减排目标的实现，建立了"排放交易""联合履约"和"清洁发展机制"三项措施。

从《联合国气候变化框架公约》到《京都议定书》，再到《巴黎协定》，全球气候治理经历了美欧主导到美中主导再到中国与欧盟共同推动治理模式的转换，中国对全球气候治理的参与身份已经经历从被动参与者到积极者再到引领者的巨大转变。中国在全球气候谈判中的立场体现了原则性的灵活性双重特征，与发达国家围绕着"共同但有区别的责任原则"和欧盟一些国家提出的中国必须接受强制性减排指标并率先减排的要求进行了针锋相对的斗争，并与美国共同构建以"国家自主贡献方案"为核心的"自下而上"的全球气候治理模式，成为推动《巴黎协定》签署的双领导。

中国是最早提交国家自主贡献方案的发展中大国之一。2015 年 11 月 30 日，习近平主席在气候变化巴黎大会开幕式上申明中国"国家自主贡献"，中国将于 2030 年左右使二氧化碳排放达到峰值并争取尽早实现，2030 年单位国内生产总值二氧化碳排放比 2005 年下降 60% —65%，非化石能源占一次能源消费比达到 20% 左右，森林蓄积量比 2005 年增加 45 亿立方米左右。2020 年 9 月 22 日，中国国家主席习近平在第七十五届联合国大会一般性辩论会上表示，"应对气候变化《巴黎协定》代表了全球绿色低碳转型的大方向，是保护地球家园需要采取的最低限度行动，各国必须迈出决定性步伐。中国将提高国家自主贡献力度，采取更加有力的政策和措施，二氧化碳排放力争于 2030 年前达到峰值，努力争取 2060 年前实现碳中和。"[①] 这是中国对于应对全球气候变化做出的积极承诺。

在网络治理方面，中国和俄罗斯为代表的新兴经济体则坚持网络主权，认为政府应在网络治理中发挥积极作用，主张联合国和国际电信联盟应在互联网管理方面发挥更大作用。早在 2011 年 9 月，俄罗斯发布了一份《国际信息安全公约草案》，明确提出"所有缔约国在信息空间享有平等主权，有平等的权利和义务……各缔约国须做出主权规范并根据其国家法律规范其信息空间权利"。[②] 中国政府于 2010 年 6 月发布的《中国互联网状况》白皮书指出，"中华人民共和国境内的互联网属于中国主权

[①] 习近平：《习近平在第七十五届联合国大会一般性辩论上的讲话》，新华网，2020 年 9 月 22 日，http://www.xinhuanet.com/politics/leaders/2020-09/22/c_1126527652.htm。（上网时间：2022 年 1 月 5 日）

[②] 方滨兴主编：《论网络空间主权》，科学出版社 2017 年版，第 393 页。

管辖范围，中国的互联网主权应受到尊重和维护"。2015年7月1日第十二届全国人大常委会通过的《中华人民共和国国家安全法》首次明确网络空间主权概念，强调维护国家网络空间主权、安全和发展利益。2017年中国公布了《网络空间国际合作战略》，全面系统地阐述了中国对网络治理的政策和原则。中国在《网络空间国际合作战略》中强调，各国应相互尊重自主选择网络发展道路、网络管理模式、互联网公共政策和平等参与国际网络空间治理的权利，不搞网络霸权，不干涉他国内政，不从事、不纵容或不支持危害他国国家安全的网络活动。[①] 中国希望国际网络规则和秩序应尊重各国网络主权，以和平发展为主题，以合作共赢为核心，以平等、主权、共治、普惠作为网络空间国际交流与合作的基本原则，体现了中国希望世界各国通过多边国际组织共同治理网络空间的愿望。

  在价值观方面，中俄也扮演了制衡西方影响的重要角色。同西方强调西方价值的普世性不同，中国强调世界价值的多元性。2014年3月27日，中国国家主席习近平在巴黎联合国教科文组织总部发表演讲时指出，第一，文明是多彩的，人类文明因多样性才有交流互鉴的价值。阳光有七种颜色，世界也是多彩的。一个国家和民族的文明是一个国家和民族的集体记忆。人类在漫长的历史长河中，创造和发展了多姿多彩的文明……第二，文明是平等的，人类文明因平等才有交流互鉴的前提。各种人类文明在价值上是平等的，都各有千秋，也各有不足。世界不存在十全十美的文明，也不存在一无是处的文明，文明没有高低优劣之分……第三，文明是包容的，人类文明因包容才有交流互鉴的动力。海纳百川，有容乃大。人类创造的各种文明都是劳动和智慧的结晶。每一种文明都是独特的。在文明问题上，生搬硬套、削足适履不仅是不可能的，而且是十分有害的。一切文明成果都值得尊重，一切文明成果都要珍惜。[②] 俄罗斯总统普京也提出应建立一个有弹性的国际体系，各种价值观、思想、

---

  ① 《网络空间国际合作战略》，新华网，2017年3月1日，http://www.xinhuanet.com/2017-03/01/c-1120552767.htm。（上网时间：2017年3月5日）

  ② 江时学：《人类命运共同体研究》，世界知识出版社2018年版，第128—139页。

传统能够共同存在，相互协作相互丰富，同时保留各自的特性和差别。①

在民主和人权问题上，俄罗斯坚持认为各国有权决定自己的社会制度和保护人权的方式，西方无权评判世界上其他国家的人权状况。俄罗斯认为西方对利比亚和叙利亚的干涉充分暴露了西方打着"人权"等"普世价值观"进行干涉的虚伪性。西方大国要求叙利亚的阿萨德下台，但对美国的重要盟国沙特和巴林政治压迫却视而不见。2015年9月28日，普京在联合国大会发言时痛批了西方打着"民主"和"人权"的旗号干涉其他国家内政的做法。他指出："输出所谓的民主革命，从过去到现在都导致中东和北非的灾难。侵略性的干涉不仅没有带来变革，反而粗暴地摧毁了当地的国家机构和生活方式。非但没有带来民主和进步，反而导致这些地区充满暴力、贫穷、社会灾难和对人权的完全忽视，包括对生存权的忽视。对于那些导致今天这种局面的人，你们知道自己干了什么吗？"②

第三节　经济全球化3.0

西方主导的国际秩序主要靠均势和霸权维持。当中国走进国际舞台的中央成为影响未来国际秩序的一个重要因素时，西方根据自己的思维定式，认为中国会走西方崛起后的老路，国强必霸。因此，无论是美国奥巴马政府的"亚太再平衡"战略、特朗普政府的"印太战略"，还是拜登的"建立价值观联盟"战略，美国战略的深层逻辑都视中国为推翻其霸权的威胁。因此，美国试图通过组建国家联盟，来遏制中国的发展。中国学者杨光斌指出，中国具有与西方文明完全不同的文明基因。中国不是西方意义上的一族一国的民族国家，而是一个由文明、历史所构成的文明型共同体。当文明型共同体的中国参与到全球秩序重构的进程中，它不会追求霸权，而是会通过商业、文化和政治交流而影响他国，中国

---

① 赵华胜：《中俄美关系与国际秩序》，《俄罗斯东欧中亚研究》2020年第3期。
② Richard Sakwa, "Russian Against the Rest", Cambridge University Press, 2017, p.230.

追求的是影响力,这将给未来国际政治带来新的范式。①

中国多次表明,中国并不寻求推翻现有的国际秩序,只是努力推动现存国际秩序更好地反映发展中国家利益和价值,并团结利益相同的国家建立一些新的更好地反映发展中国家利益和价值的国际机制和秩序。中国发起建立亚洲基础设施投资银行就是一个很好的例子。亚洲开发银行的一份研究报告指出,在今后十年间,亚洲地区的基础设施投资需求至少需要8万亿美元。亚洲开发银行一年用于基础设施的投资仅100亿美元,远远不能满足该地区对基础设施建设的需求。因此,中国决定设立亚洲基础设施投资银行,更好地满足亚太地区对基础设施建设的需求。美国不仅自己拒绝加入亚洲基础设施投资银行,还向其盟友施加压力,不让其加入中国发起的这一银行。美国的反对不仅暴露了美国希望中国成为国际秩序中"负责任的攸关方"的虚伪,而且使许多发展中国家认识到,美国根本不关心发展中国家的发展需求,它所关心的只有自己的私利。中国通过发起建立亚洲基础设施投资银行表明,首先,中国作为一个非西方大国,愿意在西方不愿提供公共产品的领域提供发展中国家需要的公共产品,这为发展中国家提供了更多的选择;其次,中国建立亚洲基础设施投资银行并不是取代现有的国际金融体系,而是对现有国际金融体系的有益补充。亚洲基础设施投资银行将同世界银行、亚洲开发银行,以及世界上其他金融机构共同投资亚太基础设施项目,更好地满足亚太地区经济发展对基础设施投资的需求;最后,亚洲基础设施投资银行一方面要学习世界银行、亚洲开发银行和其他金融机构良好的管理规则和运行标准,另一方面亚洲基础设施投资银行也会通过服务亚太地区基础设施建设产生一些新的思想和管理模式,使国际社会有关发展融资的理念和实践更加丰富和多样化。

自从工业革命造成东西方经济发展大分流以来,西方主导的经济全球化先后有英国主导的经济全球化1.0版本,通过殖民主义和帝国主义方式推动经济全球化,以及美国主导的经济全球化2.0版本,通过布雷顿森

---

① 杨光斌:《中国"天下观"将重塑世界秩序》,载严文斌主编:《百年大变局》,红旗出版社2019年版,第133—139页。

林体系帮助西方的跨国公司实行全球扩张的经济全球化。不过2008年全球金融危机以来，美国主导的经济全球化2.0版本陷入深刻的危机。一方面，发达国家和发展中国家经济间出现严重失衡；另一方面，发达国家内部贫富差距扩大，内部经济出现严重失衡。发达国家和发展中国家经济的严重失衡导致民族矛盾的激化，而发达国家内部的经济失衡则导致阶级矛盾的激化。美国在深陷民族矛盾和阶级矛盾激化的情况下，为了转移国内矛盾，采取了战略上遏制中国，经济上逆全球化的做法，这使得经济全球化又处在一个重大调整的十字路口。美国主导的经济全球化，虽然发挥了促进资本、技术在全球扩散的积极作用，但也存在许多的消极面，包括布雷顿森林体系的规则和制度主要反映了西方的利益和价值观，以及伴随着经济全球化2.0版本所带来的环境恶化、气候变暖、贫富差距扩大、难民危机等消极现象。因此，为了解决国家间、地区间和国家内部发展不平衡的问题，亚非拉地区发展中国家资金短缺、科技水平低、基础设施落后、经济发展缓慢问题，为了在全球金融危机后寻找新的经济发展机会，推动经济全球化朝着更加均衡、普惠、共赢的方向发展，中国提出"一带一路"倡议。"一带一路"倡议可以看成是中国推动的经济全球化3.0版本，这是世界近代史以来首次非西方国家推动的经济全球化。

中国推动新型的经济全球化，以推动各国共同发展为指导方针，以沿线各国发展规划对接为基础，以经济贸易合作，特别是基础设施建设为重点，以贸易和投资自由化和便利化为纽带，努力促进全球经济朝着平等合作、互利共赢的方向发展。"一带一路"倡议体现了中国寻求构建更加公平合理的国际经济秩序的追求。自从2008年全球金融危机以来，美欧各国国内贸易保护主义思潮上升，投资壁垒增加，对中国等新兴市场国家制定的不平等规则日益增多。中国通过此倡议，试图在西方民粹主义、贸易保护主义思潮高涨的情况下，为世界各国，特别是广大发展中国家谋求新的发展机遇和发展空间。

中国借助自己工业化后积累的巨大资源——产能、资金、技术、市场和人力资源等，来弥补相关国家和地区的不足与短板。中国学者马涛和陈曦认为中国的"一带一路"倡议是中国向国际社会提供的区域性国际公共产品,从器物、制度和观念三个层次上有利于构建包容性的全球价值链。所谓包容性全球价值链指的是低收入发展中国家及其中小企业通过克服参与障碍能够融入全球价值链。其中的参与障碍主要是低收入发展中国家国内缺乏支持中小企业经营的环境和体制,导致较高的固定成本以及在国际市场竞争的巨大挑战。"一带一路"倡议有助于打破传统区域价值链的地域限制,加强沿线国家的互联互通和产能合作;有助于中国将中国的优质产能、技术和价格优势同广大亚、非、拉市场,劳动力和市场转型相结合,通过各个层面的战略对接来构建利益共享的全球价值链。"一带一路"倡议为全球价值链提供器物性公共产品主要包括基础设施建设。低效的基础设施是阻碍贸易的主要原因。通过改善互联互通可以克服距离障碍。在"一带一路"倡议中,基础设施、装备制造等领域成为相关国家参与价值链急需的公共产品,特别是基础设施中的公路、铁路、管线、电力、产业园区和通信网络等公共产品的提供成为构建"一带一路"全球价值链的基础。在"一带一路"框架下推进的基础设施建设,有助于沿线全球价值链的构建。

"一带一路"倡议为构建全球价值链提供了制度型公共产品。制度型国际公共产品主要指的是保证、维持和拓展国家间分工和贸易的国际规则。"一带一路"通过加强互联互通基础设施建设,有助于加强沿线国家的经济一体化,"一带一路"国家以地域为范畴,在区域内签署特惠贸易协定可以提高经贸合作的质量。特惠贸易协定包括法律和监管框架、协调海关程序、制定知识产权规则等。同时,还需要建立合作信誉机制以弥补正式契约的缺陷。

"一带一路"倡议为全球价值链构建还提供了观念性公共产品。通过加强政治高层对话、治国理政经验交流和文化互动,以制度性安排提供构建全球价值链的公共产品。中国通过"一带一路"倡议提出促进亚洲共同发展的亚洲命运共同体理念,特别是共商共建共享原则为亚洲一体化方向提供了崭新视角。[1]

---

[1] 马涛、陈曦:《"一带一路"包容性全球价值链的构建——公共产品供求关系的视角》,《世界经济与政治》2020年第4期。

中国积极推动"一带一路"倡议同欧亚经济联盟发展战略的对接。2015年5月，中国和俄罗斯发表了《关于丝绸之路经济带建设和欧亚经济联盟建设对接合作的联合声明》，表示双方将在贸易、投资、交通基础设施、建设产业园区、货币互换和项目融资等方面加强合作。2018年5月中国与欧亚经济委员会执委会及欧亚经济联盟各成员国共同签署《中国与欧亚经济联盟经贸合作协定》，标志着中国同欧亚经济联盟的合作从项目带动进入制度引领的新阶段，对于推动"一带一路"倡议与欧亚经济联盟对接合作具有里程碑式的意义。①

中国通过"一带一路"倡议还促进了中阿命运共同体理念和中非命运共同体理念的发展。2014年6月5日，习近平主席在出席中阿合作论坛第六届部长级会议时强调，中阿要打造中阿利益共同体和命运共同体。2018年7月举办的中阿合作论坛第八届部长级会议产生了《北京宣言》、《论坛2018年至2020年行动执行计划》和《中阿合作共建"一带一路"行动宣言》三份文件。在"一带一路"倡议的框架下，中阿在政策沟通、设施联通、贸易畅通、资金融通和民心相同方面取得丰硕成果。中阿合资企业积极推动当地铁路电气化产品的生产和铁路新线路的设计和施工。中国同沙特、科威特、阿联酋和埃及等国家在核能和新能源领域有巨大的合作空间。中国还同埃及、阿尔及利亚、阿联酋、沙特和苏丹等国家开展了双边航天领域合作。

中国通过"一带一路"倡议有力地促进了非洲基础设施的建设。中国外交部长王毅2018年1月访问非洲时指出："在中国和世界共建'一带一路'进程中，非洲国家不能缺席，而且能够扮演重要角色。中非经济高度互补，通过共建'一带一路'，双方可以实现发展战略对接，从而为非洲实现现代化提供更多的资源和手段、拓展更广阔的市场和空间。"②

为中非合作提供的制度性公共产品提高了非洲发展议题在全球事务议事日程中的重要性。长期以来非洲国家不但在全球经济体系中处于外

---

① 孙壮志：《"一带一路"建设与中国和欧亚国家的对接合作》，《世界知识》2020年第20期。

② 江时学：《人类命运共同体研究》，世界知识出版社2018年版，第247—248页。

围，在国际发展议程中也处于边缘地位。中国通过二十国集团机制积极推动国际社会关注非洲的发展，2016年中国利用自己为二十国集团峰会主席国的身份，积极推动峰会通过了《二十国集团支持非洲和最不发达国家工业化倡议》。中国倡议建立的亚投行虽然将业务重点放在亚洲，但也同时重视非洲的发展。到2020年3月，亚投行成员已经增至102个，其中非洲成员18个。同时，中国还通过"一带一路"倡议向非洲提供了新的发展知识和经验。中非拥有相似的历史背景，面临相同的发展挑战，因此中国的经济发展经验对于非洲而言更具有借鉴意义。

2017年5月14—15日，北京举行的"一带一路"国际合作高峰论坛联合公报指出，"一带一路"倡议加强亚欧互联互通，同时对非洲和拉美其他地区开放。2018年1月22日，中拉论坛第二届部长会议在智利举行，就"一带一路"倡议发表了特别声明。声明指出，"一带一路"倡议已经获得国际社会的普遍赞同。中方认为拉美和加勒比国家是海上丝绸之路的自然延伸和"一带一路"国际合作不可或缺的参与方。拉美国家认为该倡议可以成为深化中国与拉美和加勒比国家经济、贸易、投资、文化、旅游等领域合作的重要途径。

第十四章

结　　语

基辛格在《世界秩序》一书中指出，任何国际秩序，早晚都将面临力量均势改变和对秩序合法性重新定义的挑战。① 大国在国际体系的分布状况决定了国际格局，国际格局的变化最终将导致国际规范和国际秩序的变化。

促进人类历史上力量转移的动力是科学革命、技术革命和产业革命。科学革命是人类认识的飞跃，技术革命是人类实践手段和方式的飞跃，产业革命是人类社会生产方式及经济结构的飞跃。② 自从 1648 年现代民族国家诞生以来，世界经历了三次大的力量转移：第一次是发生在欧洲的第一次工业革命，导致世界经济、军事、政治和文化重心从亚洲转向欧洲。欧洲通过科学革命、技术革命和工业革命，极大地促进了生产力的发展，导致东西方发展和实力对比的"大分流"，欧洲通过殖民、贸易和战争取得国际政治中的主导地位，以英国为代表的欧洲列强在世界建立起了自由国际秩序 1.0 版本，西方列强在其内部实行主权平等原则，但将非西方世界看成是可以公开竞争掠夺的"公地"。1884 年的柏林会议就是典型的西方列强瓜分非洲的分赃会议。

德国和美国充分利用后发优势，在以电气化为标志的第二次工业革命处于领先地位，导致全球力量分布从旧的一流强国向新兴的美国和德国转移。但德国由于在第一次和第二次世界大战中挑战英国的霸权失败，

---

① Henry Kissinger,"World Order", Penguin Press 2014, p. 365.
② 国务院发展研究中心课题组：《百年大变局：国际经济格局新变化》，中国发展出版社 2018 年版，第 64 页。

失去了强国地位。而苏联在1917年建立世界第一个社会主义国家后,积极吸收和采用了第一次和第二次工业革命的技术,综合国力得到极大提升,在第二次世界大战期间为打败德国发挥了极为重要的作用。因此,到第二次世界大战结束时,欧洲旧的列强大多已经衰落,世界第二次力量大的转移表现为力量重心从欧洲转向美苏两个超级大国。美国通过主张"民族自决"和苏联通过支持"民族独立"共同摧毁了欧洲列强建立的殖民主义帝国秩序。但美苏两个超级大国对于如何建立二战后新的国际秩序没有共识,于是美国在自由国际秩序1.0的基础上,主要在大西洋两岸建立起自由国际秩序2.0版本,苏联则在东欧和东亚建立起社会主义国际秩序。

二战后,美国的外交大战略继承了英国的传统,也就是在欧亚大陆维持对美国有利的均势,防止出现一个有可能挑战美国霸权的国家或国家集团。在德国和日本被打败,英国和法国受到严重削弱的情况下,苏联就成为美国遏制的对象。随着美国对苏采取遏制战略,冷战两极秩序开始形成。

苏联社会主义制度在推动农业社会向工业社会转变的过程中发挥了积极的作用。从1928年到1975年苏联的经济增长速度都超过美国。不过,苏联由于体制僵化,未能抓住第三次工业革命带来的机会,同美国经济发展的差距再次拉大。在经济发展停滞时,苏联官僚阶层的特权和腐败加剧了社会矛盾。世界各国在遇到经济、政治和社会危机时都试图通过改革来摆脱危机。但苏联的统治阶层中有一部分精英丧失了社会主义理想,利用改革之机以权谋私,将国有资产化为己有。同时,这部分精英出于私心,在改革过程中不能很好地处理与苏联加盟共和国的关系,不仅加剧了国内社会矛盾,还加剧了国内民族矛盾。而西方利用苏联深陷国内政经困难之机,不仅在政治上加紧对苏联推行和平演变战略,还在经济上通过操纵油价、操纵汇率、贸易制裁和技术制裁等手段使苏联的经济困难雪上加霜。苏联体制僵化导致的经济停滞,苏联特权阶层丧失理想信念,以及西方的"颜色革命"和外部制裁,最终导致苏联的解体和社会主义国际秩序的崩溃。[1]

苏联解体后，美国成为世界上唯一的超级大国。苏联主导的社会主义国际秩序的崩溃使西方由自信变成自满，认为人类寻求完美治理体系的过程已经终结，人类理想的治理体系就是市场经济和民主体制。西方所要做的，就是努力将自由国际秩序2.0版本扩展到全球。北约和欧盟在积极地东扩，将东欧变成西方新的市场、原料产地和劳力供应地，并试图将俄罗斯变成西方的附庸；由于不再有苏联的制约，美国则试图通过武力按照美国的意愿改造中东，建立美国主导的大中东新秩序；在亚太地区，美国一方面通过接触和防范策略力图将中国纳入美国主导的秩序，另一方面试图通过"胡萝卜加大棒"的政策限制朝鲜半岛的核扩散。而且，由于苏联的解体，世界社会主义运动处于低潮，西方也缺乏内部改革的动力。西方资本主义垄断集团开始在全球范围内寻求超额利润。就在西方认为历史终结时，实际上历史又开始了新的轮回。

人类第一次、第二次工业革命的结果，总体上拉大了西方同非西方世界的差距。不过，从第三次工业革命开始，随着经济全球化的扩展，技术扩散的加速，以及发展中国家的经济改革，西方同非西方间的实力差距在逐渐缩小。特别是进入21世纪后，世界进入第四次工业革命阶段。非西方同西方经济实力发展不仅进一步趋同，而且有反超西方之势。"2000年南方国家经济总量（PPP，2011年国际元）占世界比重仅为40.3%，2010年超过北方国家（指经济合作与发展组织国家），占世界总量的50.9%，2018年已经上升至56.4%……其中中国的比重就提高了11.3%，而北方国家比重降至43.6%，其中美国比重下降了5.2个百分点。"[2] 中国于2010年超过日本成为世界上第二经济大国，并根据国际货币基金组织的统计，中国在2014年根据购买力平价计算中国的经济总量超过美国，成为世界第一大经济体。这就是全球第三次力量大转移，全球力量的重心从大西洋两岸转向太平洋地区。

---

[1] [美]大卫·M. 科兹、弗雷德·威尔著，曹荣湘等译：《从戈尔巴乔夫到普京的俄罗斯道路：苏联体制的终结和新俄罗斯》，中国人民大学出版社2015年版，第117—140页。

[2] 胡鞍钢：《中国现代化与国家治理现代化》，浙江人民出版社2020年版，第155—156页。

与此同时，经济全球化和世界上一些主要大国的地缘战略也在发生冲突。冷战后推动经济全球化的自由国际经济秩序已经扩展到全球，但国际政治秩序和安全秩序仍建立在民族国家利益的基础上。冷战后美国战略扩张过度削弱了美国的霸权基础，而美国内部治理体系出了问题更促使美国进一步衰落。随着中国的崛起和全球经济力量的重心转向太平洋地区，推动经济全球化的力量和推动地缘战略竞争的力量发生了冲突。2008年全球金融危机后，中国等新兴经济体成为推动经济全球化的主要力量，而美国在特朗普任总统后，推动地缘战略竞争的力量在美国占了上风。由于美国和中国在国家战略利益方面的冲突和对国际秩序主张的不同，中美关系在特朗普任总统期间急剧恶化，拜登政府在对华政策方面大体上继承了特朗普政府的政策，美国自由派和保守派统治集团为了个人私利和特殊利益集团的利益，正力图将中美关系推向新的冷战方向。

联合国秘书长2020年8月18日在接受美国《时代》周刊采访时表示，美中两国紧张关系升级有可能使世界分裂成两个阵营。美中两国的分歧，尤其是经济方面的分歧，增加了形成两个阵营的风险，包括两种主要货币、两套贸易规则、两种互联网、两种人工智能发展战略，继而不可避免地形成两种地缘政治和军事战略，这对世界是巨大风险。不光是联合国秘书长警告在世界需要大国合作应对全球性挑战时，美中关系陷入新冷战所带来的风险。美国外交学会主席理查·哈斯也认为美国外交最大的挑战，就是防止大国间，尤其是美国和中俄之间的竞争和冲突再次成为主导国际体系的焦点。理由有二：首先，大国关系恶化，即使未能导致直接冲突，代价也是巨大的，如果导致直接冲突，那代价就无比巨大了；其次，大国间的敌对关系将分散大国应对全球性和地区性挑战的注意力，使他们合作应对这些挑战将更加困难。[1]

那么，拜登政府试图通过建立价值观联盟来同中俄竞争的战略是否有可能导致世界政治陷入冷战2.0状态？要回答这一问题，我们有必要对比冷战1.0版本同当前美欧中俄的战略竞争有什么异同。首先，冷战源于美苏意识形态的竞争，也就是社会主义和资本主义的竞争；其次，冷战

---

[1] Richard Haass, "A World in Disarray", Penguin Press, 2017, p. 215.

源于美苏的地缘战略竞争，也就是美国要防止苏联控制欧亚大陆；最后，美苏的两极格局在很大程度上决定了冷战时的国际秩序。而当前美欧中俄的战略在类似方面体现为：首先，当前的大国战略竞争中存在不同价值观竞争；其次，地缘战略竞争是当前大国战略竞争的一个重要组成部分；最后，美欧组成的西方阵营和中俄为代表的新兴经济体阵营之间的竞争结果将在很大程度上决定未来的国际秩序。

但我们必须指出的是，当前的大国战略竞争同美苏冷战竞争又有很大的不同。首先，美欧中俄的大国竞争缺乏意识形态竞争，也就是说，当前的大国竞争不再是社会主义和资本主义两种意识形态的竞争，这对于避免大国竞争陷入冷战 2.0 有一定的帮助。不过，由于美欧强调大国竞争中的"民主"与"专制"竞争等价值观因素，因此这种帮助极其有限；其次，冷战期间美苏是主要战略竞争对手，美国主要防止苏联控制欧洲，因此欧洲是全球战略竞争的重点，美欧的地缘战略利益总体是一致的。美国为首的西方在综合国力方面相对苏联优势有增大的趋势。冷战初期中苏的地缘战略利益也是一致的。不过，随着中苏在政治上的分歧日益增大，两国在地缘战略方面也出现分歧。西方内部的相对团结与综合国力的增强对比苏联综合国力的衰落及中苏分裂，有助于西方赢得冷战的胜利；当前的大国战略竞争美国视中国为主要战略竞争对手，地缘战略竞争的重点在亚太地区。美欧在地缘战略重点方面存在分歧，美国的战略重点在亚太，欧洲的战略重点在东欧和中东北非。而中俄在推动国际政治多极化和民主化方面的利益高度一致。在综合国力方面，中国呈上升势头，而美国则有下降趋势。美国为首的西方有部分政治势力试图将国际政治推入冷战 2.0 状态，但中国和俄罗斯则坚决反对美国因寻求霸权而将国际政治再度推入冷战。由于美国为首的西方在综合国力方面呈下降趋势、美欧在地缘战略重点方面的分歧，以及中俄在反对美国霸权方面利益高度一致，在当前的大国战略竞争中美国并没有占多大的优势。因此，美国战略界有越来越多的人担心美国同时应对中俄的挑战有可能力不从心。2021 年 8 月 23 日美国国家利益网站发表了《避免两线战争的战略》一文，该文作者不无忧虑地指出："21 世纪美国面临的最大风险不是一场公然的核打击，而是一场与其最强大的军事对手中国和俄罗斯的两线战争。如果战争升级为核对抗,甚至有可能危及美国的生存。"①

最后,同冷战时期的两极对抗不同,当前大国战略竞争是在世界多极化的背景下展开的。美国学者弗朗西斯·福山认为,1989—2007年期间美国的单极化程度在历史上是相对罕见的。从那以后,世界就一直在回归更加正常的多极化状态。中国、俄罗斯、印度、欧洲和其他中心相对于美国的实力获得增长。② 在世界多极化的情况下,美国试图将美同中俄的竞争和对抗作为组织国际政治的指导原则就很难得逞。在美、欧、中三边关系中,欧盟虽然在维护自由国际秩序方面同美国有共同利益,但美国为了维护其霸权全面对华打压的政策欧盟就不一定支持。同样,在美、欧、俄三边关系上,美欧在支持将自由国际秩序扩展到前苏联地区上有共同利益,但欧盟对于美国反对"北溪-2"的政策就不支持。世界的多极化除了表现为全球分布多个力量中心和文明中心外,还表现为世界各国当今正面临着多重的全球性挑战。美国主要关心他国对其霸权的挑战,欧盟除了担心他国挑战"基于规则的自由国际秩序"外,还担心大规模杀伤性武器扩散、气候变化和贸易保护主义等。中俄除了担心美国为首的西方挑战《联合国宪章》的宗旨和原则外,也同欧盟的担心有许多重合之处。因此,世界上的主要大国除了在地缘战略上相互竞争外,在全球治理问题上也有许多需要合作的地方。

福山在其新著《身份政治:对尊严与认同的渴求》一书中认为,人类社会的许多矛盾产生于对经济利益的竞争和社会地位的争夺。③ 国际关系中的许多矛盾则产生于国家利益的冲突和有关国际秩序的分歧。"西方对中国开始全方位发挥重塑全球政治经济格局的趋势非常不适应,西方社会精英伴随而来的失落、焦虑与敌意,也是预料之中的。欧洲对'西方中心世界'的消逝有强烈的抗拒心理,美国更是对'唯一超强'地位有强烈的恋栈心态。"④ 美国的保守派一直坚持二战以来美国的地缘战略,

---

① 《美媒文章:美应避免同时与中俄两线作战》,《参考消息》2020年8月24日。
② [美]弗朗西斯·福山:《美国实力的未来》,《参考消息》2020年8月24日。
③ Francis Fukuyama, "Identity", Profile Books, 2018.
④ 朱云汉:《中国再兴的全球意涵:兼论中国道路与人类未来》,载于洪君主编:《理解"百年未有之大变局"》,人民出版社2020年版,第205页。

防止世界上任何一个大国控制欧亚大陆，竭力维持美国的霸权秩序。美国的自由派则一直坚持向全球扩展自由国际秩序，在冷战刚结束时曾试图通过接触和"重启"战略，最终将中俄纳入美国主导的自由国际秩序内。不过，2008年全球金融危机后，美国的自由派承认美国对俄的"重启"战略和对华的接触战略已经失败。美国的自由派和保守派现在均认为对中俄接触战略的失败。美国以外的西方国家虽然深受人口老龄化和经济发展缓慢的困扰，但仍不愿放弃西方主导的自由国际秩序下所享受的特权和利益，视中俄为自由国际秩序的竞争者和挑战者，在拜登当选美国总统后，表示愿同美国一起共同维护西方主导的自由国际秩序。

这表明在国际格局发生深刻变化的情况下，世界上主要大国对于指导大国的国际行为准则，解决大国纠纷的准则和原则缺乏共识。欧盟试图维持西方主导的基于规则的自由国际秩序；美国总统拜登则试图修复被特朗普政府损害的大西洋联盟，以巩固美国的霸权秩序和西方主导的自由国际秩序；中国和俄罗斯为代表的新兴经济体则坚持国际秩序必须建立在《联合国宪章》的宗旨和原则基础上。世界上主要大国围绕21世纪的国际秩序展开了激烈的竞争。未来的国际秩序是美国霸权秩序，欧盟主张的自由国际秩序，还是中俄主张的基于《联合国宪章》的国际秩序占上风，这在很大程度上取决于美国、欧盟和中俄主张的国际秩序在实力、合法性和功能性三方面竞争的结果如何。

美国霸权秩序不可持续性的根本原因在于该秩序是建立在过时的地缘战略理论，以及战略和资源不平衡基础上的。自从二战以来，美国为了追求绝对安全，一直寻求在欧洲、中东和亚太维持对美有利的均势，不允许任何国家或国家集团主导上述地区。但是技术、经济和环境的发展和变化证明影响构建美国霸权秩序的地缘战略理论已经过时。2020年12月18日美国学者格雷厄姆·艾利森在美国国家利益网站上发表文章称，美国和中国同处在一个小小的地球上，两国都面临自己无法独自战胜的生存挑战。核武器的出现使得我们仍然生活在一个"确保相互摧毁"的世界里，气候的变化也使得我们生活在一个"气候确保相互摧毁"的世界里。中国的崛起使得中国成为美国有史以来最强大的对手，但也是美国必须设法共存的国家。

但遗憾的是，目前像艾利森教授这样智者的声音在美国仍是少数，美国的许多学者将中国崛起后美中在地缘战略、经济利益冲突和全球治理方面的分歧概括为"修昔底德陷阱""萨缪尔森陷阱"和"金德伯格陷阱"。[①] 美国的主流声音仍是牢牢抱着过时的地缘战略理论不放，其结果是造成美国维持全球霸权的野心和资源不足的深刻的矛盾。美国霸权秩序日益失去合法性的原因除了美国实力相对下降外，还在于美国主导的国际安全秩序是建立在牺牲世界上其他国家安全利益的基础上，美国主导的国际经济秩序是建立在试图迫使世界上多数国家只能处于价值链低端的基础上的，因此遭到越来越多国家的反对。美国霸权秩序在特朗普政府期间采取美国优先的政策，在功能性方面也是日益萎缩。拜登当选美国总统后表示美国将在应对全球性挑战方面重新发挥领导作用，但鉴于美国国内政治的极化和债台高筑，美国在提供国际公共产品方面的能力和意愿受到越来越多的限制，应对全球性挑战方面越来越需要国际合作。欧盟虽然在维持自由国际秩序方面同美国有共同利益，但欧盟主张的自由国际秩序同美国的霸权秩序仍存在许多矛盾和分歧。美国为了维护其霸权而将战略重心转向亚太，而欧盟的战略重心仍在欧洲。欧盟主张的自由国际秩序虽然强调规则和多边主义，但该秩序却面临着普世价值和多元价值、自由和平等、自由主义与民族主义和民粹主义的深刻矛盾。在很大程度上自由国际秩序的稳定是建立在维持对西方有利的中心—外围结构，西方对非西方世界采取歧视性政策和双重标准基础上的。如果自由国际秩序不能正确处理上述三大矛盾，增加包容性，在西方实力持续下降的情况下，也将日益失去合法性。

中国和俄罗斯则主张建立以《联合国宪章》的宗旨和原则为基础的

[①] 有关修昔底德陷阱的代表作为格雷厄姆·艾利森的著作《注定一战：美国能避免修昔底德陷阱吗?》，有关"萨缪尔森陷阱"，可参见美国经济学家保罗·萨缪尔森在2004年《经济学展望杂志》发表的题为《主流经济学家眼中的全球化：李嘉图—穆勒模型给出的证明》一文，他在该文中指出，中国在产业链和价值链中不断升级，从而损害了美国在高端产业链所获得的超额垄断利润。这时继续自由贸易，中国将获得净福利增加，美国将受损失。有关"金德伯格陷阱"，可参见王宏广等著：《填平第二经济大国陷阱：中美差距及走向》。王宏广等人认为，"金德伯格陷阱"，是个伪命题，面对全球性挑战，任何大国都不可能单独应对，需要全球大国和小国的合作。

国际秩序。中国政府认为，尊重国家主权和领土完整，尊重各国自主选择社会制度和发展道路的权利，是《联合国宪章》的主要原则，也越来越成为不同社会制度、不同发展水平国家互相建立和发展关系的指导原则。[①] 俄罗斯支持联合国在协调国际关系上的中心作用，主要是因为这能确保涉及国际安全等重大问题的决策是由联合国安理会成员国在平等基础上集体做出的。联合国安理会的决策机制能减少俄罗斯由于综合实力下降而对其国际影响力下降的担心，并能有效地制衡美国的单边主义和霸权。[②] 因此，从合法性角度看，中俄主张的基于《联合国宪章》基础上的国际秩序代表了国际社会多数国家的意愿。新兴经济体的兴起已经大大削弱了西方在生产、贸易、科技创新和意识形态方面的主导地位，加速了国际秩序从西方主导的自由国际秩序向后西方秩序过渡。自从2008年金融危机以来，以中国为代表的新兴经济体已经取代发达国家成为推动世界经济增长的主要力量。在贸易保护主义和单边主义在一些发达国家重新兴起的情况下，中国"一带一路"倡议为世界上许多国家提供了新的发展机遇。在抗击2019年底暴发的新冠肺炎疫情和应对全球气候变化方面，中国提供全球公共产品的角色也变得日益重要。

因此，从合法性和功能性角度看，中俄为代表的新兴经济体所提倡的基于《联合国宪章》的国际秩序正在赢得越来越多国家的支持。即使从力量对比角度，世界许多权威机构的预测表明，中国经济总量超过美国只是时间早晚的问题。不过，正如一些美国学者指出的那样，中国在经济总量上超过美国只是意味着中国有足够潜力成为同美国旗鼓相当的超级大国。要将潜力转化为实力中国还必须在军事上和科技上赶上美国。美国为首的西方为了维护美国的霸权秩序和自由国际秩序，只能越来越依靠军事围堵、科技战和贸易战来阻挠中国维护自身的合法权利，延缓中国崛起的步伐。奥巴马政府的"亚太再平衡"战略，特朗普政府的"印太战略"和拜登政府的"建立价值观同盟"战略，都试图尽可能地压制中国赶超美

[①] 中共中央文献研究室编：《十六大以来重要文献选编》（中卷），中央文献出版社2006年版，第995页。

[②] Bobo Lo, "Russian and the New World Disorder", Chatham House and Brookings Institution Press, 2015, p. 73.

国的势头,以便尽可能地延长美国的霸权秩序和自由国际秩序。

我们前面在讨论霸权国衰落时面临的战略选择时指出,霸权国为了维护霸权通常面临的战略选择主要包括预防性战争、战略收缩和战略竞争,以及战略妥协。核武器的出现,很大程度上防止了霸权国通过预防性战争来消灭竞争对手。不过,应该指出的是,目前第四次工业革命正在深入发展。大数据、人工智能、新能源、生物科技、新型网络和机器人等新型科技将对未来的军事革命产生深远影响。人类历史上每一次科技革命和产业革命不仅深刻影响世界各国的生产关系调整,还深刻地影响着国际格局和国际秩序。我们应该特别警惕的是,如果我们在第四次工业革命中同美国的差距再次拉大,我们面临的战争风险也将增大。

中国国务委员兼外交部部长王毅 2020 年 12 月 11 日在 2020 年国际形势与中国外交研讨会上发表演讲时指出:"中美关系呈现的复杂性已经超越了双边范畴,成为多边与单边、进步与倒退、公道与强权之间的较量与抉择。中国捍卫的不仅是自身的合法权益,更是各国的共同和长远利益;中方维护的不仅是规范中美交往的政治基础,更是各方都应遵守的国际关系准则;中方追求的不仅是本国的正当主张,更是为了伸张国际公平正义。"①

中美两国关于国家利益和国际秩序争论的结果,在很大程度上取决于两国国内治理体系的成败,以及是否能采取明智和谨慎的对外战略。中国要想突破美国的军事围堵,挫败其通过科技战和贸易战阻碍中国崛起的企图,成功维护自己的独立主权、领土完整、发展的权利,顺利实现第二个百年目标,要想继续推动经济全球化,建立人类命运共同体,就必须实现国家治理体系和治理能力的现代化。我们在推进国家治理体系和治理能力现代化过程中,体系建设和能力建设相辅相成,缺一不可。体系现代化涉及制度的建设和完善,能力现代化涉及人的现代化和社会文明程度的提升。任何制度都是在特定环境中运行,都离不开人的因素。正如丹麦学者索伦森指出从计划经济转型到市场经济并不是将市场经济

---

① 王毅:《百年变局与世纪疫情下的中国外交:为国家担当 对世界尽责——在 2020 年国际形势与中国外交研讨会上的演讲》,国家国防发展合作署官网,2020 年 12 月 11 日,http://www.cidca.gov.cn/2020-12/14/c_1210930688.htm。(上网时间:2021 年 5 月 21 日)

的机制和管理移植到计划经济国家那么简单:"一个运转良好的市场依赖一个运转良好的国家,一个运转良好的国家又依赖于一个运转良好的公民社会。因此,一个市场经济包含着一个新的经济秩序(市场建设),一个新的政治秩序(国家建设)和一个新的社会秩序基础(公民社会建设)。协调这三大相互关联的转型是十分复杂的。一方面,它们相互依赖;另一方面,市场主体、国家主体和公民社会团体各自都有自身利益,这些都不一定有助于平稳过渡。"① 制度建设和完善离不开人素质的提高,而人的素质的提高又同制度激励机制的设计十分密切。制度完善和人的文明程度的提升都不是线型发展的,因此,我国的国家治理体系和治理能力的现代化过程肯定不会一帆风顺,而是会充满风险和挑战。

中国传统的治理体系在农业文明时代曾体现过它的先进性,只不过在工业文明时代一度落伍过。在中国共产党的领导下,中国经过 70 多年的建设、改革和开放,当下的中国比近代历史上任何时期都更接近实现中华民族伟大复兴的梦想。但同时中国又面临第四次工业革命所带来的社会治理方面的挑战。中国台湾学者朱云汉认为,现在人类社会正处于社会结构剧烈变动阶段,一系列科技大爆发将对我们整个社会的生活形态、公共治理模式产生颠覆性和革命性影响。哪个社会能更快地调整自己,去驾驭这些新技术,尤其是数字科技、资讯科技、人工智能、生物技术等,而且把它们引导到对社会和经济效益能够达到雨露均沾的作用上来,以增强而不是削弱这个社会的可持续发展,这将是中国模式和美国模式竞争真正胜负的关键。② 美国兰德公司 2021 年 6 月公布的一份研究报告也得出类似的结论。该报告认为,决定中美竞争结果的关键因素是内政治理水平。哪一方的社会科技创新能力更强、经济状况更稳定、政治制度更有效,哪一方就能赢得竞争。③

---

① George Sorensen, "A Liberal World Order in Crisis", Cornell University Press, 2011, pp. 126 – 127.

② 朱云汉:《中国再兴的全球意涵:兼论中国道路与人类未来》,载于洪君主编:《理解"百年未有之大变局"》,人民出版社 2020 年版,第 247 页。

③ Timothy R. Heath, Derek Grossman, Asha Clark, "China's Quest for Global Primacy", Rand Corporateon, June 7, 2021.

后　　记

对于做学问，中国有句老话，叫"读万卷书，行万里路"。最近读了葡萄牙前负责欧洲事务的外交部部长布鲁诺·马萨艾斯《欧亚大陆的黎明：探寻世界新秩序》一书时，发现西方也有类似的说法。他在书中的序言中指出，没有旅行的思想是空洞的，而没有概念的旅行则是盲目的。正如古人所说教学相长一样，做学问读书和行路也是相辅相成。英国思想家弗朗西斯·培根曾说过，学问锻炼天性，而天性又受经验的锻炼。人的天赋如野生的花草，需要学问的修剪，而学问如没有经验的限制，则会由于过于宽泛而削弱其指导价值。我的这本书就是我毕业后读书和行路的一些感悟。

我的小学和中学的时代虽然渴望读书，却没有多少书可读。应该感谢高考制度的恢复，使得我在高中毕业 3 年后又有机会回到学校读书。当然，我能够通过高考进入大学学习也得益于我父母的教育和亲友们的帮助。我父亲从小在农村长大，由于家境贫穷，并未受过多少正规教育，只是在参加革命工作后，通过刻苦自学在文化知识方面不断进步，后来成为当地一家大型国企的领导干部。他一生清正廉洁，学习刻苦。在我下放农村的岁月，我父亲刻苦学习的作风对我有很大的影响。我母亲则生性豁达，乐于助人，她告诉我高考制度早晚会恢复，这使得我在下乡的艰苦劳动时也没有放弃学习。就在本书准备出版期间，我母亲不幸去世。我将本书献给我的母亲，感谢她不仅一生辛劳养育了我们，还在我人生低谷时鼓励我重新振作起来。我们当年复习准备高考的最大困难除了时间紧迫外，就是缺乏复习资料。我哥哥和嫂子为我找到了不少当时非常宝贵的复习资料，没有他们的帮助，我不敢肯定我是否能成功地考上大学。

在民族国家的世界里，个人的命运同国家的命运是紧密相连的。我记得英国首相特雷莎·梅在英国辩论脱欧方案时曾说过那么一句话，"一个自称世界公民的人实际上是一个没有祖国的人"。多亏了国家的改革开放，使得我们这一代人不仅获得了重新学习的机会，还有幸获得了出国学习、工作、交流、旅行的机会。由于我们这一代人先天的不足，读万卷书有赖于后天的努力，但得益于现代交通的进步，行万里路不再像古人那么艰难。1975年我高中毕业后下乡到离我家50公里外的农场劳动，1978年离开家乡到500公里开外的上海外语学院英语系读书，1982年毕业后到离家乡1000公里外的北京工作，1986年则到离家乡10000公里外的美国华盛顿美利坚大学外交学院学习。随着阅历的增加，眼界也随之更加开阔。

弗朗西斯·培根曾说过，读书使人丰富，讨论使人成熟，写作使人精确。对此，我应该加上一句，旅行使人增长见识。因为有些知识是书本上所没有的。我记得在美留学期间有一次到费城拜访一位朋友，经过巴尔的摩和费城看到城内的衰败，这是我第一次亲眼看到美国一些城市由于工业变迁的结果所导致的衰败。还有一年到英国牛津大学的中国研究所参加一个研讨会。在茶歇期间浏览了一下该研究所。在会议室、图书馆和办公室之间有一个小小的庭院，类似中国的天井。庭院中有一丛翠竹在风中摇曳，不禁使人联想起苏轼的名句：宁可食无肉，不可居无竹。而且，该研究所里竟挂了一幅中国学者张载的"横渠四句"书法条幅："为天地立心，为生民立命，为往圣继绝学，为万世开太平。"这令我有些惊讶，因为说来惭愧，在牛津大学研究所见到张载的书法条幅前，我对张载知之甚少，后来上网搜寻，才知他是中国宋代有影响的思想家和教育家，他的学术贡献，除了上述"横渠四句"外，还有"太虚四句"和"太和四句"。这正应一句古语，人生有涯，知无涯。

行路还能帮助人辨伪。有段时间国内网上曾流行一篇文章，称在英国威斯敏斯特教堂地下室的墓碑林中，有一块名扬世界的墓碑，上而写着这样一段碑文：

当我年轻的时候，我的想象力从没有受到过限制，我梦想改变这个世界。

当我成熟以后，我发现我不能改变这个世界，我将目光缩短了些，决定只改变我的国家。

当我进入暮年后，我发现我不能改变我的国家，我的最后愿望仅仅是改变一下我的家庭。但是，这也不可能。

当我躺在床上，行将就木时，我突然意识到：如果一开始我仅仅去改变我自己，然后作为一个榜样，我可能改变我的家庭；在家人的帮助和鼓励下，我可能为国家做一些事情。然后谁知道呢？我甚至可能改变这个世界。

当我参观英国威斯敏斯特教堂时，我上下左右到处寻找这块号称名扬世界的墓碑，但一无所获。失望之余，我找到威斯特敏斯特教堂的工作人员问在哪儿能发现这块墓碑，教堂工作人员告诉我，有很多人问过这样的问题，本教堂没有这样的墓碑，网上流传的消息是"fake news"（假消息）。如果我没有实地参观，我或许也会对有关英国威斯敏斯特教堂墓碑的消息人云亦云。

应该说，上外的四年学习和在北京现代国际关系研究所的工作为我以后从事国际关系研究打下了一个良好的基础。不过，真正被迫进行大量阅读的还是在美国读研期间。美国研究生的培养方式就是通过大量阅读和大量写作来培养学生发现问题和解决问题的能力。美国学校没有统一的教科书，每个教授都有自己给学生列的必读书目单，而教授水平的高低在很大程度上就体现在给学生开的必读书单上。我有时自问，如果有一天我给对国际关系感兴趣的人开一份书单，我该列一张什么样的必读书单。我个人读书行路的体验是，国际关系的经典著作、国际关系史中重大事件参与者的回忆录，以及世界上著名大学和智库的有关国际关系的杂志和研究报告都有助于人们理解当代的国际关系。同时，我想强调指出的是，世界上的各种主义和理论实际上代表和反映的都是一定国家、阶级、阶层和利益集团的利益和诉求。自由主义基本上反映的是资产阶级的利益和诉求，马克思主义则主要反映的是无产阶级的利益和诉求，现实主义和民族主义则主要反映的是现代民族国家统治集团的利益和诉求。当然，我记得列宁曾说过，理论是灰色的，生活之树常青。任何理论都有一定的局限性，批判性的阅读和理论联系实际才能帮助我们不断提高发现问题和解决问题的能力。

通过读书、讨论、写作和旅行，我个人的主要感悟是，如果国内政治主要涉及利益分配问题，主要围绕统治权的争夺，那么，国际政治则主要涉及国家利益问题，主要围绕国际秩序主导权的争夺。国际体系中大国力量分布状况、国际体系中的主要大国是否能就指导大国间相互关系的准则形成共识，是否能尊重彼此的核心利益，以及是否能就彼此间的分歧达成妥协是影响某一时期国际秩序是否稳定的重要因素。由于力量发展不平衡规律，国际秩序常面临着需要适应力量变化而进行适当调整的挑战。进入21世纪后，我们常说现在面临百年未见之大变局，这实际上指的是人类近代史以来第三次力量大转移。自从第一次工业革命造成西方和非西方世界力量对比出现大分流，西方主导国际秩序近400年以来，非西方世界的复兴不仅使得西方和非西方世界力量对比出现趋同，而且，非西方世界的力量发展大有超过西方世界之势。如果说当年李鸿章所说的三千年未见之大变局指的是西方崛起对非西方世界的挑战，那么这一次的百年未见之大变局则主要指的是西方世界面对非西方世界崛起后的冲击。21世纪世界上主要大国间的政治斗争将主要围绕国际秩序进行。美国试图维持美国主导的霸权秩序，欧盟为代表的资本主义中等强国试图维护自由国际秩序，中国和俄罗斯为代表的广大发展中国家则主张维护基于联合国宪章的国际秩序。21世纪国际秩序的演变，在很大程度上取决于未来大国间的力量对比变化，大国对指导彼此互动的行为准则是否能达成共识，以及大国在应对全球性挑战面前是否能进行合作。

本书大约从四年前开始写作，其间国际形势有了很大的变化，书中有些内容和数字可能显得有些陈旧，但本书的分析框架和所关注的问题还是希望对关心国际关系的人能有所帮助。我在写这本书过程中，得益于许多前人研究的成果。在社交媒体时代，微信公众号《国关国政外交学人》《国政学人》和《国际贸易法评论》都提供了许多有关国际政治和经济的信息，我特别从微信公众号《国际贸易法评论》中获得不少有关世界贸易组织改革的资料，这对我写作有关世界贸易组织改革的章节有很大帮助。时事出版社的薛晓钰编辑为本书的出版做了大量的编辑工作，在此表示感谢。另外，没有我妻子的鼓励，我也可能没有现在这么快地完成本书的写作。

2020 年 1 月初稿于北京
2022 年 10 月修改于北京

图书在版编目（CIP）数据

21世纪国际秩序与全球治理／李钢著．—北京：时事出版社，2022.11
ISBN 978-7-5195-0509-7

Ⅰ.①2…　Ⅱ.①李…　Ⅲ.①国际关系—研究　Ⅳ.①D81

中国版本图书馆 CIP 数据核字（2022）第164060号

出 版 发 行：时事出版社
地　　　　址：北京市海淀区彰化路138号西荣阁B座G2层
邮　　　　编：100097
发 行 热 线：（010）88869831　88869832
传　　　　真：（010）88869875
电 子 邮 箱：shishichubanshe@sina.com
网　　　　址：www.shishishe.com
印　　　　刷：北京良义印刷科技有限公司

开本：787×1092　1/16　印张：23.5　字数：370千字
2022年11月第1版　2022年11月第1次印刷
定价：128.00元

（如有印装质量问题，请与本社发行部联系调换）